Flávio Siebeneichler

Catolicismo popular- Pentocostismo- Kirche: Religion in Lateinamerika

Herbert Lang Bern
Peter Lang Frankfurt/M.
1976

ISBN 3 261 01796 1

©

Peter Lang GmbH, Frankfurt/M. (BRD)
Herbert Lang & Cie AG, Bern (Schweiz)
1976. Alle Rechte vorbehalten.

Druck: fotokop wilhelm weihert KG, Darmstadt

Flávio Siebeneichler

Catolicismo popular- Pentocostismo-
Kirche: Religion in Lateinamerika

Regensburger Studien zur Theologie

herausgegeben von den Professoren
Dr. Franz Mußner, Dr. Wolfgang Nastainczyk,
Dr. Norbert Schiffers, Dr. Joseph Staber

Band 3

Flávio Siebeneichler

Catolicismo popular- Pentocostismo-
Kirche: Religion in Lateinamerika

Herbert Lang Bern
Peter Lang Frankfurt/M.
1976

VORWORT

Die vorliegende Arbeit unternimmt den Versuch, die religiöse Welt des
Catolicismo Popular und die des Pentecostismo differenziert zu erheben,
sie mit Reflexionen der modernen katholischen Theologie zu konfrontieren,
um daraus einen fundamental- und pastoraltheologischen Vorschlag für eine befreiende Praxis der Kirche in Lateinamerika zu gewinnen. Sie wurde
1975 vom Fachbereich Katholische Theologie der Universität Regensburg
als Dissertation angenommen.

Die Studie entstand dank der Anregungen von Frau Professor Maria I. P.
de Queiroz, São Paulo und wurde von Herrn Professor Dr. Norbert Schiffers, Regensburg, mit regem Interesse betreut. Die Rolle des Doktorva-
ters hat er mit bereitwilliger Freundschaft verbunden. Mein herzlicher
Dank gilt ferner Herrn Heinz Dapper für seine geduldige Hilfe bei der Kor-
rektur des deutschen Textes. Danken möchte ich auch dem Provinzial der
Passionisten in Brasilien, der mich für die Studien in Deutschland freige-
stellt hat.

Die Veröffentlichung wurde durch einen Zuschuß der bischöflichen Aktion
ADVENIAT ermöglicht.

Ich widme diese Schrift meinen Eltern, der "gente humilde", den "demütigen Menschen", und all denen, die das Anliegen der Religiosität einer "Kultur der Armut" in Reflexion und Aktion kritisch-kreativ aufgreifen.

INHALTSVERZEICHNIS

Lateinamerika, ein Kontinent, auf dem christlicher Glaube allgegenwärtig ist, wird heutzutage Zeuge des Erwachens einer "nueva conciencia de la Iglesia", eines neuen Bewußtseins und einer neuen Erfahrung dieses Glaubens seitens bestimmter elitärer Gruppen von Christen, die sich auf dem Weg zu einer neuen befreienden soziologischen, kulturellen und religiösen Identität befinden. Nichtsdestoweniger konstatieren Religionssoziologen die "Popularisierung" der Werte, Symbole, Riten, Normen und traditionellen Einrichtungen des Christentums: Bei den zum größten Teil marginalisierten Volksmassen bildet sich eine originäre religiöse Erfahrung, eine "Kirche der Devotionen" und der Emotion, welche die "Kirche der Institutionen" und die Rationalität einer in der westlichen Welt elaborierten Theorie der Säkularisation frontal in Frage stellt: Millionen Menschen geben sich der Ekstase im Pentecostismo oder der Trance in den afro-brasilianischen Kulten hin, pilgern zu den Heiligtümern wundertätiger Schutzpatrone im Catolicismo Popular oder wandern innerhalb weniger Jahre von einer Religionsform zu andern. Sie manifestieren jene heute versammelnde religiöse Erfahrung, die für die Erhaltung ihres Lebens notwendig ist. Dabei achten sie nicht auf Verlautbarungen der katholischen Hierarchie. Die Wurzeln dieses Phänomens liegen teils in der kolonialen Unterdrückungsgeschichte Lateinamerikas. Teils in der spontanen Kreativität des Volkes. Nicht zuletzt bei der Kirche selbst, die in dem mit der "Conquista" zusammenfallenden "tridentinischen Zeitalter" den Schwerpunkt ihrer Religiosität auf Devotionen verlagert hatte.

In der hier vorgelegten Arbeit werden unter anderem zwei Kristallisierungen der Religiosität des Volkes in Brasilien untersucht, die sich auf dem Hintergrund der "afro-brasilianischen" und "amero-indianischen" Kulten entwickeln (3.). Sie haben exemplarischen Wert für die Volksreligiosität in ganz Lateinamerika:

- Der Catolicismo Popular (Volkskatholizismus) ist die Form eines römischen Katholizismus, die seit der Entdeckungs- und Eroberungszeit im 16. Jahrhundert von der Masse des Volkes innerhalb einer "Kultur der Armut" gelebt wurde. Dieser Catolicismo Popular wurde bislang sowohl von Sklaven wie Herren geformt. Heute hat er ihre Ausstrahlungskraft vornehmlich unter den "marginalizados". Hier steht der Catolicismo Popular kulturell und sozial in Wechselwirkung zur "Kultur der Armut". Die Werte und Symbole der "marginalizados" sind teils identisch mit den Wertsetzungen im Catolicismo Popular, teils unterscheiden sie sich beträchtlich davon. Dieser Unterschied klafft vor allem da, wo im Catolicismo Popular die von der herrschenden Hierarchie festgesetzten Normen und Werte Eingang fanden.

- Der Pentecostismo andererseits bezeichnet die moralerneuernde Bewegung der Pfingstgemeinden in Brasilien. Ihren Glauben drücken die Pentecostistas aus in der Freude über das Wunder der Heilung durch Christus. Erstaunlich ist, daß sich die Pfingstgemeinden sowohl in ländlichen wie in städtischen Gebieten ausbreiten. Offensichtlich ist die in pfingstlerischen Formen gepflegte Religiosität derzeit nicht an Sozialstrukturen gebunden, die man als ländliche oder städtische streng auseinanderhalten könnte.

Magie? Aberglaube? Religiös-kultureller Synkretismus? Kristallisierung latenter religiöser Kräfte bei der im Rahmen einer "Kultur der Armut" lebenden Volksmassen? Letzte Zuflucht der Armen? Oder eher offenkundige Niederlage des Katholizismus, dem es nicht gelingt, Wurzeln beim Volk zu schlagen?

Wie auch immer man auf diese Fragen antwortet, eines steht fest: zum erstenmal stehen wir in der Geschichte Lateinamerikas vor dem Phänomen eines Volkes, das sich zu einer Religionsform entscheidet, die nicht vollständig von der Hierarchie der katholischen Kirche kontrolliert wird. Die darin ausgedrückte Herausforderung an die Kultur und an die Politik, aber besonders an die Kirche ist von der Pastoration der Kirche ernstzunehmen: Die Zukunft einer pastoralen Kirche in Lateinamerika hängt nicht nur von den Eliten, sondern vielmehr von den Armen in der Kirche ab: Wird es der Kirche gelingen, das von den Armen geforderte neue missionarische Bild der Kirche zu finden, ohne dabei sich selbst oder das Evangelium preiszugeben?

In der "nueva conciencia" führender Gruppen der Kirche in Lateinamerika wächst die Erkenntnis zu, der christliche Glaube müsse angesichts der Zuspitzung der sozio-ökonomischen Lage neu verstanden und in einen politischen, solidarischen Kompromiß für die Armen umgesetzt werden. Das heißt, die pastorale Reflexion der Kirche kann ihre Evangelisierungstätigkeit nicht außerhalb einer politischen Bewußtseinsbildung der armen Massen vollziehen. Dabei zeigt sich schon jetzt: Bewußtseinsbildung und politischer Kompromiß besitzen ihre eigenen Forderungen und ihre eigene Dynamik, die zur Entstehung neuer Kulturen, beziehungsweise zu neuen Einstellungen des Volkes gegenüber der Welt und zu neuen Formen der Bewältigung des konkreten Lebens führen.

Ist dem so, dann steht zu erwarten, daß derselbe Glaube und dieselbe Pastoration, die zur Bewußtseinsbildung oder zum politischen Kompromiß hinführen, durch die dadurch entstandene neue Erfahrung in Frage gestellt werden. Dabei wird von der Pastoralaktion verlangt, die von ihr selbst in der Geschichte hinterlassenen Spuren der Unterdrückung im Rahmen einer Theorie der Abhängigkeit zu überprüfen. Kann ihre von der hoffenden Liebe freigesetzte Phantasie neue Inkarnationsmöglichkeiten innerhalb der neu entstehenden Gesellschaftsstruktur erfinden?

Nicht länger kann die neue Theorie der Pastoration von einer Kirche als "Reservat für wissende Elite" (P. Hünermann) sprechen, die sich herablassend und besserwissend den Armen "zuwendet". Der Auftrag zur Lehre könnte dies nahe legen wollen. Andererseits gilt auch und heute vehement: In der Achtung vor den Armen und ihrer Kultur muß die Kirche von ihnen lernen. So steht die Frage ein, wie um der Hoffnung willen begründet aber auch mit Phantasie vermittelt werden kann zwischen dem Lernen und dem Lehren einer Kirche. Dies ist nicht bloß ein theoretisches, sondern in Lateinamerika ein geschichtliches Problem. War doch in der bisherigen Geschichte die offizielle Kirche stets mehr oder weniger intensiv mit dem Catolicismo Popular verbunden. Heute aber wird die Diastase zwischen dem Catolicismo Popular und der offiziellen Kirche offenkundig. Das führt zur Herausforderung des Catolicismo Popular durch die Pfingstgemeinden, die kirchlich unabhängig aber religiös bewußtseinsstark sind. Damit fordern Phänomene, die von einer traditionellen Religionskritik als überflüssiges Menschenwerk abgetan wurden, das Interesse. Die Unterscheidung zwischen kirchlicher und außerkirchlicher Religiosität (Franz-X. Kaufmann) ist aufgrund der neuen Bewußtseinsbildung zumindest für die Theologie Lateinamerikas nicht mehr hinreichend. Es gilt heute, mithilfe eines geschichtlich geforderten Lernprozesses eben diese mehr religionssoziologische als religionstheoretische Unterscheidung erneut zu bedenken. Wird es aber gelingen, die christlichen Werte für die Unterdrückten der "Kultur der Armut" zu interpretieren, ohne daß diese "rückständige" Religiosität vor der Rationalität der Eliten als "politisch totes Gewicht" sterben muß?

Ansätze zur Lösung dieses Problems können in erster Linie von einer fundamentalen Theologie gegeben werden, die "auf dem Weg" mit den Armen ist. Dem Hl. Geist folgend wird solche Fundamentaltheologie den "sensus fidelium" in den Gemeinden des Catolicismo Popular und des Pentecostismo abhören müssen und versuchen, die Intuitionen des einfachen Volkes zu Wort kommen zu lassen. Nur von dem so Gehörten werden die Armen ihre Hoffnung vor dem Humanum, vor der Kirche und vor dem Evangelium verantworten können.

Der zu etablierende fundamentaltheologische Dialog mit der Volksreligiosität entfaltet sich auf der Erfahrungsebene selbst, dort also, wo die Menschen einer "Kultur der Armut" stehen. Der Theologe wird versuchen, den Anhängern des Catolicismo Popular und des Pentecostismo dazu zu helfen, die zum Teil von diesen selbst konstruierten Hindernisse zu sprengen, die sie an ihre menschenunwürdige Situation anketten. Der Theologe wird diesen Menschen den Weg der integralen Befreiung zeigen; denn Fundamentaltheologie hat außer der apologetisch-lehrenden auch die Aufgabe, die Vermittlung zu suchen, neue Erfahrungen zur Sprache zu bringen, neue "unbegriffene Stimmungen" und Optionen sympathisch-kritisch zu artikulieren und sie in Anfragen an kirchliches und gesellschaftliches Leben zu verwandeln (J. B. Metz). In dieser stets aufgegebenen Suche nach dem Kriterium neuer Erfahrungen und "Emotionen" in der "Volkstheologie" muß die Fundamentaltheologie Modelle und Hypothesen aufstellen, die es ermöglichen, diese neue Erfahrung gerade im kritischen Lichte des Evangeliums zu betrachten und dadurch in einen neuen Logos zu bringen.

In Lateinamerika heißt diese neue fundamentaltheologische Reflexion "Theologie der Befreiung": Deren zentrale Erkenntnis besteht darin, daß das "Zur-Sprache-Bringen" neuer Erfahrungen und Stimmungen des Volkes gleichzeitig eine Aufforderung zur missionarischen Praxis der Befreiung mit sich bringt. Der "intellectus fidei" wird als existentielle Option für den armen Nächsten interpretiert. Besser noch: die theologische Phantasie und der politische "Kompromiß" (= Option) für die Unterdrückten geht der Reflexion voraus. Dies heißt konkret: Fundamentaltheologie und Pastoral der Kirche sind nicht zu trennen; weil die fundamental-theologische Reflexion bis zu der Ebene niedersteigen muß, wo die Fragenden sich befinden, um ihren Fragen durch die Konfrontation mit der Offenbarung eine neue Radikalisierung zu verleihen, kann man Fundamentaltheologie als "pastorale Theologie" beziehungsweise als "theologische Pastoral" definieren.

Auf der Ebene einer "Kultur der Armut" stellt sich die anfangs angedeutete Frage: Wird es der Kirche gelingen, mit Phantasie ein neues Bild der Kirche zu finden? Besteht die Möglichkeit, eine die anathematisierende Haltung der Vergangenheit überwindende Vermittlung zwischen einer "Religion des Volkes" und einer rational durchdachten "Religion der Theologen", zwischen einer verabsolutierten "Kirche der Institutionen" und der emotionalen "Kirche der Devotionen", zwischen einer "Kirche des sozialen Engagements" und einer "Kirche des enthusiastischen Gebetes" herzustellen, und wenn ja, unter welchen Bedingungen?

Unser leitendes Interesse wird daher nicht primär die Frage sein, auf welchen Umwegen der Katholizismus sich in Catolicismo Popular verwandelt hat. Auch nicht die Probe, die zwei zu analysierenden Formen der Volksreligiosität zu vervollkommnen, um daraus einen "offiziellen Katholizismus" zu machen. Sondern eher der Versuch, ihre originäre menschlich-religiöse Erfahrung religionssoziologisch zu erheben (1., 2., 4., und 5.), religionstheoretisch zu fassen (6. und 7.) und "pastoral-theologisch" auszuwerten (8.

Die genannte Zielsetzung bestimmt damit den Aufbau der hier vorgelegten Untersuchung. Dabei war stets zu prüfen, ob die Zielsetzung als Arbeitshypothese der Untersuchung sich durch die Fakten im genannten dreigliedrigen Aufbau rektifizieren läßt. Diese Probe aufs Exempel war und blieb notwendig, weil eine Arbeitshypothese noch keine dogmatische Setzung ist. Offensichtlich hat man diese wissenschaftstheoretisch wohlbegründete Unterscheidung zwischen Hypothese und Setzung in der bisherigen traditionellen lateinamerikanischen Pastoration übersehen. Hat man doch allzulange und vergeblich versucht, das abstrakte Gottesbild der Katechismen in die Volksreligiosität einzupflanzen. Dabei hatte man übersehen, daß selbst das Gottesbild der Katechismen nicht eine Setzung des Glaubens, sondern eine Arbeitshypothese zum Glauben war. Ähnliches gilt für eine traditionelle Fundamentaltheologie, die sich mit theoretischen Glaubwürdigkeitsgründen nur rational beschäftigt. Auch sie unterläßt es, zurückzufragen auf eine Arbeitshypothese, mit deren Hilfe die Erfahrungen des "sensus fidelium" sowohl erhoben, als auch kritisch befragt werden.

Auf dem Hintergrund dieser fehlgeschlagenen Versuche, mit Katechismus
und Glaubwürdigkeitsrationalismus eine Pastoral für das Volk aufzubauen,
wird in der hier vorgelegten Arbeit eine neue Methode zur Verkündigung
erprobt (8.2). Es geht darum, mit Hilfe einer dialektisch-relationalen
Methode den Zusammenhang zwischen Rationalität und Emotionalität, die
religiöse Erfahrung im Volk so zu fassen, daß dem Volk sein entschiede-
nes "Ja" zur Befreiung der Armen bewußt und konkret möglich wird. Dieses "Ja" wäre ein genuiner Ausdruck sowohl für eine zukunftsgerichtete
"Kultur der Armut", wie auch für einen Glauben a n das Evangelium und
a u s dem Evangelium.

In der dialektischen Methode, die relational und doch kritisch rationale und
emotionale Erfahrungen und Werte zusammen zu bringen versucht, gründet
unser Versuch, im dritten Teil der Arbeit eine kritische Theorie der Religiosität für Lateinamerika zu erarbeiten. Von dieser Theorie ist schließlich unser Vorschlag für die Pastoration abkünftig. Weil, wie gesagt, unsere kritische Theorie der Religion mit Hilfe der dialektisch-relationalen
Methode gefunden wurde, deshalb ist auch der Pastoralplan dialektisch relational und kritisch entworfen. Will er indes als Pastoralplan nicht im
Methodenkorsett ersticken, dann muß er anhand von Schlüsselbegriffen
(Benevolência, "cordialer" Gemeinschaftlichkeit, Freude, Leiden, Erde,
Himmel und Befreiung) wieder konfrontiert werden mit den geschichtlich
gewordenen und human heute noch tragenden Grunderfahrungen des Volkes.

I. Teil   RELIGIÖSE AUSDRÜCKE DES "HOMO RELIGIOSUS POPULARIS

CHRISTIANUS": ÜBERBLICK ÜBER DIE PASTORALEN UND

SOZIOLOGISCHEN ANSATZPUNKTE IN DER ERFASSUNG DER

VOLKSRELIGIOSITÄT IN BRASILIEN.

1.   EINSICHTEN DER DESKRIPTIVEN SOZIOLOGIE INS PHÄNO-MEN DER VOLKSRELIGIOSITÄT.

Die ersten positiven und negativen theoretischen Elemente für das Verstehen des Phänomens der Volksreligiosität in Brasilien müssen im Bemühen der portugiesischen Jesuiten und Franziskaner um die Evangelisation und katechetische Unterweisung und die "Befriedung" der Indianer und der afrikanischen Sklaven gesucht werden. Die damals vertretene negative Bewertung des einheimischen beziehungsweise des importierten religiösen Lebens als "wilde" Formen der Religion beruhte auf einem inhumanen anthropologischen Verständnis der besiegten Völker. Für die Kolonialmissionare mußte der Begriff "veri homines" Gegenstand einer päpstlichen Definition sein (1). Das mit derartigen Definitionen angelernte Vorurteil war ein Hindernis für das phänomengerechte Studium indianischer und afrikanischer Religiosität im Lateinamerika der Konquistadoren. Die Religion der besiegten Völker wurde als Magie und Aberglaube abgestempelt und als solche zur vollständigen Ausrottung dekretiert. Wo solche Ausmerzung nicht gelang - und das traf zu bei den einfachen Leuten in Stadt und Land - dort lebte eingeborene oder importierte Religiosität nicht (wie etwa in den Südstaaten der USA) weiter in rassisch bestimmbaren Gettos oder Reservaten. Vielmehr mischte sich vorchristliche Religiosität mit missionarisch verbreiteter Katholizität. Aus diesem Prozeß der Amalgation erwuchs das, was lateinamerikanische Religionssoziologen heute unter dem Sammelnamen "Volksreligiosität" einer wissenschaftlich-analytischen oder philosophisch-anthropologischen Untersuchung zuführen.

Seit Anfang des zwanzigsten Jahrhunderts entwickelt sich ein neues Bewußtsein für die Wichtigkeit der Volksreligiosität. Der entscheidende Impuls kam von Anthropologen, die - wie Nina Rodrigues und später Arthur Ramos - die Kultur und Religion der afrikanischen Sklaven untersuchten. Seit den dreißiger Jahren werden zunehmend soziologische Untersuchungen zum "Catolicismo Popular" und zu anderen Formen der Volksreligiosität eingebracht. Von diesen Untersuchungen seien die wichtigsten hier vorgestellt.

1.1 Die Entstehung der religiösen, afrikanisch-westeuropäischen Mischkultur in Brasilien (Gilberto Freyre).

Gilberto Freyre ist einer der ersten Soziologen, die sich mit der Frage der religiösen Erscheinungsformen des einfachen Volkes beschäftigt haben. Er erarbeitet zwar kein System, liefert aber wichtige Daten über die Entstehung des Catolicismo Popular. In seinen Arbeiten erscheinen die heutigen Religiositätsformen als Konsequenz der Einpflanzung des Katholizismus in Brasilien innerhalb eines Klimas der patriarchalischen Kolonisierung und der Versklavung der Indianer und der Neger. Im Schmelztiegel einer fast durchgehend kolonial orientierten Mission entstand eine rurale Zwittergesellschaft (2). Der Katholizismus setzte sich fest in einer Atmosphäre von Gegensätzen der soziokulturellen und religiösen Kontraste, die zwischen der europäischen und der indianischen, beziehungsweise zwischen der europäischen und der afrikanischen Kultur lange Zeit latent bestehen blieben: "Kontraste zwischen einer agrarisch strukturierten Wirtschaftsform und einer Bergbauindustrie; Kontraste zwischen den Jesuiten und den Großgrundbesitzern; zwischen dem Besitzer und dem Paria; zwischen Bakkalaureus und dem Analphabeten. Und über all diesen Gegensätzen herrschte der tiefste Gegensatz zwischen dem Herrn und dem Sklaven" (3). Der Katholizismus versuchte, den Konflikt zu schlichten, indem er die Herrscher zum Wohlwollen und zur Freizügigkeit, die Besiegten zur Geduld und Unterwerfung aufrief. Seine Bemühungen intendierten also zunächst den kulturellen und ethischen Aspekt. Die inzwischen grundlegend veränderte ökonomische Struktur und die damit eingetretene Änderung im sozialen und politischen Machtgefälle versuchten die Missionare nicht in Richtung eines sozialen Ausgleichs zu bringen, vielmehr sollten moralische Appelle die Kontraste überdecken. Sie ließen in der Tat den Konflikt nicht ausbrechen. Noch wichtiger aber ist es der Kulturanthropologie, daß beim Versuch, den Konflikt zwischen den gegensätzlichen Kulturen zu harmonisieren und abzuschwächen, eine totale Europäisierung Brasiliens vermieden wurde. Vielmehr mischte sich die europäische Kultur in der direkten Berührung mit der indianischen und afrikanischen Kultur. Es entstand eine neue, eine latein-amerikanische Mischkultur, die bis zum heutigen Tag lebensfähig ist.

Von der indianischen und afrikanischen Bevölkerung wurden Elementarformen katholischer Frömmigkeit, die südwesteuropäische Katholiken mitbrachten, akzeptiert. Die Musikauffassung des Barock, religiöse Volkslieder aus Südeuropa, Prozessionsbräuche, Tänze, Mysterienspiele, die Meditationsform des Rosenkranzes und selbst Komödien wurden vermischt mit dem religiösen Formbestand des Animismus und Fetischismus, der mit den Sklaven aus Afrika einwanderte (4). Man wird es als eine der erstaunlichen Zulassungen in einer kulturellen Entwicklung ansehen können, daß einerseits die Jesuitenmissionare in Lateinamerika solche Vermischung zuließen und andererseits auch die arbeitende Bevölkerung Elementarformen katholischer Frömmigkeit annahm, auch wenn diese im Dienste der Europäisierung und Christianisierung eingeführt wurden.

Freyre erklärt diesen Teilerfolg der Jesuitenmission im festlichen, devotionalen und mystischen Bereich mit dem Hinweis darauf, daß auch die
ignatianischen Exerzitien Elemente der afrikanischen und arabischen Sinn-
lichkeit und Mystik enthalten. Die Lustbarkeiten des "jesuitischen Himmels"
wie auch die Grausamkeiten seiner "Hölle" oder seines "Fegfeuers" berei-
ten in besonderer Weise die sinnlichen Sphären und Vorstellungen der Gläubigen, die als nicht mehr ganz bewußte Animisten oder Fetischisten an den
Exerzitien teilnehmen.

So muß man sagen, daß die religionsphänomenologische - und davon abhängig auch die soziokulturelle - Entwicklung in Lateinamerika und besonders
in Brasilien nicht völlig lateinisch, sondern eher hispanisch bedingt ist.
Sie ist nicht das Ergebnis der italienischen Renaissance oder der französischen Revolution, sondern vielmehr von einem Katholizismus geprägt, der
arabische Elemente aufgenommen hat (5). Durch die Berührung aller dieser soziokulturellen Elemente entstand in Brasilien eine Volksreligiosität,
die man als "festiven Katholizismus" bezeichnen kann, der den feierlichen
und mystischen Bereich des katholischen Kultes mit "idyllischen" Aspekten
der menschlichen Liebe einerseits (6) und mit fetischistischen und animistischen Elementen der afrikanischen und indianischen Religionen andererseits
vermischt hat.

1.2 Der therapeutische Grundzug im familiär wirksamen Catolicismo Popular (Thales de Azevedo).

Um den Catolicismo Popular zu analysieren, geht Azevedo davon aus, daß
jede Gesellschaft, auch die einfachste, mehrere kulturelle Muster besitzt
(7). In Brasilien besteht ein kulturell katholisches Milieu, aber keine religiöse Homogenität (8). Vielmehr gibt es verschiedene Typen des Katholizismus, die in verschiedenen Epochen entstanden sind und bestimmte gesellschaftliche Schichten charakterisieren (9). Für Azevedo stellt sich das
Problem, Kriterien für die Klassifizierung der verschiedenen "Typen" von
Katholiken zu finden. Er ist sich bewußt, daß eine "Soziologie der Pfarrei",
die sich nur für die Messung religiöser Praktiken interessiert und die die
Nicht-Praktikanten (als solche definiert nach orthodoxen Maßstäben) ausschließt, der religiösen Wirklichkeit nicht entspricht (10). Er meidet deshalb auch die "statistische Soziologie", die mit ihrer Zähltechnik einer Erkenntnis der wahren Konturen der religiösen Phänomene wegen ihrer vorgefaßten Auszählmaßstäbe auch nicht gerecht wird. Man kann nach ihm das
Phänomen "Katholizismus" auch nicht bewerten, indem man von der Pro-
portion zwischen der Zahl der Priester und der Bevölkerung ausgeht (11).
Diese Methode, den kirchlichen Konformismus oder die reguläre Obser-
vanz statistisch zu ermitteln, kann vielleicht für eine Pastoralstrategie
nützlich sein, für eine Soziologie der Religion aber ist sie unzulänglich,
auch wenn diese Soziologie nur katholische Religiosität im Sinne von

J. Labbens untersuchen will (12). Sie ist auch unzulänglich für eine "Soziologie des Übernatürlichen" im Sinne von Luigi Sturzo, die sich als Ziel stellt, "die Gesetze der sozialen Struktur im Lichte des Übernatürlichen beziehungsweise seines Einflusses in der Gesellschaft zu studieren" (13). Eine Soziologie, die sich damit begnügt, religiöse Handlungsweisen, die als orthodox anerkannt sind, zu klassifizieren, zu beschreiben und auszulegen, kann nach Azevedo den Gesamtkomplex der Religiosität nicht erschöpfend behandeln, weil meßbare religiöse Handlungen nicht isoliert von Einflüssen anderer Religionsformen existieren (14).

Thales de Azevedo sucht daher nach einem anderen Einstiegsort. Sein Ordnungskriterium heißt "Bildungsstand religiöser Menschen in Sachen Religion". In der Auswertung statistischen Erhebungsmaterials über den Stand der religiösen Bildung stellt er fest, daß es in Brasilien zwei Kategorien von Katholiken gibt: Nämlich die, die eine gewisse Kenntnis der Doktrin und der Dogmen ihrer Religion besitzen und die vielen Katholiken, die keine religiöse Bildung haben, auch wenn sie sich als "gute Katholiken" betrachten und teilweise sogar zu den politischen und kulturellen Eliten gehören. Azevedo analysiert dieses offenkundige Bildungsgefälle und kommt zu dem Ergebnis: Die religiöse Unwissenheit ist durch das, was er "konservative Trägheit" der Tradition nennt, bedingt (15). Aufgrund dieser Erkenntnis unterscheidet Azevedo zwei Typen von Katholiken: die Gruppe derer, die ihre Religion in Kenntnis von religiöser Doktrin und Vorschriftkodex praktiziert - die "formalen Katholiken" - und der Hierarchie gehorsam ist, und die Gruppe des "Católico Popular", für die recht undoktrinär Sakramente ein Schutzmittel gegen verschiedene Formen von Übeln sind. Die Gruppe der doktrinär orthodoxen Katholiken pflegt ein bewahrendes Ordnungsverständnis und praktiziert diese Ordnung in ihrem Gebetsleben und im Gottesdienstbesuch. Die andere Gruppe von Katholiken pflegt im Catolicismo Popular eine "therapeutische Religiosität", die zur Linderung sozialbedingter Krisen und zur Heilung von physischen und psychischen Krankheiten dient (16).

Diese so gewonnene religionssoziologische Unterscheidung zwischen "formell-orthodoxem" Katholizismus und Catolicismo Popular wird weiter differenziert durch Hinzunahme des Elementes "Kult". Thales de Azevedo meint ein Gesamtbild der Religiosität in Brasilien darstellen zu können (17), indem er differenziert zwischen

- dem offiziellen Katholizismus, der sich durch offizielle Handlungen, nämlich durch den Sonntagsbesuch der Messe und durch die Teilnahme am Sakramentenvollzug und durch Gehorsam gegenüber der Hierarchie ausdrückt;

- dem kulturell die Tradition zwar nicht verachtenden, aber auch nicht praktizierenden Katholizismus, zu dem die Gläubigen gehören, die einmal in der katholischen Religion erzogen wurden, aber heute keine religiöse Praxis mehr ausüben;

- dem Catolicismo Popular, der seine religiös-therapeutische Praxis auf den häuslichen Kult und die Verehrung von Heiligen, die "zur Familie" ge-

hören, konzentriert: er kennt Gebete, Wallfahrten, Versprechen, aber
keine ständige Teilnahme an Sakramenten und keinen Gehorsam gegenüber
der katholischen Hierarchie; für die Wertschätzung seiner religiösen Praxis
ist es gleichgültig, ob sie kanonisch anerkannt oder abgelehnt wird;

- dem "assoziierten" Katholizismus, beziehungsweise dem "synkretistischen" Katholizismus, der sich mit den Religiositätsformen der Indianer,
mit den afrikanischen Kulten, mit dem Spiritismus, mit der Umbanda und
mit dem Buddhismus und Shintoismus vermischt hat (18).

Als Fazit der Untersuchungen von Azevedo läßt sich herausarbeiten: der
Ursprung des Catolicismo Popular muß in den geschichtlichen und kulturellen Überlieferungsprozessen des hispanisch-portugiesischen Katholizismus
in Brasilien gesucht werden, nämlich in der katechetischen Unterweisung
der Jesuiten, die zwar die Indianer und die Afrikaner missioniert haben,
nicht aber die dort herrschende europäische Gesellschaft (19). Dadurch
entstand eine familiär wirksame, mit archaischen Elementen durchsetzte
therapeutisch angelegte Volksreligiosität, ein heterodoxer Katholizismus,
der von der offiziellen katholischen Kirche allerdings nie ganz ausgeschlossen worden ist (20).

1.3   Heiligenverehrung im Catolicismo Popular: Der Kult der Patrone
      als Krisenausgleich und sein Rollenwechsel im Volk der Abhängi-
      gen (Roger Bastide).

Bastide konstatiert, daß das heutige Brasilien von komplexen Gegensätzen
beherrscht ist. Er nennt die Gegensätze zwischen verschiedenen wirtschaftlichen Strukturen, zwischen verschiedenen Lebensstilen, zwischen verschiedenen Wertvorstellungen. Dieses Nebeneinander-Existieren der verschiedenen Gegensätze findet sein äußeres Abbild im Miteinander zweier gesellschaftlicher Strukturformen, dem archaischen Brasilien der Kolonialzeit,
das entweder orientiert ist an historischen doktrinal-religiösen Ordnungs-
vorstellungen oder an traditionsgebundener, familiär-orientierter therapeutisch wirksamer Religiosität - und dem modernen Brasilien der Groß-
städte, das auf Entwicklung und Technik basiert, sich der Zukunft zuwendet (21), das Archaische im Catolicismo Popular als rückständig verachtet und im Wirbel des Fortschritts äußersten Falls noch das Ordnungge-
füge des offiziellen Katholizismus für nützlich hält.

Wahrscheinlich wird man sagen müssen, daß das noch bestehende Bünd-
nis zwischen offiziellem Katholizismus und Technopolis in Brasilien auch
deshalb besteht, weil es sich in der Verachtung des Catolicismo Popular
einig ist. Ist dem so, dann können aus der Wertungsskala der politisch-
dominanten Gruppen Brasiliens keine Phänomenerhellungen im Feld des
Catolicismo Popular erwartet werden. Verachtung wehrt ein Phänomen

ab, kann es also nicht verstehen. So zeigt sich noch einmal, daß religions-soziologische Aufschlüsse über die Volksreligiosität in der Geschichte des archaisch strukturierten Brasilien gesucht werden müssen. Sie erscheinen dort als das Produkt des Zusammenstoßes zweier Religionen, nämlich des westeuropäischen Katholizismus der "Conquistadores" und der Religion der afrikanischen und ameroindianischen Sklaven. Die Durchdringung der Religionen der herrschenden Weißen und der beherrschten Schwarzen und Indioamerikaner führte zu dem Phänomen der Volksreligiosität, dem Catolicismo Popular, dessen genaue Genese Bastide zu erhellen versucht.

Der Katholizismus der weißen herrschenden Bevölkerung ist als Kultform der Gegenreformation charakterisiert durch seinen Anti-Protestantismus und durch eine Renaissance des Heiligenkultes, in den jedoch teilweise abergläubische mittelalterliche Vorstellungen eingedrungen sind. Da im Gegensatz zu Europa eine direkte Kontrolle des offiziellen katholischen Kultes durch dogmatische und liturgische Vorschriften in der brasilianischen Kolonie fehlt, hat die patriarchalische und familiäre Struktur der neuen Kolonie die religiösen Wertvorstellungen derart beeinflußt, daß sich der Katholizismus immer mehr dem Kult von "Schutzheiligen des Patriarchen" zuwendet (22). Dieser Katholizismus versucht außerdem, die Religionen der Neger und der Indianer hauptsächlich durch die Evangelisation der Jesuiten und der Franziskaner zu assimilieren.

Die Evangelisationsarbeit dieser Ordensmissionare - die selbst von Sklaven bedient wurden (23) - war durch zwei Kriterien bestimmt:

- durch Übernahme einiger Werte aus den afro-amero-indianischen Religionen, die in den Augen der Missionare keine Gefahr für den offiziellen Katholizismus darstellten, wie z. B. die Tänze der "Curumins" - Kinder der Indianer, zu denen die Missionare leichter Zugang fanden. Die diese Tänze begleitenden Lieder dagegen wurden durch hymnische Gebetstexte zu Ehren der Gottesmutter ersetzt;

- durch Errichtung von Bruderschaften des heiligen "Benedito" und des "Rosário", durch die sie die Fahrlässigkeit der Herrschenden gegenüber den Besiegten zu kompensieren versuchten (24).

Damit verfolgten sie eine Politik der Uminterpretierung bestimmter akzeptabler Werte, die aber von einer entschiedenen Ablehnung aller Elemente, die sich anscheinend den westlichen Werten widersetzten, begleitet wurde. Die Bruderschaften wurden aber eher zum synkretistischen Brutplatz afrobrasilianischer Kulte. Im Schatten des Kreuzes getarnt, entwickelte sich der Kult der afrikanischen Götter weiter (25). Die kirchliche Strategie konnte keinen Erfolg buchen, die nach europäischen Zielen betriebene katechetische Unterweisung blieb eine "Illusion" (26).

Für das Ende dieser Grundstufe in der brasilianischen Evangelisation zeigt sich dem historischen Rückblick: Der in Brasilien eingepflanzte damalige Katholizismus entwickelte besonders zwei verschiedene Ausdruckformen: den "weißen" Katholizismus und den "schwarzen" Katholizismus. Beide existierten aber nicht völlig getrennt voneinander (27), weil die Situation einerseits den Schwarzen zum Bewußtsein ihrer Rasse verhalf, andererseits aber zur Suche nach Protektoren zwang, die innerhalb des häuslichen Kultes der patriarchalischen Familie des Herrschers, dessen Religiosität auf der Verehrung von Heiligen basierte, anerkannt waren. Bestimmte Heilige, die sowohl von den Abhängigen wie von den Herren verehrt wurden, avancierten zu Patronen, die über allen standen. Dennoch gelang es dieser Form des Heiligenkultes nicht, den Widerstand der Abhängigen auf Dauer zu verdrängen.

Der "schwarze" Katholizismus wurde zum Katalysator der Revolte des Sklaven. Der Widerstand gegen die Sklaverei drückte sich aus in der Bereitschaft zum Leiden und sogar zum Selbstmord. Der "schwarze" Katholizismus wurde (um in der bildlichen Terminologie Roger Bastides zu bleiben) zu einer "Nische", innerhalb der der Schwarze die hohen Werte seiner angeborenen Religionen und seiner Kultur lebendig erhalten hat(28). An der Bereitschaft zum Opfer für die angestammte Religion und Kultur scheiterte die Evangelisation der Sklaven selbst da, wo sie das Prinzip der Assimilation beachtete oder in der Verehrung der Heiligen als "Überpatrone" den sozialen Konflikt hätte vermeiden können. Das religiös-kulturelle Selbstbewußtsein der Sklaven in Brasilien verursachte eine doppelte Falsifikation von Werten: der Weiße seinerseits betrachtete die afrikanische Religion als Magie und als Teufelswerk (29). Der religiös-wertende Gegensatz zwischen dem Guten und dem Bösen wurde als soziologischer, sozial-wertender Gegensatz zwischen dem Herrn und dem Sklaven uminterpretiert.

Der Weiße falsifizierte die Werte der Schwarzen und versuchte, den Widerstand der Letzteren durch eine Rache "post mortem" zu ersetzen (30). Der Schwarze seinerseits verfälschte die europäischen religiösen Wertvorstellungen des portugiesischen Herrschers. Er deutete das Christentum um, das ihm vom Herrn als Opium bzw. als Lohn in einer zukünftigen Welt für die jetzigen Leiden und Strafen dargeboten wurde. Die Taktik des Weißen erlangte jedoch keinen totalen Erfolg: der Schwarze der "Irmandades" betrachtete als Glied religiöser Bruderschaften die Heiligen und die Mutter Gottes seiner schwarzen Kirche nicht als Vermittler von übernatürlichen Gnaden eines von der Erde entfernten Himmels, sondern als Schützer, die nach dem Beispiel der Götter der afrikanischen Religionen sich um das Leben auf dieser Erde kümmerten (31). In diesen Religionen schützten die Ahnen ihren eigenen Stamm. Man brauchte ihnen nur Opfer darzubringen oder ihnen zu Ehren Feiern zu vollziehen. So haben die Heiligen im "schwarzen" Katholizismus die Rolle der afrikanischen Gottheiten übernommen: sie schützten die Gläubigen in dieser Welt durch die Einhaltung der Gelübde. Das Anzünden einer Kerze oder das Exvoto ersetzten das Opfer eines Hahnes oder eines Ziegenbockes. So haben die Anhänger der afrikanischen Religionen in Brasilien selber die Formen katholischer Religiosität in einer Uminterpretation, die die Heiligen aus dem Himmel auf die Erde holt, verändert.

So befreiend dies wirken mag, es liegt in der Konsequenz dieser Interpretation doch auch, daß die Hoffnung auf die Gemeinschaft der Heiligen nach
dem Tode verloren geht. In diese Leerstelle nistet sich dann zunehmend
der alte Animismus ein: die Verehrung der "irdischen Heiligen" und die
Furcht vor den "Geistern der Toten" gehen im "schwarzen" Katholizismus
in Brasilien zusammen. Von der ursprünglichen Bedeutung des Heiligenkultes behielten die Abhängigen nur die Elemente, die einer "Ökonomie des
Wechsels" dienten: sie interessierten sich für die Erlangung konkreter Gnaden dieser Erde und nicht für eine Heilsgemeinschaft im Jenseits. Der Sklave suchte in der Religion nicht eine Flucht vor der Wirklichkeit oder eine
Kompensation für seine Frustrationen, sondern benutzte sie als ein Mittel
des sozialen Aufstiegs. Das Christentum wurde von ihm nicht als eine Glaubensgemeinschaft gesehen, sondern als eine soziale Organisation, von der
man auf dieser Erde profitieren konnte. Durch die Metamorphose des herrschenden Christentums seitens der unterdrückten Sklaven konnte es nicht
zum Opium, zum Instrument der sozialen Kontrolle, zur Kanalisation des
Ressentiments des Sklaven gegen den Herrn werden, wie es die Herren
gewünscht hatten. Der Katholizismus, der sich offiziell als ein Mittel zur
Überwachung und zur Integrierung in eine Gesellschaft darstellte, wandelte
sich zum Teil zum Werkzeug der ethnischen Solidarität und der Forderung
nach sozialen Rechtsansprüchen. Dieser Prozeß der Verwandlung einer
Religion der sozialen Kontrolle in eine Religion des sozialen Protestes,
führte zu einem paradoxen Synkretismus der Volksreligiosität (32), der
sich durch den Exodus der Landbevölkerung in die Städte noch intensivier-
te (33).

1.4   Auf der Suche nach religionssoziologischen Erfassungskriterien.

1.4.1   Zur Unterscheidung von "offiziellem" und "rustikalem" Katholi-
        zismus (Maria Isaura Pereira de Queiroz).

Mit Roger Bastide und besonders mit Thales de Azevedo geht Frau Pereira
de Queiroz davon aus, daß es in Brasilien immer schon zwei verschiedene
Formen von Katholizismus gegeben hat, nämlich den offiziellen hierarchisch
und dogmatisch bestimmten Katholizismus einer priesterlichen Hierarchie
einerseits und den Volkskatholizismus andererseits, der zur spontanen religiösen Bedürfnisbefriedigung der Masse der Bevölkerung und zur Wahrung
traditioneller religiöser Werte neigt. Beide Typen von Katholizismus sind
auch in anderen Gesellschaften festzustellen und es ist schwierig, ihr genaues Ausmaß zu erfassen, weil sie ja statistischen Rastern entfliehen (34).
In Brasilien wird der Volkskatholizismus zum "rustikalen" rudimentär flui-
den Katholizismus, dessen spezifische Merkmale - Konzentration auf Pa-
tronatsfeier, Novenen, Tänze vom heiligen Gonçalo oder Büßergruppen
(35) - zunächst sozio-religiösen Faktoren zu verdanken sind:

- die minimale Zahl der Priester konnte nicht verhindern, daß das Dogma und die Liturgie der offiziellen Religion durch lokale Bedingungen, durch

- die Imagination religiöser Führer des traditionellen portugiesischen Katholizismus ohne religiöse Ausbildung und durch

- die synkretistische Berührung mit primitiven indianischen und afrikanischen Religionen entstellt wurden

- die einer archaisch-rustikalen Kultur (civilização rústica brasileira, das heißt einer Welt der traditionellen familiären Kulturen der Landbevölkerung) entspringen (36).

Die rustikale Kultur entwickelte sich durch Anpassung der portugiesischen Zivilisation an die Bedingungen des neuen menschlichen und geographisch isolierten Milieus der brasilianischen Kolonie. Sie kann mit R. Redfield als Zivilisation der "camponêses" definiert werden (37), die auf der Familie und der Nachbarschaftsgruppe basiert und lediglich eine Ökonomie der Subsistenz betreibt. Zu Beginn der Kolonialzeit verbreitete sie sich über das ganze Land, bis die im Jahre 1808 nach Brasilien übersiedelte - vor Napoleon fliehende - königliche portugiesische Familie von Dom João VI. eine städtische europäisierende Kultur einleitete, worauf sich die rustikale Kultur ins Innere des Landes zurückzog (38).

Obwohl die städtische Kultur Dom João's VI. sich auf eine neue, aus England nach Brasilien immigrierte Bevölkerungsschicht stützen konnte, trat sie mit der rustikalen Kultur in einen Prozeß der reziproken Beeinflussung ein, deren Auswirkungen Pereira de Queiroz nicht weiter verfolgt. Ihrer Meinung nach ist es wichtiger, unter Voraussetzung beider Kulturformen als konkurrierende Strukturelemente der brasilianischen Gesellschaft zunächst die Spannungen zu analysieren, die sich aus der Konfrontation zwischen einer städtischen und einer primitial-ländlichen Kultur in der Form von Messianismen ergeben haben und immer neu wiederkehren (39). Es gilt zu unterscheiden zwischen messianischen Bewegungen indianischer Stämme, besonders der "Caraibas" und der "Santidade"-Bewegungen, die durch die Wallfahrt zum "Land ohne Übel" gegen die in einer kolonialen Situation entstandene Hegemonie des in Brasilien eingedrungenen Weißen reagieren und es ablehnen, in eine gesellschaftliche Struktur integriert zu werden, in der ihnen die niedrigste Stufe zugewiesen wird (40) und zwischen rustikalen messianischen Bewegungen, die seit dem neunzehnten Jahrhundert gegen soziale Benachteiligung (41), gegen das Eingreifen der urbanisierten Gesellschaft (Antonio Conselheiro) oder gegen die innere Anomie der rustikalen Gesellschaft selbst (Padre Cícero von Juazeiro) protestieren (42).

1.4.2 Analyseversuch mit religionssoziologischen Kategorien Max Weber's (Cândido Procópio Ferreira de Camargo).

Ferreira de Camargo betrachtet die Volkreligiosität als Ausdruck homogener sozialer Kategorien speziell der armen Schichten bzw. der Masse der Bevölkerung. Die Volksreligiosität ist Widerschein der gesellschaftlichen Struktur und übt in dieser Gesellschaft zwei Funktionen aus: die schon erwähnte therapeutische Funktion und die jetzt darzustellende Funktion einer Integration der vom Land wegziehenden Bevölkerung in die städtische Gesellschaft (43). In Brasilien übernehmen die zuletzt genannte Funktion vor allem drei Hauptformen der Volksreligion:

- Das mediumistische Kontinuum, dargestellt hauptsächlich durch den Spiritismus und durch die "Umbanda". Es wird als Ergebnis eines religiösen afro-asiatischen Synkretismus betrachtet, der durch den französischen Spiritismus von Léon Hypolite Denizart Rivail beziehungsweise Allan Kardec modifiziert wurde.

- Die pentekostalen kirchlichen Gemeinden, die, ausgehend von der protestantisch fundamentalistischen Theologie, eine personelle religiöse Erfahrung in den Vordergrund stellen, die besonders im Phänomen der "Taufe im Heiligen Geist" unbewußten und emotionalen Elementen den Vorrang gewährt (44).

- Der traditionelle Katholizismus beziehungsweise Volkskatholizismus in städtischer oder ländlicher Ausprägung (45) wirkt sich heute in Brasilien mit der Verehrung seiner Heiligen wieder weniger revolutionär und weit mehr sozialtherapeutisch aus.

Um die Volksreligiosität genauer zu erfassen, unterscheidet Camargo mit Max Weber zwei Idealtypen von Religiosität: die verinnerlichte Religiosität ist die gewählte und bewußte Form des religiösen Ausdrucks, durch die der Gläubige das Bedürfnis nach konkreter Erfahrung der Wahrheit befriedigt. Der Gläubige mit einer verinnerlichten religiösen Erfahrung hat ein klares Bewußtsein der positiven Werte, der Vorteile und der Funktionen seiner überkommenen oder auch der neuen Religion, die er übernommen hat. Außerdem hat er ein doktrinäres Interesse, das heißt, seine innere Erfahrung drückt sich durch die "Welt des Redens" aus. Die Diskussion oder auch das vertiefende Gespräch über religiöse Themen werden als Mittel für ein progressives Verständnis der eigenen Erfahrung gepflegt (46). Diese "Welt des Redens" impliziert eine rationale Erklärung der religiösen Werte, Normen und Rollen, die zur Differenzierung und sogar zur Spannung zwischen bewußten religiösen Werten und den Wertnormen der Gesellschaft führen kann (47). An dritter Stelle muß gesagt werden, daß verinnerlichte Religiosität das soziale Leben zu beeinflussen versucht, indem sie sich bewußt für eine moralische Orientierung engagiert. In ihr gibt es kein autoritatives Übergewicht einer institutionalisierten Hierarchie. Diese wird vielmehr durch das Vertrauen der Gläubigen in ihre eigene Erfahrung ersetzt. Das letzte Merkmal der verinnerlichten Religiosität besteht darin, daß in ihr die Rolle der Familie als Vermittler der Religiosität gemindert wird (48).

Dagegen basiert die "traditionelle" Religiosität auf den Gewohnheiten und auf der Treue zu einer Tradition, deren Adhäsionsgrund in spontaner und unbewußter Übernahme traditioneller Rollen innerhalb einer statischen Gesellschaft und nicht in der kritisch-bewußten Erfassung von positiven Werten gesucht werden muß (49). In dieser Form von Religiosität gibt es keine rationale Erklärung des religiösen und sozialen Handelns. Die Werte und Normen der religiösen Gemeinschaft werden mit denen der Gesellschaft vermischt.

Procópio de Camargo stellt beide religiösen Idealtypen in Korrelation mit zwei sozio-ökonomischen Kategorien: ländlich und städtisch (50). Damit glaubt er, ein Instrumentarium gefunden zu haben, das die Formen der sich darstellenden Religiosität besonders des Katholizismus in Brasilien beschreiben kann (51). Dadurch isoliert er zwei Arten von Katholizismus, nämlich den verinnerlichten Katholizismus einer Elite in der modernen Bildungslandschaft und den traditionellen Katholizismus beziehungsweise Volkskatholizismus ländlicher oder städtischer Prägung. Die mit dem Kriterienkatalog von Max Weber gewonnene religionssoziologische Feldunterscheidung hat gewiß ihren pastoralstrategischen Orientierungswert, wenn man sie anwendet für Aufgabenstellungen in einem kirchlichen Pfarrei- oder Regionalbezirk. Sie wird indessen unzureichend, wenn man den Versuch unternehmen will, die drei eingangs benannten Religiositätsgruppen in ihrer Integrationsfunktion zu bestimmen. Eben diese Funktion des Beheimatens der vom Land einwandernden oder schon wieder entwurzelten Bevölkerungsschichten in Stadtregionen macht aber offensichtlich einen Großteil der Anziehungskraft von Umbanda oder Volkskatholizismus aus.

Anhand umfangreicher Beobachtungen und in einer aufgeschlüsselten, systematischen Auswertung hat Beatriz Muniz de Souza diese Integrationsfunktion und deren Anziehungskraft für Pentekostegemeinden in São Paulo nachgewiesen. Es empfiehlt sich deshalb, auf der Suche nach einer zureichenden religionssoziologischen Deskription des Christentums außerhalb der offiziellen Kirche in Brasilien die Untersuchung dieser Soziologin kritisch-korrektiv zum Grobraster von Weber-Camargo einzufügen.

1.5 Resozialisation und soziologische Integration: Die sozial-funktionale Kraft religiöser Sekten - dargestellt an Pentekoste-Gruppen in São Paulo (Beatriz Muniz de Souza).

Frau Muniz de Souza schrieb eine Arbeit über die Pfingstler in São Paulo, die von der Universität von Campinas als Promotion angenommen wurde. Anlaß zu dieser Arbeit war das rasche Wachstum der Pfingstgruppen innerhalb der städtischen und vorstädtischen Gebiete, die sich in einem Prozeß sozialen Wandels befinden (52). Die Soziologin sucht die Erklärung für die Entwicklung solcher religiöser Gruppen in der integrativen Rolle der Religion. Diese These wird belegt in einer umfassenden systematischen Beschreibung der verschiedenen pentekostalen Gruppen. Ansatz für die Systematisierung des soziologischen Materials ist die von M. Weber entworfene und von E. Troeltsch entwickelte idealtypische Gradiente: "Sekte-Kirche" (53). Innerhalb dieses Rahmens sondiert die brasilianische Religionssoziologin das aus Beschreibungen von pfingstlichen Kulten, aus Interviews mit pentekostalen Gläubigen und Führern, aus der Analyse von "histórias de Vida", das heißt von kurzen Biographien pfingstlicher Konvertiten gewonnene Material. Außerdem berücksichtigt sie den Inhalt pfingstlicher Veröffentlichungen: Flugblätter, Zeitschriften, Bücher, Zeitungen und die offiziellen statistischen Quellen (54).

Die Arbeitshypothese lautet: der Pentecostismo ist eine Resozialisierung des Individuums unter dem Einfluß religiöser Werte. Die soziologischen Untersuchungen heben hervor, daß die vorstädtischen Bewohner Lateinamerikas einer grausamen sozialen Anomie ausgeliefert sind. Die aus ländlichen Gebieten kommenden Menschen sehen sich der sozio-kulturellen, ökonomischen und religiösen Fluktuation nicht gewachsen und damit der "Entwurzelung" preisgegeben. Aus dieser Situation entsteht eine Quelle dauernder Konflikte und Frustrationen.

Der Pentecostismo ersetzt durch die Gemeinschaft der Schwestern und Brüder die primären Sozialbeziehungen, die der "marginalizado" in der traditionellen ländlichen Gesellschaft besaß. So kann er sich der neuen rationalisierten und technokratisierten Gesellschaft anpassen. Die Sakralisation der täglichen Ereignisse liefert ihm geeignete Mittel zur Überwindung der aus Krankheiten und Anpassungsschwierigkeiten in der neuen Gesellschaft entstandenen Frustrationen.

Die Organisation des Pentecostismo in den städtischen Ballungsgebieten kennt keine scharf umrissenen Konturen. Daher muß eine gewisse Schwankung und Unschärfe der Charakterisierung innerhalb des Rasters "Kirche-Sekte" zugelassen werden. In der Anwendung dieser Gradiente akzeptiert Muniz de Souza diesen Sachverhalt und bezeichnet die Pfingstgruppen entweder als Schar der "bescheidenen Leute" (gente humilde) (55), als Sekten der niedrigsten sozialen Schicht (56), als kleine Gruppen beziehungsweise Gruppierungen der "psychologisch schwankenden" Bevölkerung, als Pfingstbewegung, als Kongregationen der Menschen ohne schulische Ausbildung (57), als rasch wachsende Denominationen (58) oder als Kirchen eines bestimmten Teiles des Mittelstandes und als Kirchen der großen Massenkonzentrationen (59).

Für die armen Gläubigen sind keine besonderen Kultplätze erforderlich: es genügt ein öffentlicher Platz, ein Kino, eine Garage, oder irgendein Raum (60) oder Gebetshäuser in der Großstadt (61), auch Zirkuszelte werden als Versammlungsstätten benutzt, die die Gläubigen zwanglos zur frohen Mitfeier einladen sollen (62). In Regionen, in denen die Gemeinden zahlreicher werden, entstehen auch prächtige Kirchen, wie die vom "Largo da Pompéia" inmitten der Großstadt São Paulo, die mit rund fünfundzwanzigtausend Plätzen ausgestattet sein wird.

Es gibt etliche Gründe, die den so verschiedenen, kaum strukturierten enthusiastischen Gruppen Vorteile gegenüber der Pastoration der offiziellen Kirchen verschaffen. Ihre Anziehungskraft besteht vor den Augen der Armen in der Fähigkeit, eine ausgesprochen offene Kirche für die Abhängigen und Analphabeten - die menschliche Weisheit wird verachtet (63) - sein zu können (64), die sich nach den Worten eines Interviewten für die "Rettung des Körpers und der Seele" der Ärmsten interessiert und imstande ist, sich den Bedingungen einer sozialen Zerrüttung anzupassen (65). Weiter muß ihr Streben nach finanzieller und personeller Freiheit den ausländischen Mutter-Missionen gegenüber erwähnt werden, das ihnen nationalen Charakter verleiht (66). Die aus dem Mittelstand Stammenden rechtfertigen ihre gläubige Zustimmung zum Pentecostismo dadurch, daß sie darin "den wahren Sinn der Urkirche finden, die keine Unterscheidung zwischen arm und reich, zwischen Gebildeten und Ungebildeten, zwischen Würdenträgern und Verachteten zuließ (67).

Beatriz unterstreicht weitere Anziehungselemente des Pentecostismo, wie zum Beispiel die Art ihrer Missionstätigkeit (evangelismo), die ohne Rücksicht auf soziale Konventionen das fundamentalistisch verstandene Wort des Evangeliums überall unbefangen verkündet. Aber die alles überragende Stellung nehmen der Kult, - in dem man Heilung und Begegnung mit Jesus erfährt, in dem man sich freuen (68), ja sogar lachen und Humor pflegen kann - und die charismatischen Führergestalten der pentekostalen Gemeinden ein. So findet der aus dem Catolicismo Popular, aus dem Protestantismus oder aus der Umbanda konvertierte Gläubige im Pentecostismo tatkräftige Orientierungshilfen für sein konkretes Leben, die er in den erstarrten Riten- und Doktrinvorschriften institutionalisierter Kirchen vermißte (69).

Aus einer theologischen Sicht heraus lassen sich mehrere sozialrelevante integrierende religiöse Wertvorstellungen des Pentecostismo aus dem sich dynamisch erweiternden Schatz religiöser Erfahrung des Pentecostismo eruieren:

- Aufwertung der persönlichen religiösen Erfahrung aller Gläubigen, die sich zu Jesus bekehren.

- Bewußtsein der dramatischen Trennung zwischen Geretteten und Verdammten einerseits und zwischen der guten Welt des Geistes und der bösen Welt des Fleisches andererseits: der "Pentecostista" muß die verlorene Welt der "Sünde", des "Teufels" und der "Dunkelheit" verlassen und sich der rettenden Welt Jesu zuwenden. Diese Betrachtungsweise wird aus dem Neuen Testament gewonnen, besonders aus Paulus mit seiner Gegenüberstellung zwischen Σάρξ und πνεῦμα und aus dem von den Pfingstlern stark privatistisch interpretierten ersten Johannesbrief mit seiner Forderung, die Welt und die Dinge dieser Welt nicht zu lieben. Der Pentecostismo versucht, die böse Welt, die er konkret als Ort der Ausbeutung von Menschen durch Menschen und als Stätte der Frustrationen, der Armut, der Krankheit und des Todes erfährt, abzuschütteln und sich apokalyptisch-millenaristischen Vorstellungen einer plötzlichen Ankunft des Reiches Jesu zuzuwenden, um sein Selbstbewußtsein zu heben. Als wichtigste Aufgabe des Pfingstlers erscheint dann die Rettung möglichst vieler Menschen aus dieser verdammten Welt durch Gebet und Verkündigung. Somit wird das "pfingstliche Feuer", das nach C. L. D'Epinay Splitter sozialer Revolution enthält, nur zur "geistlichen Wärme", die in wichtigen Punkten im Rahmen des traditionellen Protestantismus verbleibt: willkürliche Trennung zwischen dem sozialen und politischen Bereich; politischer Kampf lediglich zur Verteidigung kirchlicher Interessen; Glauben an Veränderung der gesellschaftlichen Strukturen durch Bekehrung des Einzelnen (70).

- Ausbreitung der Gaben des Heiligen Geistes, besonders der "Taufe im Heiligen Geist", die jeder Gläubige empfangen kann.

- Eine puritanisch gefärbte Ethik: jede Art von Belustigungen, Sporttreiben, Betätigung in politischen Parteien, werden als "Teufelswerke" oder zumindest als "verlorene Zeit" disqualifiziert.

- Auslegung der täglichen Ereignisse als Drama der individuellen Rettung.

Der Pentecostismo könnte nach Muniz de Souza eine Antwort auf die Not breiter Bevölkerungsschichten São Paulo's und damit eine Alternative der unvollständigen sozialen Integration der abhängigen Massen inmitten des neuen städtisch-technokratischen Milieus sein, weil theologisch relevante Elemente von bestimmten sozialen Gruppen soziologisch uminterpretiert werden: So spielen für die "marginalizados" besonders folgende Elemente im Pentecostismus eine entscheidende Rolle:

- Die Brudergemeinschaft als Ort der Bewährung primärer menschlicher Beziehungen und der Mechanismen psychologischer und materieller Stützen als Ersatz der ländlich familiären Nachbarschaftsbeziehungen.

- Darstellung konkreter Modelle für das individuelle Verhalten anhand von Biographien verschiedener pentekostaler Konvertiten (histórias de vida) (71)

- Der emotional enthusiastische Kultcharakter des Pentecostismo wird zur ausschlaggebenden religiösen Triebfeder der Resozialisierung der Armen. Die sich drei- bis viermal in der Woche wiederholende nächtliche Zusammenkunft der Gemeinde zur intensiv erlebten Teilnahme an enthusiastischen Lobliedern (72), Gebeten und Zeugnissen über die von Jesus gewirkten Wunder (73) dient dazu, die mit Tränen begleitete Freude und das Glück der Erlösten zu bezeugen und zu verstärken. Hier wird inmitten der technokratisierten Welt einer Großstadt durch die Feiern der sozial Benachteiligten die "Ohnmacht der Wissenschaft" und jedes "menschlichen Bemühens" proklamiert, weil sie von der "Welt" ist oder vom "Teufel" stammt, die von sich aus keine "Erlösung" oder "Heilung" bringen können (74).

Wir stehen vor einer Sakralisierung konkreter Lebensereignisse: nichts ereignet sich in der Welt, ohne in Relation zu Gott oder zum Teufel zu stehen. Solch vereinfachende Sakralisierung wird zur Therapie gegen tief erfahrene Frustrationen der Abhängigen. Es bleibt aber zu fragen, ob die These Frau Muniz de Souza dem Phänomen der Volksreligiosität letzten Endes nicht doch unrecht tut, indem sie es einfach zur sozialen Komponente herabmindert und sie eines übersieht, nämlich den wichtigen Aspekt der religiösen Manifestation des nach Erlösung suchenden Menschen.

1.6 Der Catolicismo Popular als eigenständiges religionsphänomenologisches Phänomen (José Maria Tavares de Andrade).

Tavares de Andrade behauptet, daß die Volksreligiosität in Brasilien ein autonomes Wahrnehmungssystem ist, das sich eigenständig im Denken und Handeln - innerhalb der allgemeinen kulturellen Struktur des Landes - als autark-autonomes religionssoziologisches Phänomen darstellt. Auf dem "ideologischen Niveau" besteht dieses System aus der religiösen Ideologie, die als ein "Quasi-System" bezeichnet werden kann, und auf dem "Aufbauniveau" aus institutionalisierten Instanzen, zu denen auch die "Agenten-Kirchen" gehören (75).

Die Frage, die er sich stellt, lautet: Ist es angebracht, die ideologisch-politische Rolle der Volksreligiosität zu analysieren? Welche Formen kann die Volksreligiosität in einem Bereich übernehmen, der durch politische und wirtschaftliche Entfremdung gekennzeichnet ist? Tavares de Andrade gibt eine bestimmte kulturelle Autonomie zu, die auch innerhalb der politischen und wirtschaftlichen Domination bestehen kann. Aber die Frage dieser Autonomie verliert an Bedeutung vor der fundamentalen Frage nach der politischen und ideologischen Rolle der Religiosität und vor der Frage nach dem spezifischen Feld dieser Religiosität. Die Artikulierung dieser Frage setzt eine theoretisch-empirische Konstruktion der wichtigsten Untersuchungen über die Volksreligiosität voraus (76).

Er widmet sich zunächst der Abgrenzung des Feldes der Volksreligiosität, die eine unerläßliche Basis für die Analyse der konkreten religiösen Phänomene in Brasilien ist. Daher seine Bemühungen um eine präliminare Forschung der Begriffe der Volksreligiosität (77).

Mit der Wiederholung der empirischen Feststellung anderer Soziologen: "Die brasilianische Kultur ist eine abgeleitete Kultur", betont Tavares de Andrade die Tatsache, daß der eigenartige geschichtlich-gemischte Aufbau Brasiliens und die wachsende ökonomische Ungleichheit innerhalb derselben gesellschaftlichen Struktur den Sozialwissenschaften neue methodische Probleme stellen. Die heutige brasilianische Kultur kennt verschiedene Aspekte: primitive Archaismen und gleichzeitig die äußersten Formen der Säkularisierung, die durch das klassische soziologische Instrumentarium nicht ganz erfaßt werden können.

Klassischerweise vertreten die Soziologen zwei Grundannahmen, die zugleich die Feldbereiche markieren, in denen die soziologische Untersuchung ihr Material zu finden hofft. Die beiden Feldbereiche werden benannt mit den Schlagwörtern "Handeln" oder "Sprache". Max Weber hat gesagt, der Gegenstand der Soziologie sei das Handeln (78). Andererseits bestimmt die für eine Untersuchung des brasilianischen Volkskirchentums interessante Schule des ethnologischen Strukturalismus im Anschluß an die Arbeiten von C. Lévi Strauss, der Gegenstand der Soziologie heiße Sprache (79). Beiden Soziologenschulen gemeinsam ist die Voraussetzung, bei aller Entwicklung blieben doch die Feldbereiche "Handeln" oder "Sprache" strukturall sich gleich. Aus diesem Grundansatz folgt, daß es in der Grundlage des soziologischen Feldbereiches, dort also strukturall, keine Dichotomie geben kann zwischen primitiven Menschen einerseits und zivilisierten Menschen andererseits. Mit dieser Folgerung entfällt naturgemäß auch die Abwertung des rustikalen Handelns und Sprechens als "primitiv" beziehungsweise der wertende Ansatz, Handeln und Sprechen in der Zivilisationsgesellschaft seien "fortschrittlich" organisiert.

Tavares de Andrade sieht den Vorteil der naturalstrukturalen Deutung der klassischen Soziologie, der es ermöglicht, wertneutral Untersuchungen anzustellen. Dennoch sagt Andrade mit Recht, es sei wirklichkeitsfremd, in der Wertneutralität die gruppensoziologisch unterscheidbaren "Sprachspiele" (80) und die mit ihnen gegebene Getto- oder Sektenmentalität zu übersehen. Die Sektenmentalität ist ihrerseits eine Folgeerscheinung davon, daß im Konflikt mit der offiziellen Kirche den Sektenmitgliedern bewußt wird: die offizielle Kirche hat ihr eigenes, doktrinär organisiertes Sprachspiel - und wir haben ein eigenes Sprachspiel. In diesem Konflikt von "Kirchen" - der Volkskirche des Catolicismo Popular, der Sektenkirche der "Pentekoste" und der "offiziellen, doktrinären Kirche" - kommt es, sobald im gesellschaftlichen Gesamtfeld der Konflikt nicht mehr zu vermeiden ist, also ausbricht - darauf an, wessen "Sprachspiel" funktional, also als "Handlungsspiel" am meisten integrierend wirkt, funktional-therapeutisch ist. Der missionarische Effekt verlagert sich von der Wissensbildung ("wenn du selig werden willst, mußt du diese und jene Doktrin und Vorschrift kennen und beachten") weg zur Gruppentherapie, die die Frustrationen der Entfremdung abbaut im Erlebnis der Brüdergemeinde.

Tavares de Andrade sieht diese Verschiebung von der "Wissensbildung" zur "Erlebnisbildung" im Phänomen der Volksreligiosität. In dieser sozialtherapeutisch relevanten Kontrastformulierung der Zielsetzung einer religionssoziologischen Gruppe meint er - weil es sich dabei um Alternativkonzepte handelt - die Möglichkeit der Abgrenzung, der Definition also, fassen zu können:

- Religiosität als Sprachspiel, das ist dann "eine der vielen Formen, die das religiöse Handeln innerhalb einer Gesellschaft übernehmen kann";

- In Phasen oder Gebieten der sozialen Gärung kommt es zum Konflikt, weil "diese Formen mit anderen Begriffen assoziiert werden: traditionell, magisc männlich-weiblich, individuell-kollektiv, ethisch-irrational, herrschend-beherrscht und populär" (81);

- Andrade analysiert das Assoziierungsvermögen, mit dem sich die "Volksreligiosität" nicht -religiöse Begriffskonstellationen zueignet; er kommt dabei zu folgenden Annäherungen an eine Definition des Phänomens "Volksreligiosität":

- Von Max Weber übernimmt de Andrade den Vorschlag, religionssoziologisch ein Schema aufzubauen, das den "drei Idealtypen" sozialer Tätigkeit - dem Rationalen, dem Charismatischen und dem Traditionellen - "drei Autoritätstypen" im religionssoziologischen Feld - Priester, Prophet, Magier - zuordnet (82).

- Um die möglichen Konfliktherde alternativ zu lokalisieren, übernimmt de Andrade von Max Weber dann auch die Reduzierung des Dreierschemas auf ein Zweierschema. Mit Max Weber unterscheidet er zwischen den spezifisch "religiösen Interessen", die in Kirchen doktrinär oder charismatisch von den Priestern oder Propheten vertreten werden - und den "magischen Interessen", die vertreten werden vom einfachen Volk oder den Bauern, die daran interessiert sind, Leben und Praxis religiös abzusichern (83).

- Den "magischen Interessen" der Volksreligiosität entspricht beim Volk die prekäre Lebenssituation der Ohnmacht, die das Bewußtsein prägt und von daher das Interesse an Religion präformiert - Den "religiösen Interessen" der rational-verwaltenden Priesterklasse oder der charismatisch-revolutionär die Zukunft suchenden Prophetenklasse entspricht die europäische Urbanität, die geprägt ist von der Notwendigkeit, zugleich Ordnung zu halten und Neuordnung zu suchen.

- Um bei diesen zwei verschiedenen Bewußtseinslagen - der rustikalen und der urbanen und ihren religiösen Assoziationen - zu einer Entscheidung vorzustoßen, greift de Andrade Definitionen auf, die er bei den Neo-Marxisten Evans-Pritchard und Bourdieu findet. Mit seinen Gewährsleuten betrachtet er zunächst die Volksreligiosität als eine residuale Magie, die den spezifischen Interessen jener Bevölkerungsschichten entspricht, die im Zug der Urbanisation sozial schlecht abschnitten (84).

- Kritisch gegen die fortschrittlich-wertende Klassifikation der Neomarxisten, die einseitig die Rationalität und deren reziproken, kritischen Revolutionsgeist der Urbanität feiern, versucht de Andrade, die Volksreligiosität nun ihrerseits als gesellschaftlich unentbehrliche Kraft positiv darzustellen. Um diesem Ziel näherzukommen, übernimmt er die These, derzufolge die (abwertende) Betrachtung einer Religion als Magie nur möglich wird innerhalb einer dialektisch-soziologischen Situation, die gekennzeichnet ist durch die Klassifizierungen "Herrscher - Beherrschte". Die herrschende religiöse Ideologie betrachtet jede primitive oder unterlegene Religion als Magie oder Zauberei (85). Diese Feststellung kann durch die Tatsache erläutert werden, daß der Katholizismus in Brasilien die religiösen Praktiken der unterdrückten Indianer und der Afrikaner für minderwertig hält. Wenn aber die Herrscher Aufbau und Funktionswert der Institution bestimmen, dann ist von diesem Ansatz her das Selbstbewußtsein einer "Volksreligiosität" als nicht-institutionalisierte Religiositätsform zu bezeichnen; die "Volksreligiosität" kennt Glaubensformen und Praktiken, die sich von denen der offiziellen und institutionalisierten Religionen unterscheiden (86). Die jetzt gewonnene Unterscheidung bleibt aber nur dann bestehen, wenn man nicht nur die "offizielle Religion", sondern auch die "Volksreligiosität" in ihrem jeweiligen Autonomieanspruch beschreiben kann.

Mit dem theoretischen Hauptrahmen M. Webers und Bourdieus einerseits und dem konkreten Rahmen der Volksreligiosität in Brasilien andererseits, präsentiert Tavares de Andrade einige Charakteristika beziehungsweise Indizien für eine mögliche eigenständige systematische Erfassung des Phänomens der Volksreligiosität, für eine "Phänomenologie der Volksreligiosität", die diese als eine autonome Form von Wahrnehmung, Denken und Handeln vorstellt:

- Der nicht-institutionelle Aspekt: Die Volksreligiosität ist ein Komplex religiöser Formen, die keine feste Organisation und auch keine Legitimation innerhalb der Gesamtgesellschaft leistet.

- Der Aspekt: "Religiöse Selbstproduktion". Sie verlangt weder religiöse Spezialisten noch Autoritäten: ihre Glaubensformen und Praktiken kennen keine Systematisierung.

- Der Aspekt: "Selektive Aufnahme und Uminterpretierung von Elementen universalistischer religiöser Systeme": Tavares de Andrade übernimmt den Begriff "Privatisierung" von Thales de Azevedo, wonach der brasilianische Catolicismo Popular Elemente des Christentums übernommen und uminterpretiert hat (87).

- Der Aspekt: "Vergegenwärtigung undifferenzierter religiöser Interessen". Die Volksreligiosität bezieht sich ohne negative Wertung auf magische und religiöse Elemente (88).

Wenn man auch bezweifeln kann, ob die Umwege der Soziologiekritik, die Tavares de Andrade begeht, für sein Ergebnis notwendig sind, soviel bleibt doch richtig: Das Postulat der deskriptiven Soziologie, Phänomene analytisch systematisch darzustellen und nicht zu bewerten, ist allein mit der religions-soziologischen Klassifizierung "Priester-Prophet-Magier" Max Webers oder der anderen von Evans-Pritchard und Bourdieu, die unterscheidet zwischen "Urbanität-Rustikalität", nicht aufrecht zu halten. De Andrade gelang hier ein Durchbruch. Er behauptet nicht nur den autonomen Phänomenanspruch der "Volksreligiosität"; er versteht es auch, die behauptete Autonomie dieses religionssoziologischen Phänomens form-typisch und funktional-typisch elementar zu buchstabieren:

- Organisationstheoretisch-formal ist der Catolicismo Popular ein Phänomen sui generis: der Volkskatholizismus in Brasilien kennt keine feste Organisationsform - er verzichtet deshalb auch sowohl auf eigene institutionelle Durchsetzung in der Gesellschaft wie andererseits auf die Legitimation durch institutionell verfaßte Gesellschaftsformen.

- Der Catolicismo Popular kann es sich leisten, privatisiert-therapeutische Funktionen einer ansprechenden Religiosität zu vertreten, weil er so stark bedürfnisorientiert ist, daß ihm die selektive Aufnahme und auch die Uminterpretierung von Elementen aus Religionen gelingt, die universalistisch und nicht privatisiert organisiert sind.

- Das Element, welches den Anhängern des Catolicismo Popular in der verfaßten Gesellschaft der Technopolis oder der Religion ein autonomes Bewußtsein verleiht, das aus der Religiosität eine Religion mit eigenständigem Anspruch macht, wird als die sammelnde Kraft erkannt, undifferenziert vorgegebene Interessen zu vergegenwärtigen. In magisch-archaischen Praktiken und in einem interfamiliären oder nachbarschaftlichen Hineinnehmen der Heiligen in den eigenen Daseinsbereich; bei Wallfahrten auch regional öffentlich oder gar national bis subkontinental wird die Vergegenwärtigung sozial-religiöser Interessen eigenwillig gefeiert und erlebt im Heiligenkult des Catolicismo Popular, welcher als Patronatskult anzusprechen ist.

1.7 Kriteriologische Zwischenbemerkung zur Methode in einer vorurteilsfrei-deskriptiven Religionssoziologie.

Tavares de Andrade konnte mit seinem Konzept, das die Deskription des Phänomens Catolicismo Popular aufgrund einer Elementenbeschreibung gewinnt, zeigen, was für den Pentecostismo Beatriz Muniz de Souza elementar-grammatisch buchstabierte:

Elementar-phänomenologisch sind sowohl die "Pentekoste-Gemeinden" wie der Catolicismo Popular als eigenständige religionssoziologische Phänomene beschreibbar.

Es wird wichtig sein, dieses Ergebnis der deskriptiven Religionssoziologie festzuhalten. Nur eine Religions-Soziologie, -Philosophie oder -Theologie, der es gelingt, sie angehende Phänomene als autark-autonome zu beschreiben, ist davor gefeit, beim Religionsvergleich Abhängigkeiten herauszustellen, die vom eigenen Standpunkt aus zur Abwertung des zu untersuchenden Phänomens führen. Vor jeder Beurteilung sollte die möglichste vorurteilslose Deskription stehen, die von dem Interesse geleitet ist, Grundelemente des Phänomens als funktional-autarke und in diesem Sinne als autonome sehen zu lernen. Gegen dieses Postulat scheint die Behauptung kein Einwand zu sein, derzufolge das Phänomen "Religion" in funktionalen und dort autark-autonomen Wertigkeiten allein nicht faßbar wird. So richtig dieser Einwand ist - im Verlauf dieser Untersuchung wird er deshalb auch eigens aufgenommen -: wissenschaftsorganisatorisch sollte man den zweiten Schritt nicht vor dem ersten tun. Zunächst gilt es, das zu untersuchende

Phänomen aus sich heraus, das heißt elementar, zu beschreiben, bevor man es dem religionssoziologisch wie auch theologisch gewiß notwendigen Vergleich mit verwandten Phänomenen aussetzt.

José Maria Tavares de Andrade wie Beatriz Muniz de Souza, beide ließen sich bei ihren Untersuchungen leiten vom Interesse, die religionssoziologischen Phänomene des Catolicismo Popular beziehungsweise des Pentecostismo als autonome Größen - und in diesem Sinne deskriptiv-soziologisch - vorzustellen.

Ein geraffter Rückblick auf die bislang vorgelegten religionssoziologischen Untersuchungen zum Catolicismo Popular und zum Pentecostismo kann zeigen, daß die für eine möglichst vorurteilsfreie Darstellung zu postulierende Methodenorientierung nur von den hier zuletzt genannten Forschern streng beachtet wurde:

1.8 Methodenkritischer Überblick zu den bislang herangezogenen religionssoziologischen Analysen der Volksreligiosität in Brasilien.

Für Gilberto Freyre ist der Catolicismo Popular eine Zwitterfrucht des römischen Katholizismus, der sich auf brasilianischem Boden durch die patriarchale Kolonisierung und durch die Versklavung des Indianers und des Afrikaners akklimatisiert hat. Ergebnis soziokultureller Zusammenstöße und der Harmonisierung ihrer zum Teil desintegrierenden Folgen, kann der Catolicismo Popular als feierliche, "devotionale" und "idyllische" Religiosität bezeichnet werden, in der die katholischen Elemente der portugiesischen Herrscherreligion sich teilweise mit animistischen und fetichistischen bestehenden Religionen verbunden haben. Die Heiligen der Katholischen Kirche werden zum Teil zu symbolischen Befreiungsinstrumenten. Die Wertung "Idylle" ist diminutiv, nicht deskriptiv.

Für Thales de Azevedo kommt die religiöse Kenntnis beziehungsweise Unkenntnis der Gläubigen als das entscheidende Kriterium in Frage, um aus der bunten Vielfalt religiöser Praktiken zwei Typen katholischer Gläubigen herauszuschälen: die religiös-gebildeten formalen Katholiken, die das theoretische System des Katholizismus gut kennen einerseits und andererseits die Católicos Populares, die Masse der Bevölkerung, die theoretische Elemente des Katholizismus ignoriert. Ursache der Unwissenheit ist in der "konservativen Trägheit" der Überlieferung zu suchen, die zur Privatisierung des offiziellen Katholizismus geführt hat. Weil Wissen hier als Maßstab genommen wird, muß das Festhalten an Überlieferungen abschätzig beurteilt werden.

Roger Bastide versucht klar darzustellen, den Ursprung der brasilianischen Volksreligiosität müsse man im Zusammenprall und der nachträglichen Durchdringung zwischen der Religion der Weißen und der Religion

der Schwarzen suchen. Die Volksreligiosität sei Ergebnis des Zusammenstoßes zweier Zivilisationen und daher ein Synkretismus, in dem jede Grup-
pierung mit eigenen Elementen zur Formung einer neuen religiösen Einheit
beiträgt, die von der Volksmasse gelebt wird. Kritisch wird man fragen
müssen, ob die aus der Religionsgeschichte übernommene Kategorie "Synkretismus", die dort im Aufstiegsschema einen Rückfall kennzeichnen soll,
noch deskriptiv ist.

Frau Pereira de Queiroz kommt zu dem Ergebnis, daß die Volksreligiosität
archaische Form einer rustikalen Kultur ist, deren Elemente in der traditionellen Welt des "campônes" entstehen und gleichzeitig mit Elementen
der modernen Welt in Verbindung treten. Endlich zeigen sich Ansätze für
eine deskriptive Grammatik des Phänomens "Volksreligiosität" aufgrund
einer soziologisch-deskriptiven Analyse.

Procópio de Camargo geht einen Schritt weiter im Verständnis der Volksreligiosität, wenn er sagt, sie sei der Ausdruck der armen sozialen Schichten, der die Struktur der Gesellschaft widerspiegelt. Die Volksreligiosität
kann die idealtypische Form einer traditionellen Religion übernehmen, wie
der Catolicismo Popular oder die verinnerlichte Form, wie der Pentecostismo. Die Ursachen müssen in der Struktur der brasilianischen Gesellschaft gesucht werden. Es muß gefragt werden, ob und mit welcher Konsequenz der übergeordnete Begriff "Struktur einer Gesellschaft" den Des-
kriptionstopos "idealtypisch" relativiert. Jedenfalls kommt im zugrunde-
gelegten Ursachenschema das zu beschreibende Phänomen nur als ein ab-
geleitetes in den Blick.

Beatriz Muniz de Souza sucht den Ursprung religiöser Volksgruppen innerhalb einer Konstante der Geschichte der Religionen, nämlich in dem Gegensatz "Sekte-Kirche". In Brasilien spielen die pentekostalen Sekten beziehungsweise "Quasi-Kirchen" eine positive Rolle: die Überwindung des anomalen
Zustandes der städtischen und vorstädtischen marginalisierten Bevölkerung.
Innerhalb des sozialen Rollenspiels wird der Gegensatz "Sekte-Kirche" ge-
schichtsneutral als "Konstante" angesehen. Offensichtlich wird angenommen,
diese Konstante wirke sich in ihrer Dialektik funktional-korrektiv aus, wenn
in bestimmbaren sozialen Notlagen es entweder der Sekte oder der Kirche
nicht gelinge, integrierend zu wirken. Die Integrationskraft des Pentecostismo wird gesehen und elementar beschrieben.

José Maria Tavares de Andrade thematisiert die Dialektik zwischen der
Volksreligiosität und der entfremdeten Gesellschaft durch die Analyse der
ideologisch-politischen Rolle der Volksreligiosität. Die Volksreligiosität
ist ein autonomes Schema der Wahrnehmung des Denkens und des Handelns
und kreist um drei Idealtypen, die ein kritisches Schwingungsmuster bilden:

- sie ist die Religiositätsform der "camponês", die der Magie zuneigen;

- sie ist mit ihrer Verehrung der Heiligen als "Patrone" die Religiositätsform einer religiös-beherrschten Gruppe;

- sie bleibt eine marginalisierte, nicht-institutionalisierte Religiosität und damit ein Korrektiv in einer institutionell beherrschten Gesellschaft. Wenngleich das Phänomen "Magie" nicht deskriptiv, sondern in üblicher Weise abwertend zur Charakterisierung eines Elementes in der Volksreligiosität eingeführt wird, so wird doch erkennbar, daß das Patronatskennzeichen der Heiligenverehrung ebenso originär ist wie das Durchhalten einer nicht-institutionalen Religiosität. Die Kritik von inzwischen klassisch gewordenen Erfassungsschemata in der Religionssoziologie hat der vorurteilsfreien Deskription des Phänomens "Volksreligiosität" aufgeholfen.

1.9 Ausblick auf ein neues Material einer pastoral-orientierten religionssoziologischen Erforschung der Volksreligiosität.

Die genannten soziologischen Untersuchungen sind, insoweit sie auf dem Wege zur deskriptiv-soziologischen Darstellung des Phänomens "Volksreligiosität" ihren Beitrag leisten, Ansatzpunkt für alle, die die Volksreligiosität in Brasilien unvoreingenommen verstehen wollen. Sie können als Steine betrachtet werden, auf die eine kritische Theorie der Volksreligiosität gebaut werden kann.

Die Soziologen wurden in den Bemühungen um die wissenschaftliche Erfassung der Volksreligiosität von einer anderen Gruppe unterstützt, die aus ganz anderer Perspektive her sich mit dem Phänomen befaßte: es sind die Seelsorger und Theologen der "historischen Kirchen", deren Beitrag - besonders der der katholischen Kirche, der hier angeführt wird - nicht übersehen werden kann. Angefertigt wurden diese Studien aus pastoralem Interesse. Um der Pastoration wirklichkeitsgerecht dienen zu können, wurden der pastoral-orientierten Auswertung umfangreiche soziologische Erhebungen zugrundegelegt. Dies gilt insbesondere für die von der Kirche in Auftrag gegebenen oder doch akzeptierten Felderhebungen zum Catolicismo Popular. Das vorgelegte Material ist umfangreich. Es wurde nicht nur in städtischen Ballungsgebieten oder in Brasilien, sondern auch in ländlichen Gebieten des lateinamerikanischen Kontinents erhoben: Insofern erreicht es nahezu die Qualifikation der Exemplarität. Kein Religionssoziologe wird es unbeachtet beiseite schieben.

Begnügen sich die meisten soziologisch interessierten Analysen der Volksreligiosität in Brasilien mit der Beschreibung ihres Ursprungs aus verschiedenen Kulturelementen, ihrer koagulativen Zusammensetzung oder ihrer Entwicklung innerhalb einer marginalisierten Gesellschaft, so wenden sich die pastoralen Analysen der Volksreligiosität zu, um aus deren Beschreibung Elemente für eine tatkräftige pastorale Veränderung des kirchlich wenig faßbaren Catolicismo Popular zu gewinnen.

Anfangs stand hinter diesem Willen zur pastoral anpassenden Veränderung eine doktrinär orientierte Apologetik, die den Catolicismo Popular einseitig als Negativphänomen ansah. In dieser - inzwischen weitgehend überwundenen - Apologetik wurde die Volksreligiosität entweder als mangelhaftes Christentum, als ignorante und magische Religionsform oder als reines Heidentum christlich etikettiert. Es empfiehlt sich bei der Auswertung des kirchlich angebotenen Materials auf solche apologetischen "Steuerungen " zu achten.

2. PASTORALORIENTIERTE, KIRCHLICHE ERHEBUNGEN ZUR VOLKSRELIGIOSITÄT - AUF DEM WEG VON DER APOLOGE- TISCHEN ZUR FUNDAMENTALTHEOLOGISCHEN BETRACH- TUNGSWEISE.

2.1 Medellin, ein geschichtlicher Meilenstein für die fundamental- pastorale Erforschung der Volksreligiosität in Lateinamerika.

Die Wende in der Einstellung zur Volksreligiosität, die sich seit den sech- ziger Jahren abzeichnet, wurde zum großen Teil durch die zweite General- konferenz des lateinamerikanischen Episkopats in Medellin (1968) initiiert. Auch hier werden die Anstoßüberlegungen aus der pastoralen Praxis beige- steuert. Aber die Motivationen sind theologisch ausgereifter. Sie rekurrie- ren auf das Vaticanum II, das mit "Lumen Gentium" und "Gaudium et Spes" sich an die breiten Bevölkerungsschichten wendet, die in der Eindimensio- nalität der sie umgebenden Massenkultur um die Artikulation ihrer Lebens- probleme ringen und in "Dignitatis Humane " zur Toleranz gegenüber an- deren Religionsformen auffordert (1).

In Medellin wurde die Volksreligiosität zum ersten Mal Gegenstand einer bewußten Reflexion des katholischen Episkopates in Lateinamerika. Es wurde keine wissenschaftliche, theologische Definition der Volksreligiosi- tät versucht. Aber die bewußte Anwendung des Terminus "Volksreligiosi- tät" bedeutet, daß die offiziellen Vertreter der sich pastoral verstehenden Kirche, die Bischöfe, sich der Relevanz dieses Problems bewußt waren. Ausdrücklich weisen die Bischöfe die Pastoration hin auf die Bedeutung der "großen Masse von Getauften", der "Massen der campesinos mit tie- fer Religiosität", der "halbheidnischen ethnischen Gruppen", der "margi- nalisierten Massen, die einen Überfluß an religiösen Gefühlen und einen Mangel an christlicher Praxis aufweisen". Der Glaube und die Praxis die- ser Volksmasse sind vom katholischen Ideal weit entfernt, da sie ein Typus kosmischer Religiosität sind, worin Gott als Löser jeglicher unbekannter und als Beseitiger jeder menschlicher Not erscheint. Ihre konkreten Mani- festationen gehören zu einer vergangenen Epoche, die heute abgelöst wird und sich pluralisiert.

Den kirchlichen Amtsträgern erscheint das Phänomen der "Volksreligiosi- tät" fragwürdig:

sowohl die Humanwissenschaften als auch die Theologie müssen sich mit der "Religiosität der Gelübde, der Versprechen, der Wallfahrten und der Devotion zu den Heiligen" als intervenierende Vermittler befassen (2). Mit der Religiosität der Massen, die nach Meinung der Bischöfe zu wenig "offizielle Vitalität" aufweist, durch eine "alte tyrannische Überlieferung" entstellt wird, die katholische Liturgie mit magischen und abergläubischen Elementen vermischt hat und die letztlich doch einen konkret-plastischen Charakter aufweist - mit diesem komplexen religiösen Phänomen sollen sich Forscher, kirchlich-engagierte Laien und Seelsorger ernsthafter als bisher befassen, sagen Lateinamerikas Bischöfe in Medellin.

Die Bischöfe appellieren nicht nur. Entschlossen bemühen sie sich darum,
die aus der herrschenden europäischen Kultur stammenden Beschreibungs-
modelle der Volksreligiosität zu überwinden: Arbeitshypothesen, die in
der institutionalisierten katholischen Kirche die einzig wahre, weil voll-
kommenste Religion sehen und entsprechende Expressionen der Volksreligiosität von vornherein als ihre epigonalen und mangelhaften Falsifizie-
rungen werten, werden von den Bischöfen erkannt als solche, die bisher
auch ihr Bewußtsein bestimmten. Jetzt werden diese Wertungen korrigiert
aufgrund einer Erkenntnis, die man als revolutionär innerhalb einer "ekklesialen Soziologie" bezeichnen muß. Bischöfe erkennen die bisher ange-
wandten bürgerlichen Interpretationskategorien der europäischen Kultur
als Sichtbeschränkungen und betrachten jetzt positiver die Volksreligiosität innerhalb des kulturellen Kontextes der "marginalisierten Gruppen".
Daher kommen sie zu der überraschenden Aussage, daß die religiösen
Formen der Armen "stammelnde Ausdrücke einer wahren Religiosität sein
können", die sich durch "verfügbare kulturelle Elemente" ausdrücken (3).
Trotz einiger Mängel wird die Volksreligiosität als "unerschöpflicher Spei-
cher" der christlichen Liebe gewertet.

Medellin wurde sich der Bedeutung der Volksreligiosität bewußt und versuchte die Provokation der offiziellen Kirche durch den Catolicismo Popular in Fundamentalfragen verstehend anzunehmen: Will die lateinamerikanische Kirche - so fragte man - weiterhin eine universale Kirche sein, die
alle Menschen in ihrem mütterlichen Schoß birgt, auch die, die ihre Glau-
bensidentität in der Volksreligiosität finden? Oder muß sie letztere aus-
schließen auf die Gefahr hin, selbst eine Sekte zu werden? Eine klare Antwort auf diese Herausforderung konnte von Medellin noch nicht gegeben werden, da der heutige Stand der theologischen und der praktischen Reflexion
noch nicht reif genug für eine solche endgültige Antwort ist. Trotzdem kann
man die Überlegungen von Medellin als Meilenstein auf dem Wege einer Bewußtwerdung sowohl der Relevanz der Volksreligiosität als auch der Konsequenzen für eine missionarische Pastoration der Kirche in der heutigen lateinamerikanischen Situation betrachten. Die Texte von Medellin sind eine
permanente Ermunterung, die zu neuen Formen der Realisation der Kirche
in der modernen Welt sowie zur Kritik der überkommenen pastoralen Praxis
und zu Neuansätzen im Bereich ökumenischer Zusammenarbeit führen kann.
Medellin sieht klar, daß niemand das Problem der Volksreligiosität in Lateinamerika lösen kann von dem entscheidenden Problem der Inkarnation
der Weltkirche in die moderne Welt unter dem Zeichen und dem Druck der
Urbanisierung und Säkularisierung.

Der Maßstab von Medellin wurde theologisch-ekklesiologisch gewonnen:
Wenn gemäß christlichem Glaubensverständnis der Vater Jesu Christi der
Gott aller Menschen ist, dann muß die Kirche versuchen, das Wirken des
Gottesgeistes auch dort zu entdecken, wo sie es bislang unter dem Hinweis
auf Formmängel in der Religiosität nicht vermutete. Medellin sagt mit der

Pastoralkonstitution des Zweiten Vaticanums und für Lateinamerika in
der dort anstehenden Konkretion für die Volkskirche der marginalen Massen: "Freude und Hoffnung, Trauer und Angst der Menschen von heute, besonders der Armen und Bedrängten aller Art, sind auch Freude und Hoffnung, Trauer und Angst der Jünger Christi" (4). Das ist ein Programm.

Hier soll gefragt werden, ob und welche religionssoziologischen Daten bei-
gebracht werden können, die diese Fundamentalorientierung pastorations-
fähig machen.

2.2 Die Volksreligiosität: Synkretismus oder integrierendes
Religionsphänomen?

2.2.1 Der neupatristische Religionstopos "Same des Logos" als Verstehenshorizont für den folkloristischen Katholizismus Brasiliens und für die Umbanda (Boaventura Kloppenburg).

Kloppenburg widmet sich zwei Aspekten der Volksreligiosität: dem Spiritismus und den mediumistischen Religionen (5). Sein Ausgangspunkt bildet
eine religiöse Verwirrung in Brasilien, die als Ergebnis eines individuellen Pluralismus, das heißt einer Ansammlung von mehreren Religionen:
Protestantismus, Katholizismus, Umbanda, Spiritismus und Freimaurerei
betrachtet wird. Weltanschauungen als Elemente der Religiosität bestehen
gleichzeitig und ohne rationalen Konflikt im Bewußtsein des Gläubigen (6).
Geleitet vom theologisch-praktischen Interesse einer Apologie des wahren
katholischen Glaubens, der durch das Entstehen der Volksreligiosität bedroht scheint, besonders durch den Spiritismus, der als "Häresie" ver-
dächtigt und als "wesentliches Übel" (7) betrachtet wird, beabsichtigt Kloppenburg nicht, den religiösen Pluralismus als solchen, sondern vielmehr
den genannten irrationalen Synkretismus der unteren Bevölkerungsschichten
anzuprangern. Mit anderen Worten: er möchte nicht den Spiritisten, den
Umbandisten, den Pfingstler als solchen, sondern den katholischen Pfingstler, den katholischen Umbandisten und den katholischen Spiritisten verhindern (8).

Durch das Vaticanum II (9) wurde der franziskanische Religionsforscher
Kloppenburg zu einer Umpolung seines leitenden Interesses angeregt. In
einem schon klassisch gewordenen Artikel über die Umbanda in Brasilien
versucht er eine neue Haltung gegenüber dieser Religion einzunehmen, wenn
er sie neupatristisch eine Entdeckung der in den Bräuchen und Überlieferungen des Volkes versteckten "Samen des Logos" nennt (10). Die christliche
Theologie soll auch die Kultvollzüge und Sitten in der Umbanda in einem
positiven Licht sehen, entsprechend dem Beispiel der Humanwissenschaften
(11). Die religiösen Ausdrucksformen der Umbanda müssen als willkommene
providenzielle Basis gesehen werden, die der Verkündigung des Evangeliums

und dem Bau einer neuen Gesellschaft dienen (12). Die aus Afrika stammende Umbanda besteht aus einem merkwürdigen Synkretismus afrikanischer, ameroindianischer, spiritistischer und christlicher Elemente, die zunächst in anthropologischer Sicht respektiert werden müssen und deren Evangelisation nach einem neuen Ritus innerhalb der katholischen Liturgie verlangt (13), der ihre spontanen kultischen Elemente berücksichtigt, um als mögliche Anknüpfungsbasis dienen zu können.

Kloppenburg definiert die Volksreligiosität ausgehend vom Idealtypus des "wahren" Katholiken, der seinen Glauben kennt und am ekklesiologischen Geschehen teilnimmt (14). In diesem Bezugnehmen kann die Volksreligiosität nichts anderes als ein Ausdruck solcher Menschen sein, die sich der offiziellen Kirche nicht stellen und von ihren pastoralen Bemühungen nicht erfaßt werden (15). Sie ist Ausdruck der "Masse der marginalisierten Katholiken, die von der katholisch-pastoralen Praxis im Stich gelassen", eine leichte Beute jeglicher Form von Häresie und Aberglauben werden. Sie ist Ausdruck des "einfachen und ungebildeten Volkes", das einen ungebrochenen Durst nach transzendentaler Erfahrung verspürt und sich deshalb mit "frommer Gier" solchen häretischen und abergläubischen Religionsformen zuwendet (16). Daher definiert sie der Franziskaner Boaventura als "folkloristischen Katholizismus", der sich dem "authentischen Katholizismus widersetzt". Sollen diese irrenden und unwissenden Menschen in den Schoß der Mutterkirche zurückgeführt werden, muß nach Kloppenburg ausreichende religiöse Erziehung und katechetische Unterweisung gewährleistet werden, die anhand der christlichen Offenbarung die Unechtheit verschiedener volksreligiöser Elemente demonstriert (17).

Der Schluß des Konzilreporters lautet dann konsequenterweise: die von der Umbanda und dem Spiritismus erfaßten breiten Bevölkerungskreise zeigen alle Merkmale der von Religionsphänomenologen so bezeichneten "sakralen Mentalität", die durch die zunehmende Säkularisierung in eine endgültige Krise geraten ist und aus der heraus sich die Frage nach der richtigen pastoralen Strategie ergibt, die eine völlige Entsakralisierung der religiösen Massen verkündet, denn sie würde zur Krise der Volksreligiosität führen, die Krise der Volksreligiosität aber zur Krise der Religion überhaupt (18).

2.2.2 Die integrierend-synkretisierende Kraft der Volksreligiosität beim Zusammenprall von Kulturen (Bruno Trombetta).

Bruno Trombetta untersucht die Volksreligiosität unter dem Gesichtspunkt ihrer Nützlichkeit beziehungsweise Nutzlosigkeit für die katholische Liturgie (19). Um das zu erreichen, geht er aus von der Analyse christlicher und nicht-christlicher Erscheinungsformen, wie sie in Vergangenheit und Gegenwart entstanden sind (20). Seine zentrale Hypothese lautet: die Volksreligiosität ist das Ergebnis eines dynamischen, religiösen Pluralismus, der aus der Konkurrenz verschiedener religiöser Gruppen entsteht (21). Viele religiöse Gruppen kommen in einen Prozeß synkretistischer Verwirrung (22). In Brasilien wurde diese dynamische Phase erreicht, als sich zwei Welten - die einheimische und die europäische - begegneten. Diese Begegnung führte im religiösen Feld die heute sich synkretistisch gebende "Volksreligiosität" herauf (23):

- Einerseits zeigt sich ein traditioneller Primitivismus der Volksreligiosität in den "rustikal" religiösen Formen der "linearen Welt", die mit Lévy-Bruhl als Kennzeichen eines vormetaphysisch-magischen Stadiums anzusehen sind, in denen sich das Heilige mit dem Profanen vermischt und als Kennzeichen einer "horizontalen Dimension" der primitiven Religion betrachtet werden (24).

- Andererseits entdeckt man im Volkskatholizismus hochrationalistische Elemente, die einer modernen "nicht-linearen Welt" entstammen und Kennzeichen einer reflexiven postmetaphysischen Ära sind, in der die Wirklichkeit durch Naturkausalität erklärt wird und das Heilige vom Profanen strikt geschieden wird (25).

Es ergibt sich: Wer die brasilianische Volksreligiosität als Synkretismus abwertet, verachtet oder ausmerzen will, der übersieht die hier sich zeigende, beachtlich ausgleichende Kraft des Überlebens beim Zusammenstoß zweier Kulturkreise. - Wer die komplementär wirkende Komplexität der Volksreligiosität einseitig zugunsten einer archaisierend-romantischen Bewahrung oder zugunsten einer nur modernen Weltanschauung aufheben wollte, der würde so oder so die lebendige Dimension des Heiligen verlieren: Eine Aufwertung des Gespürs für das Heilige im Volkskatholizismus könnte zwar einen folkloristisch-musealen Effekt erzielen, dies jedoch um den Preis, daß das in der säkularisiert-rational organisierten Welt nicht mehr inkarnierte Heilige vollends der Irrationalität preisgegeben würde. - Die Betonung postmetaphysisch-rationaler Elemente im Volkskatholizismus andererseits würde das Gespür für das Heilige in unserer Welt schließlich verdrängen.

Zwischen Skylla und Charybdis entscheidet sich Trombetta dafür, möglichst keine wertsetzenden Veränderungen in der Volksreligiosität vorzunehmen. Aus seiner Elementardeskription zieht er den Schluß, man solle die Volksreligiosität schützen. Die damit geforderte Reservatsmentalität übersieht indessen, daß diese ihre Anhänger entweder zum verzweifelten Aufstand oder zum langsamen Aussterben verurteilt.

Entweder es gelingt, die integrierende Kraft in der Volksreligiosität in den neuen Bedingungszusammenhang des modernen Brasilien einzubringen, oder diese Kraft erlahmt. Diese Transposition könnte eine Aufgabe kirchlicher Pastoral sein.

2.2.3 Die Überwindung des "Synkretismusschemas" in der religionspsychologischen Analyse der Volksreligiosität (Joseph Comblin).

Joseph Comblin beschäftigt sich mit der Volksreligiosität in Brasilien als belgischer Theologe. Seine Überlegungen sind Niederschlag einer fruchtbaren theologischen und pastoralen Arbeit in Brasilien, geprägt durch die beunruhigende Situation der pastoralen Tätigkeit der katholischen Kirche im heutigen Lateinamerika und widmet sich insbesondere dem Verständnis des Catolicismo Popular, dessen Ursprünge er in der Verschmelzung dreier religiöser Strömungen zu finden glaubt (26).

Die Weitergabe des Catolicismo Popular geschieht in mündlicher Überlieferung (27). Texte bieten sich für eine religionsphänomenologische Analyse nicht an. Also sucht Comblin Ansatzpunkte für das Verständnis in den empirisch-eruierbaren religiösen Ausdrucksformen des Volkes und stellt fest: Diese Ausdrucksformen verfügen über einen zugleich abwehrenden und sammelnden Effekt. An den Ausdrucksformen der Volksreligiosität entzündet sich immer wieder das Selbstbewußtsein der marginalen Massen. Mit ihrer Hilfe widersetzt sich spontan das Volk der rationalisierten und säkularisierten Religion der Großstadtbewohner (28). Die Volksreligiosität der unterentwickelten Proletarier entstammt einer archaischen und vorwissenschaftlichen Welt und ist durch den teilweise mißglückten Versuch einer Anpassung an die Glaubensformen und die Ethik der institutionalisierten Religion entstanden. Sie entwickelt sich in gegenteiliger Tendenz zur Religion der Stadt - die als Gipfel der menschlichen Entwicklung angesehen wird - (29): während die privilegierten Bevölkerungsschichten in der Stadt in die Säkularisierungsphase eintreten, wenden sich die sozial benachteiligten Volksgruppen, besonders der Catolicismo Popular und der Pentecostista der religiösen Ära zu. Comblin stellt die Tatsache der Existenz vieler kleiner religiöser Gemeinden heraus, die in spontaner Weise entstehen, initiiert durch Pastoren, durch "Pais-de-Santo" oder durch andere charismatische Führer (30). Ihre Verbreitungs- und Sammlungskraft der Spontaneität. Für Comblin bezieht sich der Begriff Volksreligiosität - zweitens - auf einen Phänomenkomplex, der als Ausdruck der Beziehung zwischen Menschen und "übernatürlichen" Wesen zu betrachten ist (31).

Die brasilianische Volksreligiosität ist Modus der religiösen Existenz der nicht-städtischen Massen, die nur eine schmale, noch aus dem Empfang der Kindertaufe gewachsene Beziehung zum Christentum haben. Somit ist sie eine "religio infra-christiana", eine natürliche archaische Religion, in der positive Elemente des Christentums wie Dogma, Moral und Liturgieordnung fehlen (32). - Das tragende Bewußtsein vom archaisch-angestammten vollwirklichen Menschentum ist als das zweite Fundamentalelement in der Volksreligiosität anzusprechen. - Auf diesem Element ruht als drittes Element das der Selektivität auf, das vom Christentum das übernimmt, was als Gnadengabe Gottes angesehen wird, hingegen auf die ekklesialen Ordnungsformen dieser Begnadung in Dogma, Moral und liturgischer Ordnung verzichtet. Zwar betont auch Comblin, als Gesamtphänomen stelle die Volksreligiosität in Brasilien eine Mischform aus katholischen und nicht-christlichen Elementen dar (33). Es ist möglich, in dieser Mischform

- europäisch-christliche

- afrikanisch-nichtchristliche

- ameroindianisch-nichtchristliche

Elemente auszumachen (34).

Comblin gelingt es indessen, über die mit solchen Feststellungen naheliegen de, aber nicht weiterführende Modellvorstellung vom "Synkretismus" hinaus zukommen. Seine religionspsychologische Analyse gibt dem Verstehensproz Elemente an die Hand, die in der kulturellen Einschätzung der Volksreligios tät nicht bloß auf religionshistorische Einteilungsverfahren abstellen, sonde danach fragen heißen, inwiefern die Volksreligiosität auch im modernen Bra silien eine sich selbst tragende Glaubensform ist. Es ist Comblin's Verdien innerhalb der heute lebendigen Volksreligiosität die Beobachtung auf die dre Elementarkräfte

- spontane Abwehr- und Sammlungsreaktion

- Bewußtsein vom archaischen Wert der Verehrung des Heiligen

- Selektivvermögen, das zwischen Begnadung des Lebens und Formvorschri ten für das Leben im Christentum unterscheidet

hingelenkt zu haben.

2.3   Sind der Rückgang beim Kirchenbesuch und die konformistische Einstellung zum Sakramentenempfang Indizes für mangelnde "ekklesiale Vitalität" oder gar "Scheinreligiosität"?

Auch in Brasilien kennt man bei Volksmissionen wie in der ordentlichen Pastoration statistische Erhebungen, die über die Kirchenverbundenheit der Gläubigen Auskunft geben sollen. Man versucht nicht nur, aufgrund der so gewonnenen Meßzahlen Pastoralstrategien zu entwickeln. Vorgängig dazu liegt das Vorurteil, die "ekklesiale Vitalität" sei der entscheidende Qualifikator zur Beurteilung von "Religiosität".

Diese pastoral taktische Steuerung hat Rückwirkungen auf die Beurteilung der Religiosität im Catolicismo Popular: Weil man an der "participatio actuosa" die "ekklesiale Vitalität" und an dieser die Ernsthaftigkeit der Religiosität mißt, deshalb stuft man den kirchlich wenig engagierten "Volks-katholizismus" als "Scheinreligiosität" ein.

Dieser Schluß übersieht geschichtliche Prozeßintensitäten bei der Evangeli-sation Brasiliens. Kritiklos kann schon aus geschichtsrelevanten Beobach-

tungen des Pastorationsvorganges die abschätzende Qualifikation "Scheinreligiosität" für den Volkskatholizismus nicht hingenommen werden.
Godofredo Deelen hat mit Nachdruck auf die Lücken im Schlußverfahren,
das auf "Scheinreligiosität" hinausläuft, hingewiesen.

2.3.1 Kritische Fragen an pastoral-strategische Meßverfahren (Godofredo Deelen).

Deelen arbeitet mit den Hypothesen europäischer Religionssoziologie (35).
Der Urbanisationsprozeß in Brasilien läßt ähnliche, den religiösen Glauben
beeinflussende Grundtendenzen wie in Europa erkennen (36). Die meisten
europäischen Wissenschaftler sprechen im Anschluß an Gabriel Le Bras
von "religiöser Vitalität", wenn drei Kriterien von den Gläubigen beobach-
tet werden (37):

- unwiederholbare religiöse Akte: Taufe, Erstkommunion, Eheschließung,
  letzte Sakramente,

- wiederholbare religiöse Akte: Sonntagsmesse, Osterkommunion,

- spontane religiöse Akte, die unabhängig von Pflichtvorschriften der
  katholischen Kirche entstehen: täglicher Besuch der Messe, häufige
  Beichte, Teilnahme an Prozessionen, Gebet des Rosenkranzes, Gebet
  vor und nach den Mahlzeiten.

Deelen fügt mit J.H. Fichter diesen drei Kriterien von G. Le Bras noch
zwei weitere Kennzeichen hinzu (38):

- religiöse Akte, durch die der Christ die Dogmen und die Moral seiner
  Kirche in die Praxis umsetzt: Liebe zum Nächsten, Gerechtigkeit, christliche Eheauffassung,

- religiöse Akte, in denen sich die Solidarität zu seiner Kirche ausdrückt.

Mit diesem Bezugsrahmen gelingt es ihm, ein siebentypisches Klassifika-
tionsschema zu erstellen, auf deren oberster Sprosse die mit ihrer Kirche
voll identifizierten Katholiken stehen, und in dem die der Kirche entfremdeten marginalisierten Katholiken ganz unten rangieren. Letztere erreichen nicht das ideale Niveau an religiöser Vitalität aufgrund der sozialen
Disfunktion der offiziellen katholischen Kirche in den städtischen und vorstädtischen Gebieten (39). Während die Volksmasse einen primitiven Gott
verehrt, der dem Menschen nahe ist und darunter besonders die Macumba
und der Pentecostismo (40), einen Gott der "causae secundae", der Wunder und konkrete Gnaden gewährt, ist der Gott der katholischen Kirche ein
"ens spirituale", der fernab vom Menschen residiert. Verursacht wird die
soziale Disfunktion der katholischen Kirche ferner durch ihre bürokrati-
schen Institutionen, durch ihre verfestigten Traditionsformen und verkru-

steten Riten (41). Die offizielle Kirche erscheint als die Institution, in die man nicht aufgrund freien Entschlusses eintritt, sondern durch Zwang, sei es durch die Kindertaufe, sei es unter dem Zwang von sozialen Abhängigkeiten oder in einer verbreiteten konformistischen Haltung, eingegliedert wird. Diese Tatsache zeitigt als Ergebnis eine Scheinreligiosität, die persönlich nicht verantwortet, sondern unbedacht ausgeübt wird (42).

Deelen führt den niedrigen Index der religiösen Sonntagspraxis in Brasilien auf sozio-kulturelle, politische und ökonomische Faktoren zurück (43). In ihrem Kontext konstatiert auch er eine Entchristianisierung des Landes (44). Somit betritt er das kontroverse Feld der Beziehungen zwischen Soziologie und Theologie. Die Frage, die er stellt, lautet: "Was bedeutet Entchristianisierung?" oder "Woran kann man sie erkennen?". Trotz der zunächst von Le Bras unternommenen Zählung von religiösen Akten ist Deelen der Meinung, über die bewußtseinsintensive Qualifikation dieser Akte könne nur die Theologie Maßstäbe aufstellen (45).

Weil schließlich Deelen sieht, daß selbst diese theologischen Qualifikatoren nicht allgemeingültig, sondern nur unter Beachtung spezieller geschichtlicher Bedingungen gewonnen werden können, rät er zu größter Vorsicht in der Beurteilung der brasilianischen Volksreligiosität. Ist doch Brasilien - anders als Europa - nie integral im Sinne des offiziellen Christentums evangelisiert worden (46). Dieses historisch bekannte Phänomen aber führt dazu, daß Christen in Brasilien in ihrer Masse nie großen Wert legten auf die Einhaltung von Kirchengeboten und kirchlichen Formvorschriften. Weil es sich so stets verhielt, deshalb wird eine Entchristianisierung, gemessen am Vollzug von Kirchlichkeit, der Masse kaum bewußt. Es wäre also ein Kurzschluß, der historische Bedingungen des Bewußtseins nicht beachtet, würde man bei der brasilianischen Bevölkerung vom Rückgang des Meßbesuches oder der Teilnahme an Wallfahrten usw. darauf schließen wollen, der Mangel an "ekklesialer Vitalität" sei schon ein Zeichen von "Scheinreligiosität". Man wird andere als die gewohnten Meßverfahren der Pastoralstatistik suchen müssen, um Ansatz- und Konzentrationspunkte für die Pastoration des Volkes zu finden.

2.4   Die Volksreligiosität, ein kulturelles Etikett?

Ähnlich kurzschlüssig wie die ungeschichtliche Abqualifizierung unter dem statistisch gewonnenen Meßwert "Scheinreligiosität" ist eine andere, die meint, dem Volkskatholizismus fehle das Moment der Verinnerlichung. Im Kontext dieses von Émile Pin vorgeschlagenen Qualifizierungsmaßstabes ist "Verinnerlichung" als Spiritualität nicht nur eine unabdingbare Bedingung im religiösen Vollzug, sondern zugleich der qualifizierende Differenzmaßstab im Vergleich mit einer bloß traditionellen Kultur oder einer "hohlen" Zivilisation.

Pin hält dafür, dem Volkskatholizismus fehle es an Verinnerlichung, weil er religiöse Akte nur aus Nützlichkeitserwägungen heraus, um der Bedürfnisbefriedigung willen, setze. Wäre dem so, dann wäre das im Volkskatholizismus bewahrte Kulturgut nur ein Etikett für das Nützlichkeitsdenken, das auch die moderne Zivilisationsgesellschaft präformiert. Es muß also geprüft werden: Ist die Volksreligiosität bloß "kulturelles Etikett", religiöse Verharmlosung des herrschenden Nutzungsdenkens, der jede anthropologisch wertvolle Qualifikation abgeht?

2.4.1 Offene Fragen bei Emile Pin: Welchen religiösen Motivationen gelingt es, in institutionalisierter Gesellschaft die nicht-institutionalisierte Volksreligiosität lebendig zu erhalten?

Der ehemalige Professor der römischen Universität Gregoriana, Emile Pin, versuchte die erste Synthese über die Volksreligiosität in Lateinamerika. In seiner Arbeit: "Elementos para Una Sociologia del Catolicismo Latinoamericano" systematisiert er das vorhandene Untersuchungsmaterial innerhalb eines Bezugsrahmens, der vom herrschenden Katholizismus ausgeht (47). Pin unterscheidet:

- die katholische Religiosität, die sich durch die Teilnahme an den Sakramenten und durch moralische Handlungen ausdrückt

- die ihnen entsprechenden Motivationen

- die religiösen Weltanschauungen, die Glaubensformen und -haltungen.

Der Akzent liegt dabei auf den religiösen Motivationen, die innerhalb einer utilitaristischen Pragmatik, nämlich im Sinne einer Nützlichkeitsfunktion für die Zukunft der Kirche in Lateinamerika gesehen werden (48).

Emile Pin definiert nicht näher, was er unter "Motivation" versteht. Er ordnet die Motivation weder der Psychologie, noch einer anthropologischen Pädagogik oder einer religiösen Moral zu. Durchgängig verwendet er den "Terminus" Motivation undifferenziert. Der Nachteil solcher Unbedachtsamkeit zeigt sich sofort, wenn Pin mit Hilfe des Terminus "Motivation" religionssoziologische Unterscheidungen vornimmt.

Den Catolicismo Popular versucht er als Religionsphänomen zu bestimmen, indem er dem Stichwort "popular" eine soziologische Qualifikation zumißt: "popular", das bezeichnet Volksschichten, die sozial benachteiligt sind und sich als die "unteren" Schichten weder organisieren noch für die Belange der Institutionen interessieren. Pin schließt aus diesem Phänomenbestand: Catolicismo Popular beachtet nur institutionell nicht relevante "Motivationen".

Alle akzeptablen "Motivationen" im religiösen Feld sind aber nach Pin institutionenrelevant. Dies zwar nicht in dem Sinn, daß sie unbedingt die Institutionen unterstützen müssen, aber so, daß sie koadjutiv auf die Institutionen einwirken müssen. Diese Hilfe geschieht auf zwei Weisen: Erstens - indem sie den Institutionen die "Normen der Gesellschaft" beibringen; zweitens - indem sie darauf hinwirken, die verfaßten Institutionen zu "verinnerlichen". Aufgabe der Religion ist es, Motivationen in die verfaßten, staatlichen oder religiösen Institutionen einzubringen, die sich formen an den Forderungen "Normen der Gesellschaften" und "Verinnerlichung".

Diese These ergibt sich aus dem von Pin vorgelegten Typenkatalog der möglichen religiösen Motivationen:

- Verinnerlichung auf der Ebene der natürlichen Aspirationen

- Gehorsam gegenüber religiösen Normen der Gesamtgesellschaft

- spirituelle Verinnerlichung

- Adhäsion zu einer religiösen Gruppe (49).

Somit werden alle Motivationen auf der Verhaltensebene angesiedelt. Dagegen ist selbstredend zunächst einzuwenden: Motivationen sind Handlungsimpulse für das Verhalten, sind Antriebselemente für ein zielgerichtetes soziales Handeln (50). Unqualifiziert jedoch wird die Zielorientierung der Motivationen auf die Sozietät, wenn nicht gefragt wird, wo denn Qualifikatoren der Institutionen zu finden sind.

Pin geht wenigstens ansatzweise der hier anstehenden Frage nach den Normkriterien für die Institutionen nach. Er behauptet, Norm für die Institution seien die Normen der Gesellschaft. Die Normen der Gesellschaft schließlich, das folgert Pin aus seinem Postulat der christlich-religiösen "Verinnerlichung", finden ihre Begründung im Glauben an Gott, der Schöpfer und Erlöser aller ist. Dieser Glaube aber wird nur in der verinnerlichenden Verkündigung in Wort, Sakrament und Ritus der katholischen Kirche - sagt Pin - als Motivation eingebracht. Dort allein wird teleologisch die Motivation des sozialen Handelns auf Gott bezogen.

Im Catolicismo Popular aber wird im Gegensatz zum offiziellen Katholizismus motivationsbegründend Gott auf das soziale Handeln bezogen.

Der Catolicismo Popular ist eine natürliche Religiosität, die natürlichen Bedürfnissen und daraus abgeleiteten Motivationen entspricht:

- Die Volksreligiosität verehrt Gott und die Heiligen, damit diese die natürlichen Bedürfnisse absegnen (51);

- spontan aus der Bedürfnisbefriedigung wachsend reflektiert der Catolicismo Popular nicht die religiös notwendige Zielorientierung auf Gott, sondern ist in der Pragmatik der Bedürfnisse der unteren Schichten ausgerichtet auf die Bedingungszusammenhänge der sie umgebenden "Kultur" in den höheren Gesellschaftsschichten.

Der Catolicismo Popular, meint Pin, übernehme die Bedingungen der "höheren" Gesellschaft en bloc, wie ein "Etikett", das bei der Geburt und der folgenden Taufe aufgeklebt werde: Wir Lateinamerikaner beziehungsweise Brasilianer - lautet nach Pin die Devise des Catolicismo Popular - sind so, wie wir sind, die "Katholiken" (52). Rein deskriptiv gibt der Phänomenbestand Pin weitgehend recht. Pin's teleologische Deutung der Motivation gibt der Pastoration eine theologische Richtung: Verinnerlichung will den Bezug auf Gott, nicht die Verwendung Gottes zugunsten sozialer Bedürfnisse.

Mit seiner Alternative - entweder ist die religiöse Motivation scheinreligiös, weil nur Etikett für soziale Bedürfnisse, oder sie ist religiös, weil verinnerlicht auf Gott bezogen - kann Pin indessen nicht erklären, wieso:

- in institutionalisierter Gesellschaft sich das Phänomen der nichtinstitutionalisierten Volksreligiosität durchhalten kann - und ob

- es christlichem Schöpfungsglauben entspricht, vorkirchliche Religionsformen als unreligiös abzuqualifizieren.

Es mag sein, daß der Catolicismo Popular kirchlich-sakramentale Riten als "Etikette" benützt. Mit dem Hinweis auf die Etikettierung ist aber - wie oben erläutert - noch nichts darüber ausgesagt, warum denn die Religiosität des Catolicismo Popular bestehe, die in der von Pin indiskriminierten Weise vielleicht nur etikettiert wird.

2.5 Die Volksreligiosität, emotionale und gefühlsbetonte und deshalb heute eigenständige Religionsform?

Während die gängige Pastoralstrategie Meßzahlen vom Kirchenbesuch und Sakramentenempfang als Bewertungsmaßstäbe nimmt, fragen religionssoziologisch geschulte Pastoraltheoretiker nach der erstaunlichen Durchhalte- und Anziehungskraft von nichtinstitutionalisierter Volksreligiosität in institutionalisierter Öffentlichkeit. Alle bislang in dieser Arbeit vorgestellten Antworten zur damit aufgeworfenen Frage nach der Eigenständigkeit der Volksreligiosität konnten dieses Phänomen nur in Teilaspekten erklären.

Der Dominikaner, Religionssoziologe und Pastoraltheologe Francisco Cartaxo Rolim entwickelt für das Studium des Catolicismo Popular ein religionssoziologisches Schema, das weitgehend analytisch-synthetische Ansprüche erfüllt. Sein Hinweis auf die "Wert-Norm-Relation" ermöglicht Aufschlüsse sowohl über die emotional starke Religiosität im Catolicismo Popular, wie über dessen formale Integrations- und quasimissionarische Einnistungskraft.

2.5.1 Kritik an der "statisch-morphologischen" Religionssoziologie: Der Catolicismo Popular als emotional gesteuerte integrative und einnistungsfähige Religionsform (Francisco Cartaxo Rolim).

Rolim bemüht sich, die für die pastorale Praxis der katholischen Kirche relevanten Phänomene zu unterstützen. Die Frage heißt für ihn: Welche Bedeutung bekommen besonders zwei empirisch feststellbare Phänomene der religiösen Wirklichkeit in Brasilien für die pastorale Tätigkeit der katholischen Kirche selbst, nämlich:

- der geringe Sonntagsbesuch der Messe, deren rückgängiger Intensitätsgrad auf ein Verschwinden ekklesialer Vitalität schließen läßt

- und der Zuwachs volkstümlicher Religiositätsformen? Fördern oder hindern sie die Entstehung und Ausprägung einer christlichen Gemeinschaft?.

Die Volksreligiosität wird von Rolim als ein religiöser Seinsmodus gesehen, der sich von den konkreten Problemen des Alltagslebens nicht isoliert, in einem Kontext geschichtlichen Wandels entsteht und Indizien einer neuen religiösen Erfahrung liefert. Hinter der Volksreligiosität steht der arme und benachteiligte Mensch, der in einer Situation des Erwartens und des Suchens lebt und in der Volksreligiosität eine Antwort auf seine Hoffnungen und Enttäuschungen artikuliert findet (53). Der Catolicismo Popular, eine der Formen von Volksreligiosität, verdient Rolim's besondere Aufmerksamkeit. Eine genauere Betrachtung seiner Reflexionsschritte offenbart zwei verschiedene Systematisierungsversuche in der Erfassung des Catolisismo Popular.

Zunächst versucht Rolim den Catolicismo Popular innerhalb einer Analyse des offiziellen Katholizismus als eine seiner Ausprägungen (54) zu bestimmen. Diesen Katholizismus betrachtet er als:

- Sozialstrukturiertes Gebilde, das heißt als ein soziales System, in dem die verschiedenen Teile in einer bestimmten geordneten Reihenfolge bestehen und das unter zwei untrennbaren komplementären Aspekten betrachtet werden muß. Zunächst unter dem statischen beziehungsweise morphologischen Aspekt. Unter dem statischen Aspekt artikulieren sich die Einzelteile in einer bestimmten Weise innerhalb des Ganzen, die Gruppen und Untergruppen haben eine bestimmte Position innerhalb der Gesellschaft, die Individuen übernehmen einen bestimmten sozialen Status innerhalb der respektiven Gruppen. Es werden von der sozialen Struktur feste, als allgemeingültig zu nehmende Normen und Ziele gegeben. Dieser statische Aspekt wird soziologisch durch die morphologische Deskription der Elemente gewonnen. Doch die Soziologie kann sich mit einer solchen Beschreibung nicht zufrieden geben, sie muß auch das Handeln, die Tätigkeiten, die Bedeutungen und die Funktionen innerhalb der betreffenden Gesellschaft analysieren (55). Jedes soziale Gefüge wurzelt in einem geschichtlichen Prozeß, durch den es ständig mit neuen Elementen bereichert wird, die ihrerseits eine strukturelle Erneuerung bedingen.

- Anhand des Bezugsrahmens von A. P. Sorokin (56), der in jeder sozialen Struktur drei Integrationsebenen unterscheidet, können auch im Katholizismus verschiedene Typen von Katholiken ausgemacht werden: 1. die nominellen Katholiken ohne kirchliche religiöse Praxis, die nur auf der ideologischen Ebene der Werte, des Glaubens und der Normen integriert sind (57). 2. die praktizierenden Katholiken, die regulär oder irregulär den Sonntagsgottesdienst besuchen und sowohl auf der ideologischen als auch auf der praktischen Ebene integriert sind (58). 3. Letztlich kommen die "idealen" Katholiken in Betracht, die nicht nur auf offiziell-vorgeschriebenen Wertbahnen oder Ritusvorschriften, sondern zusätzlich noch auf der sogenannten "vehikularen" Ebene der medialen Mittel integriert sind; sie verstehen es, sich der offiziellen Mittel, zum Beispiel Sprache und Gesten kommunikativ zu bedienen (59) und können damit Partizipation an ekklesialer Tätigkeit fördern (60).

- Die unvollkommene Integration der überwiegenden Mehrheit der Katholiken in Brasilien wird damit erklärt, daß die traditionellen Normen und konkreten Mittel zum Erreichen der als Ziel betrachteten Werte bislang absolut und fast nie partizipatorisch vorgehalten wurden, so daß die unabhängigen Variablen Wert und Norm sich nicht mehr harmonisch zueinander verhielten, sondern die Norm die Werte bestimmte. Es entstand eine normative, a-rational-ritualistische, sakrale gesellschaftliche Struktur des Katholizismus, in der die Tradition regierte. Im brasilianischen Katholizismus wurde der Sakramentenempfang und die Sonntagspflicht zur Norm, zum einzigen Mittel, durch das man die Seele retten und den Himmel gewinnen kann: Die Werte "Erlösung" und "Seligkeit" werden normabhängig gedacht, sind nicht länger normunabhängige Werte, die auch von sich aus die Relation Wert-Norm bestimmen helfen.

Rolim beachtet, dies ist als Zwischenergebnis schon ein Fortschritt im Vergleich zu ähnlichen Arbeiten, zwei Feststellungsreihen:

- das statisch-morphologische Schema, welches unterscheidet "auf der Handlungsebene" zwischen
  nominellen,
  praktizierenden
  idealen Katholiken;

- das geschichtlich-variable Wert-Norm-Schema auf der "ideologischen Ebene".

Würde man den Catolicismo Popular beurteilen nur gemäß dem statisch-morphologischen Schema, er wäre dem "nominellen Katholizismus" zuzuordnen.

Prüft man seine Qualifikation im Wert-Norm-Schema, dann zeigt sich, daß seine Wertsetzungen vom derzeit herrschenden Normsystem weitgehend unabhängig, also variabel zur Norm stehen. Auf der "ideologischen Ebene" erscheint der Volkskatholizismus als nicht-normintegriertes Phänomen, sondern als ein Phänomen, das auf die Variable Wert-Norm das Interesse lenkt.

Es entsteht die soziologisch-relevante Frage: Kann nur der Soziologe Wertsetzung und Sinn im Catolicismo Popular erkennen, der den Catolicismo Popular unabhängig von der Normsetzung des orthodoxen Katholizismus analysiert?

Diese Frage ist deshalb nicht nur eine theoretische, weil es starke Phänomene gibt, die darauf hindeuten, daß sich der Catolico Popular

- einerseits einnistet in den Schoß des offiziellen Katholizismus

- andererseits aber sich in Konkurrenz zu diesem lebendig behauptet (61).

Aufgrund dieses Phänomenbestandes zieht Rolim für den Catolicismo Popular den Schluß: Der Catolicismo Popular kann nicht einfach als verarmte Erscheinungsform des offiziellen Katholizismus betrachtet werden. Dies geht schon deshalb nicht, weil sich im emotionalen Potential des Catolicismo Popular Elemente und Ausdrücke finden, die der offizielle Katholizismus nicht aufweist. Diese finden sich aber gleichwohl - auch nichtreligiös - im Volksmund. So liegt der Schluß nahe: Im Catolicismo Popular werden unter anderem auch elementare Wertsetzungen in einer mündlichen, aber normativen Tradition des Volkes bewahrt, von denen der europäische Katholizismus keine Ahnung hat. Der Catolicismo Popular muß ethnologisch eingeschätzt werden und nicht einlinear gemäß dem Modell der katholischen Orthodoxie (62):

Der Catolicismo Popular ist "ein Katholizismus, dessen Reinheit und Identität durch Akkommodation beziehungsweise religiöse Akkulturation des Katholizismus verschiedener Glaubensformen, nämlich der katholischen, indianischen, afrikanischen und portugiesischen, kompromittiert ist" (63). Die Abweichung vom originalen Katholizismus kann so weit gehen, daß eine völlig neue Religion entstehen kann: eine aus dem Katholizismus entstandene Volksreligion, die "ihre Heiligen besitzt, die die gleichen Heiligen der katholischen Kirche sind, die ihre Kulte hat, die identisch sind mit den Sakramenten der Kirche, deren Glaubensformeln auch in der katholischen Kirche existieren, die aber etwas ganz anderes ist als die Kirche Jesu Christi"(

Rolim stellt sich der doktrinären Behauptung, die lebendig vollzogene Akkumulation von religionsgeschichtlich unterscheidbaren Traditionen, die als Variable auf der Wert-Normskala eintragbar seien, kompromittiere den Catolicismo Popular. Gegen dieses Verdikt wendet Rolim ein, gerade auch unter pastoraler Rücksicht verlohne es, den Catolicismo Popular als ein gewiß eigenständiges Phänomen in der Formanalyse mit dem offiziellen Katholizismus zu vergleichen. Zu diesem Zweck greift Rolim zurück auf das bekannte "statisch-morphologische" Schema von A.P. Sorokin. Mithilfe dieser Konfiguration unterscheidet er im religiösen Bezugsfeld drei Ebenen:

- die "ideologische" Ebene: Glauben an Schutzheilige

- die "praktische" Ebene: Erfüllung des Versprechens

- die "vehikulare" Ebene: die konkreten Mittel, besonders die Volkssprache (65).

Nun ist es nicht nur interessant, sondern dem Vergleich zwischen Catolicismo Popular und offiziellem Katholizismus dienlich, wenn Rolim am Phänomen erkennt: Die Integration zwischen den drei unterscheidbaren Ebenen wird im Catolicismo Popular emotional vollzogen. Dies gilt sicher in der Praxis. Die Trias "Glaube an", "Erfüllung von" und "Sprache" zeigt sich in einer rational nicht weiter bedachten Wiederholung (66).

Rolim nimmt diesen Phänomenbestand im Catolicismo Popular und vergleicht ihn mit dem Heiligenkult des kirchenamtlichen Katholizismus. Dabei meint er feststellen zu müssen: Im Unterschied zum Catolicismo Popular werde beim offiziellen Katholizismus die Heiligenverehrung auf allen drei Ebenen rational verantwortet. Wenn dies allerdings heißen soll, mit dieser rationalen Verantwortung von Votivversprechungen und Sprache im Heiligenkult sei der offizielle Katholizismus höherwertig als der Catolicismo Popular, liegt hier ein Kurzschluß vor. Denn auch im kirchlich gebundenen Katholizismus entsteht die Praxis des Versprechens und die zugehörige Sprache aus Dankbarkeit beziehungsweise aus Abhängigkeitsgefühlen, also auf der emotionalen Ebene. Daß man diese Emotionalität noch einmal - sekundär - rational verantworten kann, sei nicht bestritten. Solche Verantwortung ist aus der entsprechenden theologischen Literatur bekannt. Allerdings schafft sie nicht die Heiligenverehrung, sondern regelt nur die Praxis.

Der Unterschied zwischen der Heiligenverehrung im Catolicismo Popular und im Katholizismus ist demnach nur ein sekundärer. Es liegt auf der Ebene einer ordnung-schaffen-wollenden Rationalisierung. Dabei ist bedeutsam, daß die so geordnete Heiligenverehrung emotional weniger anspricht, weshalb die Beter sie auch im Katholizismus immer wieder zu sprengen versuchen. Ist dem so, dann wird man über Rolim hinaus noch einmal phänomengerecht und ohne Wertung zu unterscheiden haben zwischen dem emotionalen Ursprung und der rational verantworteten Ordnung des Heiligenkults. Zieht man diese Unterscheidung an, dann zeigt sich:

- Ursprunghaft - also emotional - unterscheidet sich die Heiligenverehrung im Catolicismo Popular und Katholizismus nicht

- Auf der sekundären Ebene der rational gesteuerten Praxis für die Heiligenverehrung ist der Unterschied auffallend.

In einer Formel könnte man sagen: Der Ursprung der Heiligenverehrung liegt auf der emotionalen Ebene; dies gilt sowohl für den Catolicismo Popular wie für den offiziellen Katholizismus. - Der Ursprung des Kultus ist dagegen im offiziellen Katholizismus je neu verantwortende Rationalität, die die Formgebung bestimmt; im Catolicismo Popular hingegen nur die traditionelle Wiederholung.

Eben diese Unterscheidung zeigt aber auch - bezieht man sie auf die Konfiguration von Rolim:

Nicht Rationalität, sondern der Emotionswert im Wert-Norm-Verhalten bestimmen ursprunghaft die Integration der religionssoziologisch relevanten Ebenen. Dieser Tatbestand erklärt, warum sich - erstens - die Heiligenverehrung des Catolicismo Popular so intensiv und lange durchhält; - zweitens - warum der Catolicismo Popular sich mit seiner Heiligenverehrung immer wieder einnisten kann im offiziellen Katholizismus.

2.5.2 Archetypische Interpretation der Volksreligiosität (Pedro Assis Ribeiro de Oliveira).

Er untersucht den Catolicismo Popular als eine der wichtigsten Ausprägungen der Volksreligiosität in Lateinamerika (67), den er als "Eingangstor zu dem breiten Feld der Volksreligiosität" in Brasilien definiert und dessen Kenntnisse Rückschlüsse auf die anderen Formen des Volksreligiosität erlauben.

Ribeiro stellt zunächst fest, daß in Brasilien festgefahrene Vorurteile bezüglich des Catolicismo Popular existieren, die in der landläufigen Terminologie als Bild eines spontanen, ungepflegten, exotischen und rational nicht durchdachten religiösen Ausdrucks erscheint, der einer armen, von der Kultur und dem sozialen Wohlstand ausgeschlossenen Bevölkerung eigen ist, die sich dem offiziellen, rational-entwickelten und den Bestimmungen des Lehramtes konformen Katholizismus widersetzt (68). Diese den Intellektuellen und den Dokumenten des Lehramtes - auch Medellin - eigene Einstellung zur Volksreligiosität betrachtet den Catolicismo Popular als eine Religiositätsform, in der:

- das Gefühl über die Vernunft prävaliert

- die Heiligen den Mittelpunkt des Kultes bilden - Gott wird auch nur als einer unter den Heiligen verehrt -

- die traditionellen folkloristisch-religiösen Praktiken in Volksfesten und der Glaube an halbgöttliche Wesen der offiziellen katholischen Liturgie vorgezogen werden,

- den Anordnungen und Empfehlungen des Klerus und der Hierarchie Widerstand geleistet wird.

Oliveira wurde zunächst von diesem exotisch erscheinenden Catolicismo Popular angezogen (69). In einer zweiten Phase versucht er den Catolicismo Popular zu charakterisieren als Oppositionsbewegung der Laien gegenüber den Klerikern ihrer Kirche: Die Kleriker sehen den Laien als religiös Ungebildeten, der von ihnen als den "Fachleuten religiösen Wissens" bevormundet werden muß und damit die Laien zur Flucht in den einzig ihnen zur Verfügung stehenden freien Raum, nämlich in die Devotion zu den Heiligen, zwingen.

Die Ergebnisse seiner Untersuchungen zeigten jedoch, daß die von ihm
mit Sorgfalt gesuchte "unsichtbare Wirklichkeit" des Catolicismo Popular
den als Arbeitshypothese gesetzten Rahmen der Teilnahme der Laien an
einer klerikalisch geprägten katholischen Kirche sprengte (70).

So versuchte er in einer dritten Phase die verengten Sichtweisen über den
Catolicismo Popular durch vorurteilslose soziologische Untersuchung des
"praktisch gelebten" Katholizismus in Brasilien zu überwinden (71). Angeregt durch die Fragestellung: "Wie kann der Katholizismus so viele Ausdrucksformen aufweisen, ohne seine Einheit preiszugeben" (72). Oder anders formuliert: "Sind diese Aspekte der Ausdruck verschiedener religiöser Systeme oder einfach Ausdrücke eines einzigen, innerlich differenzier-
ten Katholizismus"? (73), versucht er eine Typologisierung des Catolicismo Popular durch Analyse der religiösen Praktiken des Katholizismus' in
Brasilien auf der soziologischen Ebene der disponiblen Handlungen, mit
denen Gläubige ihrem Glauben Ausdruck verleihen und so einer soziologischen Untersuchung verfügbar machen (74). Innerhalb dieses soziologischen
Horizontes wird der Catolicismo Popular als eine der möglichen Formen
gesehen, durch die sich heute das religiöse Potential des Volkes ausdrückt (75).

Für Ribeiro de Oliveira erscheint der Katholizismus als religiöses System,
das die Gesamtheit von Glaubensformeln, Werten, Normen und Kultformeln
umfaßt, verschiedene archetypische Beziehungen zu Heiligen impliziert, im
Laufe der Geschichte neue Traditionselemente übernommen und damit selbst
zur Entstehung pluraler religiöser Konstellationen beigetragen hat (76), deren
innere Kongruenz er in der Religionsphänomenologie zu finden glaubt (77). Er
bezeichnet sie als:

- "Konstellation des Wortes", als die Gesamtheit der verfügbaren religiösen Praktiken, die um das evangelische Wort kreisen

- "Konstellation der Sakramente", die um die Verordnungen der institutionalisierten Kirche, besonders des Sakramentenempfanges, kreist

- "Konstellation der Devotionen", bestehend aus religiösen Praktiken, die
  Freundschaftsbeziehungen zu einem persönlichen Heiligen - mit dem
  "santo" - einschließen und die zur Erlangung "überirdischer Vorteile"
  entstehen. Das Wort "Devotion" und besonders das Adjektiv "devotional"
  meinen nach Ribeiro de Oliveira eine emotionale, eigennützige Beziehung
  zwischen dem "devoto" beziehungsweise Verehrer und dem Heiligen.

- "Konstellation der Protektion", die auf einem Vertrag zwischen dem
  "devoto" und einem schützenden Heiligen basiert (78).

Diese vier Konstellationen ergänzen sich gegenseitig: während die "Konstellation des Wortes" und die "Konstellation der Sakramente" das Ideal
des Katholizismus darstellen, sind die beiden letzten in der katholischen
Kirche nur toleriert, werden aber benutzt als pädagogischer Weg zu diesem wahren Ideal. Sie retten die Einheit des lateinamerikanischen Katholizismus, denn sie stellen ein hierarchisches System komplementär religiöser Praktiken dar.

Nach Ribeiro de Oliveira muß der Catolicismo Popular auf zwei Ebenen definiert werden:

- Auf der disponiblen Ebene ist er die Form des Katholizismus, in der die "devotionale" und die "protektionale" Konstellation den Mittelpunkt und die "sakramentale" und die "evangelische" Konstellation des Wortes die Peripherie bilden. Die religiösen Praktiken beziehen sich gewöhnlich auf eine "Devotion" zu Heiligen, um konkreten Schutz zu erlangen. Mit dieser Definition will Ribeiro de Oliveira den Ethnozentrismus vermeiden, wonach der Catolicismo Popular als Religion zweiter Klasse gegenüber der reinen Religion der Eliten betrachtet wird (79). Beide Katholizismen: der "popular" und der "doktrinäre" offizielle werden innerhalb des gleichen theoretischen arche typischen Bezugssystems definiert. Sie unterscheiden sich nur im praktische Vollzug, wobei der Catolicismo Popular eine Kompartimentierung der "devotionalen" und der "protektionalen" Konstellation darstellt (80).

- Auf der anderen Seite stellt Ribeiro de Oliveira fest, daß der Catolicismo Popular in allen Bevölkerungsschichten Lateinamerikas vorhanden ist. Dies gilt auch dann, wenn der Catolicismo Popular hauptsächlich von Leuten, die keinen vollen Zugang zu den kulturellen und sozialen Vorteilen der modernen Gesellschaft haben, praktiziert wird, von Menschen also, die in ruralen beziehungsweise städtischen Randgebieten wohnen, denn der Catolicismo Popular ist auch unter den Bevorzugten der Gesellschaft da. Und umgekehrt gibt es "marginalizados", die eine offizielle katholische Praxis aufweisen. Phänomenal zeigt sich: der Catolicismo Popular ist auch unter den privilegierten Kreisen anwesend, die sich im übrigen zum offiziellen Katholizismus bekennen, während letzterer vereinzelt auch bei den "marginalizados" anzutreffen ist. Ist dem so, dann liegt die Vermutung nahe, katholische Religiosität habe halt verschiedene Spielformen. Weil aber eine solche Feststellung nur die plural erscheinende Oberfläche des Phänomens konstatieren würde und zuletzt auch selbst oberflächlich genannt werden müßte, deshalb plädiert Ribeiro de Oliveira für eine archetypische Interpretation des Katholizismus. Er vermutet, religionsphilosophisch könne in tiefenpsychologisch-archetypischer Symbolik eruiert werden, das Heilige lasse sich eher emotional denn rational erfahren. Eben dies geschehe im Catolicismo Popular selbst dann, wenn die offizielle Theologenkirche dies für exotisch oder gar gefährlich halte.

Leider führt Ribeiro de Oliveira die von ihm angezielte archetypische Interpretation nicht durch. Bei diesem Mangel sehen seine Ausführungen eher Appellationen gleich denn Analysen, die Qualifikatoren beibringen könnten.

2.6 Die Volksreligiosität als "Kultur der Armut" - Auf dem Wege zu einer "kritischen Theorie" von der Fülle der Katholizität (Abdalaziz de Moura).

Wie Ribeiro de Oliveira, der vom pastoralen Interesse geleitet wird, widmet Moura sich der Erforschung der Volksreligiosität. Sein Arbeitsfeld ist jedoch nicht der Volkskatholizismus, sondern wie bei Frau Muniz de Souza der Pentecostismo. Moura beachtet den Pentecostismo als ein religiöses populäres Phänomen, dessen Bedeutung für die katholische Pastoral und für die Theologie nicht übersehen werden darf (81).

Unter einem "populären Phänomen" versteht er ein Denk- und Handlungsschema, ein System der Beziehungen zu Gott und den Menschen, das den "populären Massen", das heißt den marginalisierten Massen eigentümlich ist, die der niedrigen und unterdrückten Schicht, die der "Kultur der Armut" angehören (82). In dieser "Kultur der Armut" gibt es keine Spannung zwischen Theorie und Praxis: Die Erfahrung der auf allen Lebensbezügen lastenden Unterdrückung ist für marginal-lebende Menschen so umfassend und intensiv, daß ihnen keine Kraft bleibt zur theoretischen Reflexion über diese Erfahrung (83). Die "Kultur der Armen" entsteht weder aus der rationalen Bewältigung der Praxis, noch in der kritisch-verantworteten Reflexion auf das praktische Sich-Verhalten-Müssen. Dennoch wirkt das tagtägliche Erleben und Aushalten von Mißachtung; die Erfahrung, daß die offiziell-formierte Gesellschaft die Marginalen erst gar nicht beachtet; vor allem der jeden Tag herausgeforderte Wille zum Leben und die so entstehende "List der Vernunft" auf das Bewußtsein der Armen ein. Es bildet sich ein Sprachspiel, dessen Regeln und Inhalte bestimmt sind von der Erfahrung der Armut. Diese Sprache ist im Wortschatz konkret, nie theoretisch-abstrakt; sie bezeichnet ganz bestimmte, die Situation beherrschende Dinge, Tiere, Mitmenschen und deren Beziehungsgefüge: Die Erfahrung, das Bewußtsein davon und die Sprachäußerungen dazu sind situativ-konkret, nie allgemeingültig-abstrakt. Das so entstandene, den Marginalen eigene Sprachspiel kennzeichnet die "Kultur der Armen".

Pragmatisch im Sinne Ludwig Wittgensteins und der Sprachanalysis sind im Feld der kennzeichnenden "Kultur der Armut" lebendig die Phänomene der Volksreligiosität. Diese Phänomene können gruppensoziologisch erfaßt werden, weil sie in ihrer Verbreitung und Pflege sich darin unterscheiden, inwieweit sich die Volksreligiosität aufgrund rassischen, folkloristischen oder musischen Assimilationsvermögens soziologisch formiert. Dieses gruppen- oder gar gemeinschaftsbildende Assimilations- und Zugehörigkeitsgefühl ist neben der "Sprachspielregelung" das zweite Kennzeichen der "Kultur der Armut".

Legt man die zuletzt genannte Qualifikation in der "Kultur der Armut" als soziologischen Maßstab auf das Religionsphänomen des Pentecostismo an, so zeigt sich: Der Pentecostismo befindet sich auf der dritten Sprosse einer vierstufigen Leiter von populären Phänomenen, die in Brasilien anzutreffen sind:

- der Catolicismo Popular

- die afro-brasilianischen Kulte

- der Pentecostismo

- die "populäre Evangelisation" (84) sind religions-soziologisch faßbare,
  weil in der Kraft zur Gemeindebildung abgestufte Phänomene in der "Kultur der Armut". Die rasche Verbreitung des Pentecostismo unter den Volksmassen wird zu einer Herausforderung an die professionellen Evangelisato-
  ren der etablierten Kirchen, die trotz ihres Willens zur Gemeindebildung
  nicht in der Lage sind, eine umfassende Evangelisation der Armen durchzuführen. Es steht zu vermuten, dies liege daran, daß die Spielregeln der
  Sozialisation im Pentecostismo aus der "Kultur der Armut", in der kirchlichen Pastoration hingegen aus der "Kultur der Institutionen" mit ihren
  Theorie-Praxissteuerungen stammen.

Ausgehend von der Frage: "Ist es möglich, das Christentum in die populären Massen einzuwurzeln?" (85), das heißt mit anderen Worten: ist es möglich, die originäre Erfahrung der populären Basis in die Kirche und in die
Theologie zu integrieren? - entwickelt Abdalaziz de Moura eine Art "kritische Theorie der Pastoration" (86).

Aufgabe und Ziel dieser "kritischen Theorie" wäre es

- erstens, die im Catolicismo Popular, in den afro-brasilianischen Kulten
  und im Pentecostismo vorhandenen Werte der Sprachspielregelung und
  Sozialisation, insoweit diese der "Kultur der Armut" zugehören, zu sichten und zu bejahen;

- zweitens, diese unter den Marginalen wirksamen "populären Phänomene",
  von ihrer politisch instrumentalisierten Entfremdung freizukaufen, die
  auf ihnen trotz aller gruppensoziologischen Vitalität in einer von der "Kultur der Institutionen" geprägten Gesellschaft lastet;

- drittens, und als Folgerung aus den vorgenannten Programmpunkten, käme
  es darauf an, im Evangelium der Christenheit die Werte der "Kultur der
  Armut" wiederzuentdecken, diese geduldig zu konfrontieren mit dogmatischen, sakramentalen, moralischen - kurz "ekklesialen", formellen Wertsetzungen im Christentum;

- viertens, in der durchzuführenden gegenseitigen Kritik der "Kultur der
  Armut" und der "Kultur der Institutionen" eine Pastoration der Assimilation einzuleiten in "Basisgemeinschaften", deren Aufgabe es wäre, komplementär und kritisch das neue Gesicht eines Katholizismus zu formen, in
  dem keine soziologisch-relevante Gruppe ausgeschlossen, sondern der eine
  "Leib Christi" auferbaut wird.

Moura gelingt es, die in der Pastoration noch verbreitete, abschätzige Beurteilung der Volksreligiosität, die zu einer Kapitulation der Evangelisation
führt, zu korrigieren. De Moura analysiert mithilfe einer pragmatischen
Sprachspieltheorie und seinen Beobachtungen zur Gruppenbildung die "Kul-

tur der Armut". Die Analyse stellt positive Werte heraus. Ganz im Sinne
einer Pastoral des "Aggiornamento" (87) werden diese Werte den komplementären Werten der "Kultur der Institutionen" konfrontiert. Es entsteht
eine "kritische Theorie" der Katholizität, als deren Pastorationsmodell
populär und kirchlich orientierte "Basisgemeinden" empfohlen werden.

2.7 Zusammenfassender kritischer Rückblick über die katholisch pas-
toral-orientierten religionssoziologischen Erforschungen der Volks-
religiosität.

Einer aufmerksamen Betrachtung der dargestellten pastoral-orientierten
Erhebungen zum Catolicismo Popular und zum Pentecostismo kann die Tat-
sache nicht verborgen bleiben, daß es unter den verschiedenen Kirchen-
Forschern weitreichende Differenzen methodologischer und inhaltlicher
Art gibt.

Sucht man mit Boaventura Kloppenburg auch nur den "Samen des Logos"
in der Umbanda und in den übrigen Erscheinungsformen des großen Reli-
giositätsreservoirs Brasiliens, dann bedeutet das einen positiven Fortschritt gegenüber einer negativ betriebenen Apologetik, wie sie besonders
in den fünfziger und bis hinein in die sechziger Jahre von der Schriftenreihe "Vozes em Defesa da Fé" (Stimmen zur Verteidigung des Glaubens),
offizielle Veröffentlichung des Nationalen Sekretariats für die Verteidigung
des Glaubens, betrieben wurde. Apologetisch destruktiv war zunächst die
Gesamtheit der Studien in Lateinamerika über religiöse Ausdrucksformen
des Volkes, die als Bezugspunkt die streng institutionalisierte katholische
Kirche nahmen: Im Lichte solchen Interesses erschienen nicht-offizielle
Religiositätsformen als Mangel, Entfremdung, Aberglaube, Magie, Synkretismus oder Heterodoxie. Die daraus entstandene Pastoration kann man
als "Pastoral der Vernichtung" bezeichnen: Die Volksreligiosität wurde der
radikalen Kritik der "terra arrazada" (eingeebneter Acker) ausgesetzt und
entweder als heterodoxer Auswuchs des wahren Glaubens, als Reduzierung
der katholischen Doktrin betrachtet, oder als Fanatismus sektiererisch
enthusiastischer Gruppen verworfen. Hinter solcher pastoralen Praxis steck-
te eine theologische Prämisse, die, getragen von der herrschenden Kultur -
zu der der Großteil des Klerus gehört - das Element katholische Doktrin
verabsolutierte. Es ist das Verdienst von Pater Kloppenburg, diesen Bann
gebrochen zu haben. Dies bleibt, wenn es ihm auch schwerfällt, die "Samen
des Logos" zu isolieren. Sein apologetischer Verstehenshorizont erlaubt
ihm nur, Elemente kultureller Art festzustellen, die als mögliche Anknüpfungsbasis für eine katechetische Unterweisung der Volksmassen relevant
wären.

Bruno Trombetta geht einen Schritt weiter, wenn er sagt: Das in den verschiedenen Erscheinungsformen der Volksreligiosität überlaufende Ele-

ment Kult verdiene Aufmerksamkeit. Diese oder jene Kulturelemente, vermutet er, könnten der Anreicherung dienen. Doch ihm gelingt nicht, einen Standpunkt zu entwerfen, aus dem heraus diese Erfahrung positiv kritisch gewertet werden könnte. Seine pastorale Entscheidung richtet sich nach einem utilitaristischen Prinzip: Man muß - sagt Trombetta - die Volksreligiosität wegen ihres möglichen Nutzens für die katholische Liturgie schützen, in ihr aber möglichst keine wertsetzenden Veränderungen vornehmen. Der synkretisierende dynamische Prozeß darf in seiner eigenen Entfaltung nicht gestört werden. So verzichtet Trombetta praktisch auf die pastorale Möglichkeit, die integrierende Kraft der Volksreligiosität in das moderne Brasilien einzubringen und auch sein liturgisches Unternehmen kann nicht die Phase einer Deskription folkloristisch interessanter Denkmäler überschreiten.

G. Deelen durchbricht die Reservatsmentalität, wenn er ein Ursache-Folgen-Schema kritisch einsetzt:

"Verkrustete Riten" und verfestigte Traditionsformen in der offiziellen katholischen Kirche haben nach seiner Ansicht zur Scheinreligiosität der Volksmassen geführt. Die katholische Kirche erweise sich gegenüber der Macumba und dem Pentecostismo als disfunktional. Sein Beitrag kann als negativ-nützlich bewertet werden, weil er auf geschichtliche Bedingungen aufmerksam macht, die eine undiskriminierte Anwendung religiöser Maßstäbe europäischer Provenienz auf brasilianische Religiositätsformen nicht zulassen oder zumindest erhöhte Vorsicht verlangen.

Joseph Comblin gelingt es, das weit verbreitete Modell des Synkretismus in seiner Anwendung auf die Volksreligiosität prinzipiell zu überwinden. Seine religionsphänomenologischen Analysen der konkreten Ausdrucksformen des Catolicismo Popular zeigen eine "religio infra-christiana", die bewußt gegen "städtische" Religiositätsformen auftritt. Dadurch wurde ansatzweise ein möglicher Weg zur Betrachtung der Volksreligiosität als einer sich-selbsttragenden Religionsform eröffnet: ihre Ausdrucksformen besitzen die Fähigkeit, das Selbstbewußtsein der "marginalizados" der Gesellschaft zu konzentrieren und zur Reaktion gegenüber städtisch-säkularisierenden Tendenzen anzuregen. Comblin richtet seine Analyse auf die heute sich entfaltende Volksreligiosität und sein Verdienst besteht darin, drei Elementarkräfte isoliert zu haben, die der Volksreligiosität eine bestimmte Eigenständigkeit verleihen: Selektivvermögen, Bewußtsein vom Wert der Verehrung des Heiligen, Sammlungsbewegung und Abwehrreaktion.

In Medellin wurde der Appell zur Überwindung der herrschenden Betrachtungsweise, derzufolge die Volksreligiosität als Magie und Synkretismus zu werten sei, noch stärker als bei Comblin laut. Die Bischöfe wenden sich mit - aus den Debatten des Vaticanum II geholtem - Mut entschieden dagegen, die bislang in kirchlichen Kreisen hochgeschätzten bürgerlichen Interpretationsschemata und pastoral-strategischen Meßverfahren westeuropäischen Ursprungs - wie sie G. Deelen (2.3.1) beschreibt - auf die Phänomene der Volksreligiosität in Lateinamerika anzuwenden. Die Prälaten sehen, daß die aus Europa importierten Interpretationskategorien als Sichtbeschränkungen angesehen werden müssen. Alteuropäische Vorurteile verstellen die Sicht für den kulturellen Kontext der Abhängigen. Sie sind deshalb nicht in der Lage, die in der Kultur der Armen wachsenden christlichen Elemente - wahre Religiosität und Liebe - positiv zu erfassen. So machte sich durch Medellin eine Lichtung im Urwald präsent, die nun kirchliche Forscher von den Holzwegen der prinzipiell negativen Beurteilung der Volksreligiosität zurückrief und sie auf einen - wenn auch nur halbwegs gerodeten - neuen Weg zur ungeahnt reichen Eigenkultur der Armen setzte.

Emile Pin fragt nach den Motivationen einer nicht-institutionalisierten Volksreligiositätsform, die trotz des lahmlegenden Drucks einer institutionalisierten Gesellschaft lebendig und dynamisch bleibt. Der Catolicismo Popular hat Eigenständigkeitscharakter, weil er natürlichen Bedürfnissen und daraus abgeleiteten kosmischen Motivationen entspricht: er kultiviert Verehrungsformen, damit Gott und die Heiligen die sozial-psychologischen Bedürfnisse der soziologisch qualifizierten unteren Volksschichten absegnen. Somit kann er sich inmitten der umgebenden Gesellschaft behaupten, von der er allerdings oberflächlich beim Empfang der Taufe einige Bedingungen übernimmt. Weil er in der Praxis auf der Ebene einer natürlichen Bedürfnisbefriedigung verbleibt, reflektiert der Catolicismo Popular nicht die notwendige Zielorientierung auf Gott hin. Pin's Interpretation der Motivationen gelingt der Überschritt von der kulturell-apologetischen Haltung hin zur theologisch begründeten Pastoration. Sein Begriff der Verinnerlichung verlangt nach einem direkten Bezug auf Gott und widersetzt sich einer pragmatischen Verwendung des Heiligen zugunsten der Befriedigung sozialer Bedürfnisse. Aber mit seiner Alternative: entweder ist die Motivation religiös - verinnerlicht auf Gott bezogen - oder sie bleibt schein-religiöses Etikett für soziale Bedürfnisse, gelingt es ihm nicht, den Eigenständigkeitscharakter des Catolicismo Popular zu erklären und er kann sich schwer dem Vorwurf entziehen, die Religiositätsformen der Armen als unreligiös - weil nicht in ekklesialer Manier verinnerlicht - abqualifiziert zu haben.

F. C. Rolim strebt an, den Catolicismo Popular als eigenständiges Phänomen zu analysieren. Diese Absicht führt ihn zum Entwurf eines religionssoziologischen Schemas, das sowohl analytischen, als auch synthetischen Ansprüchen gerecht wird. Dabei greift er zunächst die Kritik einer statisch-morphologen Religionssoziologie auf. Dem Catolicismo Popular kann man nur gerecht werden, wenn man ihn als emotional-dynamische Religiosität, besser noch, als starke Integrations- und quasi-missionarische Einnistungskraft betrachtet. Auch wenn der als eigenständig behauptete Catolicismo Popular "verzerrte Form von Katholizismus" genannt wird, lohnt es sich für die katholische Pastoral, sich dieser Emotionalitätsform der Volksreligiosität zu widmen. Denn Emotionalität, nicht Rationalität bestimmt die Eigenständigkeit des Catolicismo Popular, der sich somit in einem anderen Raum bewegt, als der offizielle Katholizismus.

Zu den Bemühungen Rolims muß kritisch gesagt werden, daß sie im Horizont einer dem Catolicismo Popular gegenüber negativ eingestellten Pastoralsicht bleiben. Denn die emotional-selbständige Religiositätsform des Catolicismo Popular ist mehr als das, was Rolim von ihr sagt. Würde man bei seiner Analyse verbleiben, könnte der Catholicismo Popular noch immer als ein Ausdruck von "Passivität" oder "Fatalismus" der Verehrer der Heiligen gewertet werden. Als Religion der hoffnungslos Apathischen hätte er keinen Sinn für soziale Gerechtigkeit, und würde sogar - um mit John Rex zu sprechen - zu einem "negativen Feedback", zum Hindernis auf dem Wege der notwendigen Wandlungen festgefahrener oder gar reaktionärer Wertanschauungen (88). Rolim ist sich bewußt, daß der Umstand der gewaltsamen Implantation des Katholizismus in Brasilien oder auch der "Einsturz eines Protektionsrahmens" beim Individuum zum Catolicismo Popular führen kann Trotzdem sucht er den Catolicismo Popular vom offiziellen Katholizismus her, als Entfaltung seiner "falschen Seite", die er als emotionale "Mittel und Vehikel" abqualifiziert, zu erklären.

Rolims soziologische Voraussetzungen erscheinen fraglich: zunächst will er die Ergebnisse seiner Analyse nicht aus der Sicht der zyklisch fatalistischen Dialektik A. P. Sorokins gewinnen, die zwischen der qualitativ "wahren" und der statistisch "falschen" Seite eines sozialen Systems unterscheidet und auch nicht ausgehend von dem Modell Schneiders - das auf das evolutionäre Potential der Unterentwickelten abhebt. Er plädiert für den neutral funktionalen Begriff "sozialer Wandel", demgemäß die konkreten Vorstellungen einer Gesellschaft funktionale Faktoren sind, die sich in jeder Epoche ändern können. Dieser Versuch der Neutralisierung des Catolicismo blieb aber zumindest irreal. Das zeigt sich bei dem Dominikaner-Forscher, wenn er die konkreten Maßnahmen zur "Behandlung" des Catolicismo Popular formuliert. Implizit übernimmt er doch das Schneidersche Interpretationsschema und folgert: der Catolicismo Popular muß entwickelt werden, um in ein rationales Entwicklungsstadium zu gelangen, in dem er keine Barriere zum Fortschritt sein kann (89). Die konkrete Strategie im Programm zur Förderung einer christlichen Gemeinschaft heißt dann: Entwicklung und Integration, in zwei Phasen:

- Reinigung der Volksreligiosität: Ersetzung der negativen Elemente des Catolicismo Popular durch die positiven Daten des offiziellen Katholizismus und

- Verwertung ihrer positiven Elemente, die zur bewußten und daher vollständigen Teilnahme am offiziellen Katholizismus führen.

Dieser Strategie der Bildung, die darauf hinzielt, den Catolicismo Popular wieder vollständig in das sichere Haus des offiziellen Katholizismus zurückzugewinnen, kann der Vorwurf gemacht werden, sie verpasse letzten Endes doch wieder die Gelegenheit, die kritischen Elemente der Volksreligiosität zum Zuge kommen zu lassen.

P. A. Ribeiro de Oliveira stellt mit Emphase fest, hinter den als exotisch geltenden Erscheinungsformen des Catolicismo Popular, der als selbstständige katholische Religiositätsform bezeichnet wird, finde sich eine echte religiöse Erfahrung, die in emotional überladenen Riten nach Heil suche. Trotz ihres hohen Deskriptions-Wertes, können dennoch die Analysen von Ribeiro de Oliveira nicht als Hilfe für die Konstruktion einer kritischen Theorie der Religiosität angesehen werden, weil sie auf der Konstatierungs- ebene stehen bleiben und eine - archetypische - Interpretation lediglich an- deuten.

Abdalaziz de Moura überwindet die immer noch verbreitete abschätzige Beurteilung der Volksreligiosität durch Heranziehen einer pragmatischen Sprachspieltheorie. Dadurch bringt er eigene, wertneutrale Feldbeobach- tungen zur Gruppenbildung in der "Kultur der Armut" ein. So gelingt es ihm, die aktuellen fundamentalen Fragen der Volksreligiosität an die Pastoration und an die Theologie mit bisher nicht gekannter Schärfe zu stellen. Seine ansatzweise entworfene, kritische Theorie der Katholizität kann als die einzige betrachtet werden, die ohne abschätzende Nebenbeurteilungen die Volksreligiosität als eigenständiges, auf dem Boden der Kultur der Armen gewachsenes religiöses Phänomen vorstellt. Hier wird an konkreten Bei- spielen gezeigt, daß es sich lohne, dem reichen Weg der Armen Beachtung zu schenken, jenen Schatz zu heben, von dem formal der Appell von Medel- lin sprach.

EINFÜHRUNG

Die in Teil I analysierten religionssoziologisch- und pastoral-orientierten
Erhebungen zur Volksreligiosität fordern ein dem Catolicismo Popular und
dem Pentecostismo adäquates Instrumentarium zur theoretischen Aufarbeitung und schematischen Darstellung. Eine Arbeitshypothese muß formuliert
werden, in der zunächst die kritischen Elemente thematisiert werden. Im
Modell müßte es aber dann auch gelingen, die den "homo religiosus popularis christianus brasiliensis" prägenden Eigentümlichkeiten aufzudecken und
phänomengerecht, aber auch kritisch als Anfragen an die Theologie zu artikulieren.

Die bislang begangenen Wege brachten verschiedene Einsichten in die nicht-
institutionalisierte christliche Religiosität in Brasilien ein. Sie demaskier-
ten einerseits den aseptisch wertungsfreien Deskriptivismus als ein Ver-
gleichsverfahren, das nichts ändert, die Vermittlung nicht bedenkt und also weder den Ansprüchen einer Religionstheorie noch denen einer Pastoral
gerecht wird. Andererseits bringt jedoch auch die in derzeitiger Pastoration noch weitverbreitete Apologetik die für die Theorie zu fordernde Vermittlung nicht ein. Eine Apologetik, die von der dogmatischen Festschrei-
bung der ganzen Wahrheit in den institutionalisierten Kirchen ausgeht, tritt
jeder Form von Volksreligiosität belehrend gegenüber, weist ab oder ver-
einnahmt, vermittelt aber nicht. Diese Vermittlung, die Konstruktionsmo-
ment einer jeder phänomenologisch-relevanten Religionstheorie ist, behut-
sam zu suchen, ist das Ziel der folgenden Überlegungen.

Das Material wurde induktiv gewonnen und dann entweder mit Hilfe einer
Typologie der religiösen beziehungsweise kirchlichen Praxis (G. Deelen)
oder der religiösen Bildung (T. de Azevedo) zugeführt. Die Resultate aus
der Begegnung verschiedener Kulturen (G. Freyre) und Kulturformen (R.
Bastide) wurden in eine Typologie religiöser Motivationen eingegeben (E.
Pin). Dabei waren die Wege der Eingaben vorgezeichnet durch gegebene
Integrationsvollzüge auf der emotionalen Ebene der gelebten Religiosität
(F. Rolim) oder aufgrund einer phänomenologisch konstruierten Arche-
typologie, die den Katholizismus als eine geschichtliche und soziale Tota-
lität (Ribeiro de Oliveira) ansehen wollte. Andererseits wurde versucht,
das Phänomen dialektisch in den Griff zu bekommen, sei es durch die Ge-
genüberstellung der religionssoziologischen Konstanten Kirche - Sekte
(Beatriz de Souza), sei es durch Herausarbeitung der differenten Größen:
Volksreligiosität und Gesellschaftsstruktur (C. P. Camargo) oder Volksreligiosität und politisch-wirtschaftlicher Bereich (Tavares de Andrade).
Es wurde auch versucht, die Dialektik aufzuzeigen in der Konfrontation

zwischen spontanen Ausdrucksformen der "marginalizados" und der Religion der Stadt (J. Comblin) oder zwischen offiziell modernen und rustikal geprägten Katholiken (M.I. Pereira de Queiroz). Letztlich versuchte A. de Moura den Catolicismo Popular und den Pentecostismo mithilfe einer Dialektik zwischen einer "Kultur der Armut" und einer "Kultur der Institutionen" zu typisieren.

Folgende Dialektiken von Religion in der speziellen lateinamerikanischen Situation bieten sich darüberhinaus als heuristische Einstiegsmöglichkeiten an:

- Dialektik der Konflikte zwischen Bevölkerung, Kirche und herrschender Kultur (1).

- Dialektik zwischen aufblühenden religiösen Sekten und einer sich säkular entwickelnden Gesellschaft (2).

- Dialektik der Entwicklung (3).

- Dialektik zwischen etablierten Kirchen und spontanen Basisgruppen (4).

- Dialektik zwischen herrschenden und beherrschten Klassen (5), zwischen Unterdrückern und Unterdrückten (6), beziehungsweise schutzlosen Massen (7), die zum objektiven Akkumulator sozio-religiöser Konflikte und Kontradiktionen werden (8), zwischen abhängigen und unabhängigen Machtzentren (9), die zur Entstehung einer "Ursprungs- und Widerscheinkirche" (10) führen können.

All diese Zugangspfade zum Phänomen der Volksreligiosität, besonders des Catolicismo Popular und des Pentecostismo, haben den Vorteil, von Anfang an konkrete Möglichkeiten an die Hand zu geben, die kritisch-wirksame Elemente entdecken lassen. Dennoch bleibt zu fragen, ob sie als geeignete Basis für eine kritisch-theoretische, das heißt auch vermittelnde Betrachtung dienen können. Unter diesem Gesichtspunkt müssen alle bisher vorgelegten Interpretationen als nicht zureichend angesehen werden.

Hier wird deshalb von der religionsphänomenologischen Methode Joachim Wach's ausgegangen. Sie kann eine kategoriale und analytische Basis sein, die für eine kritisch vermittelnde Religionstheorie taugt und zudem speziell auch den brasilianischen Religionsphänomenen angepaßt werden kann. Wach's Religionstheorie überwindet die negative Einstellung gegenüber der Volksreligiosität, die zum Teil durch Anwendung deskriptiver Modelle von M. Weber verursacht wurde. Die Anwendung des heuristischen Rasters von Wach setzt die bisher festgestellten sozio-pastoralen Daten voraus und geht zur Isolierur beziehungsweise Buchstabierung ihrer kritischen Elemente über.

Der High-Church-Theologe und Religionshistoriker Joachim Wach widmet sich der Erforschung und dem Verständnis der verschiedenen, selbständigen religiösen "basic attitudes" (11), das heißt den spezifischen Modi, Typen oder Momenten der universal-intuitiven Erfahrung des Heiligen (12). Die "basic attitudes" bringen das wo und das wie der Irruption des Heiligen in der Welt zum Ausdruck und offenbaren die dialektischen Haltungen des Menschen gegenüber der letzten Wirklichkeit: Wach sagt mit Rudolf Otto, der religiöse Mensch beuge sich vor dem "tremendum" Gottes, werde aber zugleich angezogen von Gottes "fascinosum". Über Otto hinaus interpretiert Wach dieses Schema offensichtlich phänomengerechter, wenn er sagt, in jeder Religion gebe es die Basisfunktion der Verehrung des Mysteriums und doch zugleich auch die andere, die nicht nur sich faszinieren läßt von Gottes Macht, sondern diese magisch selbst in die Hand nehmen, also manipulieren möchte. Wach's Unternehmen des Verstehens der verschiedenen "basic attitudes" geht davon aus, daß sie der Ausdruck und das Ergebnis des ernsthaften Suchens und der Bemühungen religiöser Gruppen sind, die unter verschiedenen sozio-kulturellen Bedingungen stehen. Mit den sozio-kulturellen Gegebenheiten werden anfängliche Bedingungen gesetzt, die die Forderung stellen, jede Religiositätsform - also auch die Volksreligiosität - sei als eigenständiger Ausdruck der religiösen Erfahrung zu betrachten, die hermeneutisch unter der Rücksicht auf zwei "loci" gewonnen wird:

- sachliche Auslegung, begleitet von der

- Bejahung des Interpreten, das heißt Interesse, emotionale Sympathie und Liebe (13).

Dadurch soll eine Warte geschaffen werden, von der her jeder Synkretismus und jede Überlegenheit der Buchreligionen - Judentum, Katholizismus, Hinduismus und andere mehr - vermieden werden soll (14). Die auf der Grundlage der "basic attitudes" entwickelte Religionssoziologie will eine phänomenologische Grammatik erstellen, die von ursprünglich vorgegebenen Kategorien der Erfahrung des Heiligen ausgeht und Vorkommen, Typen und Grundsubstanzen vergleichend und verstehend untersucht. Henri Desroche, bedeutender Wach-Forscher und -Ausleger, unterscheidet in Wach's kategorialer Religionstheorie zwei Ebenen:

- eine Morphologie beziehungsweise empirische Analyse der verschiedenen "basic attitudes"

- eine Synthese beziehungsweise syntaktische Einordnung der verschiedenen religiösen Grundhaltungen innerhalb der universalen Erfahrung des Heiligen (15). Die Grundkategorien dieser "Grammatik" werden durch eine fundamentale Unterscheidung zwischen der religiösen Erfahrung und dem Ausdruck dieser Erfahrung gewonnen. Die religiöse Erfahrung als solche kann nicht in die Zwangsjacke operationalisierbarer Begriffe gebracht werden: die Erfahrung kann nie durch ihren Ausdruck erschöpft werden. Weil sie aber in Wachscher Sicht notwendigerweise zum Ausdruck drängt, eröffnet sich damit dem Forscher das ausgedehnte Feld religiöser Ausdrücke in den je verschiedenen "basic attitudes" (16).

Mithilfe dieser Unterscheidung und der ihr entsprechenden phänomenologischen Reduktion wird dann das Grundschema erstellt:

Die Expression der religiösen Erfahrung wird didaktisch in isolierbaren, sich gegenseitig kritisierenden Elementen aritkuliert:

- das Wort

- der Kult

- die Gemeinschaft.

Diese zwar "ex abrupto" gelieferte Triade des Ausdrucks der religiösen Erfahrung hat den Vorteil, eine mögliche kritische Basis für die Volksreligiosität zu sein, weil jede Priorität eines dieser Elemente gegenüber den zwei anderen abgelehnt wird (17) und man von Anfang an den Trugschluß umgehen kann, der die phänomengerechte Formulierung einer Religion mit ihrer grundlegenden "Natur" oder "Aufgabe" verwechselt. In jeder "basic attitude" ist im Sinne von Wach Theorie (im Wort), Verehrung (im Kult) und Gemeinschaft zu unterscheiden, die je in ihrer Art integral zum religiösen Erleben gehören.

Das Wort wird als erstes isolierbares Element im Horizont des religiösen Ausdrucks gesehen. Es wird später ganz allgemein als "theoretisches" Element, als Ausdruck und Feld des Denkens verstanden und entspricht damit den Vorstellungen der Soziologen von Sprache oder dem "ideologischen Niveau" der Normen und Werte (18) oder auch den "Daseinsvollzügen" und dem "Wollen" religiöser Gruppen (19), die sich in der Form von Symbolen und Mythen darstellen. Es gehört zum Vorzug dieser Betrachtungsweise, daß sie nicht nur Symbole und Mythen analysieren kann, sondern auch "Doktrinen" und "Theologien" als intellektuelle Reflexionen über Gott, den Menschen und die Welt (20). So zeigt sich ein Drei-Phasenschema:

- die primitiale Phase des Mythos

- die Phase einer normativen Lehre, die als autoritative Instanz auftretend, die mannigfaltigen verschiedenen mythologischen Traditionen in einem kohärenten System koordiniert

- die Rationalisierung der Ausdrucksformen durch Theologen, die das Glaubenssystem apologetisch sichern und ausgearbeitete Disputationen über die Inhalte des Glaubens entwickeln (21).

Wach behauptet, jede "basic attitude" - auch die in den primitiven Religionen kenne das Element "Wort" nicht nur als Mythos, sondern auch - wenngleich keimhaft - als theoretische Artikulation, die nach einer bestimmten Grammatik erfolge.

Das zweite Ausdruckselement der religiösen Erfahrung heißt Kult und entfaltet sich im Bereich des Handelns (22): Verehrung und Dienst werden zu Hauptformen des "praktischen" Ausdrucks. Als Reaktionen der Gefühle, der Verwunderung, der Furcht, des Lobes, des Dankes und der Liebe sind sie Tat (23). Das religiöse Handeln im allgemeinen unterscheidet sich kaum vom normalen Handeln: "es gibt kaum irgendeine Tätigkeit, die nicht als kultisch gelten kann". Das religiöse Handeln ist "vitales Handeln", das aber durch "geistige Anspannung" zu einer höheren "Mächtigkeit" gesteigert wird (24)... Dennoch gibt es Handlungen von ausschließlich religiösem Charakter: durch den Vorgang der Weihung kann ein Akt in die Sphäre des Göttlichen erhoben werden. Dann impliziert der Dienst religiös-ethische Verpflichtungen (25) und äußert sich besonders durch die bejahende Tat des Opfers, des Gebetes (26), durch Riten, Teilnahme an Sakramenten (27), durch Tänze, Wallfahrten und Prozessionen (28).

Wie "Wort" und "Kult", so gehören auch die Gemeinschaft und die Gemeinde zum religiösen Erleben (29). Sie sind religiöser Ausdruck im Bereich des "Soziologischen" (30). Die religiöse Gruppe unterscheidet sich von anderen Sozialisationsformen nicht nur im Wort und im Kult, sondern auch im neuen Gemeinschaftsgeist und -gefühl, das sich unter ihren Mitgliedern etabliert und zur "Mit-Teilung" als Kommunikation führt. Es entsteht ein neuer Mikrokosmos mit eigener Gesetzlichkeit und Atmosphäre (31). Jede dieser drei traditionellen Ausdrucksformen der religiösen Erfahrung ist für alle religiösen Gruppen konstitutiv (32) und tendiert zur Formalisierung und Standardisierung (33).

In der hier folgenden Untersuchung wird dieses Schema von Wach - Desroche aufgegriffen, um die Vielzahl der religionsphänomenologisch erhobenen Daten zum Catolicismo Popular und zum Pentecostismo für eine theoretische Erfassung aufzubereiten. Dabei sind wir uns dessen bewußt, daß zumindest bei Wach der Gedanke Hegel's Pate stand, in der Selbstwerdung des menschlichen Geistes stehe der Mythos unter dem Wort, die Verehrung unter dem Kult. Sollte dies "wertend" verstanden werden, dann müssen wir darauf aufmerksam machen, daß im Verlauf unserer Untersuchung solche hegelianische Bewertung streng vermieden wird.

3. DIE "AFRO-BRASILIANISCHEN" UND "AMERO-INDIANISCHEN" RELIGIONEN ALS HISTORISCHER HINTERGRUND DES CATO - LICISMO POPULAR UND DES PENTECOSTISMO.

Bevor wir den Catolicismo Popular und den Pentecostismo anhand des Wach'schen Rasters analysieren, scheint es sinnvoll zu sein, die "amero-indianischen" und die "afro-brasilianischen" Religiositätsformen wegen ihrer konstitutiven Bedeutung für die Entstehung und Prägung des Catolicismo Popular und des Pentecostismo und ihrer Attraktion für die "marginalizados" exkursartig darzustellen.

3.1 Die caboclo-ameroindianische Religiosität

Die wissenschaftliche Erfassung der verschiedenen Religionsformen der Eingeborenen in Südamerika ist ein noch nicht abgeschlossenes Kapitel. Es bleibt noch sehr viel zu sagen, sei es über ihre ursprüngliche Stammesform, sei es über den Prozeß ihrer Berührung oder Verschmelzung mit dem Christentum des siegreich eingedrungenen Europäers oder auch mit den erdnahen Religionen der schwarzen Afrikaner, deren Evangelisation seitens der offiziellen katholischen Kirche der Kolonisationszeit wegen der starken rassischen Vorurteile sehr oberflächlich, manchmal sogar eine reine "Illusion" blieb (1). Ihre außerordentliche Variabilität, Lebendigkeit und Aktualität wird zur ständigen Herausforderung für den Religionsforscher. Hier sollen einige charakteristische Merkmale dargestellt werden, die für das Verstehen des Catolicismo Popular und des Pentecostismo relevant scheinen.

Mit der Bezeichnung "caboclo-ameroindianische" Religiosität sind in der Alltagssprache die Religionsformen des arm und ungebildet im Binnenland wohnenden Caboclos - des indianisch-europäischen Mischlings - gemeint, deren Ausprägungen durch den weiten Abstand gegenüber der westlichen Zivilisation, die sich bis vor kurzem auf einen schmalen Streifen des Küstengebietes konzentrierte, bedingt sind (2). Ihre Denk- und Lebensweisen werden innerhalb eines rustikalen Milieus entworfen, in dem die persönliche Erfahrung und die familiären Überlieferungen die einzigen disponiblen Bezugspunkte sind. In ihr vermischen sich religiöse Elemente der Indianer mit dem europäischen Christentum und sogar mit den Religionen der afrikanischen Sklaven, woraus eine neue Kultur und Religiosität entsteht, die sich als Pajelança und als Catimbó manifestiert.

Das Gedankengut der Pajelança-Religion kreist um mythologische Überlieferungen der Indianer über Helden, Zauber- und Ahnengeister und um Heilige der katholischen Kirche (3). Die menschliche Existenz erscheint darin als eine bedrohte, die von dem Einfluß der bösen Mächte durch den

Rekurs zu den übernatürlichen Heilsgeistern und zu den katholischen Heiligen befreit werden muß. Ihr praktischer Ausdruck reduziert sich zu einer einfachen Begegnung zwischen dem Kranken oder Bedürftigen und dem Pajé oder Heiler (4).

Martin Gerbert macht darauf aufmerksam, daß man bisher wenige Kenntnisse über die Entstehung des Catimbó und die Phasen zunehmenden christlichen und afrikanischen Einflusses auf diese Religion hat (5). Fest steht allein die Tatsache, daß es sich um sekundäre indianische Kultformen handelt, die nicht mehr in der ursprünglichen Gemeinschaft des Stammes oder Dorfes gründen, sondern sich aus der Wiederbelebung indianischer Überlieferungsreste entwickeln. Der Catimbó versucht die zerstreuten Elemente der Pajelança zu integrieren (6) und sich als strukturierte Religion darzustellen, die schon seit dem Anfang der Kolonisierung unter dem Namen Santidade (Heiligkeit) sich als Reaktion der versklavten Indianer und Afrikaner gegen den Katholizismus der Herrscher verstand (7). Seine Doktrin kreist um den Mythos der Jurema, einem Baum, aus dessen Wurzeln ein Getränk erstellt wird, das den Menschen in die Welt der Schutz- und Ahnengeister entrücken kann (8). Die irdische Welt erscheint als der um den Baum Jurema geographisch zentrierte Ort, als getreue Kopie der göttlichen Welt. Sowohl die göttliche als auch die irdische Welt umgreifen die verschiedenen Lebensbereiche, an deren Spitze mehrere "Führer" regieren. Der Mensch - ein unglückliches Wesen - sucht Linderung seiner Übel bei den Catimbozeiros beziehungsweise irdischen "Führern", die als Vermittler zwischen der Erde und den verzauberten Geistern fungieren (9).

Die kultischen Handlungen des Catimbó - vornehmlich Bittzeremonien - werden im allgemeinen in den Häusern beziehungsweise Baracken der irdischen "Führer" - besonders in der Nacht von Samstag auf Sonntag - vollzogen: die Caboclos kommen, einer nach dem anderen, um Heilung von Krankheiten oder Erfolg im Leben zu erbitten (10). Der Catimbó kennt außer gelegentlichen messianischen Ausbrüchen beziehungsweise "Heiligkeitsbewegungen" zum "Land ohne Übel" keinen sozialen Protest und auch keine dauernde Gemeinschaftsbindung: "die Gläubigen kennen sich nicht gegenseitig, jeder beschäftigt sich mit sich selbst, ohne sich Sorgen um den Nachbarn zu machen. Sie gehen von Catimbó zu Catimbó je nach Bedarf" (11).

3.2   Überlebende afro-brasilianische Kultformen.

Es ist schwierig, die Komponenten der afrikanischen Religionsformen in Brasilien in ihrer Eigenart und örtlichen Prädominanz zu bestimmen oder ihre Ursprünge zu erfassen. Ihre Kultformen zerfallen und entwickeln sich immer wieder zu neuen Formen, deren einzelne Elemente kaum isolierbar sind. Außer einer chaotischen Wucherung von Kultformen, die sich beim Import neuer Sklaven jedesmal abwechselten, gab es nach Roger Bastide

während der Sklaverei keine organisierten afrikanischen Religionsformen
in Brasilien. Erst Ende des 18. Jahrhunderts zeichnet sich eine konstante
Entwicklung bestimmter religiöser Elemente ab (12).

Man pflegt die aus Afrika kommenden Religionen zu unterscheiden in:

- die west-sudanesischen Religionsformen des Yoruba- oder Nago-Kultes
  und des Dahome-Kultes der Voduns im Gebiet der Elfenbeinküste
  (= "Küste der Sklaven" (13))und

- die Religion der Bantu aus den Gebieten des heutigen Angola, der Kongo-
  republiken und Moçambiques.

In den Yoruba-Religionen zeigt sich eine bestimmte Systematisierung. Es
gibt einen höchsten Gott, Olorum oder Mawu, der sich dem Menschen durch
sekundäre Gottheiten, Orixá oder Ahnengeister, offenbart. Die Orixá werden als lebendige Kräfte der Natur, als Personifikation von Gottheiten und
als Ahnengeister vorgestellt. Sie steigen während des Kultes zur Erde nieder und nehmen bestimmte Gläubige in Besitz. Eine priesterliche Elite -
die Olorixá und die Babalawo - widmet sich der Aufgabe, die Götter durch
Opfer zu besänftigen und ihren Willen zu erforschen.

Dagegen weisen die Bantu-Religionen nur sehr minimale systematische Elemente auf, die eng mit dem alltäglichen Leben, mit Ahnen- und Naturgei-
stervorstellungen verbunden sind. Sie intendieren die Erlangung der "force
vitale", der Lebenskraft, einem Element, dessen Erklärung den rational
orientierten systematischen Religionsphänomenologen immer noch nicht
gelingt.

Der Begriff "force vitale" (Lebenskraft) wurde durch Placide Tempels in
die Religionssoziologie eingebracht. Der Afrikaner und besonders der Bantu sieht sich in eine Welt von Kräften eingelassen, die seine "Lebenskraft"
fördern oder hemmen können. Diese "Lebenskraft" kann verstanden werden
als Leben, Macht, intensiv leben, Energie. Gott ist "Dijina dikatampe",
das heißt der "große Name", weil er die "große Kraft" ist, der jeglicher
Kreatur ihre spezifische Lebensenergie verleiht. Das Glück besteht für den
Bantu darin, seine Lebenspotenz, die durch Leiden, Depression und Ungerec
tigkeit vermindert werden kann, durch Anflehen Gottes und der verstorbenen
Ahnengeister zu steigern, um deren Vitalität zu erlangen. Die Lebenskraft
der Ahnen und Geister wiederum ist abhängig vom Intensitätsgrad der Verehrung durch die Gläubigen. Tote, die keine Beziehung mehr zu lebenden
gläubigen Menschen haben, sind definitiv "tot" (14).

Die Religionen der afrikanischen Sklaven traten in einen Prozeß des "Gebens
und Nehmens" ein, als sie in Kontakt mit dem Katholizismus der herrschenden Unterdrücker gerieten, wodurch viele ihrer originären Elemente, wie
etwa der Ahnen- und Geisterkult, entstellt wurden, andererseits aber Elemente des Katholizismus, wie zum Beispiel die Heiligenverehrung, in neue
veränderte Bedeutung assimiliert wurden (15). Viele Formen der ursprünglichen Bantu-Kulte, wie der Calundu, der Canjerê, der Cabula, die in den

Staaten Minas Gerais (16) und Espirito Santo (17) eingepflanzt waren, sind
völlig verschwunden; gleichzeitig büßen sudanesische Religionsformen wie
der Batuque in Rio Grande do Sul oder der Tambor der Mina in Maranhão
ihre Relevanz ein (18). Drei Kultformen sind aber zu nennen, die immer
mehr den Mittelpunkt afro-brasilianischer Volksreligiosität bilden:

- Der Candomblé von Bahia.

In ihm sind Elemente des Yoruba-Glaubens an die Orixá zu finden (19). Seine Kulte werden in den "terreiros" vor Heiligenfiguren gefeiert. Zwei kultische Hauptformen sind charakteristisch für diese Religion: das Tieropfer
als Sühne für die Toten, die Ogun (20) und die Trance, in der die Orixá die
ihnen geweihten tanzenden Gläubigen in Besitz nehmen (21), um so in unmittelbaren Kontakt mit den Menschen einzutreten (22). Der Kult wird von
einem priesterlichen Kollektiv geleitet, bestehend aus dem "Pai-de-Santo"
oder der "Mãe-de Santo", den Alagbe (Atabaque-Spielern), den Exogum
(Opfern), den Ogan und den Filhos oder Filhas-de Santo, die sich einer
langen und strengen Initiationsperiode, die bis zu zwei Jahren dauern kann
(23), unterziehen müssen.

- Die Macumba.

Die ersten Anfänge des Macumba-Kultes in Brasilien liegen in Versammlungen von Gläubigen unter freiem Himmel, in denen sie durch Lieder und
Tänze ihre Beschützer oder "Tatás" verehrten. Im Laufe der Zeit entwik-
kelten sie sich zu einer religiösen Mischform durch Integrierung religiöser Elemente des Katholizismus, des Spiritismus, des Yoruba-Kultes und
der Religion der Ameroindianer (24). Charakteristisch für diese Religion
ist die Prädominanz familiärer Geister- und Ahnenkulte, die durch Inkorporation in die Person des Kultvorstehers in Kontakt zu den Menschen treten und mit verschiedenen Namen bezeichnet werden: Väter, Mütter, Tan-
ten, Großväter, Caboclos, Linhas und Phalangen (25). Ähnlich wie im
Candomblé entwickeln sich die rustikalen Zeremonien der Macumba nach
einem bestimmten Verlaufs-Schema: Ein Reinigungsritus eröffnet die kultischen Zeremonien: durch den einhüllenden Rauch von Pfeifen und Zigarren wird der Gläubige befähigt, am weiteren Verlauf des Kultes teilzunehmen, der sich mit der Anrufung der familiären Geister, der Phalangen
oder der Linhas fortsetzt. Anschließend können Tiere, Weihrauch und aro-
matische Pflanzen in den Despachos (Opfer zu Ehren der Orixás) geopfert
werden.

Die Macumba neigt oft zu religiösen Praktiken, deren Ziel es ist, anderen
Personen Schaden zuzufügen, weshalb ihr der Name Quimbanda oder schwarze Magie verliehen wird. Durch diese religiöse Depravierung, die infolge
der Selbstherrlichkeit des Macumbeiro (Chef einer Macumba-Kultstätte)
zur Eliminierung jeglicher kultischer Gemeinschaft führt und durch steti-
ge Integration synkretistischer Elemente unterscheidet sie sich grundlegend von den Kultformen der traditionellen afrikanischen Religionen und
gewinnt somit einen eigenständigen Charakter (26).

- Die Umbanda.

Die Umbanda versucht, die verschiedenen traditionellen Formen der afro-
brasilianischen Religiosität zu einer neuen und originellen Religion zu integrieren (27) und wird daher entweder als integrierender Teil eines "mediumistischen Kontinuums", das dem marginalisierten Menschen die Adap-
tation zu dem modernen städtischen Leben ermöglicht (28) oder als Metamorphose beziehungsweise Sublimierung (29) der Macumba und der Quimbanda betrachtet, die sich der heutigen Gesellschaft als moderne Religionsform darstellen will, indem sie versucht, die Spuren der primitiven und
instinktiven Spontaneität der ruralen und benachteiligten Klassen zu ver-
decken, um damit die rationale Welt der emanzipierten Klassen des Mittelstandes zu erreichen. Savino Mombelli konstatiert, daß diese Sublimie-
rungsbewegung zwei komplementären Bewegungen der brasilianischen Gesellschaft folgt:

- einer zentripetalen Bewegung, der Durchdringung der verschiedenen Kulturen, Rassen und Religionen des brasilianischen Kulturmosaiks

- einer zentrifugalen Bewegung, der Flucht vor der erfahrenen unmenschlichen Wirklichkeit.

Ihr theoretischer Ausdruck integriert außer afro-brasilianischen religiösen Glaubensvorstellungen noch Elemente des Kardecismus (30), des Ok-
kultismus und des Christentums (31) und kann in sieben Glaubensartikel
zerlegt werden, die alle auf dem Gebot der Liebe basieren:

- "Wir dürfen unseren Brüdern das nicht antun, was uns selber nicht an-
getan werden soll".

- "Wir dürfen uns unter keinen Umständen etwas wünschen, was schon anderen gehört".

- "Wir sollen immer bereit sein, den Bedürftigen zu helfen".

- "Wir dürfen niemanden diffamieren oder fremde Taten kritisieren".

- "Seien wir ehrlich und erfüllen unsere Pflichten, auch unter Opfern".

- "Vermeiden wir jede schlechte Gesellschaft".

- "Auch wenn wir die anderen Religionen nicht kennen, müssen wir sie in
hohem Maße respektieren" (32).

Um ein volles Verständnis der Doktrin der umbandistischen Bewegung zu
gewinnen, darf man sich nicht mit der Lektüre solcher oder ähnlicher
"Liebesgebote" begnügen: es ist notwendig, in ihren bewegten und phan-
tasievollen Kult einzudringen, der sich an der Linderung sozialer Not, der
Heilung von Krankheiten, der Ermunterung der psychisch Schwachen orientiert. Im Kultverlauf begegnen die Gläubigen einem guten Gott, - Olorum,
Nzambi, die Liebe, das Licht - der in der himmlischen Umbanda wohnt
und nicht durch Bilder dargestellt werden darf, der durch Heilige und Orixä,
durch ameroindianische Helden und Caboclos, durch bantusche Ahnengeister,

durch schwarze "Alte", durch die "Linhas" und "Führer" (33) oder durch ent-inkarnierte Seelen gegenwärtig wird und der durch Linderung der menschlichen Nöte sich mit dem Menschen verbinden will: Linderung von Nöten und Verbindung mit Gott werden von den Umbandistas als synonym betrachtet (34).

Die Anthropologie der Umbanda beruht auf bantuschen und sudanesischen Konzeptionen (35), die mithilfe christlicher und hinduistischer Elemente des Kardecismus systematisiert wurden. Seit ihrem ersten Generalkongreß im Jahre 1941 lehrt die Umbanda, die menschliche Seele sei eine abgetrennte Parzelle der Gottheit, die aus innerer Evolutionsnotwendigkeit durch Inkarnation in die menschliche Person in diese Welt gekommen ist, um ihr glückliches Ziel, - nämlich die endgültige Identifizierung mit der Gottheit - durch einen entsprechenden Lebenswandel zu verdienen (36). Die Gebete der irdischen Umbanda und ihre Taten der Nächstenliebe als ihrer höchsten Verpflichtung begleiten die Seele während ihrer Inkarnationszeit. Selbst wenn sie während der ersten Inkarnationsperiode dem Bann der Sünde und Bosheit anheimfällt, läßt die Liebe Gottes sie nicht im Stich: Es werden der Seele weitere Inkarnations- und damit Läuterungsmöglichkeiten angeboten (37). Zwischen zwei Inkarnationszeiten verrinnt ihre befristete Zeitspanne, in der die Seele mit dem bloßen "Peri-Spiritus" unruhig von einem Platz zum anderen umherwandert und leidet (38).

Während sich im doktrinären Depot der Umbanda viele kardecistische Elemente nachweisen lassen, unterscheidet sich der Kult, der viele Variationsmöglichkeiten zuläßt, erheblich vom Kardecismus: die Predigt, die Lesung des Evangeliums oder eines Auszugs aus den Werken Allan Kardecs werden vollständig, zumindest teilweise durch Lieder und Tänze ersetzt. Der umbandistische Kult vollzieht sich in hellen und feierlich ausgestatteten Räumen, in denen jeder Teilnehmer die Trance und die Inkarnation der Geister erleben kann durch die Vermittlung der umbandistischen Medien (39), die dadurch die Begegnung zwischen der himmlischen und der irdischen Umbanda ermöglichen (40). Die irdische Umbanda kennt eine relativ einfache Struktur:

- die Pais-de Santo, die Babalaôs oder Babalorixás und die Maes-de-Santo beziehungsweise Yalorixás leiten den Kult und den "terreiro" (Kultstätte)

- die Initiierten (Filhos-de-Santo) (41)

- die Mitglieder und Sympathisanten (42).

3.3   Zwischenergebnis.

Man ist allzuleicht versucht, aus einem der herrschenden Kultur entnommenen Standpunkt heraus die eben dargestellten Religiositätsformen als Vermischung und Verschmelzung verschiedener kultureller Werte, als Animis-

mus, Magie und sogar als Fetichismus zu disqualifizieren. Eine solche
Haltung würde sich auf den Standpunkt Roger Bastides stellen, der behauptet, diese Religionen seien eine chaotische Wucherung, ohne die angestrebte Vermittlung zu leisten. Daher gilt es hier zu fragen, ob hinter der tiefen Zweideutigkeit dieser evolutiven Religionsformen eine auf dem Hintergrund des brasilianischen kulturellen Mosaiks echte menschliche Dimension
ausfindig gemacht werden kann, die als solche ein Moment der Kirche in
Brasilien darstellen könnte.

Die knappe Analyse hat ergeben, daß in der Erfahrung der afro-brasilianischen und amero-indianischen Religiositätsformen die menschliche Existenz als krank oder bedroht erscheint, sei es durch den Einfluß böser Geister (Pajelança), sei es durch die Tyrannei der Versklavung (Catimbó), sei
es noch durch die Erfahrung der sozialen Not, der Schwachheit, der Sünde
und der Bosheit (Umbanda). Die Erlösung aus dieser Situation wird gesucht
entweder in dem mystischen Entrückungsmittel der Jurema, in der In-Be-
sitz-Nahme der Gläubigen (Trance) durch die lebendigen Kräfte der Natur
(Orixás). Die Re-Inkarnation soll die Güte Gottes (Liebe) offenbaren und
den Bann der Sünde und der Bosheit brechen.

Im feierlichen und fantasievollen Kult der Umbanda, in den Opfern von Tie-
ren und in den Tänzen von Candomblé, sowie in der Pajelança und im Catimbó wird der Rekurs zu den Geistern, Gottheiten und Heiligen der katholischen Kirche deutlich. Auch die Gemeinschaft besteht zum größten Teil
in der Begegnung zwischen dem Kranken und dem Pajé. Der Schluß liegt
nahe, daß in all diesen verschiedenen Formen ein gleichbleibendes Element
aufleuchtet: die Flucht vor einer menschenunwürdigen Situation.

Dieser Tatbestand könnte dazu verleiten, solche religiösen Manifestationen
als bedürfnisorientierte oder gar als Vergegenwärtigung undifferenzierter
religiöser und sozialer Interessen zurückzuweisen. Bevor dies geschieht,
sollte man jedoch fragen: sind die afro-brasilianischen und die amero-indianischen Religiositätsformen nur als Subkultur wilder marginalisierter
Volksgruppen mit beliebig wechselnden Inhalten und Intentionen, die zu verwerfen sind, zu verstehen oder sind sie doch trotz ihrer unverkennbaren
Zweideutigkeit eine ernste Suche nach menschlichen Freiheitsverwirklichun-
gen und nach Spontaneität in der Beziehung mit Gott? Die messianische Suche nach dem "Land ohne Übel" und das über alles gesetzte Gebot der christlichen Liebe mag ein Hinweis darauf sein, daß trotz der aparenten Verschme
zung der katholischen Heiligen mit den natürlichen Gottheiten und Kräften de
Macumba und des Candomblés, das Christliche doch nicht absolut synkreti-
siert wurde: Dazu ist noch zu sagen, daß in diesen Religionsformen die "Ver
bindung mit Gott" als Synonym für "Linderung von Nöten" gilt. Ist die Assimilierung katholischer Elemente - muß man weiter fragen - eine Verunrei-
nigung oder eine Bereicherung? Ist die angestrebte Lebenskraft ein Mittel,
Heil und Glück zu erlangen, oder einfach eine Illusion? Und die Ermunterun
der Schwachen, ist die bloßer psychotherapeutischer Ersatz? Bevor diese
Fragen einer Klärung zugeführt werden können, ist jedoch zunächst eine
genaue Analyse des Catolicismo Popular und des Pentecostismo als den
Hauptgegenständen dieser Untersuchung vorzunehmen.

4. ANALYSE DES CATOLICISMO POPULAR IN WORT, KULT UND GEMEINSCHAFT.

Wendet man die religionsphänomenologische Didaktik Joachim Wach's auf den Catolicismo Popular an, dann ergeben sich drei mehr oder weniger formalisierte Konstitutiva, die jeder "basic attitude" ihren konkreten Ausdruck verleihen. Die dadurch ermöglichte Buchstabierung und theoretische Aufbereitung der originalen Erfahrung des Catolicismo Popular ist imstande - unsere Arbeitshypothese - eine Vermittlung für eine Religionstheorie und dadurch für eine dem Evangelium gerechte Pastoral zu liefern. Man achte aber darauf, daß das Element Denken im Catolisismo Popular keine Prävalenz aufweist und vom Element Handeln nicht zu trennen ist. Eher gilt das Gegenteil: das Wort bekommt seine Konturen durch die kultische Praxis, die, ähnlich wie in den afro-brasilianischen und amero-indianischen Kulten dazu tendiert, die menschliche Frage nach dem Leid, besonders die der Ohnmächtigen und sozial Vernachlässigten, konkret zu beantworten.

4.1 Das theoretische Element des Catolicismo Popular.

4.1.1 Hierozentrische Ausrichtung als Spezifikum dieser Religionsform.

Alle Soziologen, die das Phänomen des Catolicismo Popular untersuchen, stimmen darin überein, daß diese Religiositätsform weder theozentrisch noch christozentrisch, sondern eher "hierozentrisch" orientiert ist, das heißt sie ist durch den Heiligenkult charakterisiert (1). Der Ethnologe Arthur Ramos stellt lapidar fest: "Der Kult der Heiligen ist der offenkundigste Aspekt des Catolicismo Popular. Es gibt eine lange Reihe wundertätiger Heiliger, denen man emotionale Zuneigung schenkt" (2). Der Kern des Glaubens des Catolicismo Popular besteht aus einem System undeutlicher und ambivalenter "Devotionen", die in konkreten "Heiligen"-Bildern ihre äußere Manifestation finden (3). Der Catolicismo Popular kennt kein eigenes Credo oder Glaubenssymbol: als einzige eigene schriftliche Quelle kann die "Geschichte des Heiligen" betrachtet werden, eine Volkserzählung, der andere exotische und magische Elemente hinzugefügt werden, die vor allem in zwei Formen existiert:

- als gesungene poetische Erzählung: der "Bendito"

- als eine beschreibende Erzählung des Ursprungs, der Geschichte und der Charakteristika von Heiligen (4).

4.1.2 Heilige übernehmen die Funktion eines persönlichen Schutzgottes.

Aus dem vorhandenen Material läßt sich die Einsicht gewinnen, daß der Kerninhalt des Glaubens des Catolicismo Popular die Verehrung von Heiligen ist. Diese Basis bestimmt die Relation zu den von Wach eruierten Glaubenselementen: Gott, Mensch und Welt und beeinflußt deren Verständnis

Als charakteristischer Grundzug des Catolicismo Popular springt sofort die Tatsache ins Auge, daß nicht ein transzendentaler Gott, sondern menschennahe Heilige das Zentrum der Verehrung bilden (5). Zwar wird im theoretischen Glaubensdepot Gott nicht geleugnet, es wird über ihn ehrfurchtsvoll-distanziert gesprochen, im Bekenntnis wird er sogar an die erste Stelle gesetzt: "Erst kommt Gott, dann der Padre Cícero", oder: "Erst kommt Gott, dann die heilige Dreifaltigkeit". Aber dieser Gott ist nicht Gegenstand einer persönlichen Beziehung, sondern fernes, über alles erhabenes Wesen, das die Fäden zusammenhält, die kosmische Ordnung garantiert, sich aber bei den Menschen durch andere vertreten läßt. "Populäre" Heilige verdrängen daher den "deus otiosus" (6) und übernehmen die Rolle eines persönlichen Schutzgottes, die den Menschen besonders nahestehen, ihnen helfen und Wohltaten erweisen wollen (7) und so hat sich der Catòlico Popular die Heiligen aus dem Korpus der christlichen Heilsgeschichte und dem Lebenskontext der katholischen Kirche gelöst und als mit übernatürlichen Kräften ausgestattete Personen betrachtet, deren Lebensgeschichten normalerweise in den Legenden überliefert werden und denen physische, psychische und intellektuelle Eigenschaften wie gewöhnlichen Menschen zugesprochen werden. Nur einige typische Attribute werden erhalten, die eine Identifizierung der Heiligen seitens der Gläubigen ermöglichen. So wird zum Beispiel der heilige Sebastian durch Pfeile charakterisiert und der heilige Petrus durch die Schlüssel (8). Das religionsphänomenologisch abstrakte Adjektiv "heilig" wird somit im Catolicismo Popular substantiviert. In einer Sondernummer der Zeitschrift "Pro Mundi Vita" wird die Haltung der Catolicos Populares folgendermaßen beschrieben: "Das Leben der Heiligen ist nur wenig bekannt; was man weiß, sind oft nur gleichsam mythologische Legenden. Der Gedanke, daß die Heiligen für uns Lebensvorbilder sind, interessiert offenbar nicht. Die Heiligen sind gleichsam göttliche Wesen zweiter Ordnung: man nimmt mit ihnen Fühlung auf nach der Art einer Mitteilung und eines Vertrages. Diese vertragsmäßige Haltung scheint die Religion des Volkes zu charakterisieren. Sie steht in Beziehung zu der Motivierung kosmologischer Art." (9).

Aufgrund dieser Einstellung ist es verständlich, daß auch Christus selbst seinen göttlichen Charakter verliert, um einen Platz unter den Heiligen zu übernehmen. Die ihm zugesprochenen Titel deuten seine Rolle innerhalb der Volksreligiosität an: er ist der "heilige gute Jesus", der "heilige Christus" (10). In einer Untersuchung im Armenviertel der ersten Hauptstadt Brasiliens, São Salvador, stellt Fr. Timóteo Amoroso Leão fest, daß es eine Konfusion zwischen Jesus Christus und den Heiligen gibt. Christus steht auf der gleichen Ebene wie die übrigen Heiligen, teilweise sogar unter ihnen. Die Worte eines Interviewten sind eindeutig: "Christus hat nichts mit meinem Leben zu tun. Ich vertraue mehr auf den heiligen Antonius und auf den Herrn von Bonfim (der Ecce Homo von Bonfim) als auf Christus (11).

Im Catolicismo Popular wird die Dreieinigkeit als solche kaum erwähnt, wenn überhaupt dann als Schutzheiliger betrachtet (12). Im Kult wird ihr allerdings ein größerer Platz eingeräumt: der Tanz zur Ehre des "Divino" (H. Geist) will undifferenziert Lobes- und Bittäußerung sein, sei es der Dreifaltigkeit, sei es des Heiligen Geistes (13). Zusammenfassend läßt sich zu dieser Tatsache feststellen: "Fast die Gesamtheit der Bevölkerung glaubt an Gott, allerdings mit einem äußerst kümmerlichen Glauben. Die hhl. Dreifaltigkeit ist anscheinend bei vielen unbekannt. Auch glauben nur wenige an einen persönlichen, lebendigen und guten Gott. In der ländlichen Umwelt aber verlieren anscheinend viele Mitglieder der Arbeiterklasse den Sinn für Gott und Göttliches und ersetzen ihn durch eine materialistische und geschlechtliche Sicht des Lebens. Ihr Glaube an Gott ist nicht immer christlich; es ist nicht der Glaube an einen Gott, der sich der Welt in Seinem Sohn Jesus unserm Herrn, geoffenbart hat. Viele glauben an Christus als an einen bloßen Menschen, andere wissen überhaupt nichts von der Menschwerdung, und nur einige wenige verstehen die Erlösung richtig. Jesus Christus ist oft ein Gegenstand der Andacht, aber man stellt ihn den Heiligen gleich, wenn nicht sogar unter sie." (14).

Kein Wunder, wenn schließlich auch die allerheiligste Jungfrau Maria teilweise ihrem katholisch-christlichen Gewand der "Gottesmutterschaft" entrissen und als menschliche Heilige betrachtet, allerdings eine besondere Stellung einnimmt und in einem gefühlsbetonten und überschwenglichen Kult verehrt wird. Der Ausdruck: "meine kleine Heilige" spiegelt beispielsweise die intimen Beziehungen zwischen ihr und den Católicos Populares (15). Die jährlichen Wallfahrten zum nationalen Heiligtum "Nossa Senhora Aparecida" im Staate São Paulo, die Volksmassen, die an den Andachten zur Ehre der Mutter Gottes der immerwährenden Hilfe teilnehmen und sonstige große Feiern zur Ehre der Mutter Gottes sind Demonstrationen ihrer besonderen Verehrung. Die schon erwähnte Sondernummer der Zeitschrift "Pro Mundi Vita" stellt kritisch fest: "Viele betrachten die allerseligste Jungfrau nicht als die Gottesmutter. Jedes Mutter-Gottesbild, jede Anrufung Marias scheinen einer verschiedenen Person zu gelten" (16).

Die Feiern zu Ehren der Mutter Gottes verteilen sich auf das ganze Jahr, erreichen aber ihren Höhepunkt in der Karwoche, weil die heilige Woche eine privilegierte Zeit zur Betrachtung der Schmerzen der Mutter Gottes ist. Weil der Catolicismo Popular vor allen Dingen eine Religion der Masse ist, die seit Jahrhunderten still leidet, sieht er in Maria den Prototyp des Leidenden. Sie ist die erste Leidende, das Bild der Mütter, die leiden und großmütig die vielen Kinder akzeptieren. Sogar der "gute Jesus" ist der Sohn Mariens, der Jesus der Leiden, der Jesus des Kreuzes, der seine Mutter leiden läßt (17). Abdalaziz de Moura stellt fest, daß zum Beispiel in den Predigten von Frei Damião, einem lebenden Heiligen des Catolicismo Popular, die besondere Rolle der Mutter Gottes und der Heiligen explizit betont wird: "Die heilige Mutter Gottes und die 'Heiligen' sind nicht überall gegenwärtig, wie Gott, aber sie kennen die Not der Menschen und nehmen die Bitten der Devotos entgegen. Der mächtige Heilige im Himmel ist die Jungfrau Maria, die Mutter des Fürsten. Sie läßt ihre 'devotos' nicht im Stich" (18).

Der Catolicismo Popular beschränkt sich jedoch nicht auf die Verehrung von Heiligen der Vergangenheit, er schafft immer neue Heilige. Lebende Menschen, das heißt Menschen im Zustand des "viators", können die Rolle des Heiligen übernehmen: Büßer oder ein Messias, aber auch Priester der katholischen Kirche und Laien, denen die Fähigkeit zugesprochen wird, Wunder zu wirken oder Leiden durch Segnungen, Gebete oder Anrufungen zu lindern (19). In der Geschichte Brasiliens belegen Gestalten wie Antonio Conselheiro, Padre Cícero oder der Mönch João Maria diese Aussage (20). Derzeit dürfte der Kapuziner Fr. Damião in Nordosten von Brasilien sicher der bekannteste "lebende" Heilige sein. Fr. Damião besitzt einen ungeheuren Einfluß bei den Volks-Massen des Nordostens: Die Gläubigen behaupten, daß sie an Fr. Damião genau so wie etwa an den heiligen Franziskus glauben: sie fürchten ihn auch wie irgendeinen anderen Heiligen. Diese Beziehung zwischen den Gläubigen und Fr. Damião aber geht noch weiter: wie im Falle der anderen "Heiligen" wird die Kommunikation zwischen dem Católico Popular und Fr. Damião fast zu einer so festen Bindung, wie sie in anderen Religiositätsformen etwa zwischen den Gläubigen und Gott besteht. "Fr. Damião ist der einzige Retter nach Jesus Christus" (21). Fr. Damião ist ein Heiliger wegen seines tugendhaften und opferreichen Lebens; die Wunder bestätigen seine Heiligkeit: wer die "Heiligkeit" Fr. Damiãos leugnet, dem werden vom Volk seine Wunder, seine sensationellen Bekehrungen, seine Hilfe in politischen und materiellen Nöten und nicht zuletzt seine harten Strafen entgegengehalten (22).

Schließlich können für den Católico Popular auch die Seelen der Verstorbenen der Familie oder Wohltäter Heilige sein, besonders wenn diese Personen auf tragische Weise ums Leben gekommen sind. Eine besondere Stellung wird den "almas penadas" zugeschrieben, das heißt Seelen von Personen, die gestorben sind, bevor sie ein den Heiligen gegebenes Versprechen erfüllen konnten. Die Erfüllung beziehungsweise die "Zahlung" des Versprechens ist eines der grundlegendsten Elemente des Catolicismo Popular, wie später noch zu zeigen ist. Im Glauben des Volkes finden diese "almas penadas" keine Ruhe bis zu dem Moment, in dem jemand stellvertretend für sie ihr Versprechen einlöst ("zahlt") (23).

4.1.3 Manifestationen der Heiligen in der Welt durch Wunder und "Segen".

Die Heiligen sind in einer naturhaften Weise in der Welt anwesend. Durch ihre Wunderwirkungen verwandelt diese sich zum Schauplatz übernatürlicher Wesen: die Heiligen konkurrieren sozusagen auf der gleichen Ebene mit den "Causae secundae", die in manchen Fällen sogar durch sie ersetzt werden. Der gläubige Católico Popular akzeptiert diese Allgegenwart der Heiligen: er unterwirft sich ihnen auf der Ebene der Anerkennung ihrer wunderwirkenden Macht, ohne jedoch zur Realisierung ethischer Verpflichtungen in seinem persönlichen Leben oder in der Gesellschaft zu drängen. Dadurch flüchtet er allerdings nicht in eine sturmfreie Zone des Glücks und der Gelassenheit: seine Heiligenreligion kennzeichnet sich als Religion des hingenommenen Leidens, das man durch Bindung an Heilige zu kompensieren versucht (24).

"Heilige" werden auf bestimmte Gegenstände und Orte lokalisiert. Ein Bild, eine Medaille der Heiligen werden als Zeichen ihrer Gegenwart in der Welt verstanden beziehungsweise das Bild kann eine so strikte Lokalisierung bedeuten, daß es selbst die Verkörperung der Heiligen manifestiert: es wird dann mit Liebe und Emotion umgürtet, um es zur Gewährung seiner geheimnisvollen Macht zu bewegen (25). Der Schutzheilige muß seinerseits seine Verehrer annehmen, schützen und für sie Wunder bewirken. Diese Lokalisierung der Heiligen ermöglicht exotische Praktiken: im Falle einer Nicht-Erlangung einer Gnade wird die Statue verstümmelt oder mit dem Kopf nach unten in einen Brunnen gehalten; im Falle einer Hilfsgewährung dagegen wird sie mit Blumen und anderen Gegenständen geschmückt. Außer Statuen und Bildern werden auch bestimmte Orte: Kirchen, Heiligtümer, Nischen, Friedhöfe und Straßenkreuze zur Begegnungsstätte zwischen dem devoten Católico Popular und dem Heiligen (26). Seine religiöse Erfahrung wird so zur lokalisierten Erfahrung der Heiligen, das heißt, sie setzt eine bestimmte "Hierophanie des Heiligen" voraus (27).

4.1.4 Hominisierung der Heiligen im Catolicismo Popular.

Ein transzendenter und absoluter Gott, ein "deus actus purus", ein ewiger Gott, wird vom Católico Popular an die Peripherie des menschlichen Daseins verbannt, weil ein Gott als der "ganz Andere" kein Befreiungs- und Hoffnungszeichen für ein unmenschliches und schmerzvolles Leben darzustellen vermag. An seine Stelle stellt der Católico Popular den "menschlichen Heiligen", der den Menschen näher ist und Anteil an seinem Leben nimmt. Von diesem Heiligen erwartet er Wunder und Segensgaben, durch die er die Probleme seines konkreten Lebens zu lösen und einen Sinn für die Existenz zu finden hofft (28).

Auf die Heiligen werden menschliche Eigenschaften übertragen. In der
Sicht des Católico Popular reagieren sie wie ein normaler Mensch: sie
unterliegen Launen und Leidenschaften, können sich auch über die Gläubigen ärgern (29). Deshalb können andererseits Heilige je nach dem Intensitätsgrad der Zuneigung beziehungsweise aufgrund "guter" oder "böser" Ab-
sichten des Católico Popular positiv oder negativ beeinflußt werden (30).
Nach dieser Auffassung werden die Heiligenfiguren behandelt, im Falle eines Mißgeschicks, das dem Heiligen zugesprochen wird, werden ihre Bilder in verschiedener Weise bestraft. Die Religiosität entwickelt sich in
einer häuslichen und familiären Atmosphäre (31). Die Heiligen nehmen an
der Entwicklung des Lebens der Familie, der Gruppe oder des Stadtvier-
tels teil: sie helfen, wenn sie angefleht werden, können aber auch ihre Devotos für begangene Fehler bestrafen (32). Die Verwandtschaftsbeziehungen werden damit auf die Beziehung Católico Popular - Heilige projiziert (33

4.1.5   Gelübdeerfüllung als absolute Norm des Catolicismo Popular.

Zwischen dem Devoto oder auch einer ethnischen Gruppe und dem Heiligen
entsteht eine spontane Allianz "von-Angesicht-zu-Angesicht" in der Weise
eines freundschaftlichen Bundes zwischen zwei Personen, die keine offizielle religiöse institutionelle Deckung benötigt, um sich zu explizieren (34).

Der Bund übersteigt häufig die Ebene einer einfachen freundschaftlichen
Begegnung und äußert sich in der Form von Versprechen oder Gelübden,
durch die aus einer lockeren Allianz ein verbindlicher Vertrag "do ut des"
wird. Um eine bestimmte Wohltat zu erlangen, verspricht der Devoto seinem heiligen Schutzpatron, etwas bestimmtes zu tun: an einer liturgischen
Feier oder Messe teilzunehmen, ein "starkes", das heißt ein als unwider-
stehlich geltendes Gebet zu verrichten, eine bestimmte Geldsumme zu spenden, eine Wallfahrt zu unternehmen oder während der Prozession zum "Guten Jesus von Iguape" Steine auf dem Kopf zu tragen. Wenn der Heilige die
ihm vorgetragene Bitte erfüllt, die "Gnade" oder den "Segen" gewährt, fühlt
sich der Católico Popular verpflichtet, sein Versprechen dem Heiligen gegenüber einzulösen.

Die Erfüllung des Versprechens geschieht normalerweise nach der Erlangung der "Gnade", kann aber auch vorverlegt werden, um so die Heiligen
sozusagen zu "erpressen"; damit das Wunder schneller geschehen soll. Der
Begriff "Gnade" überschreitet die Grenzen der theologischen Definition. Im
Catolicismo Popular wird er auf jede konkrete Hilfe angewandt, die den Heiligen zugesprochen wird. Dadurch kann das Wort "Gnade" auch die Wunder
bezeichnen (35). Die gewissenhafte Einhaltung dieses Versprechens ist absolute Norm des Catolicismo Popular, da andernfalls der Devoto katastro-
phale Folgen für sich aufgrund der "Rache" seines Heiligen befürchten muß (

4.1.6   Zwischenergebnis.

Der Versuch, die religiöse Erfahrung des Catolicismo Popular phänomenologisch durch das theoretische Element Wort zu buchstabieren, zeigt als
Ergebnis ein Defizit grundlegender Elemente der christlichen Botschaft
an: unvollständiges Verständnis der Rollen des Vaters, des Sohnes und
des Heiligen Geistes, der Bekehrung und der Sünde, das Fehlen einer expliziten religiösen Doktrin und einer systematisierten Theologie, eines rational rechtfertigenden Prinzips über die Beziehungen zwischen dem Menschen
und dem Heiligen. Dennoch kann die Denkstruktur des Catolicismo Popular
nicht auf der rein primitiven Phase des Mythos im Sinne Wach's angesiedelt
werden: die im Catolicismo Popular bekannten Mythen, Glaubensformen und
Legenden dienen der Erhaltung von institutionalisierten und nicht-institutionalisierten religiösen Überlieferungen, von denen her die religiöse Gruppe ihre
Identität und ihren Kult gewinnt. Ist dem so, kann aber die Gefahr entstehen,
daß die Armen einfach Träger und nicht die eigentlichen Schöpfer ihrer Kultur werden, weil die Tradition und nicht die Spontaneität vorherrscht. Diese Gefahr kann jedoch gebannt werden, weil der Catolicismo Popular eine
vorwiegend irrationale, durch den Mystizismus des katholischen Missionars
geförderte Mentalität aufweist, die zum sogenannten brasilianischen Illuminismus führt.

Besonders ein Element kann dem Forscher das Rechtfertigungsprinzip des
Catolicismo Popular offenbaren: die Gewährung von Schutz und Hilfe seitens der Heiligen. Was vor den Augen des Católico Popular zählt, ist die
aufgrund von Versprechen erreichte "Gnade". Seine Religion rechtfertigt
sich nicht durch die Wahrheit einer Botschaft, sondern durch ihre Brauch-
barkeit für die Lösung menschlicher Probleme, womit sie allerdings weit
vom katholischen Verständnis im Sinne der Päpste und der Konzilien entfernt bleibt. Die intuitive individuelle Überzeugung, daß Heilige helfen können, wenn man sie vertrauensvoll im Rahmen traditionell bewährter Formen darum bittet (37), ersetzt eine logische Rechtfertigung der Frömmigkeit und eine Erklärung der möglichen Beziehungen zwischen religiösen
Praktiken und erlangtem Ergebnis in dieser Form nicht-institutionalisier-
ter Religiosität. Daher kann man nicht einfach auf Theorielosigkeit im
Catolicismo Popular schließen: sie erscheint zwar als latente Nützlich-
keitstheorie, kann aber auf die Eigenart der Beziehungen zwischen Theorie und Praxis in der Kultur der Armut hinweisen (38). Die tägliche, be-
drückende Erfahrung der Abhängigkeit der Marginalizados führt zur Konstruktion einer Sprache, in der keine Spannung zwischen Theorie und Praxis,
zwischen rationaler Reflexion und praktischem Verhalten besteht: die Regeln
und Inhalte dieses Sprachspiels, wie auch das zugrunde liegende Bewußtsein, sind konkret.

Kultische Elemente im Catolicismo Popular.

In dieser Arbeit werden als praktisch-kultische Elemente der religiösen
Erfahrung all die Kultvollzüge verstanden, die als Verehrung des Heiligen
im eigentlichen Sinne oder als Dienst zu Heiligen gelten können. Es erscheint nicht angebracht, im Catolicismo Popular zwischen öffentlichem
und privatem Kult zu unterscheiden, da fast alle Kultvollzüge in einer bestimmten Weise individuelle und kollektive Aspekte zugleich aufweisen.
Außerdem muß schon vorausgeschickt werden, daß es im Catolicismo Popular keinen eigenen strukturierten Kult gibt: er entfaltet nach eigener Art
bestimmte Elemente des Kultes der katholischen Kirche und der Kultur
der Armut.

4. 2.1   Devotionen zu Heiligen als Kultform.

Der Kult beruht im Catolicismo Popular auf Devotionen zu Heiligen. Der
Católico Popular wendet das Wort Devotion an Stelle von Verehrung an im
Sinne eines herzlichen und zärtlichen Gefühls. Der verbreitete Terminus
Devoto (= Frommer) meint jemand, der eine persönliche, mit allen Merk-
malen einer Freundschaft versehene, emotionale Beziehung zu Heiligen
unterhält. Daher deckt sich der Name Devoto des Catolicismo Popular nicht
mit dem Frommen des offiziellen Katholizismus (39). F.C. Rolim betont,
daß dieser emotionale Aspekt der Devotionen des Volkes auch in den bereits urbanisierten und industrialisierten Gebieten weiter besteht (40). Da
der Católico Popular glaubt, daß die Heiligen genauso wie konkrete Personen an seiner gefühlsbetonten Devotion Gefallen finden (41), versucht er
diese persönlichen und freundschaftlichen Beziehungen durch Höflichkeits-
gesten und erlebnisstarke Demonstrationen seiner guten Absicht zu festi-
gen (42). Dabei scheint es ihm sehr wichtig, daß seine Form der Devotion
vom Heiligen akzeptiert wird: die Lieder, Wallfahrten und Versprechen
sind Gaben, die er den Heiligen darbringt, um die persönliche und freund-
schaftliche Allianz zwischen ihm und den Heiligen zu garantieren und zu
entfalten (43).

Der Catolicismo Popular kann als jahreszeitlich orientierte Religion bezeichnet werden. Die Familien versammeln sich zu bestimmten markanten
Festzeiten – in der Volkssprache heißen sie wortwörtlich übersetzt "starke Zeiten" - um Heilige zu feiern und "Gnaden" beziehungsweise Wunder
zu erflehen. Der Soziologe Antonio Rubbo Müller beweist, daß diese sai-
sonnierten Feiern nicht zufällig und sporadisch geschehen, sondern Teil
eines kohärenten Systems sind (44). Sie werden einerseits prunkvoll mit
ausgelassener Freude gefeiert, wenn zum Beispiel die Gläubigen während
der heiligen Johannesnacht an der heiligen Macht partizipieren, die von
dem Mast, von dem Feuer und von dem Wasser, in das das Bild des Hei-

ligen getaucht wird, über die Personen und Sachen ausstrahlt. Diese Nacht
symbolisiert den Übergang von einem Lethargiezustand zu einem neuen und
frohen Leben. Der Catolicismo Popular ist ähnlich der Religion des Cam-
pesino von Haiti angesichts des konkreten Lebens eine Religion festiver
Freude, nicht trister Strenge, eine Religion der Verschwendung, nicht eine Religion der Abstinenz, eine Religion der Kommemoration und nicht eine Religion der Akkumulation (45).

Dennoch überwiegen beim Católico Popular andererseits die traurigen Zeiten. Die Karwoche wird in diesem Zusammenhang zum absoluten Höhepunkt
- zur "stärksten" Zeit. Karfreitag mit der Kreuzverehrung ist der "heilig-
ste" aller "geheiligten" Tage seines religiösen Kalenders. Jeder der vielen
"traurigen" Tage mit Sühne und Gebet zu den Seelen der Verstorbenen (46)
wird zum "geheiligten" Tag und das heißt, einem Tag, in dem man sich jeder Arbeit enthält (47). Hierin deutet sich ein entscheidendes Element des
Catolicismo Popular an, das später unter dem Stichwort "Gemeinschaft"
analysiert wird: die Atmosphäre der Partizipation der Armen im Leiden (48).

Die Teilnahme des rustikalen Menschen an den religiösen Riten der katholischen Kirche, die Befolgung der gesetzlichen Sonn- und Feiertage sowie die
sporadische Teilnahme an den Sakramenten der Eucharistie und der Buße
anläßlich der Kommemoration der Feier der Heiligen, des Todes eines Bekannten oder anderer besonderer familiärer Ereignisse erfolgen nicht, um
ein bestehendes Kirchengebot einzuhalten, sondern aus einem notwendigen
Bedürfnis heraus, das durch die konkrete Lebenssituation entsteht (49).
Menschen, die solche Feiertage nicht einhalten, werden von den Católicos
Populares als "arrenegados" abgestempelt, das heißt als "Menschen ohne
Gefühle und ohne Herz", die damit die Heiligen "beleidigen" und Strafen
für die ganze Gemeinschaft hervorrufen (50).

4.2.2   Lokalisierung des Kultes.

Der Kult vollzieht sich an bestimmten Orten. In der Regel wenden sich die
Gläubigen von bestimmten Orten aus an die Heiligen. Als solche lokalen
Orte können gelten: eine Kirche, eine Kapelle, ein Heiligtum, eine Nische,
ein Hausaltar oder ein Kreuz am Rande der Straßen (51). Das Heiligtum,
die Kapelle und besonders das Kreuz werden zu einem symbolischen Element beziehungsweise zum Pol, um den sich die Ausdrücke der religiösen
Erfahrung des Catolicismo Popular kristallisieren und artikulieren (52).
Somit vollzieht sich im kultischen Aspekt des Catolicismo Popular eine
bestimmte Materialisierung des Heiligen, die auf diese Weise dem Gläubigen gegenwärtig und greifbar werden (53), das heißt, die verehrten konkreten Darstellungen symbolisieren die Person des Heiligen, die er loben
und beeinflussen kann.

Die Formen des Kultes im Catolicismo Popular werden von Generation zu Generation durch bestimmte "Religionsspezialisten", das heißt durch bestimmte Personen überliefert, die als Eingeweihte die geheimnisvollen Mittel und Praktiken wahren, die "sicher" zur Erlangung der Heilsgüter der Heiligen führen. Solch traditionelle Übermittler der Kultformen sind besonders Messiasgestalten wie Antonio Conselheiro, Padre Cícero und andere, die "Segner", "Heiler" und auch Volksmissionare wie Fr. Damião, Katechisten und Priester (54).

Die kultischen Wurzeln des Catolicismo Popular liegen im Ritus der offiziellen katholischen Kirche. Bevor sie dem Repertoire des Catolicismo Popular integriert werden, durchschreiten sie einen Prozeß, den man mit Tavares de Andrade "folkloristische Wiederschöpfung" nennen kann und der in der Imitation kultischer Elemente des städtisch geprägten Katholizismus seitens des Volkes besteht (55). Dadurch erhalten viele liturgische, dogmatische oder ethische Elemente des offiziellen Katholizismus im Catolicismo Popular einen anderen Sinn als im offiziellen Katholizismus. Der Católico Popular reinterpretiert die katholische Liturgie oder ersetzt sie durch andere Kultformen, die seiner religiösen Erfahrung und seiner Gefühlsbetontheit besser entsprechen (56). Man findet im Catolicismo Popular - ähnlich wie in den afro-brasilianischen Kulten - keine Schriftlesung oder Wortverkündigung: dafür wird das Singen von Texten und Gebeten besonders betont (57).

4.2.3 Kultvollzüge zu Ehren von Heiligen.

Der Hauptakzent im kultischen Leben des Catolicismo Popular liegt in der Absicht, die angestrebten "Heilsgüter", unter denen die in der Volkssprache synonym gebrauchten Ausdrücke Gnade, Wunder und Segen eine herausragende Stellung einnehmen (58), zu erlangen. Aber auch Lob und Verehrung bilden Teilelemente dieses rustikalen Kultes. Die Lobakte äußern sich in der "memoria" besonderer Eigenschaften der Heiligen und sollen das Vertrauen des Católico Popular auf die Hilfe der schützenden Heiligen demonstrieren (59), indem ihrer besonderen Eigenschaften, die ihnen überlieferungsgemäß zugesprochen werden, gedacht und an von ihnen bewirkte Wunder erinnert wird.

Die Abhängigen feiern im Catolicismo Popular ihre Schutzheiligen. René Ribeiro hebt die Tatsache hervor, daß in der ersten Hälfte des neunzehnten Jahrhunderts die Feiern des Catolicismo Popular sich vor Mauernischen vollzogen. Vor solchen Nischen oder auch in bestimmten Kapellen oder Kirchen feierte man am Tag des heiligen Schutzpatrones mit ungeheuer großer Teilnahme des Volkes (60). Auch heute besteht der praktische Ausdruck des Catolicismo Popular vor allem in der Teilnahme an Feiern der Heiligen, die - wie der blutende heilige "Bom Jesus", das heißt der "ecce homo" - das Leiden selbst fühlen und daher auch aufheben können (61). Weitere Verehrungsreaktionen des Católico Popular gegenüber der von ihm erfahrenen Welt der Heiligen werden durch Gesänge und die "Lôas", das heißt kurze Volksrefrains, geäußert (62). Die oben analysierten "Benditos", besonders in der Form von gesungenen Gebeten, dienen ebenfalls diesen Zwecken.

Andachts- und Verehrungsgesten durchtränken das Phänomen des Catolicismo Popular: sogar der in der westeuropäischen Kultur als profan geltende rhythmische Tanz kann hier als religiös gelten oder, um mit J. Wach zu sprechen, durch "geistige Anspannung" zu einer höheren "Mächtigkeit" gesteigert werden, nämlich als Ausdruck reverenter Verehrung und dankbarer Freude für die Erlangung des "Segens" einer Heilung, eines Wunders oder irgendeiner Befreiung vom Leiden. Der Tanz spielt eine wichtige Rolle in mehreren Feiern, sei es als wesentliches Element des Kultes, wie im Fest vom hl. Gonzalo, sei es als Unterhaltung während des Ablaufes des Festtages bei anderen Feiern. Die Violeiros (Gitarrenspieler) gelten in den kultischen wie auch in den nichtkultischen Tänzen als wichtigste Personen. Bis zum vergangenen Jahrhundert diente der religiöse Tanz auch in den städtischen katholischen Kirchen als wichtiges liturgisches Kultelement, heute existiert er nur noch in den religiösen Feiern des Binnenlandes. Neben folkloristischen Ausprägungen wie "ternos", "folias" und "pastorais" gibt es drei Typen religiöser Tänze (63):

- der Tanz von São Gonçalo

- der Tanz des "Divino", das heißt der Tanz des Heiligen Geistes oder der Dreifaltigkeit

- die "passos": anläßlich des Hissens der Fahne des gefeierten Heiligen (64).

4.2.4   Kultvollzüge zur Erlangung eines Wunders oder eines Segens.

Unter der Vielzahl solcher religiöser Handlungen sind besonders folgende zu nennen:

- Anrufung der Heiligen in schwierigen Lebenssituationen. Der Católico Popular legt keinen besonderen Wert auf positive ethische Grundsätze, wie sie vom offiziellen Katholizismus definiert oder vorgeschrieben sind, vielmehr ist seine religiöse Praxis durch die Anrufung der Protektion von Heiligen in Notlagen geprägt. Er lebt mit seiner unmittelbaren Armut beschäftigt, mit den Nöten, die täglich an die Tür seines bedrohten Lebens klopfen. Darum läuft er zu den Heiligen, damit sie ihn aus dieser schwierigen Lage retten: von einer Krankheit, vom Hunger, von der Trockenheit; oder von einer psychologischen Not: Angst, Verlassenheit (65). Die Kultvollzüge des Catolicismo Popular zielen auf unmittelbare und konkrete Rettung und sollen eine Linderung seines Leidens, eine geheimnisvolle Befreiung, die nicht durch menschliche Geschicklichkeit und Bemühung möglich ist (66), bewirken. Dazu dienen die verschiedensten Kultakte, auch die des offiziellen Katholizismus (67).

- Wallfahrten. Die als Devotion oder als Einlösung eines Gelübdes durchgeführte Wallfahrt ist sozusagen die Krönung des religiösen Lebens des Católico Popular und wird besonders während der herausgehobenen Festzeiten zwischen Ende Juli und Ende August durchgeführt. Er besucht Heiligtümer, die als besonders hierophan gelten: Canindé und Juázeiro do Norte im Staate von Ceará; São Severino dos Ramos und Santa Quitéria im Staate Pernambuco; Nossa Senhora Aparecida - die heilige erschienene Mutter Gottes - Bom Jesus do Iguapé und Bom Jesus de Pirapora im Staate São Paulo; die Grotte des "Mönches" im Staate Paraná (68). Um zu diesen Orten zu gelangen, ziehen die Wallfahrer betend und singend zu Fuß, auf Pferden oder Lastautos. Die Wallfahrt bildet eine der möglichen Ansatzpunkte für eine Begegnung zwischen dem Católico Popular und der offiziellen katholischen Kirche, die durch die Priester oder Nonnen repräsentiert wird, die das Heiligtum bewahren. In dieser Begegnung sehen diese Priester eine besonders günstige Gelegenheit, die Ausartungen des Católico Popular - Aberglauben, zweifelhafte Glaubensformen, ethische Abweichungen - zu berichtigen und auf das Glaubensdefizit des Catolicismo Popular hinzuweisen. Sie versuchen weiter die Wallfahrer zum Empfang der Sakramente zu bewegen. Die Católicos Populares nehmen tatsächlich teil an der Messe, sie beichten, hören die Predigt des Priesters, empfangen seinen "Segen" und lassen ihre Kinder taufen. Aber sie interessieren sich nicht primär für diese Begegnung mit der offiziellen katholischen Kirche, sondern für die persönliche Begegnung mit ihren Heiligen (69). Im Heiligtum besuchen die Wallfahrer den "Saal der Wunder" - ein Museum von Simili, Exvoten, Zeichnungen oder Photographien wunderbar geheilter Glieder von Devotos, die als unwiderlegbare Beweise der Macht der Heiligen zur Schau gestellt werden (70) und im Católico Popular einen nachhaltigen und beglückenden Eindruck hinterlassen (71).

- Prozessionen sind ein weiteres unerläßliches Element fast aller feierlichen oder nicht-feierlichen Kultvollzüge des Catolicismo Popular und werden häufig im Zusammenhang mit Ereignissen des ruralen Lebens oder mit Phänomenen der Natur veranstaltet (72). Bruno Trombetta unterscheidet fünf Haupttypen: 1. Prozessionen des katholischen Kalendariums, deren Höhepunkt die Prozession des "toten Herrn" am Karfreitag bildet. Der schweigsame und zerknirschte Gang hinter der Leiche des gekreuzigten Herrn und der Statue der schmerzhaften Mutter Gottes stellt einen der charakteristischsten Züge der Mentalität und der Emotion des Volkes dar (73). 2. Feierliche Prozessionen. Sie werden durchgeführt, um die "Devotion" zu dem heiligen Patron einer bestimmten Ortschaft zu demonstrieren. Die Prozession zu Ehren des heiligen Johannes, der Mutter Gottes "da Carpicão" oder der "Lavagem do Bonfim" bringen ihre Feierlichkeit durch tänzerische Elemente zum Ausdruck (74). 3. Bußprozessionen. Neben der Prozession des "toten Herrn" gibt es noch andere Bußprozessionen, die im Rahmen der Volksmission oder auch der oben genannten Wallfahrten durchgeführt werden. Während früher die Buße darin bestand, daß sich der Priester oder der "Messias" öffentlich vor dem zerknirschten Volke geißelten (75), wird die Buße heutzutage manchmal durch das Tragen von Steinen auf dem Kopf oder in den Händen während der Prozessionen oder auch durch das Schleppen schwerer Holzkreuze zum Ausdruck gebracht (76). 4. Bittprozessionen werden spontan von den Bewohnern einer Ortschaft veranstaltet, um das Eingreifen der Heiligen in einer plötzlichen Notsituation zu erbitten, die als Strafe für vom Volke begangene Sünden gesehen wird: die Frauen gehen mit ungekämmten Haaren, die Männer barfuß (77). 5. Lobprozessionen werden von spezifischen Gruppen durchgeführt, die einen bestimmten Heiligen als Patron haben. So zum Beispiel die Fischer von São Sebastiao im Staate São Paulo, die eine Lob- und Dankprozession zur Ehre des heiligen Petrus gestalten (78).

- Auch familiäre Novenen können als Mittel dienen, um in einer auftretenden Notsituation ein Wunder oder eine Gnade zu erflehen. Solche Novenen bestehen in der Rezitation bestimmter Gebete, besonders des Rosenkranzes, während neun oder dreizehn folgender Tage und werden in der Regel vom "capelão" geleitet (79). Sie gehören zu den konkret erfahrbaren Mitteln, deren sich der Católico Popular bedient, um seinen Glauben an die Heiligen auszudrücken (80), um ihren Schutz zu erbitten und um ihre Allianz zu erneuern (81). Die Novenen sind den Versprechen ähnlich. Sie unterscheiden sich nur durch die Tatsache, daß sie vor der Erlangung der erflehten "Gnade" vollzogen werden und daß sie den der offiziellen katholischen Kirche entstammenden Formen folgen (82).

- Letztlich sind Bittgebete jeder Art zu erwähnen. Sie vollziehen sich teils in liturgischen Formeln, die von der katholischen Kirche zugelassen sind, teils in eigenen Formeln oder "rezas", die nicht den Stempel "mit kirchlicher Druckerlaubnis" tragen (83). Unter den Bittgebeten gibt es etliche sogenannte "starke" Gebete, das heißt Gebete, die als besonders wirksam gelten und deren Rezitation die Heiligen zur Erhörung "zwingen" sollen. Die Rezitation des katholischen Glaubenssymbols etwa ist vor den Augen des Católico Popular eines der "stärksten" Gebete, nicht weil dieses Credo der Beteuerung des katholischen Glaubens dient, sondern weil es der dem Heiligen vorgetragenen Bitte verstärkenden Ausdruck verleihen soll: im katholischen Glaubensbekenntnis werden die mächtigsten Wesen genannt und angerufen (84).

Der Catolicismo Popular kennt keine speziellen expliziten Akte, die als Opfer bezeichnet werden. Aber fast alle seine Kultvollzüge - Wallfahrten, Versprechen und Prozessionen - nehmen die bejahende Konnotation des Opfers an, weil sie als Gaben gesehen werden, die der Devoto dem Heiligen darbringt, um die persönliche Freundschaftsallianz zu verewigen. Nicht selten verleihen die Armen ihrer Hingabe zu den Heiligen größere Betonung durch eine Weihehandlung: Erwachsene und besonders Kinder werden den Heiligen "geweiht", um zu bezeugen, daß sie völlig unter ihrem speziellen Schutz stehen (85). Die religiösen Taten des Católico Popular implizieren oftmals auch einen materiellen Verzicht: Die Gaben oder das Geld, das Huhn

oder die einfachen Maiskolben, die auch von den ärmsten unter den Armen
der "folia" oder den Veranstaltern der Feier zu Ehren des "Divino" oder
eines anderen Heiligen mit Großzügigkeit gegeben werden (86), sind ein
Beweis dafür, daß der Católico Popular den Begriff der freiwilligen Ent-
sagung kennt, die als Zeichen seiner Adhäsion zu den Heiligen und der Anerkennung seiner Macht verstanden wird. In dieser Sicht kann das Versprechen als ein Opfer in konditionaler Form verstanden werden: wenn die Heiligen die Bitte des Católico Popular erfüllen, wird dieser als Zeichen der
Anerkennung auf etwas verzichten oder etwas tun, manchmal auch Irratio-
nales, wie das Tragen eines großen Kreuzes auf dem Rücken während einer langen Strecke oder sich auf eine lange und anstrengende Wallfahrt be-
geben oder auch Hunderte von Stufen einer steinernen Treppe vor der Kirche der Penha in Rio de Janeiro kniend besteigen (87).

4.2.5 Kultvollzüge zwecks Buße und Sühne.

Die Bußhaltung eines religiösen Menschen umfaßt im allgemeinen zwei
Dimensionen: das eigene Schuldbewußtsein oder Gericht über sich selbst
und der Glaube an eine vergebende göttliche Macht. Ausgehend von seinem
Heiligkeitsverständnis vollzieht der Católico Popular andere Bußakte als
im offiziellen Katholizismus übliche. Die größte Sünde besteht vor allem
in der Nicht-Erfüllung eines Versprechens oder Gelübdes, das in Krisen-
situationen ausgesprochen wurde. Er glaubt, daß Gott und die Heiligen in
einer quasi-spontanen Weise die Sünden vergeben, wenn das Versprechen
eingehalten wird: selbst der Empfang des Sakramentes der Buße anläßlich
der Wallfahrt zum Schutzpatron wird als Erfüllung eines Gelübdes angesehen. Es genügt oft ein Gebet zum Heiligen (88). Thales de Azevedo zieht
daraus die Konsequenz, daß der Catolicismo Popular das katholische Sün-
denbewußtsein abschwächt und eine Trennung zwischen Moral und Religion
einführt: die Sünde erhält eine prädominante kultische Dimension ohne ethische Resonanz (89). Buße und Wille zur Genugtuung und Sühne stehen in en-
gem Zusammenhang: sind die Bußakte des Católico Popular anders geartet
als die des offiziellen Katholizismus, so folgen daraus konsequenterweise
auch andere Sühneäußerungen: nämlich private Besänftigung des Schutzheiligen, freiwillige Abstinenzperioden (90) und Prozessionen von Büßergruppen zwecks Läuterung der Seelen im Fegfeuer (91).

Auch die Beziehungen zwischen dem Católico Popular und den Seelen der
Verstorbenen sind ähnlich der Relation "Devoto - Heiliger" und bilden eine
Schutzfunktion: die Lebenden müssen ihrerseits für die Seelen Kultakte voll-
ziehen, die ihren Durchgang durch das Fegefeuer erleichtern. Geschieht
dies nicht, können diese Gläubigen von den Seelen bestraft werden, die dann
Krankheiten und andere Übel verhängen. Das Anzünden von Kerzen vor am
Straßenrand aufgestellten Kreuzen, der Tanz von São Gonçalo und die be-

rühmten Bußprozessionen sind Ausdruck solchen Seelenkultes und dienen dem Zweck, den Seelen im Fegefeuer Läuterungen und Straferleichterungen zu verschaffen. Je intensiver etwa getanzt wird - der Tanz ist die Form stellvertretenden Sühnens für die nichteingehaltenen Versprechen der Toten - desto größer und wirkungsvoller ist die Hilfe für die Toten (92).

4.2.6 Zwischenergebnis.

Die Kultvollzüge des Catolicismo Popular werden zum Kristallisationspunkt seiner religiösen Welt: seine Vinkulationen mit dem Ritus sind absorbierend; seine religiöse Welt hängt an den Riten fest. Durch die katholisch-europäische kulturelle Überlieferung inspiriert, die durch die Kolonisierung nach Brasilien exportiert wurde, folgen sie aber den Tendenzen einer Volkskultur, in deren fruchtbarem Boden traditionelle Formen durch spontan aufgenommene Elemente ständig erweitert und verändert werden.

Durch die Verehrung ihrer lokalen Heiligen werden sich die Gläubigen ihrer gemeinsamen Abhängigkeit und Partizipation im Leiden bewußt und erleben dadurch ein bestimmtes Zusammengehörigkeitsgefühl. Selbst die Teilnahme an prunkvoll gestalteten Kulten, wie die periodischen Kommemorationen und Tänze, die zu Ehren des Schutzpatrones oder des Johannes des Täufers - Johannesnacht - stattfinden und in der sie für Augenblicke ausgelassene Freude und ekstatische Glückszustände erleben, sollte nicht über die Tatsache hinwegtäuschen, daß beim Católico Popular die "geheiligten" traurigen Tage der Karwoche und der Bußperioden die Oberhand behalten. Mittelpunkt seiner Spiritualität sind Devotionen und schmerzhafte Mysterien. Der Hauptakzent seines theoretischen Ausdrucks - die erreichte Gnade zur Linderung von Schmerz und Krankheit - spiegelt sich im Kult, d.h. sein Kult wird durch die erbetene Protektion von Heiligen in Notsituationen geprägt.

Seine Heiligen sind nicht der auferstandene Christus, auch nicht die von der katholischen Kirche als selig und ewig glücklich deklarierten - kanonisierten - Heiligen, sondern vielmehr der leidende gekreuzigte oder tote Christus, die heilige leidende Mutter Gottes, der heilige verfolgte Padre Cícero. Deswegen beugt er seine Knie nicht nur vor den lokalen hierophanen Nischen und Statuen, sondern vor allem vor dem Kreuz.

4.3 Gemeinschaftselemente im Catolicismo Popular.

Obwohl der Catolicismo Popular keine ausgeprägten Gemeinschaftsformen aufweisen kann, bietet er individuelle und kollektive Handlungsmodelle an. Die im Kult erfahrenen Tröstungen in Leidens- und Notsituationen schaffen ein kommunikationsfähiges Solidaritätsbewußtsein, das ein Beziehungsgefüge mit eigener Atmosphäre und eigenen Gesetzlichkeiten entstehen läßt, deren Struktur im folgenden erfaßt werden soll.

4.3.1   Der Catolicismo Popular als "kultureller Katholizismus".

Beziehungen zwischen dem Devoto und der verehrten "heiligen Macht" können von einem Einzelnen durch ein Gebet, eine Novene, durch Feiern, Kommemorationen, Prozessionen oder Gebetsketten an den Freitagen (93) angeknüpft werden. Kollektive Kulthandlungen sind in der Regel mehr in ruralen und homogenen Gebieten anzutreffen, während in den städtischen Gebieten, dort besonders an der Peripherie, der individuelle Charakter der Devotionen zu den Heiligen betont wird (94).

Die Erfahrung der Macht der Heiligen findet ihren Ausdruck nicht notwendigerweise in der Formung einer institutionalisierten Gemeinschaft.

Der Catolicismo Popular wird daher auch "kultureller Katholizismus" genannt, weil der Católico Popular ihn annimmt, um seiner soziokulturellen Gruppe treu zu sein (96), das heißt die Zugehörigkeit oder Appartenance zum Catolicismo Popular ist "kommunal", nicht "assozional": ihre Anhänger wählen diese Gruppe oder Gemeinschaft nicht, um gemeinsam ein bestimmtes Ziel zu erreichen, sondern weil sie hineingeboren wurden oder aufgrund ihrer Zugehörigkeit zu einer bestimmten Bevölkerungsschicht oder einem geographischen Raum (97). Er ist ein "häuslicher" Katholizismus, der innerhalb kleiner Gruppen von Camponêses und Marginalizados gelebt wird (98).

Wegen dieses "kommunalen" Aspekts nennt ihn P.A. Ribeiro de Oliveira, für den der Begriff "Kirche" identisch ist mit römisch-katholisch beziehungsweise dem offiziellen Katholizismus in Brasilien, eine "nicht-ekklesiale Gemeinschaft" (99). Für sie soll der offizielle Katholizismus der Ort sein, an dem man zu den Heiligen beten kann, dessen Anspruch aber, eine Glaubensgemeinschaft zu sein, die eine spezifische Botschaft zu verkünden hat, die auf der Liebe Christi gründet, die sich um die Umwandlung des Lebens und die Verwirklichung des Reiches Gottes auf Erden bemüht, ihn nicht kümmert (100).

Wie der Vodou in Haiti kennt der Catolicismo Popular nur eine ganz minimale organisatorische Strukturierung: der Camponês und der Marginalizado versammeln sich, um die "geheiligten" Hauptfeiertage zu begehen: Patronafeier, Wallfahrten, Karfreitag. Die Familien kommen dann zusammen, um sich für erhaltene "Gnaden" zu bedanken oder um neue zu erflehen. Diese Zusammenkünfte sind eine günstige Gelegenheit, die gegenseitigen Beziehungen zu vertiefen: Das Selbstbewußtsein der Gemeinschaft und das Gefühl der Gemeinsamkeit verstärken sich durch diese "Oasen der Freude inmitten der grauen Wüste des täglichen Lebens" (101).

Als größere Gruppierungen lassen sich neben Gruppen von Heiligenver-
ehrern; Gruppen von Büßern; Gruppen von Wallfahrern, die zum Heiligtum
des Heiligen pilgern; Gruppen von Feiernden besonders der Compadrio und
die Folia unterscheiden:

- Der Compadrio, eine paternalistische Form gesellschaftlicher Beziehungen, kennt eine große Verbreitung in Lateinamerika und besonders in
Brasilien: anläßlich der Taufe, der Feier der Johannesnacht (102) oder
auch in der Umbanda von den initiatorischen Riten zur Weihe neuer Filhas-
de Santo (103) versuchen die Ärmsten die Gunst der Patrões oder Fazendeiros
(Großgrundbesitzer) zu gewinnen, indem sie letztere zu Paten oder Patronen
machen. Zwischen den Eltern des Kindes und den Paten entsteht eine kolla-
terale Verwandtschaft: der Compadrio. Thales de Azevedo sieht darin eine
wichtige soziale Funktion, nämlich die Überwindung der Kluft zwischen zwei
sozialen Schichten (104).

- Die aus Portugal stammende Folia umfaßt Sänger, Fahnenträger und einen Dirigenten. Die Mitglieder der Folia durchwandern ausgedehnte Gebiete, ziehen von Farm zu Farm, um Geld, Lebensmittel und andere Spenden
für das Fest des "Divino", Dreikönigs- oder andere wichtige Feiertage im
Leben der rustikalen Bevölkerung zu sammeln. Für Roger Bastide besteht
ihre große Bedeutung darin, das rurale Milieu mit dem städtisch geprägten zu verbinden und das religiöse Leben zu intensivieren. Sie ist "ein
Stück Kirche, das sich von dem Stamm trennt, um sich in den Feldern zu
zerstreuen". Ihre Mitglieder verbreiten das "mana" und hinterlassen "Spuren des Heiligen" (105), wenn sie sich, beladen mit den gespendeten Gaben,
wieder entfernen.

Wie der offizielle Katholizismus übernimmt der Catolicismo Popular den
Charakter einer angeborenen "nationalen Religion", auch wenn Kirche und
Staat seit 1891 offiziell und rechtlich getrennt sind. Daher verlangt der
Catolicismo Popular keine Bekehrung oder ausgereifte persönliche Adhäsion:
Man gehört zu ihm durch die Tatsache, daß man in einer bestimmten Gesell-
schaft geboren und getauft wird (106). Die Taufe ist das einzig wichtige Sa-
krament für den Católico Popular: dadurch erhält er einen Namen und eine
Erweiterung seiner Gesellschaftsbeziehungen durch die aus dem Compadrio
entstandene Verwandschaft (107).

Der Catolicismo Popular wird von Generation zu Generation übermittelt.
Die eigentliche Initiierung und das Hineinwachsen in diese Religiosität-
form erfolgt durch die Familie, in der gleichen Zeit, in der das Kind die
mütterliche Sprache und die kulturellen Verhaltensmuster erlernt (108).
Eine besondere Rolle spielt dabei die Mutter: sie leitet das Kind zum Beten an, lehrt es, Devotionen zu den Heiligen zu üben, ihre Protektion zu
erflehen und die übernatürlichen Strafen zu fürchten (109).

Weitere Traditionsvermittler des Catolicismo Popular sind - neben außer-
gewöhnlichen und charismatischen Gestalten - Vertreter der offiziellen

95

Kirche, Katecheten - besonders Katechetinnen - Priester, Ordensleute und Volksmissionare. Aus pädagogischen Gründen vermitteln sie zusammen mit der offiziellen Glaubenslehre auch mythische Vorstellungen, die sich im Catolicismo Popular verselbständigen, im Glauben, bessere Anknüpfungspunkte für ihre Verkündigung zu finden (110).

4.3.2   Ansätze hierarchischer Stufungen im Catolicismo Popular.

Soziologische Untersuchungen über rurale Kleingemeinschaften zeigen die Tendenz zur Ausbildung von charismatischen Führern, die in Konkurrenz zur offiziellen katholischen Kirche treten. Beauftragte Amtsträger, wie etwa die Gestalt des katholischen Priesters, werden entweder ganz oder teilweise ausgeschlossen. Der Priester spielt für den Católico Popular eine doppelte Rolle. Einerseits ist er der privilegierte Vertreter der offiziellen katholischen Kirche, der die "Geheimnisse Gottes" kennt, die "Hostie wandelt" und den "Segen erteilt". Wegen dieser Rolle wird ihm ein besonderer Platz neben dem Curandeiro (= Heiler) und den Betern eingeräumt und teilweise so verehrt, daß ausländische Missionare in Verlegenheit gebracht werden (111). Jedesmal, wenn ein Priester oder ein Ordensmann ein Wunder tut, eine unerwartete Heilung bewirkt, liefert er dem Volke einen unwiderlegbaren Beweis seiner Beziehungen mit dem Übernatürlichen. Er wird damit zum Mittelpunkt des Enthusiasmus' des Volkes, der unter Umständen in messianische Volks-Bewegungen übergehen kann. Der Priester verwandelt sich in einen Wundertäter, wie die bereits erwähnten "lebenden" Heiligen (112).

Andererseits gilt der Priester als Monopolträger einer Kirche, die die Glaubensformen des Volkes als Aberglauben und Häresie verurteilt und so eine Grenzlinie zwischen dem Volk und einer gebildeten Elite zieht und damit zu einer oppositionellen Haltung des Volkes beiträgt. Wenn der Priester den einfachen Glauben des Católico Popular rügt, leistet ihm letzterer Widerstand und fragt: "Mit welchem Recht kann dieser die göttlichen Schätze mit sieben Schlüsseln verschließen, anstatt sie unter die Armen zu verteilen"? (113). "Der Priester darf niemanden aus der Kirche vertreiben; die Kirche gehört dem Volke. Wir dürfen ihn vertreiben" (114). In diesem Moment wird der Priester nicht mehr als Werkzeug göttlicher Gnadenvermittlung gesehen, sondern als ein dem Volke Entfremdeter, der die Sprache des Volkes nicht versteht (115).

Neben den charismatischen Führern treten letztlich der "Capelão" und der "Benzedor" als Vermittler zwischen dem Católico Popular und den Heiligen oder Seelen auf, die durch Gebetsformeln, Kreuzzeichen und andere Elemente der katholischen Kirche kranke Tiere, bedrohte Ernten und Menschen segnen, damit sie geheiligt werden (116). Ihnen wird von den Armen Autorität zugesprochen.

4.3.3   Solidaritätsbewußtsein im Catolicismo Popular.

Die Solidarität beschränkt sich für den Católico Popular auf den Kult. Die Beziehungen zwischen den Menschen und den Heiligen entwickeln sich vor allem in der Privatsphäre außerhalb einer festen religiösen Gemeinschaft. Es geht dem Católico Popular primär darum, die gewünschte "Gnade" zu erlangen (117). Dennoch kann sich eine bestimmte Art der Solidarität zwischen Devotos gleicher Heiligen während der Höhepunkte der religiösen Feiern, besonders des Karfreitags entwickeln: die Solidarität gründet in diesem Fall im Bewußtsein der gemeinsamen Teilnahme an dem Leiden und an der Abhängigkeit von harten und inhumanen Existenzbedingungen.

Aufgrund seines fatalistischen Charakters kennt der Catolicismo Popular keine moralischen Imperative und gesellschaftsverändernde Postulate. Seine einzige, ausdrückliche ethische Verpflichtung besteht in der strengen Durchführung des geleisteten Gelübdes (118). In seiner Suche nach Protektion und Erlösung des Individuums wird die bewußte Frage nach einem möglichen Sinn der Geschichte ausgeklammert (119). Das impliziert eine resignierte Bestätigung des status quo, eine fatalistische Hinnahme des "Willens Gottes" trotz sporadischer messianischer Ausbrüche (120). Diese Messianismen tragen jedoch konservative Züge, denn sie versuchen eine Situation der Anomie durch die Restaurierung traditioneller Wertvorstellungen zu ändern (121).

Der Catolicismo Popular versucht die Ketten des Leidens durch die Suche nach gegenwärtiger sozialer und psychologischer Sicherheit zu durchbrechen: Geborgenheit und nicht Entwicklung scheinen sein Ziel zu sein. Dadurch entfernt er sich aber von allen fruchtbaren sozialrevolutionären Bewegungen, die in Brasilien existieren. Er emigriert aus der Gesellschaft, "verbannt auf die wenigen Quadratmeter eines Heiligtums oder einer Kapelle oder beschränkt sich auf die kurze Strecke einer Prozession zur Ehre des heiligen Patrones" (122).

4.3.4   Zwischenergebnis.

Wir können als Zwischenergebnis feststellen, daß mit Hilfe des Wach'schen Rasters eine bestimmte Eigenständigkeit des Catolicismo Popular im Element Gemeinschaft zu entdecken ist. Forscher der Volksreligiosität erinnern uns zwar daran, der brasilianische Volkskatholizismus stelle sich dar als rudimentäres nicht-strukturiertes religiöses Phänomen, das der Improvisation, der Imagination und der Eigeninitiative viel Spielraum beläßt, das keine systematische Fixierung ihrer Glaubensnormen und Kultformen und nur eine minimale hierarchische Gliederung erkennen läßt und bei dem sich alles im Rahmen des Vorläufigen, des Unbestimmten und des ständigen Schwankens vollzieht. Als "privatisierter Katholizismus" charakterisiert, der zwar auf dem Boden des katholischen Glaubens gewachsen, sich aber außerhalb dieses Einflußbereiches weiterentwickelt hat, wird von ihm als "nicht-ekklesialer" Gemeinschaft gesprochen.

Dennoch muß hier unterstrichen werden: In diesen rustikalen Gemeinschafts-formen, die oft mit G. Gurvitch als "einfaches System menschlicher Be-ziehungen" gekennzeichnet werden (123), läßt sich ein bestimmtes religiö-ses Gemeinschaftsgefühl herausschälen, das sich in der Atmosphäre der Partizipation der Devotos gleicher Heiligen an der inhumanen Situation des beinahe fatalistisch hingenommenen Leidens und an der Überzeugung, hei-lige Schutzpatrone können die verlorene soziale und psychologische Sicher-heit zurückschenken und von dem Leiden befreien, nährt.

5. DER PENTECOSTISMO: EINE IN WORT, KULT UND GEMEIN-SCHAFT SELBSTÄNDIG FORMULIERTE FORM VON RELIGIO-SITÄT.

5.0   Werden und Wachstum des Pentecostismo.

Der brasilianische Pentecostismo ist Frucht eines enthusiastischen Aufbruchs innerhalb des Christentums. Im selben Jahr 1910, als in Chile die Iglesia Metodista Pentecostal durch eine Abspaltung von der methodistischen Kirche entstand, kamen zwei schwedische Missionare, Daniel Berg und Gunnar Vingren, die in den USA die pfingstliche Erweckung W.H. Durhams in Chicago erlebt hatten, nach Belém do Pará in Brasilien und wurden zunächst von der baptistischen Kirche aufgenommen. Als sie versuchten, diese neue Bewegung in die baptistischen Kirchen der Stadt Belém - im Norden von Brasilien - zu integrieren, wurden sie mit ihren Anhängern ausgestoßen und verbreiteten sich dann unter dem Namen Assembléia de Deus über das ganze Land: zunächst gingen sie in das Amazonasgebiet, dann ab 1920 in Richtung Süden: Sao Paulo, Paraná, Rio Grande do Sul (1).

Die Assembléia de Deus war aber nicht die einzige Pfingstgruppe unter den Armen Lateinamerikas: schon im Jahre 1909 hatte auch Luigi Francescon eine andere enthusiastische Bewegung unter den italienischen Immigranten von Santo Antonio da Platina im Staate Paraná mit dem Namen Congregaçáo Cristã do Brasil gegründet. In der Präambel zu ihren "verschiedenen Lehrpunkten und Glaubensartikeln" hebt die Congregaçao Cristã ihre Begeisterung über die rasche, weil mirakulöse Vermehrung ihrer Anhänger hervor: "Wir glauben an die Gaben Gottes, durch welche dieses Werk in einer Gruppe der italienischen Kolonie von Chicago, im Jahre 1907 begonnen worden war. Einige Monate später haben einige Brüder, geleitet durch den Heiligen Geist, das Zeugnis dieses Werkes Gottes in weitere Orte Nordamerikas, Italiens und in gewisse Teile Südamerikas gebracht. So kamen sie 1910 (auch) nach Brasilien. Hier begleitete der Allmächtige (sie) mit seinen großen Wundern und ließ (ihr Werk) wachsen und sich ausbreiten. Dieses Wachstum fand innerhalb dreier Jahre statt. Das bestärkte die am Anfang gläubig gewordenen völlig (in der Annahme), daß sie den Herrn in allem am Werk liessen und der Diener (ihm) nur zu folgen und auf ihn zu hören habe" (2).

Während diese beiden Erweckungsbewegungen als nach Brasilien importiert gelten müssen, entstanden in den Jahren zwischen 1950 und 1960 zahlreiche unabhängige Pfingstgemeinden und evangelisch erweckte Gemeinschaften, das heißt kleine protestantische Gruppen - besonders Baptisten -, die sich schnell und rasch ausbreiteten, so daß F.H. Hübner diesen Prozeß der Vermehrung die "Splitterfreudigkeit" nennt (3). Diese schnelle Verbreitung des Pentecostismo ist ohne Parallele in der modernen Religionsgeschichte Brasiliens (4): er überschreitet die nationalen Grenzen und dehnt sich aus nach ganz Südamerika, nach Portugal und sogar nach Afrika (5). Sein Wachstum wurde besonders seit 1930 durch die Industrialisierung beschleunigt und umfaßte 1964 schon 73, 6 % der gesamten Protestanten Lateinamerikas (6). Auch frühere Protestanten und Katholiken wechseln zum Pentecostismo in der Hoffnung, hier eine konkrete und einfache Lebensorientierung zu finden, die sie in ihren früheren Kirchen vermißten. Besonders drei unabhängige Pfingstgemeinschaften sind es, die in diesem breiten Spektrum dominieren. Als wichtigste Pfingstgruppe gilt die vom Missionar Manoel de Melo gegründete (8). Zunächst Pastor in der Assembléia de Deus und in der "Pfingstkirche des Viereckigen Evangeliums", gründete er 1965 seine eigene Pfingstkirche: die Igreja Evangélica Pentecostal o Brasil para Cristo (9), die neben der Assembléia de Deus und der Congregaçāo Cristā do Brasil zur wichtigsten pentekostalen Gruppe wurde.

Daneben zählen die Assembléia de Deus und die Congregaçāo Cristā do Brasil zu den wichtigsten pentekostalen Gruppen. Das in dieser Arbeit herangezogene Material entstammt daher auch hauptsächlich diesen drei Pfingstkirchen.

Der brasilianische Pentecostismo erscheint als selbständige und unabhängige Volksreligiositätsform, deren nichtinstitutioneller Charakter die abhängigen Massen und Marginalizados in den Bann zieht. Nicht zu übersehen sind Verbindungslinien zum Catolicismo Popular und zu afro-brasilianischen Kulten, vor allem in der Betonung der Armut - der gläubige Pentecostista ist ebenso arm wie etwa der Católico Popular -, aber besonders auch durch die Übernahme religiöser Elemente aus diesen beiden Religionsformen, die aber vom Pentecostismo in positiverer Form als bei jenen in Richtung des Christentums entwickelt und expliziert werden. Trotz seines ekklesiologischen, theologischen und religiösen Defizits, betrachtet vom Standpunkt der etablierten Kirchen aus, stellt der Pentekostismus somit eine permanente Herausforderung an die "professionellen Evangelisationen" und Theologen dieser Kirche dar (10).

5.1   Theoretische Akzente im Pentecostismo.

5.1.1   Jesuzentrische Orientierung des Pentecostismo.

Als theoretisches Element des Pentecostismo gilt besonders der Glaube an einen heilenden, Schutz und Freude gewährenden und bald wiederkommenden Herrn Jesus, an einen Gaben spendenden, erweckenden und alles erneuernden Heiligen Geist und an den Schöpfervater. Diese Glaubenssymbole differieren jeweils in den verschiedenen pentekostalen Gemeinden, beruhen aber in ihren Hauptelementen auf dem Credo der allgemeinen Weltpfingstbewegung, besonders auf dem Glaubensbekenntnis der "Assemblies of God" der USA (11). L. Olsen, Direktor des pentekostalen biblischen Instituts in Rio de Janeiro spricht von sieben Emphasen des Pentecostismo:

Glossolalie, Heilung von Krankheiten durch den Glauben, Heiligung, die
zweite Ankunft Jesu, absolute Autorität der Bibel, Zehent und die Evangelisation beziehungsweise missionarische Tätigkeit (12). Aufgrund dieser
Variabilität erscheint es sinnvoller, von doktrinären Akzenten des brasilianischen Pentecostismo zu sprechen. Sein erstes isolierbares Element zeigt
sich als System von Lehren und als doktrinäres Depot, dessen Grundbegriffe zum großen Teil aus der Bibel geschöpft werden und durch einen charismatischen Führer, Ältesten oder ein Führergremium je nach der Orientierung der einzelnen Gruppen entfaltet und modifiziert werden (13). Der pentekostale Glaube äußert sich auch in der Form von Hymnen, Gebeten und
Predigten, in denen die erwähnten Akzente wiederkehren (14).

Abdalaziz de Moura sieht mit Emilio Conde und K. Brumback die Dreifaltigkeit, in der der Heilige Geist als Offenbarer Jesu Christi fungiert, als
zentralen Inhalt des pentekostalen Glaubens (15). Donald Gee betont aufgrund seiner Analyse der nordamerikanischen pentekostalen Bewegung als
ihr Spezifikum gegenüber den etablierten Kirchen den Glauben an die Aktualität der Gaben des Heiligen Geistes, die "nicht durch die Urkirche ausge-
schöpft sein können" (16).

Eine genaue Materialuntersuchung - sofern möglich - des brasilianischen
Pentekostismus zeigt jedoch, daß nicht der Heilige Geist, sondern die Person Jesus im Mittelpunkt seines Glaubens steht: "Sie vergöttern nicht den
Pfingsttag, wie die Fremden meinen", sondern ziehen es vor, ... "einfache Christen" genannt zu werden (17). Auch die erste Person der Trini-
tät - der "Schöpfer Vater" - spielt eine sekundäre Rolle gegenüber Jesus
(18). Vor allem in den Hymnen sind die Hinweise auf den "Schöpfervater"
und auf den "tröstenden Geist" im Vergleich zu den ständig wiederkehrenden Anrufungen Jesu nur sporadisch.

Überhaupt zeigt sich bei näherem Zusehen, daß die Hymnen wohl als die
wichtigsten Quellen der brasilianischen Pentecostistas zu gelten haben, da
sie die pentekostale Frömmigkeit mehr als die übrige Pfingstliteratur beeinflussen. Der Pentecostista lebt mit seinen Hymnen, von denen er mehrere auswendig kann. Die Schlüsselbegriffe einer Kultur der Armut, die
dazu dienen, die Sehnsucht nach Liebe, Freude und Trost auszudrücken,
werden in diesen Hymnen auf Jesus übertragen (19). Es ist daher keine
Übertreibung zu sagen, daß der Pentecostismo nicht wie allgemein angenommen trinitarisch oder pneumatozentrisch, sondern eher christo- beziehungsweise jesuzentrisch orientiert ist. Jesus ist der "Christus", der
"Retter", der "Gute Jesus", "mein Jesus", "mein Freund", "mein Guar-
dian", der "mich durch sein auf mein Herz gesprengtes mächtiges Blut
rettet" (20). "Jesus lehrt und tauft im Heiligen Geist" (21). Er gewährt
den "Heilungssegen", weil er alle unsere Gebrechlichkeiten auf sich genommen hat.

5.1.2 Jesus als Befreier von Leiden.

Der Mensch wird als ein Wesen betrachtet, das unter der ständigen Bedrohung der Vernichtung durch Tod, Krankheit, Sünde und Gewalt des Teufels steht. Von Gott zwar als gut geschaffen, hat er seine paradiesische Unschuld verloren und kann nach dem Sündenfall nur durch den Glauben an Jesus, der die teuflischen Mächte besiegt hat, gerettet werden. So heißt es in Artikel 3 und 4 des Credos der "Assembléia de Deus":

"Wir glauben, daß der Mensch gerecht und gut geschaffen worden war, denn Gott sagte: 'Lasset uns Menschen schaffen nach unserem Ebenbild'. Trotzdem hat der Mensch sich freiwillig zum Übertreter gemacht und fiel. Jetzt hat er (nur) noch eine Hoffnung auf Erlösung in Jesus Christus, dem Sohn des ewigen Gottes. (Gen 1, 26; 3, 1 - 7; Röm 5, 12. 21)"

"Wir glauben, daß der Mensch durch Gottes Gnade gerettet werden kann, mittels Buße und durch Glauben an den Herrn Jesus; der Mensch, der durch das Wasserbad der Wiedergeburt geht und wiedergeboren wird durch den Geist, gerechtgesprochen aus Gnaden mittels des Glaubens, wird Erbe Gottes, gemäß der Hoffnung eines ewigen Lebens. (Tit 2, 11; 3, 5 - 7; Röm 10, 13 - 15)" (22)

Das menschliche Leben wird damit zum Kampfplatz zwischen dem guten Jesus und dessen Gläubigen auf der einen und dem Teufel, an dessen persönlicher Existenz kein Zweifel besteht, auf der anderen Seite (vergleiche Artikel 4 der Congregação) (23). Jesus befreit von den vom Teufel verursachten Leiden und Nöten der Crentes und wird somit zur großen Hoffnung in der fatalen Daseinssituation der Ausgebeuteten.

Das Thema der Befreiung in Jesus wird in den Pfingstpredigten zur dauernd wieder in Erinnerung gerufenen Wahrheit des Pentecostismo und zu einer ersten Anfrage und Provokation an die Haltung und Lehren vieler traditioneller Theologen protestantischer und katholischer Provenienz, nach deren Meinung Leiden häufig als Wille Gottes hingestellt wird und die an die Leidenden appellieren, im Leiden standhaft auszuhalten, um die ewige Seligkeit zu erreichen, in der sie dann ein besseres Leben haben werden (24).

Als besondere Befreiungstat Jesu gilt im Pentecostismo die Heilung von Krankheiten: Diese starke Betonung der Heilung von Krankheiten wird aus einem fundamentalistischen Verständnis der Bibel gewonnen (25). Besonders durch die starke Betonung der Irrtumslosigkeit der Schrift und deren fast wörtliches Verständnis gewann der Fundamentalismus im Pentecostismo an Boden. So heißt es in Artikel 1 der "Assembléia de Deus" etwa:

"Wir glauben an die Bibel und nehmen sie als das Wort Gottes an, inspiriert durch den Heiligen Geist, eine Offenbarung Gottes an den Menschen. Sie ist die Regel des Glaubens und des Handelns, unfehlbar und vollkommen, Gewissen und Vernunft überlegen, aber ohne die Vernunft zu verletzen oder ihr zu widersprechen (2 Tim 3, 15 -16; 2 Petr 20, 21; Röm 1, 16); (26).

Aufgrund dieses fundamentalistischen Verständnisses ist Krankheit nicht psychophysische Störung, sondern wird biblisch definiert als Wirkung des Teufels: sie ist eine "Unterdrückung durch den Teufel" (Apg 10,38), "Gefangenschaft durch Satan" (Joh 42,10), "Fluch des Gesetzes" (Deut 28,15. 20.22.29.58 - 61.65.66; Gal 3,13) sie wurde "von Christus auf dem Kreuz getragen" (Mt 8,17). Sie kann "durch den Glauben", durch Gebet und durch die Gaben des Heiligen Geistes geheilt werden (Mk 16,17 - 18; Jk 5,15; 1 Kor 12,6 - 11) (27). McAlister bemerkt dazu: "Im ganzen Neuen Testament findet man keine einzige Stelle, an der gesagt wird, daß Gott dem Menschen Krankheiten sendet, aber es gibt in ihr viele Beweise, daß Gott von der Krankheit befreit" (1 Jo 3, 8; Apg 10,38). Gott heilt nicht immer sofort, verspricht aber eine endgültige Heilung (28). L. Olsen sieht die Heilung durch Jesus als göttliche Manifestation der Erlösung Christi, durch die auch heute noch - wie zu Jesu Lebzeiten - jegliche Krankheit geheilt und die Verheißung des zukünftigen Reiches in der Gegenwart bestätigt wird (29).

So steht das Selbstverständnis der pentekostalen Krankenheilung einmal im Gegensatz zu ihrer Interpretation durch die katholische Theologie, die sie als Deformation des Sakramentes der Krankensalbung betrachtet (30), aber auch zur baptistischen Auslegung, die die Praxis der Krankenheilung schlichtweg als Betrug bezeichnet, weil sie Jesus als Mittel zum Ziel der Heilung degradiere. Diese Auffassung versucht der Pfingstler Harald Shally zu widerlegen mit dem Hinweis auf die Tatsache, daß nicht alle Pfingstler eine Heilung erleben, und daß damit die Heilung nicht unumgängliche Voraussetzung der Zugehörigkeit zum Pentecostismo sein kann (31).

Für den Soziologen spielt die pfingstliche Krankenheilung eine große Rolle, denn sie wurzelt für ihn in der Tradition der "heilenden Heiligen", die so wichtig für den lateinamerikanischen Católico Popular sind: In der gleichen Weise wie der Católico Ppular einen Do-ut-des-Vertrag mit seinem Lieblingsheiligen schließt - wenn du mich heilst, dann werde ich eine Wallfahrt unternehmen - schlägt der Pentecostista Christus einen Tausch vor: "wenn du mich heilst, dann werde ich dein Jünger" (32). Dies dürfte eine erste Erklärung sein für die faszinierende Anziehungskraft des pentekostalen Kultes: Nicht um in einer Kirche zu sein, vielmehr um der Befreiung von Schmerz und Krankheit willen in einem Land, in dem Ärzte und Krankenhäuser immer noch für Privilegierte da sind und die Kosten für Medikamente die Kaufkraft der großen Mehrheit übersteigen, strömt das brasilianische Volk zu den Pfingstlern (33).

Die pfingstliche Heilung will allerdings keine absolute Alternative zur Medizin sein, denn die "göttliche Heilung durch den Glauben" ist ein Segen, damit ein Privileg der Crentes, nicht Gesetz eines allgemeinen Erlösungsplanes Jesu, so daß niemand gegen die ärztlichen Bemühungen Stellung nehmen kann, wie Artikel 11 des Credos der "Assembléia de Deus" zum Beispiel explizit betont:

"Wir glauben, daß im Plan der Erlösung ein Segen enthalten ist für die, die leiblich krank sind: das Vorrecht der Krankenheilung durch Gebet ('cura divina'; so übersetzt Conde 'divine healing') im Glauben. Da diese 'göttliche Krankenheilung' ein Vorrecht ist für die Gläubigen, ist es klar, daß daraus kein Gesetz oder ein Grund zur Bekämpfung oder Verachtung von Medizin und Wissenschaft abgeleitet werden kann" (34).

R. McAlister bemerkt: "Der Arzt hängt von seiner beruflichen Geschicklichkeit und der pfingstliche Pastor vollständig von der Macht eines Anderen ab" (35). In manchen Fällen wird sogar eine durch ärztliche Kunst bewirkte Heilung dennoch Christus zuerkannt, der "mich rettete, auch als der Arzt nicht mehr an eine Heilung glaubte" (36). In der Lehre der "Congregaçao Cristã do Brasil" werden konkrete Verhaltensweisen für die gläubigen Pentecostistas formuliert:

"Wir werden manchmal gebeten, für Personen zu beten, die unserem Glauben fremd sind. Laßt uns dies tun ohne Zögern, sofern der Herr uns nicht anders führt.

Hingegen sollen wir sagen, daß wir weder Ärzte noch Heiler sind. Wir legen im Glauben seinen Fall Gott vor, und wenn sein Glaube stark genug ist und er glaubt, daß Jesus Christus ihn heilen könne, so wird er gesund werden.

Die Krankenölung ist das Amt des Ältesten, Diakons oder Mitarbeiters."

Nur bei schweren Krankheiten soll man den Ältesten kommen lassen.

"Es ist keinem Bruder in unseren Versammlungen erlaubt, ein Zeugnis abzulegen über eine Heilung, die durch menschliche Mittel und ohne auf den Herrn zu warten, zustande gekommen ist. Unter gesetzlichem Zwang werden wir jedoch zum Arzt gehen.

Jedenfalls hat niemand das Recht, einen andern zu richten, wenn er solche (menschliche) Hilfe in Anspruch nimmt, denn der Glaube ist eine Gabe Gottes. Wir sollten nie gegen Arzt und Medizin sprechen. Es darf (hierin) niemandem ein Gesetz auferlegt werden" (37).

Diese Zitate deuten folgenden Tatbestand an: Der Verfall, die Krankheit, die persönlichen Schwierigkeiten und die Verlorenheit der Masse der armen Bevölkerung werden somit zum Einbruchstor des Göttlichen in das Leben der Pentecostistas und zum Ansporn der Bekehrung: Gott ist stark, weil er hilft (38). Außerdem impliziert die Heilung einen missionarisch-propagandistischen Zweck: Die Außenstehenden sollen durch sie zur Bewunderung und zum Staunen und damit zur möglichen Bekehrung geführt werden. Die Praxis zeigt, daß tatsächlich durch diese realen oder vermeintlichen Heilungswunder viele Menschen zur Pfingstbewegung stoßen (39).

Jesus heilt nicht nur von Krankheiten wie ein berufstätiger Arzt, sondern gewährt Freude, gerade weil er heilt und von den vier "Grundängsten" - Angst, Nervosität, Satan und Umständen - befreit (40). Er ermöglicht die sinnlich erfahrbare Gewißheit der Erlösung: "Jesus will seine Kinder froh sehen, indem sie zeigen, wie gut es ist, erlöst zu sein" (41). Die Freude ist ein Schlüsselbegriff für das Verständnis der brasilianischen Pentecostistas.

Die Hymne Nr. 420 aus dem Hymnarium "Hinos de Louvores e Súplicas a Deus" der Congregação Cristã do Brasil soll als Veranschaulichung dazu dienen:

Welche Freude, welches Vergnügen und welchen Genuß
erfährt das Volk des Herrn!
In seiner Liebe ehrfürchtig
und innbrünstig wandelnd,
sehnen wir uns nach dem Tag
an dem der Herr kommen wird!

Freude empfinde ich im Dienst Jesu!
Freude, die es in der Welt nicht gibt!
Deswegen folge ich dem ewigen Licht
der göttlichen Gerechtigkeit!

Welche Freude erfahre ich in meinem Herz!
Sie tröstet und überwindet jeden Schmerz!
Sie bewahrt mich vor dieser illusorischen Welt
und verbindet mich mit dem Retter!

Wandeln wir mit Jesus!
In ihm haben wir ewiges Leben und Erlösung!
Wenn wir hier sein Licht offenbaren,
dann steht uns vor die ewige Belohnung!

Die spontane und ungezwungene Freude der Pentecostistas offenbart die Tatsache, daß in der Doktrin der Mensch nicht durch das, was er ist, sondern durch das, was er durch die Erlösung Christi sein wird, definiert wird. Die Befreiung des Pentecostismo besteht nicht in einer Lehre, in einer Idee, sondern in der Person Christi, der "rettet, erfreut, tröstet und vergnügt" (42). Freude über erfahrene Befreiung wird zur "Bereitschaft, diese tödliche, in sich verfeindete und leidvoll zerrissene Welt ohne Zynismus und ohne Infantilismus als zustimmungsfähig anzuerkennen, als verborgenen Anlaß zur Dankbarkeit" (43). Dieses Ja zur Welt trotz erfahrenen Leids in der Welt schließt wieder einen missionarisch propagandistischen Zweck ein: Es entscheidet sich affirmativ für die Sinnhaftigkeit des Lebens anderer Menschen in einer ähnlichen Situation: Sie lädt ob ihrer fatalen Situation verzweifelte Menschen ein, eine neue Identität zu finden in der Erfahrung der solidarischen Gemeinschaft "befreiter" und erlöster Menschen. Christentum als Religion der Freude wird zur Anfrage an die herrschende Theologie, für die die Erde das große Jammertal, in diesem Jammertal aber Freude als Wohlergehen einiger Privilegierter verstanden wird, Armut und Leiden jedoch, damit Trauer, als gottgewolltes Kreuz der vielen ausgebeuteten Menschen.

Ganz im Lichte dieser Anthropologie steht die Eschatologie: Jesus wird bald sein Reich aufrichten, damit die Crentes Anlaß zur Freude und zum Vergnügen finden: "Ich spüre lebendige Hoffnung, den Herrn sehen zu dürfen" (44), "denn gleich wird er zurückkommen: was für eine Freude für seine Heiligen" (45). Somit erscheint die eschatologische Komponente nicht

als totes Dogma, sondern ist praktische Orientierungshilfe fürs Leben
wie in der Urkirche - das Ideal der Pfingstgemeinschaft - : der Pentecostista steht im Dienste der "letzten Erweckungszeit", wenn das Ende der
Geschichte zu ihrem Anfang zurückkehren und ihn sogar übertreffen wird
(46). Diese Rückkehr besteht aus zwei Phasen:

- Zunächst wird Jesus im Geheimen zu den Seinen kommen und seine Kirche der Weltwirklichkeit entreißen.

- Die zweite Phase - sieben Jahre nach der ersten - wird eine öffentliche
Offenbarung Jesu sein, der den Juden und den Heiden in Glorie erscheint.
Die Offenbarung ist Beginn eines tausendjährigen Reiches auf Erden, wäh-
rend dessen alle messianischen Verheißungen erfüllt werden. Es wird eine
Zeit des Heiligen Geistes und damit der Gerechtigkeit und des Gerichtes
sein (47).

5.1.3   Wunder und Gaben des Heiligen Geistes als Offenbarungswege Jesu.

Die Pfingstlehre über den Heiligen Geist läßt keinen gravierenden Unterschied gegenüber der Lehre der übrigen charismatischen Gemeinden erkennen: sie betont die privilegierte Erfahrung des Heiligen Geistes durch die
"Taufe im Heiligen Geiste".

"Wir glauben an die Taufe des Heiligen Geistes als bestimmtes Erlebnis,
das die Bekehrung des Gläubigen begleitet; alle Gläubigen haben ein Recht,
diese zu erhalten. Alle müssen sie eifrig suchen, denn die Geistestaufe
ist für alle. Diese Erfahrung war in der Urkirche etwas Alltägliches. Mit
ihr kommt die Ausrüstung mit Kraft aus der Höhe, Kraft für das tägliche
Leben und den täglichen Dienst. Die Geistestaufe bringt mit sich Gaben,
die er in der Kirche verteilt, macht die Ämter (ministério) vollständig
und läßt die Kirche vorwärts gehen" (48).

Der Heilige Geist ist Leben und Macht Gottes, die in die menschliche Existenz einbricht. Normative Autorität der pentekostalen Pneumatologie sind
das lukanische Evangelium und die Apostelgeschichte (49).

Die Gaben des Heiligen Geistes offenbaren den betont emotionalen Aspekt
der religiösen Erfahrung im Pentecostismo: von der anfänglichen "Taufe
im Wasser" an bis hin zur Glossolalie und zur Ekstase prädominiert die
Erfahrung als Erlebnis. In Anschluß an 1 Kor 12 - 14 unterscheidet die
allgemeine Pfingstbewegung zwischen den Gaben des Heiligen Geistes:
Geistestaufe, Ekstase, Glossolalie, Prophetie, Auslegung der Prophetie,
Fähigkeit zum Heilen, zum Lehren; und zwischen den Früchten: die verschiedenen Heiligungszeichen und die missionarische Tätigkeit (50). Es
erscheint daher sinnvoll, diese Gaben im Sinne des brasilianischen Pentecostismo kurz zu erläutern.

Die "Taufe im Wasser" und die "Taufe im Heiligen Geiste" stellen den Anfang und eine erste Bestätigung auf dem Weg zu Jesus dar;

"Wir glauben, daß die Wassertaufe durch Untertauchen ausgeführt werden soll, gemäß der Schrift, an allen, die wirklich Buße getan haben in ihren Herzen und an den Herrn Jesus glauben. Indem ein Mensch diesem Gebot gehorcht, zeigt er durch dieses äußere Zeichen, daß er von den Sünden gewaschen worden ist, da sein Herz schon besprengt wurde mit dem Blute Jesu. So bezeugt er der Welt, daß er der Sünde gestorben und begraben ist mit ihm im Tode, und daß er auferweckt worden ist, um in der Neuheit des Lebens zu wandeln" (Mt 28,19; Apg 10,47 - 48; Röm 6,4). (51)

Der Begriff Taufe wird mit dem Genitiv des, mit den Präpositionen in und mit dem Heiligen Geist beschrieben. Es ist schwierig, die hinter jeder Redewendung stehenden feinen Nuancen zu erfassen (52). Hier wird der Ausdruck "Taufe im Heiligen Geiste" verwendet, um sie der "Taufe im Wasser" gegenüberzustellen. Die "Taufe im Wasser" wird als Symbol der ersten Bekehrung zu Jesus verstanden und geschieht durch ein Tauchen des Einzelnen in einen Fluß oder in ein Taufbecken der großen pentekostalen "Gebetshäuser" vor den versammelten Brüdern und Schwestern (53). Diese anfängliche pentekostale Heilserfahrung wird aber von der begleitenden oder nachfolgenden weiterführenden Erfahrung des Heiligen Geistes in der "Taufe mit dem Heiligen Geist" zur Fülle gebracht.

Das analysierte Material ermöglicht keine genaue Definition dieser "Taufe im Heiligen Geist" innerhalb des Pentecostismo, was übrigens auch für die Weltpfingstbewegung gilt. Sie scheint sowohl eine Manifestation der pneumatologischen Gaben - besonders des Zungenredens und der Ekstase - zu sein, als auch eine neue tiefere Erfahrung des von Jesus verheißenen Heils, aus der heraus ein neues Verhältnis zwischen dem Gläubigen und dem Heiligen Geist entsteht. Die Problematik um die Taufe im Heiligen Geist hängt eng mit der Auseinandersetzung innerhalb der Pfingstgemeinden über einen zwei-, drei- und sogar vierstufigen Heilsweg zusammen. Hatten die Heiligungsdenominationen die von John Wesley unter dem Einfluß katholischer Erbauungsliteratur hergestellte zweistufige Heilungslehre angenommen, nämlich die Unterscheidung zwischen:

- dem gewöhnlichen Gläubigen, dem Bekehrten oder Geretteten

- und dem Geheiligten, der den zweiten Segen oder die Geistestaufe erfahren hat, die sachlich und zeitlich von der ersten Wiedergeburt (Taufe im Wasser) zu unterscheiden ist,

so lehrten einige Pfingstgruppen, daß der ordo salutis in drei Etappen erfolgt: Bekehrung, Heiligung, Geistestaufe. Eine theoretische Auseinandersetzung mit diesem Problem hat der brasilianische Pentecostismo bisher nicht aufgenommen. In der Praxis folgt er dem zweistufigen Weg Durham's: Bekehrung - Geistestaufe (54).

Die "Taufe im Heiligen Geist" ist Medium der Hierophanie, des Einbruchs des Heiligen in die menschliche Sphäre: von nun an wird die Welt des Heiligen zur einzig wahren Welt. Der Gläubige möchte die Gaben und "Gnaden" empfangen und an der Macht des Heiligen Geistes partizipieren. Dieses Streben wird durch langdauernde Vorbereitungszeremonien, durch Gebete unterstützt. Die "Taufe im Heiligen Geist" bleibt aber ein Ausgangspunkt, eine Gabe: das Ziel besteht in der Inkorporation der "pfingstlichen Macht", der "Macht des Himmels", nämlich der an Pfingsten von der Urkirche erfahrenen Begeisterung, die zu Kühnheit und Enthusiasmus führt und die Crentes zum "evangelismo", das heißt zur missionarischen Tätigkeit, zur frohen Bereitschaft der Verkündigung der frohen Botschaft "zwingt" (55).

Die die "Taufe im Heiligen Geiste" begleitende Ekstase ist Ausdruck der totalen Hingabe des Gläubigen an Jesus. Dieses "Aus-sich-heraus-treten" oder "Außer-sich-sein" kommt in fast allen Religionen vor, wo es allerdings vornehmlich einer Elite von Mystikern vorbehalten bleibt. Der ekstatische Mensch befindet sich in einem psychologischen Ausnahmezustand, in dem er der konkreten Wirklichkeit entrissen wird. Die Ekstase des Pentecostismo ist entweder direkte Begleiterscheinung oder folgt der "Taufe im Heiligen Geist", die der spiritistischen Tranceerfahrung besonders nahe steht. Es gibt formale Parallelen dieser Ekstase in den afro-brasilianischen Religionen (56): im Candomblé ergreift der Orixá im tanzenden Vollzug des ihm eigenen rhythmisch-musikalischen Motivs den "Filho-de-Santo" oder die "Filha-de-Santo"; in der Macumba werden die Geister durch ihre "pontos cantados" oder "pontos riscados" (musikalische oder graphische Zeichen) herabgerufen. Ganz ähnlich bewirkt das Zeichen der Wassertaufe die "Taufe im Heiligen Geist" - im Falle, daß letztere der anderen unmittelbar folgt (57). Dazu kann noch hinzugefügt werden, daß die Afro-Brasilianer für diese ekstatische Erfahrung in einer bestimmten Weise prädisponiert sind: fast alle, die sich zum Pentecostismo bekehren, geraten schon während der "Taufe im Wasser" in den ekstatischen Zustand. In enger Verbindung mit der Taufe im Heiligen Geist steht die Glossolalie: über sie gibt es - wie übrigens über alle hier angeführten Glaubenselemente - keine ausgearbeitete Theorie seitens des Pentecostismo. Sie gehört integral zu seiner religiösen Erfahrung.

Die Glossolalie ist nach pentekostalem Glauben Wiederholung des Pfingstgeschehens, wie es in der Apostelgeschichte geschildert wird:

"Wir glauben, daß die Geistestaufe vom selben Zeichen als Beweis begleitet werden muß, den die Apostel (als Beweis) akzeptiert haben: nämlich 'das Sprechen in anderen Zungen wie der Geist auszusprechen gibt'. (Apg 10,46-47; 11,15-17)" (58).

Einerseits wird sie als Zeichen eines hörbaren Beweises verstanden, daß der Gläubige die Taufe im Heiligen Geist empfangen hat: "während der Gläubige die Verheißung der Taufe im Heiligen Geiste empfängt, spricht er eine Sprache der Engel, die nur von dem Geist verstanden wird, der durch den Heiligen Geist in direkter Kommunikation mit Gott steht" (59).

Andererseits wird sie als eine Gabe des Heiligen Geistes verstanden, die sich im Gebet zeigen kann, wo sie dann die Form von Seufzern, Jammern, Geräuschen, unartikulierten Phonemen und anderen ekstatischen Manifestationen annehmen kann (60). Ferner kann die Glossolalie beim Singen von Liedern, während des Tanzes und während der Heilungskulte auftreten (61). "Die Gabe der Glossolalie ist ein großes Privileg des im Heiligen Geiste getauften Gläubigen, denn während der menschliche Wortschatz nicht fähig ist, das Lob der erlösten Seele auszudrücken, ermöglicht die Gabe des Zungenredens mit Jesus zu sprechen in einer geheimen Sprache, die niemand verstehen kann, auch der Teufel nicht! Nur Gott! Alleluja" (62). Diese Gabe kann die konkrete Form einer Wiederholung von lallenden Lauten annehmen, die sich zu einer eigenartigen Sprache, zum begeisterten Lied ohne Worte oder noch zum ekstatischen Gebet zu artikulieren suchen.

Die glossolalisch geäußerte Sprache kann Vehikel einer besonderen Botschaft oder eines Befehls an bestimmte Gemeinden oder Personen sein oder auch Vorhersagen über zukünftige Ereignisse beinhalten. Diese glossolale Rede - von ihren hauptsächlich weiblichen Trägern als göttlich bezeichnet - wird durch "Propheten" beziehungsweise "Prophetinnen" interpretiert: Besucht zum Beispiel ein Bruder die benachbarte Gemeinschaft, bittet er um das Wort während des Kultes und erklärt, daß Gott ihm im Traume folgende Botschaft anvertraut hat: "Ihr müßt während einer ganzen Woche eine Reihe von Gebeten verrichten und jeden Abend Evangelisten senden. Die Ernte wird groß sein und ihr werdet viele Kranke heilen!"- Diese prophetische Botschaft muß bestätigt werden, das heißt es müssen andere Botschafter zu dieser Gemeinschaft kommen und die Prophezeiung wiederholen oder dieselbe Person muß noch einmal den gleichen Traum erleben und die gleiche Botschaft verkünden (63). Wird aber der Einzelne zum Adressat einer interpretierten glossolalischen Botschaft, dann wird er von Emotion ergriffen und verhält sich von nun an gemäß dieser Botschaft (64)

Der Pentecostismo sieht im Wunder der Heilung von Kranken durch Händeauflegung, in der ekstatisch glossolalischen Erregung durch den Heiligen Geist oft in der Form eines Tanzes, in der Prophezeiung und in den anderen Gaben die von Gott gewählte - sogar notwendige - Weise, sich den Menschen zu offenbaren.

Diese oft als rein psychotherapeutisch wirksam betrachteten Phänomene (65) werden allerdings im Kontext einer Kultur der Armut als Mittel betrachtet, wodurch die Abhängigen Gott in Wort und Erfahrung bringen: der ekstatische Tanz und die Eruption der Glossolalie gelten als die Sprache der "Menschen ohne Stimme" (66). Ist dem so, dann kann der Vorwurf nicht erspart bleiben, der Pentecostismo bewege sich genauso wie der Catolicismo Popular auf der Ebene der "causae secundae", das heißt die Gegenwart Gottes wird rein immanent betrachtet. Diese Problematik kann hier nicht weiter verfolgt werden. Vielmehr gilt es festzustellen, daß der Pentecostismo trotz allem eine bedeutende Entwicklung gegenüber dem Catolicismo Popular darstellt. Jesus wird weder materialisiert noch lokalisiert, es gibt weder Bilder oder Statuen noch ist die Gewährung der Heilgnaden gebunden an bestimmte herausragende Festzeiten, wie im Catolicismo Popular. Auch Heiligtümer sind unnötig: Jesus wird dort gegenwärtig, wo sich die Gemeinschaft versammelt, sei es in einem prunkvollen Tempel, sei es in einem alten gemieteten Zimmer, sei es auf den Straßen oder öffentlichen Plätzen der Städte oder noch am Rande der Flüsse. Das Wunder, die Zeichen und die Gaben des Heiligen Geistes - nicht die Statue eines Heiligen - werden zur Hierophanie des Heiligen.

Diesem Verständnis der Offenbarung Gottes an den Einzelnen durch Wunder und Zeichen des Heiligen Geistes entspricht andererseits eine emotionale Erfahrung des Heiligen seitens des Pentecostista. Sie zu beschreiben soll nun ein weiterer Schritt sein.

5.1.4 Jesus als humane emotional erfahrbare Größe.

Der doktrinäre Inhalt des Pentecostismo verdeutlicht den Sachverhalt, daß Jesus nicht ein "deus otiosus", ein von den Armen und von der Welt distanzierter Gott ist, der sich kaum um seine Geschöpfe kümmert. Er erscheint auch nicht als das rein moralisierende "ens spirituale" der katholischen Kirche (67). Vielmehr begegnet man im Pentecostismo einem humanen mitleidenden Jesus, einem "Freund" der Menschen, der Erlösung und Freude schenkt, der jede Art von Krankheit heilt und der seine Crentes mit den Heilsgnaden, "Früchten" und Gaben des Heiligen Geistes beschenkt: Jesus kommt dem Gläubigen nahe, so daß zwischen beiden unmittelbare emotionale Freundschaftsbeziehungen entstehen können.

Diese Art, an das Übernatürliche zu appellieren, entspricht einerseits der Mentalität einer "Kultur der Armut" (68), dann aber auch einer religiösen Strömung innerhalb des Protestantismus, dem "Protestantismus des Geistes", der in den "Propheten von Zwickau", in den Anabaptisten, in den Shakers, in den Erleuchteten von Cévennes, in Swedenborg und in den bayerischen Illuminaten zum Vorschein kommt (69). Emile Léonard nennt diese Bewegung Illuminismus. Sie stellt die unmittelbare Erleuchtung des Gläubigen durch den Heiligen Geist als einzigen Zugangsweg zu Gott heraus. Das geschriebene Wort der Schrift wird als zweitrangig abgewertet: der Gläubige sucht den Kontakt mit Jesus durch Gebet, aber besonders durch das direkte Eingreifen des Geistes. Nach E. Léonard ist Brasilien durch seine einmalige religions-phänomenologische und soziokulturelle Situation (70) "illuministisch" prädisponiert (71). Durch die Bewertung der emotionalen Ausbrüche kanalisiert der Pentecostismo diese "Kultur der Emotionen" zugunsten einer Überwindung der Kälte und Stagnation der traditionellen Kirchen.

5.1.5 Heiligung als Norm des Pentecostismo.

Während also im Catolicismo Popular die einzige Norm in einer negativen
Forderung, "den Heiligen nicht durch den Bruch des Versprechens und des
persönlichen Bundes zu verstimmen" und in der positiven Forderung, "an
dem Fest des Heiligen teilzunehmen" besteht, kennt der Pentecostista eine
- wenn auch fundamentalistisch verstandene - persönliche soziale Ethik und
die Verantwortung für begangene Schuld. Die Norm heißt für ihn: Heiligung.
"Seid vollkommen, wie euer Vater im Himmel heilig ist (Mt 5, 48)". Der
Pentecostista muß dem Mandat des Herrn folgen und sein Leben so führen,
daß es nicht einmal den "Anschein des Bösen" trägt. Die religiöse Ethik
hat die Wurzel in einer christlichen Tradition, die bis zu Texten des Neuen
Testaments zurückverfolgt werden kann und sich besonders auf Paulus -
Galaterbrief 5, 16 - 26 und auf den ersten Johannesbrief beruft: die mit
dem Geist erfüllten Crentes tun nicht die Werke und Lustbarkeiten des
Fleisches oder die der Welt, sondern nur die des Geistes. Sie "fühlen sich
nicht gut, wo die Werke des Fleisches sich manifestieren: sie vermeiden
die versklavenden Gewohnheiten des Rauchens, des Alkohols, der Rausch-
mittel und die ganze Reihe der mondänen Zeitvertreibsweisen, die die Spiritualität rauben und die christliche Vitalität der Kirche aushöhlen" (72).

Besonders die "Congregaçaõ Cristã do Brasil" vertritt diese rigorose Rein-
heitsethik, die sich von jeder Institution absetzt - gegebenenfalls auch von
anderen pfingstlichen Gemeinschaften, wie die Igreja Evangélica Pentecostal
o Brasil para Cristo, die sich durch mondäne Elemente liberalisieren läßt
(73). Durch diese biblizistisch-fundamentalistische und puritanische Auffassung der Ethik versucht der Pentecostista den "Geist der Anfänge" (74) wieder zu beleben, um damit gegen den Sittenverfall der heutigen Welt zu protestieren (75).

5.1.6 Zwischenergebnis.

Die deskriptive Analyse des doktrinären theoretischen Elements im Pentecostismo ermittelt zunächst die Tatsache, daß der Pentecostista zwischen
zwei Polen schwankt: er will sowohl dem unkritisch fundamentalistisch ge-
lesenen Wort der Schrift, als auch dem Heiligen Geist treu sein, der den
Buchstaben beleben soll und sich heute direkt dem Crente (Gläubigen) durch
Gaben und Zeichen offenbaren kann. Eine kritische Reflexion wird in den
meisten pentekostalen Gemeinschaften bewußt mit dem Argument verdrängt,
sie lasse "den Kopf wachsen", nicht aber das "Herz" (76). Es gibt zwar eine eigene emotional erbauliche Sprache über die Einzelpunkte eines jeden
Glaubensbekenntnisses. Sie soll aber nicht die Form einer eigenen kritischen Reflexion über die religiöse Erfahrung annehmen, sondern allein der
"Erweckung dienen" (77).

Dieser Tatbestand wirft erneut die Frage über die Bedeutung des Fundamentalismus im Pentecostismo auf: welche Rolle spielt er in den "Princípios Fundamentais", beziehungsweise Glaubensbekenntnissen? W. Hollenwegger greift die Hypothese James Barr's auf, wonach das fundamentalistische Bekenntnis mehr Praxis als Prinzip ist, das heißt der Gebrauch, den die Pfingstbewegung vom Bekenntnis macht, muß als ritueller Vorgang und nicht als rational-kritischer Prozeß beschrieben werden. Ist dem so, dann kann allerdings der Pentecostismo nicht über sein Credo reflektieren: über einen Ritus diskutiert man nicht, man feiert ihn. Hier könnte man eine Erklärung für die Unwilligkeit der Pfingstler finden, wenn sie sich weigern, über bestimmte klar abgegrenzte exegetische Fragen zu diskutieren, weil allein die Erörterung der Unfehlbarkeit der Bibel sie schon aus dem Ritus herausheben kann. Die Zelebration des Ritus garantiert das Heil der Welt und schützt vor dem Einbruch der gemeinschafts- und ordnungszerstörenden Dämonen. Alle rationalen Einwände gegen diesen welterhaltenden Ritus prallen ab: wer sich auf eine Diskussion über den Welterhaltungsritus einläßt, für den bricht die Welt, seine Welt, zusammen (78).

Die naive pentekostale Theorie ist zweitens Ergebnis einer Einstellung gegenüber dem Wort - das Geschriebene verblaßt vor dem Gesprochenen - und kann zum Anti-Intellektualismus führen. Während die "Congregação do Brasil" jede Beziehung der Religion mit der Vernunft ablehnt, sie als Teufelswerk diffamiert und jede exegetische, philosophische oder theologische "Elukubration" der Konfusion und der Eitelkeit bezichtigt, erkennt andererseits die "Igreja Evangélica Pentecostal o Brasil para Cristo" die Notwendigkeit einer Ausbildung ihrer Pastoren an. Aber selbst in der "Pentekostalen Theologischen Fakultät" von São Paulo, die der Ausbildung solcher Pastoren verschiedener Pfingstgruppen dient, gibt es kaum Ansatzpunkte einer kritischen Reflexion über die eigene religiöse Erfahrung: die Darstellung des Grundlagenfaches "Parakletologie" folgt dem Modell einer Explikation des Glaubensbekenntnisses an Jesus und an den Heiligen Geist und seine Gaben, sieht aber nicht die Notwendigkeit einer schöpferischen und weiterführenden Glaubenssystematik (79).

Der Pentecostismo betont das gesprochene Wort gegenüber dem geschriebenen und die starken Emotionen. Dadurch weist er ein typisches Charakteristikum lateinamerikanischer aber auch afrikanischer Mentalität auf: die interpersonale Kommunikation geschieht innerhalb einer emotionalen Sphäre, die von Jacques Rossel, dem Direktor der Baseler Mission in zutreffender Weise als "Übereinstimmung der Empfindungen" definiert wurde. Insofern tritt der Pentecostismo in Konfrontation mit der europäischen "Ära des Buches", die Walter Hollenwegger im religiösen Bereich exemplarisch durch den Protestantismus verkörpert sieht, der par excellence eine Buchreligion ist. Das Schreiben lohnt sich für den Pentecostista nur dann, wenn er in einer bestimmten Situation Zeugnis für Jesus ablegen kann durch:

- Bekehrungsgeschichten und Auto-Biographien

- Bücher über Krankenheilung durch Gebet
- Erbauungsschriften.

In dieser antiliterarischen Einstellung des Pentecostismo sieht die baptistische Theologie Harvey Cox' eine eventuelle Begegnungsmöglichkeit zwischen den Mitgliedern der alten und jungen Kirchen: Im Anschluß an Mc Luhan meint er, daß auch für den Westen das nicht-literarische Zeitalter angebrochen ist. Daraus ergibt sich für den Protestantismus ein Dilemma:

- entweder reduziert er sich auf die immer kleiner werdende Minderheit der Leser

- oder aber er öffnet sich für andere Kommunikationsweisen, wie etwa die des Pentecostismo (80).

Die Glossolalie kann auch im Rahmen des Emotionalen gesehen werden als Versuch, ein eigenes Sprachspiel aus der starken religiösen Emotion heraus zu entwickeln: diese religiöse Sprache erscheint als das Stammeln der Armen und als Versuch, der religiösen Erfahrung einen Ausdruck beziehungsweise einen Namen innerhalb der gefühlsbetonten interkommunikativen Versammlung der Gemeinschaft zu geben. In diesem Horizont erscheint Jesus als jemand, der vor allem heilen und retten kann. In diesem Zusammenhang muß auch die Erfahrung der Taufe im Heiligen Geist als befreiendes oder zumindest als enthemmendes Erlebnis verstanden werden, das das Emotionale und sogar das Erotische integriert und für die, die es spontan und echt erlebt haben, von grundlegender biographischer Bedeutung ist.

Gefühle und Emotionen finden ihr Zuhause besonders in den Riten und Zelebrationen des Kultes. Daher stellt sich nun die Frage: kennt der Pentecostismo einen besonderen Ausdruck des Kultes und zeigt sich auch in der Analyse des Elementes "Kult" das Thema der Befreiung und der Freude?

5.2   Die kultischen Elemente des Pentecostismo.

Der Pentecostismo lehnt sowohl den starren und kalten Kult der etablierten Kirchen als auch den Formalismus verschiedener Revival-Bewegungen ab. Die im brasilianischen Protestantismus herrschende angelsächsische legalistisch-aktivistische Bezeichnung des Kultes als Trabalho de Deus (Gottes-Arbeit beziehungsweise Gottes-Dienst) wird von den Pentecostistas als großer Verrat an der Gemeinschaftsfeier der Urchristen abgelehnt (81). Dagegen stellt der Pentecostismo sein eigenes liturgisches Prinzip der spontanen Freude auf: die Emotionen und Charismen und jede Aktivität, die vom Heiligen Geist geleitet wird, besonders die Auslegung des Wortes, muß Gelegenheit zur Expression bekommen: "Derjenige, der den Kult leitet, muß sich bewußt sein, daß es der Herr ist, der durch den

Heiligen Geist das Wort hervorbringt" (82).

Der Ablauf eines Kultes soll diesem Zweck dienen: er kann täglich stattfinden und mehrere Stunden dauern: Frauen mit ihren Kindern, Greise mit
den Enkelkindern, Junge und Alte treten ein, grüßen sich freundlich. In
der "Congregação Cristã do Brasil" trennen sich Männer und Frauen. In
der Kirche "Igreja Evangélica Pentecostal o Brasil para Cristo" wird zunächst eine zeitlang geplaudert. Der Beginn wird vom Leiter durch Einla-
dung zum Singen eines Erweckungsliedes angezeigt: alle Teilnehmer begleiten ihren Gesang mit rhythmischem Händeklatschen. Nach dem Lied
knien die Gläubigen nieder und beten mit lauter Stimme beziehungsweise
murmeln, jeder nach seinem eigenen Gutdünken: "Jesus, wie heilig ist
dein Name!", "Jesus, erbarme dich unserer Fehler". Die ganze Zeremonie zielt auf Erweckung: der Leiter zögert Lieder und Gebete solange hinaus, bis die Erregung intensiv genug ist, damit der Geist sich in ekstatischen Symptomen der Angst-und Freudegefühle äußern kann (83). Als Vor-
spiel zur Predigt folgt dann eine Bibellektüre. Manchmal wird sie auf's
Geratewohl, das heißt unter der "Eingebung des Heiligen Geistes" geöffnet.
Meistens jedoch bestimmt der Obreiro die zu lesende Perikope. Die Predigt besitzt hohen pädagogischen Wert und ist ein "kommunikatives Gespräch
(84). Sie kann grundsätzlich von allen anwesenden Besuchern - auch Analpha
beten - gehalten werden. Der Predigt schließen sich eine Reihe von Gebeten
an, dann folgt die Kollekte oder Gabensammlung. In der "Igreja Evangélica
Pentecostal o Brasil para Cristo" und in der "Assembléia de Deus" wird
außerdem ein bestimmter Obolus für die Belange der Gemeinschaft gespen-
det. Die Gläubigen, deren einfache und arme Kleidung durch mangelnde
Ernährung oder überwundenen Alkoholismus gebrandmarkte Leiber ver-
decken, zeigen ihre Uneigennützigkeit durch das hohe Kollektenergebnis,
das gleichzeitig Geheimnis ihrer wirtschaftlichen Unabhängigkeit gegenüber ausländischen Kirchen ist. Der Kult schließt in der Regel mit dem
Segen der Kranken, die nach vorne gebeten werden, wo der Leiter ihnen
die Hände auflegt. Es wird für sie und die, die nicht kommen konnten,
enthusiastisch gebetet. Die Gemeinschaft trennt sich mit Händedruck oder
Umarmung - in der "Congregação do Brasil" mit dem "heiligen Kuß". So
wird der pentekostale Kult in seiner Form und in seinen Vollzügen zur
enthusiastischen Feier und zur entspannten Begegnung der großen Familie
der Brüder und der Schwestern.

5.2.1   Kult als Kommunikation und Partizipation.

In den Kulten des Pentecostismo entsteht ein hohes Maß an Kommunikation:
jeder kann sich mit seinen eigenen Sprachmitteln ausdrücken. Das entscheidende Kriterium ist nicht die Klarheit der Begriffe, sondern die Kommunikabilität. "Im Kult kommt alles auf die Partizipation der Teilnehmer an" (

Die Atmosphäre des Kultes wechselt zwischen einfacher Ungezwungenheit und ekstatischer Erregung. Beide Elemente bezeugen einen Zustand, den N. B. Hoells "realease of feelings" (Befreiung der Gefühle) nennt (86). Obwohl besonders Frauen und Schwarze für diese Kultform prädisponiert erscheinen, gilt es, daß solche emotionalen Ausbrüche eine Form der persönlichen und direkten Teilnahme des Individuums an der religiösen Gemeinschaft sind.

5.2.2 Lokalisierung des Kultes.

Der praktische Ausdruck der Andacht steht ganz im Dienste der durch die personale Bekehrung an Jesus erfahrenen Freude: Auf besondere Kultstätten wird daher kein primärer Wert gelegt:

Der Pentecostismo benötigt für seine Kultfeiern keine speziellen Gebäude oder großen Tempel. Es genügt schon ein einfaches Haus, ein gemieteter Saal oder ein Fluß: nicht der Tempel heiligt den Pentecostista, sondern der Pentecostista heiligt jeden Ort, an dem er anwesend ist (87).

Auch zelebriert kein Priester stellvertretend für die Gemeinde, sondern die gesamte Gemeinde ist für Form und Inhalt der kultischen Feier verantwortlich (88). Der Kult des Pentecostismo kann daher als "Liturgie des gemeinschaftlichen Tuns" beschrieben werden.

Auch kennt der Pentecostismo keine Bilder, Statuen oder sonstige materielle Darstellungen. In den hellen und überwiegend weiß gestrichenen Gebetshäusern oder Tempeln ist lediglich die Aufschrift: "Im Namen Jesu" oder ähnliches zu lesen, von anderen Bildern Jesu und sonstigen "Idolatrien" wird er frei gehalten.

Ebenfalls fehlen traditionelle Vorschriften. Mittelpunkt des Kultes sind zahlreiche "Lebenszeugnisse" bekehrter oder geheilter Gläubiger und andere rituelle Zeremonien: Aufnahme Neubekehrter, Taufe, das Heilige Mahl, Weihung von Kindern (89). Trotz ekstatischer Erregung artet der Kult des Pentecostismo nicht in einen unkontrollierten chaotischen Menschenauflauf aus, weil er durch einen bestimmten Ablaufsrhythmus begrenzt wird, worin den pathetisch vorgetragenen individuellen Zeugnissen über den Empfang von Heilsgnaden, wie auch den spontanen Gebeten und den Predigten Platz eingeräumt wird. Eine genaue Voraussage über den Ablauf des Kultes kann aber nicht vorgenommen werden: Jeder darf frei seine religiösen Gefühle und sein persönliches Zeugnis vor der Gemeinschaft zum Ausdruck bringen, denn in ihm offenbart sich der Heilige Geist, der dadurch bezeugt, wie Gott sich dem Menschen mitteilt. Die Teilnehmer hören aufmerksam zu und äußern ihre Zustimmung mit einem "explosiven Amen" (90). Eine Blaskapelle dient öfters als Ordnungsprinzip in der kultischen Feier: wenn sie zu spielen beginnt, hören die lautesten glossolalischen Manifestationen auf (91).

5.2.3 Kultvollzüge zu Ehren Jesu.

Der Aspekt des Lobes und der Danksagung für empfangene Heilungen durch-
dringt die Gemeinschaftsfeiern vom Anfang bis zum Ende und ist eine Selbst-
verständlichkeit, die in den Predigten, in den emotional vorgetragenen "Le-
benszeugnissen", in den Stoßgebeten und in den Hymnen dokumentiert wird,
zum Beispiel mit den Worten: "Ich danke dir, mein guter Jesus!" (92).
Die Konsekration wird als radikale Hingabe an Jesus verstanden: "Verlaß,
was der Welt gehört! Komm und gib dich Jesus hin!" (93; "Ich gebe mich
Jesus ganz hin, ihm werde ich immer gehören! Er ist meine Liebe, nur
auf ihn werde ich hören" (94). Diese Weihe an Jesus ist Folge der Bekehrung. Für die Kinder unter zwölf Jahren, die der Bekehrung durch die "Taufe im Wasser" nicht fähig sind, gibt es in mehreren Gemeinschaften die
Gewohnheit, sie stellvertretend durch den Ältesten an Jesus zu weihen (95).

5.2.4 Kultvollzüge zur Erlangung der Heilung.

Auf verschiedene Weise wird im Pentecostismo die Bitte um Heilung von
Krankheiten als Segen von Jesus erfleht: durch Ölsalbung, Händeauflegung
und Gebete. Das Wunder der Heilung wird mit großer Spannung erwartet.
In manchen Fällen werden besondere Heilungskulte veranstaltet, oder Gruppen von Gläubigen beten abwechselnd Tag und Nacht, um in einem bestimmten schwierigen Fall eine Heilung zu erflehen.

5.2.5 Sakramentale Kultvollzüge.

Der Pentecostismo kennt nur drei Sakramente: die "Taufe im Wasser", das
Mahl des Herrn und bei manchen pentekostalen Gruppen die Fußwaschung.
Diese numerische Armut wird durch die pfingstliche Erfahrung der Gnade
kompensiert, die sehr lebendig ist und das sakramentale Zeichen der Gnade illustrativ symbolisiert. Die "Taufe im Wasser" geschieht vor der gesamten versammelten Gemeinde der "Brüder" und der "Schwestern". Durch
Untertauchen in einen Fluß oder in das große Becken in den Pfingsttempeln
symbolisiert sie die Absage an die Laster und Sünden des vergangenen Lebens und die Hinwendung des Bekehrten zu einem neuen Leben mit Jesus
innerhalb der Gemeinschaft der Crentes, die ihn freundlich aufnehmen und
ihm Verständnis und Hilfe entgegenbringen. Diese Taufe wird zur unvergeß-
lichen Zäsur für das ganze Leben.

Die Vielfalt von Taufformeln im Pentecostismo ist nach N.B. Hoell bedingt
durch das Fehlen einer normativen Taufformel (96). Die Taufformeln treten

zugunsten der Taufmethode zurück. Es kommt nicht darauf an, die richtigen Worte zu sagen, sondern wichtiger ist es, die richtige Geste zu vollziehen. Da die Taufe eine Zelebration und keine Belehrung ist, gibt es keinen Priester, der sich bemüht, den Eltern eines Kindes den Sinn des Wassers - das man in katholischen Tauffeiern kaum sieht - und die dadurch entstandenen Pflichten zu erklären (97).

Zu bestimmten Anlässen, die von der Gemeinde selbst festgelegt werden, wird das Erinnerungsmahl an den Tod Jesu durch Teilung von Brot und Wein unter den Mitgliedern gefeiert:

"Der Abendmahlsgottesdienst ist kein leibliches Fest, aber er ist ein Akt, durch den wir unseres Herrn Tod gedenken, bis er kommt; er ist daher ein feierlicher Kult. Indem wir am Brot und am Kelch teilnehmen, die den Leib und das Blut des Herrn symbolisieren, betrachten wir das Leiden und die große Liebe, die er uns am Kreuz erwiesen hat. Im Glauben, in diesem Augenblick in eine innige Gemeinschaft mit ihm zu treten bedeutet so viel, wie wenn wir ihn selbst in Todesnöten sterben, wie wenn wir den Gerechten am Kreuz sein Blut vergießen und für die Ungerechten und die Sünder leiden gesehen hätten. Das heilige Abendmahl muß mit einem einzigen Brot gefeiert werden, das von Hand gebrochen wird in dem Augenblick, in dem es verteilt werden soll, und mit einem einzigen Kelch; so wird das Wort Gottes geehrt. Wir können das heilige Abendmahl den Kindern unter zwölf Jahren nicht geben, auch dann nicht, wenn sie mit Wasser und im Heiligen Geist getauft sind, denn sie haben das nötige Verständnis noch nicht, um den Leib des Herrn zu unterscheiden" (98).

5. 2. 6   Zwischenergebnis.

Der Pentecostismo tritt entschieden für enthusiastische Zelebrationen ein. Er will ein Modell der Spontaneität und der familiären Atmosphäre bewahren. Sein herrschendes kultisches Prinzip heißt: Möglichkeiten schaffen, damit jeder emotionale Gemeinschaft mit Jesus haben kann. Das heißt, einerseits ihn in Schmerz und "Todesnöten sterben sehen", ihn erfahren als den Gerechten, dessen "Blut wir vergießen" und den "wir für die Ungerechten und die Sünder leiden sehen". Andererseits heißt es, ihn erfahren als den, der nun den Seinen Freude schenkt, die in naher Zukunft durch das Kommen Jesu vollkommen sein wird. Die dadurch entstandene Atmosphäre der explosiven Kommunikabilität schafft die Basis für eine wahre Befreiung der Gefühle: die bejahende Freude aufgrund der Heilung und Erlösung durch Jesus bricht auf in Manifestationen des Gebetes, der Lieder, der Ekstase und der Glossolalie.

Der Kult wird zur kommunikativen Begegnung: "Lebenszeugnisse", "histórias de vida" und entflammte Predigten dienen dazu, die letzten noch verschlossenen Sphären des Einzelnen zu sprengen, um ihn mit der Freude Jesu zu konfrontieren. Das gesprochene Wort spielt dabei keine wesentliche Rolle: "Der gute Pentecostista hält keinen Vortrag. Zwischen ihn und die Gemeinde schiebt sich nicht das Papier einer theologischen oder exegetischen Präparation. Er ist kein Satzmensch oder Papierredner. Das soziale Feld seiner Zuhörer stört seinen Redefluß, das heißt, sie gestalten Inhalt und Form seiner Aussage mit. Seine Rede wird daher keine Rede, sondern ein kommunikatives Gespräch" (99).

Dem von den Armen erfahrenen Leid wird im praktischen Ausdruck des Pentecostismo große Aufmerksamkeit geschenkt: der Kult soll den abhängigen Marginalizados, den Kranken und den sittlich Verkommenen das Wunder der Heilung und der Hilfe bringen, damit sie als Freunde Jesu die Freude der Rettung und der Erlösung erfahren können.

5.3 Gemeinschaftselemente im Pentecostismo.

5.3.0 Der Pentecostismo, eine Sekte?

Manche Soziologen definieren in Anschluß an Ernst Troeltsch die brasilianischen Pfingstgruppen als Sekten (100). Nach ihm gilt es drei Typen organisatorischer Selbstgestaltungen der "christlichen Idee" zu unterscheiden, die seit dem Urchristentum und in jeder konfessionellen Spezifizierung nebeneinander auftreten, allerdings durch mannigfaltige Querverbindungen miteinander verschlungen sind: Kirche, Sekte, Mystik.

Die Kirche wird im Gegensatz zur Sekte als Volkskirche charakterisiert, die ganze Bevölkerungsmassen aufnehmen kann und sich weitgehend der Welt anzupassen vermag, weil sie um des objektiven Erlösungsschatzes willen bis zu einem gewissen Grade von der subjektiven Heiligkeit absehen kann (101) und daher die Göttlichkeit und Heiligkeit aus den Subjekten in die objektive Heilsanstalt verlegt. Dieses Selbstverständnis verlangt (102), die Menschen notfalls zu ihrem Heile zu "zwingen". Die Lokalisierung der Heiligkeit in die Institution - nach Troeltsch am konsequentesten symbolisiert durch den römischen Katholizismus (103) - läßt eine Volksreligion entstehen, die die "christliche Idee" auf ein Durchschnittniveau und auf ein Prinzip möglichst weitgehender Kompromißbereitschaft reduziert.

Die Sekte dagegen ist ein freier Zusammenschluß strenger und rigoristischer Christen, die aufgrund ihrer Neugeburt in der Taufe sich von der Welt abgrenzen, statt der Gnade das Gesetz betonen und in ihrem Milieu einen ethischen Radikalismus vertreten, um so auf das baldige Kommen des Reiches Gottes vorbereitet zu sein. Ihre Mitglieder rekrutieren sich hauptsächlich aus der sozialen Unterschicht. Die Sekten wollen Bekenntnisgemeinden heiliger Christen sein, kleine Gemeinden, die dem Staate und der Gesellschaft in Affrontstellung gegenübertreten, keine ausgeprägte Theologie kennen, sondern das reine Ideal der Bergpredigt kompromißlos leben wollen (104).

Eine genaue Analyse des soziologischen Untersuchungsmaterials des brasilianischen Pentecostismo zeigt die Unhaltbarkeit der Klassifizierung als Sekte. Es häufen sich daher die Versuche, solche Typisierungen zu überwinden (105). Martin Gerbert weist darauf hin, in der Erfassung brasilianischer Pfingstgruppen müsse man den geläufig festgestellten sektiererischen Elementen den ekstatisch-pneumatischen Aspekt hinzufügen (106). Die bereits erwähnte Soziologin Beatriz Muniz de Souza beweist (107), daß die Pfingstgruppen innerhalb der Gradiente Sekte - Kirche schwanken, das heißt, sie können einerseits als geschlossene weltfremde Sekte betrachtet werden, die dennoch idealtypische Merkmale einer Kirche übernehme.

Andere Soziologen versuchen, den Pentekostismus im Anschluß an Bryan R. Wilson als christliche Spontangruppe zu bestimmen. Wilson unterscheidet zwischen spontanen Sekten, die als religiöse Vereinigungen der Lösung psychologischer Spannungen dienen und den unterdrückten enthusiastischen Elementen Raum gewähren wollen, und organisierten Sekten, die genormte Lehr- und Praxismodelle entwickeln, die von den Mitgliedern akzeptiert werden und der Domestizierung der spontanen enthusiastischen Ausbrüche dienen (108). Diese Bestimmung bringt jedoch für ihre wissenschaftliche Erfassung nichts Positives ein, da jede Sekte Merkmale einer Spontangruppe aufweist und außerdem Mißverständnisse hervorruft. Hier wird daher der Ausdruck "pentekostale Sekten" in Bezug auf den brasilianischen Pentecostismo vermieden und an seiner Stelle einfach der Terminus Pfingstgemeinden beziehungsweise Pfingstgemeinschaften angewandt.

5.3.1 Der Pentecostismo als Gemeinschaft assoziationaler Zustimmung.

Der enthusiastischen und umwandelnden Bekehrungserfahrung folgt eine unmittelbare Integration in den Schoß einer Gemeinschaft. Wer vorher in der Einsamkeit isoliert oder in der brutalen Gesellschaft marginalisiert und anonym dahinlebte, wird durch seinen Eintritt in den Pentecostismo Mitglied einer Gemeinschaft, die ihm den Namen "Bruder" zuerkennt und ihn aus seiner Entfremdungssituation befreit: von nun an braucht er sich nicht mehr als "Fremder" zu betrachten beziehungsweise als jemand, der sich selbst und der Gesellschaft fremd ist, der sein Leben und das seiner Angehörigen nicht nach seinen Aspirationen gestalten, ja nicht einmal erhalten kann. Schon im ersten Moment seines Kontaktes mit der Gemeinschaft erfährt er, daß ihm Interesse und menschliche Wärme geschenkt wird: er sieht überrascht, daß andere ihm eine ungeahnte Bedeutung zusprechen und weiß jetzt, daß Jesus ihn rettet und für ihn eine große Aufgabe bereit hat. Männer und Frauen gestehen, daß sie beim ersten Besuch einer Comunidade Pentecostista geweint haben "nicht wegen der Schönheit der Zeremonie", die von der katholischen Liturgie bei weitem übertroffen wird, sondern "weil der Pastor persönlich mir die Hände gedrückt hat, die Leute haben mit mir gesprochen und ich konnte mit allen singen und beten". Durch die Wiedergewinnung der menschlichen Achtung und des Selbstvertrauens - durch den symbolischen Titel "Bruder" - erreicht der Pentecostismo die Konstituierung einer Gemeinschaft, die sich nach dem Modell einer Familie entwickelt, in der die blutsmäßigen Verwandtschaftsbeziehungen durch das Band einer gleichen Kindschaft vor dem Herrn im Erlebnis der Bekehrung zu Jesus ersetzt werden. Der Pentecostismo liefert keine Definition von Gemeinschaft, sondern eine bestimmte religiöse Erfahrung durch die Gemeinschaft, und zwar in doppelter Weise:

- Direkt durch gegenseitige Hilfe,

- indirekt durch Wiedererneuerung der natürlichen familiären Beziehungen in Lateinamerika, die ihrerseits zur ökonomischen Rehabilitierung führen können (109).

Der Einzelne fühlt sich in dieser Gemeinschaft gleichgesinnter "Brüder" und "Schwestern" und in der sie umgebenden Atmosphäre freien emotionalen Gefühlsausbruches geborgen (110). Als "Schar der Blutserkauften" oder der "Wiedergeborenen" ist somit der Pentecostismo keine religiös erstarrte Anstalt oder Organisation, sondern lebendige Gemeinschaft der Jesusgläubigen (111), in der scheinbar unvereinbare Funktionen zusammenfallen:

- Einerseits spielt sie die Rolle einer "Kirche der Benachteiligten", der armen und marginalisierten Bevölkerung. Die untersuchten Quellen stimmen darin überein, daß der Pentecostismo in Brasilien - wie in anderen Ländern - besonders die Verlassenen der modernen Gesellschaft (112), die Marginalizados, die "Menschen ohne Stimme und ohne Gelegenheit", die "Schutzlosen" (113), die "im Schatten des Lebens Stehenden" (114), anspricht und den E. Léonard als proletarischen Protestantismus (115), also als Kirche der Armen bezeichnet. Er beschäftigt sich mit der Frage nach der Bedeutung der Armut einer vom Binnenland emigrierten und in den Großstädten marginalisierten Bevölkerung als einem der wichtigsten Alltagsprobleme. Die Pfingstgemeinde ist arm, sowohl in ihrem Selbstverständnis, als auch in ihrer Struktur (116): arm sind ihre Mitglieder, ihre Einrichtungen und ihre Sprache. Paradoxerweise sind Gemeinden des Pentecostismo die einzigen selbständigen und vom Ausland ökonomisch und personell unabhängigen religiösen Gruppen in Lateinamerika (117).

- Andererseits aber erscheint sie als "Kirche all derjenigen, die Brasilien für Jesus gewinnen wollen", womit sie die Mittelschicht anzusprechen versucht.

Der Eintritt in die pentekostale Gemeinschaft erfolgt nach freiem Entschluß das heißt die religionssoziologische Appartenance ist "assozional" und beruht in der Sprache von Procópio de Camargo auf einer persönlichen beziehungsweise "verinnerlichten" Wahl, die sich der "konservativen Trägheit" einer kulturellen Tradition widersetzt (118). Viele entscheiden sich für den Pentecostismo auf der Straße, nach der enthusiastischen Rede eines

Predigers oder nach einer - wahren oder vermeintlichen - Heilung einer
Krankheit durch Handauflegung. C. Lalive D'Epinay hebt in seiner Untersuchung der Pfingstbewegung in Chile die Tatsache hervor, daß die Hälfte
aller Befragten ihre Konversion anläßlich einer Heilung erlebt haben. Sie
kann aber auch während einer persönlichen Daseinskrise erfolgen. Die Bekehrung äußert sich im allgemeinen durch ein physisches Gefühl der Umwandlung und Befreiung. Einige sprechen von einem "großen Ball" oder
von einem "Gewicht", das sie verlassen hat. Der neue Pentecostista sieht
jetzt seine alte Welt und sich selbst mit anderen Augen: in der neuen Gemeinschaft wird alles neu und besser! (119).

5.3.2 Der Pentecostismo als nichtinstitutionalisierte Organisation
        mit starkem missionarischem Bewußtsein.

Da die Gemeinschaft des Pentecostismo sich durch die Wirkung der Gaben
des Heiligen Geistes geleitet weiß, bleiben ihre Formen und Einrichtungen
bewußt flexibel, das heißt, ihre Strukturen sollen auf keinen Fall den Charismen im Wege stehen, vielmehr fähig sein, sich den geschichtlichen Umständen anzupassen; sie sollen sich ausdehnen oder sogar verschwinden, sobald
das Wohl der Gemeinschaft es verlangt.

Diese minimale Struktur - mit W. Read "informale Organisation" genannt
(120) - die nicht absolut originell ist, sondern eher viele Elemente anderer
Denominationen, besonders des Kongregationalismus, kopiert hat, führt
die Forscher zum grundlegenden Prinzip der pentekostalen Gemeinschaft:
In der Gemeinschaft herrscht die Spontaneität, nicht die Institution. Die
Vorschriften und Verordnungen sollen möglichst verschwinden, denn "sie
nehmen die Freiheit" (121). Lawrence Olsen, der Direktor des Pentekostalen Biblischen Instituts von Rio de Janeiro, erklärt, die Kirche soll keine
überorganisierte Institution werden, damit sie "ein lebendiger Organismus
bleibt, der Christus gewidmet ist", und der im Neuen Testament schon vor-
weggenommen ist. Die größte Sorge des Pentekostismo besteht somit nicht
in der Definition der Struktur der Gemeinde: es geht ihm vielmehr darum,
die Partizipation und Vitalität der Gemeinschaft zu erhöhen, zu gewinnen
und die Unidade Fraternal (brüderliche Einheit) zu verwirklichen.

Mittelpunkt der minimalen Organisation des Pentecostismo ist die Ortsgemeinschaft: alles Geschehen im Pentekostismus wird von ihr inspiriert.
Sie ist charakterisiert durch:

- eigene Führung

- wirtschaftliche Unabhängigkeit

- Fähigkeit, ein selbständiges missionarisches Ausstrahlungszentrum zu sein.

Diese dreifache Unabhängigkeit soll zur Indigenização (Einheimischung) führen, das heißt jede Ortsgemeinschaft muß durch sich selbst leben können und nicht vom Ausland abhängig sein (122). Daß dieses Prinzip im Pentecostismo durchgeführt wurde, kann nicht bestritten werden: sowohl die Congregação Crista do Brasil durch die Irmandades (Bruderschaften), als auch die Assembléia de Deus durch die Ministérios können dafür Beispiel sein (123). Auch die Gefahr der Zersplitterung beziehungsweise "Splitterfreudigkeit" (124), die als Skandal erkannt und bedauert wird: "wir wollen nicht, daß neue Gruppen entstehen" (125), wird in Kauf genommen, um die Ortsgemeinschaft zu betonen.

Die Tatsache, daß die Autorität und Leitungsfunktion im Pentecostismo durch die Pastoren, Missionare und Ältesten monopolisiert wird, stellt uns die Frage nach dem Wesen, den Quellen und Vollziehungsweisen dieser Gewalt. In Wirklichkeit handelt es sich jedoch im Pentecostismo nicht um eine starr geschichtete Gesellschaft, in der die Masse sich gegenüber einer elitären Gruppe passiv verhält, wie es in der brasilianischen Gesellschaft der Fall ist, in der eine Polarisation zweier Klassen, einer herrschenden Elite und einer beherrschten Masse sichtbar wird, deren Struktur sich in den etablierten Kirchen spiegelt. Das Monopol der Autorität wird im Pentecostismo durch die Teilnahme jedes Einzelnen an der primären Aufgabe der Gemeinschaft, die die Evangelisation, die Struktur der Gemeinde und Aufteilung der Verantwortung bestimmt, und nicht zuletzt durch die soziokulturelle Identität zwischen Pastoren und Crentes gebrochen. Die daraus resultierende Hierarchie - das Wort Hierarchie wird bewußt abgelehnt und an seiner Stelle Ministérios (Dienste) oder Trabalho (Arbeit) gebraucht - ruht auf dem Pfingstverständnis des Charisma. Die Autorität gründet auf dem Empfang geistlicher Gaben, die dem Träger besonderes Prestige verleihen und ihm qualitative Unterscheidungsmerkmale gegenüber anderen Gläubigen schenkt (126). Die Charismen, besonders die des Gründers, des Wundertäters und des Führers, werden unter keine Kontrolle gestellt. Das Kriterium heißt nur: es muß sich bewähren, das heißt es muß Frucht bringen (127).

Die charismatische Führung einer Pfingstgemeinschaft gründet auf einem Ruf des Heiligen Geistes, der dazu bestimmt, wen er will. Diese Berufung kann durch

- eine Prophezeiung

- einen Traum

- die Interpretation eines Befehls

- lange Vorbereitung mit der Gewißheit einer Berufung

erfolgen (128). Bevor der Erwählte zum Ziel seiner Berufung gelangt, muß er sich einer Vorbereitungsperiode - Bekehrung, Predigt im Freien, Erfolg in der Führung eines neuen kleinen Ministério - unterwerfen, an deren Ende er zum Obreiro (Arbeiter) proklamiert wird: nun wird er zur Errichtung eines neuen missionarischen Werkes ausgesandt. Betend und redend soll er die Botschaft der Erlösung und der Heilung durch Jesus verkünden.

Bewährt sich der Obreiro bei der Errichtung einer neuen Gemeinschaft - das Charisma wird immer durch das Kriterium der notwendigen Frucht kontrolliert - so wird er zum Diakonat reif, das mit einer Weihe symbolischen Charakters verbunden ist und zu anderen Positionen des Führungssystems befähigt, an dessen Spitze der Pastor (in der Assembléia de Deus), der Älteste (in der Congregaçâo Cristã) oder der Missionar (O Brasil para Cristo) steht (129). Vom Obreiro wird eine ethische Qualifikation, Kenntnis der Bibel und Eignung zur Verkündigung der Botschaft Jesu verlangt (130). Somit bleiben die Obreiros und Anciaos authentischer Ausdruck der Gemeinschaft: es entsteht keine Kluft zwischen ihnen und den übrigen Gläubigen, denn alle nehmen an dem einen Dienst teil: jeder muß einen großen Teil seiner Freizeit dem Werk der Evangelisation widmen. Die ganze Gemeinschaft ist weiterhin Träger der Evangelisation (131).

Die Ausübung pfingstlicher Führungscharismen leitet die Religionsforscher zum Vergleich zwischen dem charismatischen Missionar des Pentecostismo und dem katholischen und protestantischen Missionar an: war und ist immer noch der Katholik und besonders der Protestant ein Sprachrohr westeuropäischer Kulturwerte, der durch seine Evangelisationsmethode einen fremden Körper in eine andere Zivilisation einzuführen versuchte, so bemüht sich der Pentecostista, diesem Vorgang ein Ende zu setzen: er will kein Appendix des Auslands sein, sondern vielmehr ein Rebell, der sich in der einheimischen Kultur inspiriert. Er beruft sich dafür auf das Ministeriensystem des Neuen Testaments und übernimmt - vielleicht unbewußt - als Autoritätsmodell die Struktur der Fazenda oder Hacienda, einer sozialen Struktur, die Lateinamerika tief geprägt hat, und das Modell des brasilianischen Messianismus. In diesem Autoritätsmodell dominieren besonders drei Werte:

- die "Cordialität" menschlicher Beziehungen

- die Unterstützung in jeder Krise

- die unbekannte Macht des Patrâo oder des Messias.

Der Pastor des Pentecostismo übernimmt verschiedene Eigenschaften sowohl des Fazendeiro oder des Patrâo, besonders sein Paternalismus gegenüber den Untergebenen, als auch des charismatischen Messias (132). Dennoch zerbricht die pentekostale Organisation das Kastensystem, indem der Anciâo wahrer Ausdruck der Gruppe ist, mit der er sich vollständig identifiziert und indem der Weg zur höchsten Autorität allen Mitgliedern offen steht.

Sieht man von dem Kult und dem Gebet ab, so vollzieht sich die Aktivität der Gemeinden des Pentecostismo in drei Grundrichtungen, die ihre Basis haben in dem Bemühen, Zeugnis zu geben von dem Jesus, den man erfahren hat und verehrt. Die Verkündigung Jesu wird zur Hauptaufgabe jedes einzelnen Crente, denn, die pentekostale Gemeinde versteht sich primär als missionarische Gruppe. Befähigung zum "Missionar" dominiert vor jeder anderen Qualifikation, sei sie Pastor, Evangelist oder Diakon. Jeder Einzelne ist dafür verantwortlich, Brasilien und die ganze Welt möglichst bald für Jesus zu gewinnen, und das heißt, das Wort verkünden, aber auch gleichzeitig Lebenszeugnis allein und in Gemeinschaft geben: "Die Menschen werden niemals Gott schauen, wenn sie ihn nicht in dir sehen". "Die Liebe Jesu, sein Mitleid und seine Sorge um die verlorenen Seelen können nur durch dich zum Ausdruck kommen!". "Du bist die Kirche Jesu. Er kann nur durch dich Zeugnis geben!". "Du sollst Jesu Sorge um die Sünder teilen. Es gibt nämlich eine tiefe Erkenntnis Jesu, die nur dann zu erfahren ist, wenn du deine Erfahrung Jesu mit anderen Menschen teilst!" (133). Solche und ähnliche Aufrufe verdeutlichen ohne Mißverständnis, daß der Pentecostismo sich als Erbe der Botschaft der Urkirche versteht und diese treuer als die historischen Kirchen verkünden will. Die Mission erscheint hier nicht als bloßes Nebenprodukt, sondern als eigentliche Aufgabe und Sinn der Kirche überhaupt, so daß man den Schluß ziehen kann: wo es keine Mission gibt, da wird auch keine echte Erfahrung Jesu gemacht, und die Kirche ist tot. Der Imperativ zur Mission führt nach L. Olsen erstens zum Evangelismo beziehungsweise Evangelizaçao Pessoal, das heißt der einzelne Bekehrte erzählt im Kreise seiner Familie und Freunde, wie froh und glücklich man sich fühlt, wenn man dem guten Meister Jesus dienen darf und wie gefährlich es ist, wenn man der Welt, dem Teufel und dem Fleisch dient. Zweitens dient der Kult und die darin sich ereignenden Heilungen und die Manifestationen der Gaben des Heiligen Geistes dem Zweck der Mission. Drittens gibt es die Massenevangelisation, in der begabte Pentecostistas im eigenen und in fremden Ländern zu großen Menschenmengen sprechen und sie zur Bekehrung aufrufen (134).

Die evangelisierende Tätigkeit bedarf keiner theoretischen Seminarausbildung. Hier gilt die pädagogisch effiziente Maxime: "Man lernt es, indem man es tut" (135). Dadurch gelingt es der pentekostalen Botschaft, ein grosses Echo in der Bevölkerung zu finden, denn sie wird von den Armen selbst aus den engen Räumen der Kirchen in die Stadt gebracht, wo sie sich mit den herrschenden Ideologien konfrontiert, besonders mit denen, die sich in der Unterwelt der Marginalisierung befestigt haben. Und der große Erfolg ist nicht zuletzt der Tatsache zuzusprechen, daß die Vermittlung nicht durch einen "Professionellen des Wortes" (Priester), sondern durch den Schuster, den Metzger und andere geschieht.

5.3.3   Solidaritätsbewußtsein im Pentecostismo.

5.3.3.1   Der Pentecostismo als "katechetische" Gemeinschaft?

Unter den Dimensionen der gemeinschaftlichen Tätigkeit des Pentecostismo ist die belehrende Funktion beziehungsweise katechetische Unterweisung eine der am wenigsten präzis formulierten Aufgaben. Stellt man sich nämlich die Frage, was soll die pfingstliche Gemeinschaft im Bereich der religiösen Formation tun, so kann die Antwort nicht lauten, man müsse Katechese über die Geheimnisse, Grundsätze und Dogmen des Christentums treiben. Das würde nämlich voraussetzen, daß der Pentecostismo eine durch theologische Abstraktion erreichte Auswahl grundlegender Dogmen besitzt, was nicht ganz zutrifft. Die Lehre des Pentecostismo beschränkt sich nicht auf Dogmen, sondern auf bestimmte Verdades Fundamentais (grundlegende Glaubensthemen) bei der Assembléia de Deus, auf Artigos de Fé (Lehrpunkte und Glaubensartikel) bei der Congregação Cristã do Brasil. Der Lernprozeß vollzieht sich durch Erlernen - möglichst auswendig - von biblischen Versikeln und von moralischen Lehren, die als wesentlich erscheinen: Der Pentecostismo will lehren, wie man "lebt" und "glaubt" und nicht, wie man "denkt". Der Gäubige erhält ein Depot von Geboten und Verboten, die den Inhalt eines konkreten christlichen Lebens umschreiben und seine Grenzen ziehen: der Christ muß durch sein Verhalten verkünden, daß er in allem ein Beispiel und folglich ein Auserwählter ist.

Die Bestimmung des Inhalts des Unterrichts ist deshalb schwer, weil keine der Gruppen des Pentecostismo einen Katechismus herausgegeben hat. Die Übertragung der Lehre erfolgt durch den Kult und durch die Evangelisationstätigkeit: der Gläubige erfährt während des Kultes oder während der Ansprache im Radio oder auf der Straße, was er zu glauben und zu tun hat. Nur in den Escolas Dominicais (Sonntagsschulen) der Assembléia de Deus gibt es eine Analogie mit dem, was im allgemeinen Katechese genannt wird: hier geht es aber wiederum nicht um Übertragung von Ideen, sondern um die Darstellung einer Lebensweise, die sich im exemplarischen Charakter biblischer Persönlichkeiten inspiriert. Die Teilnehmer teilen sich nach Alter und Geschlecht in kleineren Gruppen auf. Der Lehrer, beziehungsweise Conférencier erzählt einen Text aus der Schrift und veranlaßt die Anwesenden dazu, ihre Reaktionen und Zeugnisse auszutauschen (136).

5.3.3.2 Der Pentecostismo als Barmherzigkeit übende Gemeinschaft.

Der Pentecostismo ist sich seiner Aufgabe im Bereich der Verbesserung der Lebensbedingungen der armen Massen bewußt: "Gott sorgt für unsere Seelen, darum haben wir für die Leiber zu sorgen" (137). Diese Verantwortung soll Ansporn zur sozialen, kulturellen und ethischen Selbstentwicklung der Massen sein. Sie zielt zunächst nicht auf ein aktives Engagement, sondern primär auf die Definition einer Botschaft und eines Ideals, das den Aspirationen und den Rufen der Armen nach Gerechtigkeit entspricht: es ist die Botschaft Jesu, der "auf den Bergen, am Strand und in den Synagogen zu den Massen in ihrer eigenen Sprache sprach". "Die reine und einfache Botschaft des Evangelismus mit ihren geistlichen, moralischen und materiellen Implikationen führt, besser als jede Ideologie und jedes Regierungssystem, die Massen zum Bewußtsein ihrer Verpflichtungen gegenüber Gott und dem Vaterland" (138). Diese Ausführungen Levy Tavares erhellen die Tatsache, daß in jeder Gruppe des Pentecostismo die "Sorge um die Seele" den

Vorrang gegenüber der "Sorge um die Leiber" hat. Letzte ist nur Bedingung für die erste. Es wäre aber falsch zu denken, der brasilianische Pentecostismo kümmere sich in gar keiner Weise um materielle Not: "Wir sorgen für die Leiber", sagt die Assembléia de Deus und erzählt mit Stolz über die Bildungsprogramme für ihre Mitglieder, über die Alphabetisierungkurse, Gemeindebibliotheken, über die "Caixa de Assistência Social da Assembléia de Deus" für die Unterstützung von Wöchnerinnen, Kranken und Hinterbliebenen.

"Wir leisten die Obra de Piedade" (Werk der Frömmigkeit) sagt die Congregação Cristã, eine an das urchristliche Witwenamt erinnernde Erfindung, die einen komplizierten institutionellen Apparat durch genossenschaftliche Hilfe zu umgehen versucht (139). Ähnliche Berichte weiß jede pentekostale Gemeinde zu vermitteln. So wird es deutlich, daß der Pentecostismo trotz seiner Gleichgültigkeit gegenüber offiziellen Bildungsinstitutionen durch den Aufruf zum mitverantwortlichen Tun einen bildenden Einfluß auf die unteren Schichten ausübt.

5.3.3.3   Dualistische Sicht der Wirklichkeit.

Die religiöse Erfahrung des Pentecostismo durch die Gemeinschaft geht ein großes Stück weiter als die beschränkte Solidarität des Catolicismo Popular: sie verläßt die frohen, durch ekstatischen Enthusiasmus erfüllten Casas de Oração, und dringt durch das "Werk der Frömmigkeit"in den sozialen Bereich der Ärmsten der pentekostalen Großfamilie ein (140): sie nährt durch die Forderung nach Erziehung der Kinder, durch das Gebot eines beispielhaften Familienlebens und besonders durch die Gleichberechtigung der Frau innerhalb der lateinamerikanischen Gesellschaft, wo der Machismo (Überbewertung des Männlichen) herrscht, ein Streben nach besseren sozio-ökonomischen Bedingungen.

Dennoch versucht er nicht eine dualistische Sicht der Wirklichkeit zu überwinden. Für den Pentecostista gilt es, zwei Welten zu unterscheiden: die Welt Gottes, das "frohe Reich Jesu" und die perverse Welt des Teufels, in der Menschen leben, die noch nicht den Weg der Erlösung gefunden haben und als Sklaven der Sünde und der Laster dahinvegetieren (141). Durch die Intensität der Freude und des Vergnügens der Bekehrung zu einer Welt entrissen, in der alles eine einfache Antwort bekommt, vergißt der Pentecostista seine Verantwortung für die Konstruktion einer gerechteren Welt, verdammt ohne Appellation die "sündige Erde" und entscheidet sich bedingungslos für das "Reich Jesu", das bald die bestehende ungerechte Welt beseitigen und die Freude der Erlösten vervollkommnen wird. Diese Entscheidung verlangt Konsequenzen für sein Verhalten in Bezug auf die Gesellschaft. Der Crente darf sich nicht mit der Welt vermischen, muß den "Wünschen der Welt" als Teufelswerk absagen. In manchen Gruppen wird sogar die Arbeit suspekt oder zumindest als verlorene Zeit angesehen, weil sie die

Gefahr birgt, mit der schlechten Gesellschaft in Berührung zu kommen (142). Die Zurückhaltung gegenüber den Problemen und Lastern der Welt führt zur sozio-politischen Inhibition. "Die Bedingungen der Welt, in der wir leben, sind katastrophal, und es ist unbedingt eine große Erweckung nötig: es scheint uns, daß der Kampf zwischen Karl Marx und Christus stattfinden wird. Wenn wir nicht die Welt für Christus gewinnen, dann wird der Kommunismus sie für sich haben. Wir sehen aber schon den Sieg Jesu" (143

Man kann in Bezug auf die soziale und politische Einstellung nicht alle Gruppen des Pentecostismo unter einen Nenner bringen: "Jede besitzt ihren modus vivendi und ihre ethische Orientierung" (144). Verhält sich die Congregação Cristã eher ablehnend: "In den Congregações sind irgendwelche politische Parteien nicht erlaubt; jeder ist frei, an den Wahlen teilzunehmen, denn sie sind vom Gesetz verlangt. Aber wir, die wir durch das Blut des ewigen Bundes befreit worden sind, können niemals für eine Partei stimmen, die die Existenz Gottes und seiner Moral leugnet.

Jeder Bruder, der zum Dienst des Wortes Gottes berufen worden ist, oder der sonst ein Amt im Werk Gottes inne hat, darf keine politische Ämter annehmen.

Auch den anderen Brüdern, die kein Amt ausüben, aber die Gott mit ruhigem Gewissen dienen wollen, wird nicht empfohlen ein politisches Amt anzunehmen.

... Die an Christus Gläubigen, die berufen sind, das Evangelium allen Völkern zu bezeugen, sollen die Behörden und die zivilen Gesetze jedes Landes anerkennen, denn 'es gibt keine Macht, außer von Gott'. Aber wir gehorchen ihnen nur so lange, als sie uns nicht hindern, die Gnade Gottes, die in Christus Jesus zu uns gekommen ist, zum Ausdruck zu bringen." (145); so strebt die Gruppe O Brasil para Cristo nach einer relativen, teilweise aggressiven Offenheit gegenüber politischen Fragen (146). Im Großen und Ganzen verbleibt der Pentecostismo im Bereich der "Definition einer Botschaft": es gibt keine Vermittlung zwischen dem Reich der Freude und dem des Todes. C. Lalive D'Epinay sieht in dieser ambivalenten Haltung ein sozio-kulturelles Bewußtsein, das er mit H. Richard Niebuhr "Christus gegen die Kultur" beschreibt (147). Dadurch verhält sich der Pentecostismo als Erbe der individualistischen Ethik des missionarischen Protestantismus in Lateinamerika, der auf die Bekehrung Einzelner abzielt: der Bekehrte soll dann Hebel für eine Verbesserung der gesellschaftlichen Strukturen sein.

Manche Soziologen sehen trotzdem in der demokratischen Struktur der Pfingstgemeinschaft eine indirekte und radikale Umwandlung der traditionellen Ordnung: durch ihre bewußte missionarische Aktivität, durch die ständige - wenn auch fundamentalistisch geführte - Rechtfertigung des Glaubens, durch den Mangel an institutionellem Zwang zugunsten einer kreativen Spontaneität und durch den Verzicht auf Übergewinn, könnte sie eine pädagogische Vorbereitung für die Entwicklung der Massen der Armen und eine Alternative zum Marxismus sein (148). In der Tat kann man der Versuchung kaum widerstehen, eine Konkurrenz zwischen dem Pentecostismo und dem Marxismus zu sehen: beide nähren sich aus der Rebellion gegen das täglich erfahrene Elend und versucnen, die gleiche unterdrückte Bevölkerungsgruppe als Anhänger zu gewinnen, auch wenn sie gegenteiligen Orientierungen folgen. Der Pentecostismo nimmt die Migranten aus dem Binnenland als Brüder auf, verspricht ihnen das Heil und die Unterstützung der Gemeinschaft. Somit deckt er eine große soziale Lücke, die durch die "soziale Entwurzelung" entsteht und mit E. Durkheim "soziale Anomie" genannt wird (149). C. Lalive D'Epinay bemerkt dazu, die paradoxale Konfusion zweier gegensätzlicher Protestartikulationen auf dem gleichen Boden - der ausschließlich religiöse Protest des Pentecostismo und der ausschließlich politisch soziale Protest des Marxismus - sei charakteristisches Merkmal der Länder der Dritten Welt (150).

Der Pentecostismo kennt einen religiösen Protest, der Ansatzpunkt einer Kritik der umgebenden Gesellschaft liefern könnte. Durch das Bewußtsein von der alltäglichen Unterdrückung durch Armut und Krankheit kennt er eine Hälfte des Unterdrückungsmechanismus: den sündigen Menschen. Er müßte noch den zweiten Schritt tun und die andere Hälfte, nämlich die Gesellschaft, an der jeder Einzelne partizipiert, entdecken.

Angesichts der pfingstlichen Haltung gegenüber der Welt muß man die Frage stellen, ob die Doktrin das Verhalten rechtfertigt oder umgekehrt. Mit anderen Worten: Was führt den Pentecostista zur Abneigung gegenüber der Welt und den etablierten Kirchen? Die Doktrin? Die Erfahrung? Vieles deutet darauf hin, daß die tägliche Erfahrung einer bösen, sündigen und ungerechten Welt, in der der Marginalizado ohne "Stimme und Gelegenheit" unterdrückt wird, zum Rechtfertigungsprinzip der pfingstlichen Eschatologie wird, in der es eine gerechtere Welt geben und die Liebe herrschen wird. Doktrin und Erfahrung sind für die "pentekostale Alienation" verantwortlich: eine neue Doktrin kann nicht ohne irgendeine Erfahrung verstanden werden, wie umgekehrt eine Erfahrung sich nicht ohne den stimulierenden Impuls einer neuen Doktrin anbahnen kann.

5.3.4   Zwischenergebnis.

Der Ausdruck der religiösen Erfahrung des Pentecostismo findet in der lebendigen und flexiblen Gemeinschaft der armen erwählten Jesusgläubigen seinen eminenten Kristallisationspunkt. Sprache und Einrichtungen dieser religiösen Gruppen sind arm und rustikal. Das hindert nicht, eine Atmosphäre der Geborgenheit und Solidarität durch die Verleihung des symbolhaften Namens "Bruder" oder "Schwester" an die Marginalizados zu schaffen. Die Spontaneität und der freie emotionale Gefühlsausbruch finden hier einen großen Spielraum, der dazu dienen soll, den Horizont des gegenseitigen Vertrauens zu erweitern und dem "Stammeln" der Abhängi-

gen eine erste Artikulationsmöglichkeit zu verschaffen, und damit einen
religiösen Bewußtwerdungsprozeß einzuleiten.

Der Pentecostismo zeigt an seinen Gemeinschaftsformationen viele Merkmale, die der klassischen Definition von Sekte entsprechen, die er jedoch
durch Elemente der "Kultur der Armut" - oft in paradoxer Weise - korrigiert: er lebt zum Beispiel innerhalb der Aura eines ethischen Radikalismus, betont aber nicht das Gesetz oder das Gericht, sondern die Freude
der Erlösung; er strebt danach, eine ausgesonderte Gemeinschaft heiliger
Christen zu sein, schreckt aber vom Bild kleiner verkümmerter Gemeinden zurück; er will das reine Ideal der Bergpredigt ohne Kompromisse
noch Umwege in allen Fällen verwirklichen, bleibt dennoch offen für die
Armen und die ethisch Schwachen.

Als Hauptelement läßt sich zusammenfassend im Pentekostismus das Füh-
rungscharisma, das nicht in einer Institution, sondern in einer persönlichen Gabe gründet, und besonders die Ekstase und die Glossolalie, herausarbeiten. Das Erleben dieser charismatischen Elemente beginnt in der
"Taufe im Heiligen Geist" und hört fortan nicht mehr auf, den Gefühlen,
dem Willen und der Vernunft Gründe zu liefern, seine Freude über die Begegnung mit Jesus missionarisch zunächst in der Ortsgemeinde, dann aber
auch inmitten der "verlorenen Welt" zu bekunden: die Sorge um die leibli-
chen Bedürfnisse tritt gegenüber der Sorge um die "Rettung der Seele" zurück.

5.4   Konfigurativer Vergleich von 4. und 5.

Das oben angewandte Wach-Desroche Schema erwies sich als Grobraster
tauglich, die in der soziologischen und pastoralen Analyse vorgegebenen
autonomen Grundelemente des Phänomens Volksreligiosität für eine kritische Theorie aufzubereiten. Dies erscheint noch deutlicher, wenn die dadurch gewonnenen Einsichten nun vergleichend zusammengefaßt werden.

5.4.1   Wort.

Die theoretische Artikulation des Catolicismo Popular kreist nicht um einen in dogmatischen Sätzen systematisierten Glauben, sondern um die emotionale Überzeugung, daß Heilige, die das Leiden fühlen, ihre Devotos davon befreien können. Die schmerzhafte Mutter des leidenden Jesus (Ecce
Homo), der mit Pfeilen durchbohrte heilige Sebastian, der verschmähte
schwarze Benedito, der verfolgte Padre Cícero und viele andere mehr
thematisieren für den Católico Popular das tagtäglich erfahrene Leid. Mit
diesen Heiligen schließt er eine Allianz oder ein Versprechen, die seine

Zuneigung, aber auch seine Hoffnung auf konkrete Hilfe verdeutlichen sollen.

Der Pentecostista tritt dagegen mit einem expliziten Glaubensbekenntnis an Jesus und an die Gaben des heiligen Geistes hervor. Dies erscheint zunächst als strenge Distanzierung und Fortschritt gegenüber dem rustikalen Catolicismo Popular. Dennoch bleibt der Gott des Pentecostismo, wie der des Catolicismo Popular, auf der Ebene eines "deus humanus", Gott erscheint hier in der Gestalt des humanen mitleidenden Jesus, als ein Freund, der die Geistesgaben: die "Taufe im Heiligen Geist", die Ekstase, die Glossolalie schenkt und jede Art Krankheit durch den Glauben heilt: wir sind nicht weit entfernt von der Überlieferung der wundertätigen Heiligen.

- Während im Catolicismo Popular eine Prävalenz überlieferter, zum Teil in Gebete niedergeschriebener, Formeln zu erkennen ist, durch die die Devotos ihren Glauben an die von Schutzpatronen zu erreichende Gnade bewahren und durch die maternalen oder charismatischen Kanäle weiter vermitteln, dominiert im Pentecostismo das stammelnde oder deutlich explizite glossolale Wort. Die Gewißheit der Erlösung und die Freude über die erlangten Gnaden verwerfen jede fossilisierte Gebetsformel: das glossolalische Stammeln der Armen sprengt jeweils von neuem die Regel einer überlieferten, aber auch einer logisch systematisierten Grammatik.

Die Católicos Populares äußern den Willen, durch beschwörendes Flehen das erfahrbare heilige Gegenüber zu beeinflussen. Sie appellieren an wirkmächtige Zeichen, um den Kontakt mit der übernatürlichen Kraft (mana) der Heiligen zu erlangen, das alles erreicht, was sie erreichen will, auch das Außergewöhnliche. Diese Tatsache soll aber nicht zu der überstürzten Annahme verleiten, diese Religiositätsform sei von vorneherein als magisch im absoluten Gegensinn zu wahrer Religiosität zu disqualifizieren. Sie bedeutet zunächst, daß die Heiligen dem Católico Popular näher stehen als Gott. Heilige faszinieren das Bewußtsein der Devotos in solchem Maße, daß die Faszination Gottes geschwächt wird: Die Vermittlung zwischen dem nahen Heiligen und dem fernen Gott wird dadurch immer mehr vergessen und der erwünschte Zugang zu Gott verobjektiviert. Mit anderen Worten: Die vielen möglichen Wege zu Gott hin werden von dem Católico Popular auf nur einen - den Glauben an Schutzpatrone - eingeengt (151).

Die Gruppe der Pentecostistas erstrebt die enthusiastische Erweckung, das ekstatische Von-Jesus-Begeistert-Sein. Weil sie sich aber an diese Erfahrung festklammert, steht sie der Gefahr nahe, ihre Faszination zum Letztziel ihrer Begeisterung zu machen, und das würde heißen, daß das ekstatische Erleben mit dem Heil identifiziert und als Therapie gegen Elend, Krankheit und Leid empfohlen wird, ohne jedoch zu aktivem sozialem Engagement und zu leidüberwindendem Handeln zu führen. Wenn es aber so ist, dann wird Jesus zum faszinierenden Lernziel und somit zum magischen Objekt, das von Gott ablenkt.

5.4.2 Kult.

Der Kult des Catolicismo Popular wird zum konkreten Niederschlag seiner Absicht, die Befreiung vom menschlichen Leiden durch den Weg der Verehrung heiliger Schutzpatrone zu erreichen. Was er als theoretisches Element bewußt oder unbewußt formuliert, manifestiert sich als Begegnung der Devotos der Schutzpatrone an den Karfreitagen, an den Wallfahrten und an den Feiern, die nach überlieferten Vorschriften und nach spontanen Geboten einer Kultur der Armut den Gefühlen der Bewunderung, der Liebe und des "Mit-leidens" freien Weg schaffen. Der pentekostale Kult wird seinerseits zur entspannten Begegnung zwischen Jesus und der großen Familie der "Brüder" und "Schwestern", die prinzipiell jegliche überlieferte, weil kalte und formalisierte, Liturgieform ablehnt.

Der Catolicismo Popular entfaltet seinen Kult nach dem Modell periodischer Kommemorationen, zu deren Höhepunkt die jährlich wiederkehrenden "starken" Zeiten der Feiern des Schutzpatrones und die der Karwoche gehören. Die Akte der Verehrung und der Faszination äußern sich dann in den Prozessionen, Tänzen, Gebeten, Hymnen und letztlich in der Wallfahrt als Suche nach Heilung und Heil. Wenn wir uns aber dem Pentecostismo zuwenden, fällt die Tatsache auf, daß in ihm kaum ausgewählte ständig wiederkehrende Feiertage zu finden sind. Die Begeisterung der "Jesus-Freunde" kann schwer auf bestimmte jährliche Kommenmorationen warten: sie bricht die Ketten dieser zyklischen Kultform durch die fast täglich stattfindenden Kultfeiern der Gemeinde und äußert sich durch Lieder, Gebete, Tänze, Ekstase, Glossolalie.

Sowohl der Católico Popular als auch der Pentecostista knien sich in tiefer Haltung der Verehrung nieder. Dennoch unterscheiden sich die Symbole und Bilder der heiligen Wirklichkeit. Der Católico Popular verehrt heilige Gegenstände und Orte: die Nische, die Statue des heiligen Schutzpatrones, das Kreuz. Der Pentecostista dagegen steht andächtig vor dem in den "Gebetshäusern" geschriebenen "Im Namen Jesu".

5.4.3 Gemeinschaft.

Das Gemeinschaftsgefühl etabliert sich bei den Devotos der Heiligen in der Form einer "Interessengruppe", das heißt, eine bestimmte Bevölkerungsgruppe, die ihre Hoffnung auf Heilige gesetzt hat, versammelt sich anläßlich der Feier der Heiligen. Dieses Gefühl teilt sich anderen mit. Im Pentecostismo äußert sich der spezifische Gemeinschaftsgeist in der Atmosphäre der Partizipation aller "Brüder" und "Schwestern" an der Freude der Erlösung, an der Heilung und an den Gaben des Heiligen Geistes, die allein Jesus spendieren kann. Der demonstrativen Kommunikation des Catolicismo Popular fügt sich hier eine missionarische Komponente hinzu: der Crente möchte viele, ja sogar alle Menschen zu dieser enthusiastischen Erfahrung bekehren.

Die Gemeinschaft konstituiert sich daher im Pentecostismo als eine missionarische und charismatische. Dagegen wird im Catolicismo Popular eine Heilige oder ein Heiliger zum Zentrum der Gemeinschaft konstituiert: dieser Schützer und Heiler kann das Leiden, an dem alle teilnehmen, abschaffen oder zumindest thematisieren.

Die Analyse beider Gemeinschaftsformen führt oft zu der Feststellung, daß der Catolicismo Popular, im Gegensatz zu der lebendigen, spontanen flexiblen und bewußten Gemeinde des Pentecostismo, wo die vielen "Brüder und "Schwestern" ein erstaunliches Maß an Kommunikation finden, eine rustikale Gemeinschaftsform nicht überwinden kann.

5.4.4   Leitendes Interesse.

Hinter den drei isolierten Elementen wird ein bestimmtes leitendes Interesse erkennbar. Im Catolicismo Popular heißt es: Freundschaft mit den Heiligen und Schutz im Leben. Im Pentecostismo gibt es neben dem Interesse am Geheimnis, nämlich die Erlangung der "pfingstlichen Macht" der Urkirche (die intensive und kommunikative Begeisterung über Jesus und seinen Geist), noch ein Interesse an Heilung von Krankheiten.

5.4.5 Konfigurativer Vergleich zwischen dem Catolicismo Popular und dem Pentecostismo.

Catolicismo Popular

1. Wort	1) Glaube an Heilige und an Schutzpatrone	2) Prävalenz des überlieferten Wortes	3) Appell an magische Religionselemente.
2. Kult	1) Begegnung zwischen den Devotos und den Schutzheiligen	2) Periodische Kommemorationen	3) Verehrung heiliger Gegenstände und Orte
3. Gemeinschaft	1) Atmosphäre der Partizipation im Leiden	3) Konstituierung eines heiligen Schutzpatrones als Zentrum einer Gemeinschaft	3) rustikale Gemeinschaftsform

4. Alle drei Elemente werden vom Interesse an Heiligen (Bênção) getragen.

Pentecostismo

1. Wort	1) Glaube an Jesus	2) Prävalenz des gesprochenen Wortes	3) Appell an irrationale Elemente
2. Kult	1) Begegnung zwischen den "Brüdern" und "Schwestern"	2) spontane Kultfeiern	3) Verehrung des Namens Jesu
3. Gemeinschaft	1) Atmosphäre der Partizipation an der Freude und Erlösung	2) Konstituierung einer missionarischen und charismatischen Gemeinschaft	3) lebendige und bewußte Gemeinde

4. Alle drei Elemente werden vom Interesse an dem Geist Jesu getragen.

III. Teil   EINE KRITISCHE THEORIE DER RELIGIOSITÄT DES

CATOLICISMO POPULAR UND DES PENTECOSTISMO

ALS VORSCHLAG FÜR DIE BEFREIENDE PRAXIS DER

KIRCHE IN LATEINAMERIKA.

6.   GRUNDHALTUNGEN IM CATOLICISMO POPULAR UND
      IM PENTECOSTISMO ALS HERMENEUTISCHE SCHLÜS-
      SELBEGRIFFE FÜR DIE RELIGION.

Sollen die analysierten Elemente des Catolicismo Popular und des Pentecostismo für eine kritische Theorie der Volksreligiosität in Lateinamerika aufbereitet werden, muß zuerst ergründet werden, welche Idee sich die
Católicos populares und die Pentecostistas von einem "guten Leben" bilden.
Eine solche kritische Theorie muß also danach fragen, welches Menschenbild beziehungsweise welche Vorstellung der Wirklichkeit oder des Heiligen wollen sie faktisch aufrechterhalten. Denn jeder konkreten Organisation oder Artikulation von Gesellschaft - auch dem rustikal strukturierten
Catolicismo Popular und den enthusiastischen Versammlungen des Pentecostismo - liegt ein "positiver Entwurf" vom Menschen zugrunde, der die
soziale Verantwortung einprägt und bestimmt, der auf die Verwirklichung
des bedrohten Humanums zielt. Will eine Theorie der Volksreligiosität
kritisch sein, dann muß sie diese Elemente zum Zuge kommen lassen, weil
in der Volksreligiosität das Menschliche religiös gelebt und erlebt wird.

6.1   Schlüsselbegriffe im Catolicismo Popular.

6.1.1   Benevolência.

Wendet man sich dem tatsächlichen Verhalten des Volkes zu den Kulturen,
die die Religiosität des Catolicismo Popular bestimmen, nämlich der in
Brasilien und in Lateinamerika seit alters angestammten Kultur - die "einheimische Welt" - der afrikanischen Kultur und der von den Conquistadores
eingeführten südeuropäischen Kultur- die "europäische Welt" - zu (1), dann
wird es manifest, daß das Menschliche nie absolut getrennt von der Religion
gelebt wurde. Die Form der Religiosität ist weithin eine alte, angestammte
Kultur. In diese Kultur pflanzten Europäer ihre eigene Kultur ein, ohne dabei auf den Nährboden der in Lateinamerika angestammten Kultur oder auf
die unterjochten, aus Afrika eingeschleppten, Kulturen zu reflektieren.

Diese aus einem elitär-paternalistischen Überlegenheitsgefühl heraus aufgezwungene Fremdbestimmung ließ in der religiösen Welt des Catolicismo
Popular eine Mischkultur entstehen, die in ihren Hauptelementen Wort, Kult,
Gemeinschaft und Interesse an Heiligen bereits näher analysiert wurde. Der
Aufeinanderprall der importierten "spendenden" europäischen Kultur mit
den unterdrückten "empfangenden" einheimischen Kulturen führte deshalb
zu einem "kulturellen Tausch", zu einer gegenseitigen Assimilierung, weil
das "Herz" der Católicos Populares an der angestammten Kultur hängt und
daher seine Entscheidung gegen die herrschaftssüchtige Kultur der Conqui-
stadoren fällt zugunsten der zur Ausrottung bestimmten Kulturen der Indios
und der schwarzen Sklaven. Diese herzliche Anhänglichkeit führt jedoch
nicht zum aktiven Engagement für die unterjochten Kulturen und gegen die
siegende Herrscherkultur, vielmehr äußert sich der innere Protest gegen
die Unterwerfung unter die aufgezwungene Kultur in der Form eines Kom-
plexes menschlicher Neigungen und religiöser Tendenzen, die Thales de
Azevedo im Anschluß an Djacir Menezes als "Technik der Benevolência"
bezeichnet (2). Dieser Ausdruck steht als Sammelbegriff für die traditionelle Haltung des brasilianischen Volkes, das bestrebt ist, alle Möglichkeiten
auszuschöpfen, bestehende und entstehende Spannungs- und Krisensituatio-
nen zu harmonisieren, ohne daß es zu trennenden Spaltungen und unversöhn-
baren Gegensätzen kommt.

Benevolência kann daher ein Hinweis auf eine hermeneutische Voraussetzung
in der Volksreligiosität sein: sie ist eine Haltung des Volkes in Brasilien,
und wird vom Volk als Tugend verstanden und positiv gelebt. Dieses Tendieren auf Ausgleich führt jedoch weder eine Entscheidung im Konflikt der
Kulturen noch eine Reform oder Veränderung von sozio-kulturellen Bedingt-
heiten des Menschseins oder von kulturell geprägten Ausdrucks- und Brauch-
tumsformen des Religiösen herbei. Mit anderen Worten: Benevolência sucht
zwar - und das ist im Hinblick auf menschliche Kommunikation positiv - den
Ausgleich, aber auf Kosten eines weiterführenden Nachdenkens in Angst- und
Konfliktsituationen. Die Haltung der Benevolência ist als eine Irenik zu deuten, die vor Konflikten (hier dem von verschiedenen Kulturen) die Augen verschließt. Die konfliktreduzierende Tendenz der Benevolência ist menschlich,
ihre gelebte Weise aber tendiert dazu, gleichgültig dahinzuleben. Gleichgültigkeit aber sucht einen "Frieden" um den Preis des kritischen und ver-
ändernden "Nachdenkens". Ein solcher Preis muß als unmenschlich gesehen werden.

Auch die Amalgamationskraft der Benevolência führt zum Widerstand gegen
die Rationalität des Wortes. Einige Religionswissenschaftler sagen, der
Catolicismo Popular sei ein paradoxer Synkretismus (3). Diese Beurteilung ist sicher überzogen, weil sie kulturgeschichtlich nicht sieht, welch
großartige Amalgamationen der bereits genannten "zwei Welten" gerade
dort möglich wurden, wo damals wie heute der Catolicismo Popular zuhause ist. Er verhinderte nicht nur den Rassismus und die Aufteilung in streng
getrennte und unüberwindbare Kasten, obgleich die gesellschaftlichen Voraussetzungen dazu gegeben waren: Er wurde sogar zum wirksamsten Band,

das die lateinamerikanischen Völker verbindet (4). Was europäische, später und bis heute viele lateinamerikanische Franziskaner-, Benediktiner- und Jesuitenpatres und Mitglieder anderer Orden und Kongregationen für die Verschmelzung mehrerer Kulturen erarbeitet haben, das bleibt vor allem auf religiösem Gebiet unübersehbar (5). Die Fassaden, die Innendekoration, die verehrten Kreuze der großen Barockkirchen auf dem Land in den Städten bieten einen eigenständigen Barock, eine Harmonie von Kulturen (6). Das ist hohe Kunst, Prägezeichen einer kraftvollen Benevolência, die kein Verständiger abtun wird als paradoxer Synkretismus. Gleiches gilt von den großen Wallfahrtsfesten, von den religiösen Tänzen und Gesängen des Catolicismo Popular und von den neuen religiösen Formen.

Dies als anerkannt vorausgesetzt, bleibt indessen auch die aus der Analyse des Catolicismo Popular und des Pentecostismo gewonnene Erfahrung, daß die Volksreligiosität kaum Wert legt auf die Ausdruckskraft des Wortes. Das mag vielerlei Gründe haben, unter anderem auch den gegenreformatorischen Effekt in den Frömmigkeitsformen der europäischen Seelsorger oder den des einer Kultur der Armut eigenen Verstehenshorizonts (7) oder Dynamik (8), den der Kommunikationsart - Übereinstimmung von Empfindungen (9) - letztlich sogar den des beim Volk verbreiteten Analphabetentums. Wie auch immer das Fehlen des Wortelements in der Volksreligiosität zu erklären sein mag, bestehen bleibt die aus unserer Analyse gewonnene Feststellung, daß hier das Wort fehlt. Und mit dem Wortverständnis fällt das aus, was man rationale Reflexion auf den Amalgamationsprozeß von Kulturen im Catolicismo Popular nennen kann, von dem oben unter dem Stichwort Barock die Rede war. Schon damals wurde diese rationale Reflexion übernommen von den schriftkundigen Patres, von ganz wenigen Laien, also fast durchwegs von Klerikern. Das Volk wurde dazu nicht angeleitet.

Die Ausfallquote einer nun einmal an das Wort gebundenen Rationalität beim Volk trug zwei Konsequenzen ein:

- Als zur Unterstützung der Seelsorge zunehmend seit dem 19. Jahrhundert in Europa gegründete Genossenschaften nach Lateinamerika kamen und dort auch rasch Zuwachs fanden, hieß deren missionarisches Konzept weitgehend: Religiöse Weiterbildung durch Schulbildung. Dieses Konzept wurde mit großem Einsatz, unter Opfern und mit Erfolg durchgeführt. Nun ist in der Schulbildung die Wortvermittlung und Rationalität prädominant. Sie prägte Lehrer und Schüler auch in Lateinamerika. Im Reflex zu dieser Prägung wird es verständlich, wenn die Seelsorger des Volkes den Catolicismo Popular für einen paradoxen, das heißt rational nicht vermittelten, Synkretismus von wortabstinenten Religionsformen hielten.

- Dieses Fehlurteil führte dazu, daß die Seelsorge auf dem Land sich weitgehend darauf konzentrierte, junge Menschen für die Schulen vorzubereiten und die Sakramente zu spenden (10). Die Frömmigkeit des Volkes und auch die zu Taufe, Ehe, Begräbnis und Wallfahrt folgenden Bräuche und Feste wurden mit der Rationalität des Wortes nicht konfrontiert. Die Ausdrucksformen der Volksreligiosität wurden einer kritischen Befragung des Wortes nicht ausgesetzt, bleiben deshalb, so wie sie seit je waren, wurden nicht weiterentwickelt. War man mit dem ewig Gleichen unzufrieden wie mit einer abgenutzten Münze, deren Kurswert sinkt, so öffnete man sich nicht der Rationalität, weil es dafür an Anregung fehlte. Das Erneuernde suchte man vielmehr da, wo es gefühlsstimulierend als Schatz der Vergangenheit bereit lag: im ekstatischen amero-indianischen Brauchtum, in den Liedern, Tänzen und Rhythmen der städtischen Umbanda und des Candomblé (11). Der Rückgriff auf ethnologisches Brauchtum der Vergangenheit führte, wo immer dieses Brauchtum Sehnsucht nach einer verlorenen Heimat bedeutete oder Nachempfinden der durchgestandenen Leiden von Sklaven und Durchbruch zum Licht symbolisierte, zu Phänomenen, die man in der Tat als religiöse Synkretismen erkennen kann. Mit der Tendenz, die diese Synkretismen ermöglichte, verwandelte sich auch die ursprünglich noch aktivkommunikative Tendenz der Benevolência in den Traum von einer Wirklichkeit, die man im Alltag nirgends erfahren konnte. Nun ist es die Eigenart einer jeden Traumwelt, daß sie ganzheitlich, also undifferenziert wirkt. Die undifferenziert stark einwirkende Traumwelt widersetzt sich der Analyse des kritischen Verstandes. Denn die Analyse ist das Ende des Traums, eines Traums von dem Menschen leben. Das ist so entscheidend, daß selbst analytisch arbeitende Religionssoziologen in Lateinamerika äußert vorsichtig werden, wenn es darum geht, mithilfe der Analyse Ansätze im Catolicismo Popular dafür zu entdecken, die aus der Weltfluchttendenz des synkretistischen Traumes zur Balance von "Seel"-sorge und rational-verantwortetem Glauben und Tun hinführen könnten (12).

6.1.2   "Cordiale" Gemeinschaftlichkeit.

In Situationen des sozialen und zivilisatorischen Umbruchs lateinamerikanischer Länder gibt die Religiosität des Volkes den Massen die menschliche Qualität, sich in der religiösen Welt noch zu Hause zu fühlen: sie wird zum Medium der Artikulation und Realisierung von Sinnmomenten.

Räumlich gesehen sind die zahlreichen Kreuze und die Andachtsbilder bestimmter Heiliger in den Seitenkapellen der Kirchen in den Städten wie auf dem Land fast täglich besuchte Sammlungspunkte für das Volk. In nur schwach ritualisierten, nicht selten gebärdenreichen Formen des Betens bringen zahllose Menschen an diesen Andachtsorten die menschlichen Gefühle ihres Bedrängtwerdens von der Armut, von der notvollen Aussicht auf die Zukunft für sich und ihre Kinder, aber auch die Gefühle der Freude und der Dankbarkeit zum Ausdruck. Ganz offensichtlich geben diese Möglichkeiten, innere Emotionalität religiös zum Ausdruck bringen zu können, die sonst kaum faßbar und deshalb bedrängend wird, nicht nur die Erfahrung ein, im Aufschauen zum Kreuz und zum Heiligenbild das Ausufernd-Bedrängende intensiver Gefühle sammeln zu können. Dies wäre ein erstes befreiendes

und deshalb humanes Moment in der Volksfrömmigkeit des Catolicismo
Popular. Doch dieses Sichsammelnkönnen gibt mehr noch als das Gefühl
vom Befreitwerden ein, jenes Gefühl, das man "Beheimaten" nennen kann.
Die Kirchenbauten und Nischen mit ihren Andachtsbildern werden zu Orten,
an denen sich viele Menschen zu jeder Tageszeit nicht nur versammeln, um
eine religiöse Aufgabe zu erfüllen. Die Andacht sammelt hier die Menschen
selbst, wird zur Heimat in einer sonst von der notwendigen Geschäftigkeit
beherrschten und gerade deshalb gefühlsmäßig orientierungslosen Umwelt.
Vor den Andachtsbildern und in den sich fast täglich wiederholenden Feiern
des Pentecostismo haben Menschen auf einmal wieder Zeit. Zehn, zwanzig
Minuten beten sie dort. Zeit haben sie hier auch dafür, sich zu freuen, wenn
sie einen Bekannten treffen. Noch nach dem Gebet bleiben sie vor den Stufen
der Kirchenportale zusammen, reden, lachen und schweigen auch miteinander.

Es ist offensichtlich: In der Selbstentfremdung sucht das Volk nicht nur Be-
heimatung, es findet sie auch kraft der religiösen Andachtsformen, die das
Volk selbst im Catolicismo Popular entwickelt und ohne klerikale Hilfe durchhält (13).

Zur Ruhe finden, sich zuhause fühlen, das ist eine Erfahrung der Mitmenschlichkeit, also eine Qualität des Humanismus.

Es ist wahr, daß Lateinamerika's Volk seit der Kolonisierung über Jahrhunderte am Rand des politisch-ökonomischen Geschehens blieb und dort
die angestammte Kultur in Traditionen lebte, denn die iberische Zivilisation hatte die gesellschaftliche Struktur und Organisation der amero-indianischen und afro-brasilianischen Kulturen zerstäubt und vernichtet (14).
Es ist aber auch wahr: Beheimatet wissen sich bis hinein in die Städte Millionen Menschen vom Land in ihren Wallfahrtsfesten, bei ihren Heiligen und
vor ihren Kreuzen. Und doch ist es überall spürbar: Die Wallfahrtskirchen
genauso wie die "Casas de Oração" der Pentecostistas sind wie Enklaven
in den Städten; der Heilige zuhause konkurriert auch auf dem Land mit dem
Radiotransistor und dem Fernseher; Trachten und bedächtige Lebensgewohn-
heiten kontrastieren mit Lastautos, Traktoren, mit hochmodernen Überland-
straßen und kooperativen Produktions- und Verkaufsgesellschaften. Die Zivilisation wird unumgänglich, sie zieht die jungen Leute an. Seit Jahrhunderten wird erstmals und zunehmend das Volk entwurzelt, herausgerissen
aus der Basis des Eingespielten, des Altgewohnten, des Überkommenen.

Im Bewußtsein von dieser mehr oder weniger schmerzlichen Entwurzelung
werden religiöse Bräuche und Andachtsbilder zu Fluchtinstanzen. Hier findet das Volk seine eigene Herkunft noch bewahrt: es sieht darin einen ethisch-
mystischen christlich orientierten Kern, der sozusagen das Herz seiner alten Kultur ist. Doch je intensiver die Menschen ihr "Einst" hier noch- oder
wiederfinden, je mehr wird diese Religiosität in den lange gewordenen Kult-
und Andachtsformen zu einer Flucht vor der herrschenden unausweichlichen
zivilisatorischen Wirklichkeit.

Hin- und hergestoßen zwischen den einander widerstreitenden Bewußtseinslagen des Sichbeheimatwissens und der Entfremdung, zwischen Einkehr und

Flucht und Abkehr, zwischen Getröstet- und Beglücktsein im Religiösen und lebenserhaltender Notwendigkeit von Arbeitsprozeß und Marktstruktur, reguliert der traditionelle Wert der "Cordialität" menschlicher Beziehungen die sich stoßenden Interessenlagen beim Volk (15). "Cordialität" ist ein Medium zwischenmenschlicher Beziehungen und Kommunikation, das die Komplexität des neuen Gesellschaftsprozesses und die daraus resultierende Angst durch paternale Bindungen und herzliche Annäherung an Heilige zu verbannen versucht (16). Sie wird zum natürlich-religiösen, unmittelbar sinneröffnenden Zusammengehörigkeits- und Verbundenheitsgefühl.

Bei den nicht mehr jungen Menschen des Volkes vermag die "cordiale" Gemeinschaftlichkeit das Gleichgewicht noch zu halten, denn sie finden eine Art Selbstbehauptung in der Bindung an Elemente der Tradition (17). Doch schon gelingt dies bei den mächtig andrängenden Zivilisationsbedingungen ihres Lebens nur noch um den Preis der Flucht vor der harten Wirklichkeit der Determinations- und Plausibilitätsstrukturen des Zivilisationsprozesses. Bei dieser inständig gelebten Fluchtbewegung gewinnt zwar die Herzlichkeit, Innerlichkeit, Gefühlsbetontheit der Religiosität an Bergungskraft - der Zustrom zu emotionalen Kultformen des Pentecostismo mag ein Hinweis darauf sein. Doch dies geschieht auf Kosten der Rationalität, die dem Religiösen auch eignet. Ohne diese Rationalität hätte die Religiosität des Volkes nie ihre hochstehenden Formen in Brauchtum, Volksliedern, Plastik und Architektur gefunden.

Heute - und wohl schon seit dem 19. Jahrhundert - gibt es im Formenbereich der Volksreligiosität nichts kreativ Neues mehr. Man muß F. C. Rolim Recht geben, der sagt, die Kreativität sei durch eine fast mechanische Übernahme von Normen aus der Tradition ersetzt, die nicht in der Lage sind, neue Werte hervorzubringen (18). Die "cordiale" Bindungskraft der Gemeinschaftlichkeit zwischen ursprünglicher Heimat und entfremdender zweckrationaler Zivilisationswelt, zwischen Emotionalität und Rationalität wurde offensichtlich immer mehr zur Verteidigung des Alten als dem Befriedigenden und zur Flucht vor dem, was als das Ungewohnte neu gedacht und erarbeitet werden muß. Die "cordiale" Gemeinschaftlichkeit spielte in der Religiosität die Kraft der Rationalität nicht nur nicht aus; sie verlor zusehends mit dem Verlust der Rationalität auch die Bereitschaft und die Kraft für neue Ausdrucksformen der Frömmigkeit. Dieser Verlust zeigt sich vor allem dort, wo für Städter und Touristen die Religiosität des Volkes als folkloristisch-nostalgische Attraktion sich verkaufen läßt. Die Mitmenschlichkeit kippt in der Volksfrömmigkeit offensichtlich zuungunsten der Kreativität um in Gefühlsseligkeit, in eine Innigkeit, die mehr und mehr ritualisiert gebetet wird und quasi magische Züge dominieren läßt, weil die kritische Instanz in der Religiosität verdrängt wurde beim Zusammenstoß mit der zivilisatorisch rationalisierten Welt. Im Catolicismo Popular, mehr noch in der Umbanda, macht sich eine Nostalgie breit, die man schon religiöses Analphabetentum nennen muß. Die rationale Tätigkeit, und das heißt, das Buchstabieren der Innerlichkeit in neue hochstehende Ausdrucksformen, ist erschlafft. Die ursprünglich wirklich humane Tugend der "herzlichen"

Kommunikation in der menschlichen trivialen Erfahrung: ego- alter ego in der Folia, im Compadrio, in den gemeinsamen Kommemorationen der Patronatsfeiern und des Karfreitages (19) wird nur noch als Bewahren, als Festhalten - religiös als Traditionalismus -, als Verkettung an eine "alte und tyrannische Überlieferung" (20) gelebt und verbreitet: Sie bringt somit keine Hoffnung mehr ein. Eine kritische Theorie der "cordialen" Gemeinschaftlichkeit als Lebenshaltung im Catolicismo Popular scheint heute notwendiger denn je zu sein, soll im Zivilisationsprozeß die Religiosität des Volkes nicht bald zu einem schlechten Mythos werden, der zum Folklorismus entartet, weil er nur noch vom Vergangenen erzählt und für heute und morgen dann keine entschiedene Wegweisung mehr ist.

Das Sichzusammenfinden der Leute auf dem Land in der Form der "cordialen" Mitmenschlichkeit zeugt allerdings davon, daß der Católico Popular ohne die triviale Erfahrung: ego - alter ego nicht leben kann. Die Gemeinschaftlichkeit wird in der religiösen "Reflexion" auf die konkret erfahrenen Bezüge entdeckt: sie wird zum Sinnmoment, das der Católico Popular erfaßt, wenn er das individual eingeengte Topische seiner Bindung in den alltäglichen Erfahrungen für die Zeit des Gebetes, der Novene oder der Prozession verläßt. Das ist aber schon ein Ansatz reflektierten Verhaltens, der auf das dem Volk eigene Verantwortungsvermögen hindeutet. Denn nur das Ausharren auf die konkrete Sozialbeziehung würde die Flucht vor der jedem Menschen eigenen Reflexion bedeuten. Er aber will die konkrete heteronome Determination des rein Topischen durch einen religiösen Ausbruch überwinden.

Die kritische Reflexion über Gesellschaft kann es aber nicht bei der Verifizierung des trivialen Bewußtseins: ego - alter ego bewenden lassen: sie muß zu der Frage kommen, welche Voraussetzungen bestimmen das Selbst- und Fremdbewußtsein? Sie darf jedoch nicht zum Problem der totalen sozialen Erkenntnis werden: Das würde seinerseits nur einem Schein von Rationalität dienen, weil das Problem des sozialen Menschen - und der Católico Popular ist ein sozialer Mensch - nicht in der Bedingung der Möglichkeit von gesellschaftlichen Erfahrungen überhaupt besteht, sondern vielmehr in der Frage: wie kann man eine vernünftige, nicht-entfremdete Gesellschaft erfahren und denken, die es gestattet, wahrhaft menschlich und religiös zu leben? Die Rationalität muß zur Sozialkritik werden, die erklärt, warum sich soziale Fehlhaltungen und Zwänge etablieren und wie man die eigene Haltung und Handlung verantworten kann, d. h. sie verlangt nach einem politischen Ethos. Ein neues freies Bewußtsein muß sich gegenüber dem alten Bewußtsein ausweisen. Die Chance der "cordialen" Gemeinschaftlichkeit besteht in der Reflexion über die Gesellschaft, denn in ihr gibt es Elemente eines reflektierten Verhaltens.

Sie muß daher auf Befreiung hin befragt werden, auf eine Befreiung, die nur dann sinnvoll zu sein scheint, falls sie die konkrete, in der "cordialen" Mitmenschlichkeit ansatzweise schon gegebene Verantwortung aktiviert.

6.1.3   Ansätze zur Befreiung.

Unsere Suche nach den hermeneutischen Voraussetzungen in der Volksreligiosität darf daher nicht abgeschlossen werden, ehe nicht das kritische
Element: "Widerstand" des seit der gewaltsamen Eroberung Lateinamerikas mit "offenen Adern" dastehenden beherrschten Volkes zum Zuge kommt
(21). Würde man nämlich feststellen, in den gelebten religiösen Formen des
Catolicismo Popular gäbe es, im Sinne der neulich von lateinamerikanischen
Soziologen entwickelten Theorie der Abhängigkeit, nur noch Anerkennung
und Bestätigung der Entfremdungen, der Ungerechtigkeiten und der Widersprüche der heutigen Gesellschaft, dann müßte die Pastoration den Plan
aufgeben, die Praxis der Volksreligiosität durch die Benevolência, die "cordiale" Gemeinschaftlichkeit und durch andere Elemente kritisch kreativ in
der Vermittlung zwischen herrschender und beherrschter Kirche, zwischen
Elite und Massen und zwischen einer Kirche als "Quelle" und der Kirche als
"Widerschein", als Ausgangspunkt ihrer seelsorgerlichen Bemühungen zu
wählen. Auf die Konfliktsituation zwischen einer Kirche als "Quelle" und
einer "Reflexkirche" werden wir im Laufe dieser Arbeit später zurückkommen (22).

Unsere Hypothese jedoch heißt: im Catolicismo Popular gibt es Ansätze des
Widerstandes des lateinamerikanischen Volkes, welche dem Forscher in
vielen Gestalten begegnen, sei es als "Erlösungs-" und Santidade-" Bewegungen oder als neo-brasilianische rustikale "messianische" Bewegungen
(23). Auch die von den Jesuiten kreierten "Reduktionen" - eine Art freier
Indiostaaten - können dazu gerechnet werden. Sie legen den Sinn menschlicher Existenz in die Zukunft. Ihre Botschaft wird von der Hoffnung auf
eine absolut "neue Zukunft", wie etwa das bereits erwähnte "Land ohne
Übel" getragen, wo in einer neuen Welt eine völlige Integration des Menschen ohne jede Oppression stattfinden soll, damit Entfremdung überwunden wird und Freude sich einstellen kann.

Es kann nicht übersehen werden, welch enormen Widerstand und Protest
die Religiosität des Volkes unter der traumatisierenden Erfahrung der Ungerechtigkeiten der brasilianischen Gesellschaft geleistet hat (24). Die Formen von religiös-politischen Volksbewegungen sind zwar zweideutig, lassen
aber unverkennbar eine anfängliche Infragestellung des konkreten politischen
Geschehens und der positiven Normen der Gesellschaft erkennen. Selbst Hugo Assmann, einer der Vorkämpfer der Befreiungstheorie, macht auf die
wichtige politische Rolle und das Gewicht der Volksreligiosität aufmerksam:
man müsse aus diesem zweideutigen Phänomen die vorhandenen kritischen
Elemente herausholen (25).

Es steht aber auch hier wieder zu vermuten, der Católico Popular folge den
anfangs tatkräftigen Widerstandsformen heute nur noch reflexionslos-ge-
wohnheitsmäßig. Wer aber einer Übung - etwa den Patronatsfeiern, den
Wallfahrten zum "Land ohne Übel" etc. - bloß blind folgt, weiß nichts von
ihrer kritisch-befreienden Potenz. Um diese kritisch-befreienden Energien

zu aktivieren, müßte der Católico Popular seinen religiösen Ausdrucksformen einen sozial relevanten Geltungsanspruch zuerkennen, so daß sein
religiöses Leben nicht den Gesetzen tödlicher Wiederholung und erstarrter
Ritualität folgt, sondern der Freiheit des lebendigen Gewissens entspringt,
die soziales Verantwortungsbewußtsein schärft und zum Dienst an der Freiheit ermutigt. Damit wäre eine rationale Möglichkeit angedeutet, das latent
vorhandene Befreiungspotential der Volksreligiosität ans Licht zu bringen
und in Richtung des Selbstbefreiungsprozesses der Unterdrückten in Bewegung zu setzen und zu kanalisieren.

6.1.4   Leiden - Freude.

Im Verhalten des Volkes wird das Menschliche auch im Leiden und in der
Freude religiös gelebt und erlebt. Im Catolicismo Popular versammelt das
gemeinsam erfahrene Leiden die Menschen: das Volk steht in tiefer Verehrung vor dem Kreuz, sucht die Befreiung von menschlichen Leiden durch
die Verehrung heiliger Schutzpatrone und der schmerzhaften Muttergottes.
Die Artikulation des Leidens wird in der mystischen Annahme und in der
Kontemplation des "toten Herrn" Jesus vorgenommen. Karwoche wird zur
"stärksten" Zeit, in der der Sinn des Menschen in seinen Ängsten und Schmerzen, letztlich in seinem Tod, formuliert wird. Auch der Sinn der verschiedenen Kultformen für die "Seelen" der Verstorbenen muß in diesem Zusammenhang gesehen werden.

Niemand wird leugnen wollen, das sei eine tiefe Religiosität und Menschlichkeit: Die Bejahung des Leidens hat, wenn sie nicht erpreßt wird, einen
menschlichen und einen mystischen Kern. Es gilt jedoch der Einwand, diese Erfahrung und dieser Ausdruck des Leidens verbleibe auf rein emotionaler Ebene. Der Católico Popular stellt nicht die Frage: wer arbeitet an
der Aufhebung gesellschaftlicher Zustände, die Leiden produzieren? Es
steht weiter zu vermuten, der Catolicismo Popular verliere sich zu sehr
in der Betrachtung des bestehenden Leidens, in der menschlichen Überzeugung, Heilige könnten das Leiden fühlen und abschaffen. Damit fällt er zurück in die archaische Phase der Gefühlsduselei und der Isolation des stummen und sinnlosen Leidens. Es ist ein Leiden ohne Lernen (26), eine Flucht
zur Apathie und zur Passivität, wenn nicht gar zum Ausdruck der leeren
Ohnmacht. Der erste Schritt zur Überwindung dieses apathischen Zustandes ist dann, eine Sprache zu finden, die aus dem fatalistisch hingenommenen, stumm machenden Leiden herausführt. Die Teilnahme an einer
Prozession hinter dem Leichnam des toten Christus, das vollzogene Gebet vor einem Kreuz oder einer Nische als den traditionellen Formen der
Selbstartikulierung des Catolicismo Popular könnte ein erster Befreiungs-
schritt sein. Gelingt es, erlebte Unterdrückungs- und Leidenssituationen
in der Form des Gebetes zu formulieren, wird Leiden bereits zur Sprache
gebracht, ist eine Sprache der Klage gefunden, die wenigstens sagt, was

ist (27). Leiden kann benannt, inhaltlich bestimmt und damit aus der Isolierung gelöst werden. Ein Weg der Befreiung zeichnet sich ab. Er "führt aus der Isolation des Leidens über die Kommunikation in der Klage zur Solidarität der Veränderung" (28). Die Ursachen des Leidens können diskutiert, Befreiungsmodelle überlegt werden.

Soziologen und Pastoraltheologen stimmen allerdings darin überein, die Religiosität des Volkes führe nicht mehr zu dieser dritten notwendigen befreienden Phase des Leidens, zur Sprache der Anklage also, die allein zur Veränderung und Befreiung führen kann. Die Reflexion über die befreiende Sprache des Leidens könnte hier weiterhelfen. Das heißt nicht, der "restringierte Code" der Sprache der Unterschichten müsse unbedingt zum "elaborierten Code" der Sprache einer ausgebildeten Elite gebracht werden (29): auch der "restringierte Code" des Catolicismo Popular besitzt die Fähigkeit, Befreiung zu thematisieren, wenn er zur reflexiven Kreativität aktiviert wird. Eine "Pädagogik der Unterdrückten" liefert Hinweise dafür, wie man das rational-kreativ verwirklichen könnte (30).

Der Überschuß an periodischen "traurigen Zeiten" der Erinnerung an das Leiden im Catolicismo Popular soll nicht darüber hinwegtäuschen, daß es in ihm auch ausgelassene Momente festiver Freude gibt. Mit anderen Worten, es gibt in ihm ein Wechselspiel zwischen Abstinenz und Verschwendung, zwischen Kommemoration und Leiden, zwischen Freude und Kreuz (31). Freude manifestiert sich als Zustimmung zum Leben, als Anlaß zur Dankbarkeit, als Konsequenz der freundschaftlichen Allianz zwischen den Devotos und den Heiligen: die Freunde der Heiligen haben Anteil an der Freude der Heiligen. Freude entsteht beim Católico Popular aus der Hoffnung auf Befreiung vom Leiden. Das führt zu der Einsicht: Freude kann nur dort zur (be)herrschenden Stimmung werden, wo die Fremdbestimmung aufgehoben, befreiendes Handeln also inszeniert wird.

6.1.5   Erde - Himmel.

Die religiösen Manifestationen des Catolicismo Popular lassen eine elementare dialektische Grundbefindlichkeit erkennen:

Einerseits berichtet der Catolicismo Popular über die Daseinsbedingungen des Menschen. Er gibt Informationen über Erde, Leiblichkeit, über den Menschen und seine Umwelt. Die Regeln und Inhalte seines Sprachspiels, so wie das sie begleitende Bewußtsein sind konkret. Durch diesen "restringierten Code" bringt er Informationen über gesellschaftliches Leiden der Armen, über ihre Freude im Umgang mit Heiligen - Emotionen und Vernunft werden darin nicht differenziert - und über die Art und Weise, wie man in der genannten "zentripetalen Bewegung" zur Überwindung des Leides gelangt. Es stellt sich der Versuch heraus, die von den harten Lebensbedrohungen entstandene Ohnmacht der Armen durch die "Lebenskraft" der Heiligen zu überwinden. Diese Informationen müssen als Zeugnis einer positiven bewußtseinsorientierten Kreativität im Volke der Armen anerkannt werden, wo Emotionalität zwar prädominiert (32), aber nicht eine kritische Verantwortung ausschließt, die zumindest in der Erweiterung traditionell katholischer Formen durch bodennahe Elemente ihren Ausdruck findet. Es wird jedoch heute immer mehr seitens der Pastoral betont, dieses durch die Ohnmacht präformierte Bewußtsein und Interesse an Religion verfalle in das archaische Stadium des bloß Kosmischen (33) oder aber der rein materiellen Bedürfnisbefriedigung (34), besonders im Hinblick auf die Umbanda. Der kritischen Analyse der Volksreligiosität wäre aber Unrecht getan, würde man die Tatsache übersehen, daß die Elementarkraft im Selektivvermögen des Catolicismo Popular zwischen Begnadung des irdischen Lebens und Formvorschriften für das Leben im Christentum unterscheidet (35).

Andererseits scheut der Mensch des Volkes sich nicht, zu bekunden, daß er durch den Himmel fasziniert ist. Seine Faszination kennt kaum Grenzen, wenn es um Kommemorationen zu Ehren der Heiligen, des "guten Jesus" und der Muttergottes geht: das Heilige wird für ihn zu einer ununterbrochenen Gegenwart. Das Hinströmen mehrerer Millionen Wallfahrer (Romeiros) zum Beispiel zu dem Heiligtum von der "Erschienenen Muttergottes" (Nossa Senhora Aparecida) im Staate São Paulo und zu anderen privilegierten Orten vermag das zu verdeutlichen. Achtet man auf die Spannung zwischen Himmel und Erde im Bewußtsein des Católico Popular, dann kann seine Religiosität nicht als "Kompartimentierung" (36) abgetan, sondern muß vielmehr als menschlich-dialektische Totalität verstanden werden, die ihre eigene Kohärenz besitzt. Die kreative Aktivierung der Dialektik im Menschen selbst müßte, heute mehr denn je, in Gang gesetzt werden, damit die in die Volksreligiosität eingedrungene und zum Teil weitverbreitete Magie überwunden werden kann.

Joachim Wach hat selbst schon darauf hingewiesen, in jeder Religion gäbe es die Versuchung, sich nicht nur von der Macht des Mysteriums faszinieren zu lassen, sondern auch noch sie magisch in die Hand zu nehmen und sie für rein irdische Zwecke zu manipulieren (37). Der Catolicismo Popular, aber besonders die Umbanda, kann sich gegen den Vorwurf nicht wehren, aus Gott ein menschliches Instrument gemacht zu haben. Die Partizipation an der göttlichen Macht zwecks menschlicher Interessen ist eine Konstante in der Phänomenologie der Religion: es wird seitens religiöser Menschen angenommen, man könne direkte, physisch nicht vermittelte Sympathien und Einflüsse zwischen den Göttern und den Menschen herstellen. Wo das in der brasilianischen Volksreligiosität zutrifft, da wird es mit Recht als Magie verurteilt, denn auch das bleibt auf der Ebene des rein unterbewußt Vitalen, in der Sphäre der bloßen Emotionalität also, stehen.

Würde man aber, und das scheint in der Volksreligiosität möglich zu sein, den Wunsch zur Partizipation an der göttlichen Macht zum personalen Gebet umorientieren, dann hätten wir eine nichtmagische Beziehung zur Macht Gottes vermittelt, die an das persönliche Zentrum des göttlichen Wesens appelliert und die Gott Gott und den Menschen Mensch sein läßt, weil sie im Konflikt zwischen dem Absoluten und dem Konkreten nicht einseitig zugunsten der Erde entscheiden würde (38). Daß dies möglich ist, zeigt sich in der traditionellen Ausübung des Bittgebetes in der katholischen Kirche, die viel zur Kreativität auf dem Feld der Devotionen im Catolicismo Popular beigetragen hat.

In der Volksreligiosität wird zweitens eine dialektische Struktur im Heiligen selbst erkennbar: wo das Heilige in die Erfahrung der Religiosität der Armen gebracht wird, verliert es nie den Boden unter den Füßen: es zeigt sich in einer dialektischen Spannung zwischen Himmel und Erde. Nie zeigt das Heilige sich rein göttlich:

Berücksichtigt man den einen dialektischen Pol, existiert das Heilige "von sich her", als Gott des absoluten Bilderverbotes (39), dem das Gelübde gilt den man lobt und dessen Macht ("Lebenskraft") man erfleht.

Bedenkt man aber den anderen Pol, ergibt sich, daß das Heilige in der Religiosität des Volkes nicht als das "ganz Andere" verstanden wird, das ers in einem den Menschen auseinanderreißenden Sprung erreicht werden kann, bei dem der Católico Popular sich selbst vergessen, sich überwinden und seine Welt hinter sich lassen muß. Schon gar nicht legt die Religiosität der "Kultur der Armut" den Gedanken nahe, das Heilige sei etwas Neutrales oder Absolutes, das sie höchstens in Gedanken, nicht aber in ihren existen tiellen Daseinserfahrungen berühre: das Heilige ist zwar "von sich her", aber immer zugleich "für sie" da (40). Das Heilige wird vielmehr durch Heilige im Daseinsraum der Menschen vermittelt. Gott wird existentiell, nicht essentiell gedacht. Er, "der nicht in Bildern dargestellt werden darf" (41), will mit den Menschen durch Linderung von Nöten - Linderung von Nöten und Verbindung mit Gott werden von den Umbandistas (Gläubige der Umbanda) als synonyme Ausdrücke angewandt - in Verbindung gebracht werden. Dadurch wird Gott zu einem "für mich da". Durch die Heiligen werden ihm die Gesichtszüge eines "deus humanus", eines Schutzpatrones oder gar die eines "Freundes" übertragen, der das irdische Leiden fühlt: er "leidet-mit". Das ist tiefe religiöse Überzeugung.

6.2   Schlüsselbegriffe des Pentecostismo.

Wendet man nun unseren Feinraster der hermeneutischen Schlüsselbegriffe auf den Pentecostismo an, ergibt sich, daß die im Catolicismo Popular herausgearbeiteten Elemente: "cordiale" Mitmenschlichkeit, Ansätze der Befreiung, die Korrelation Leiden-Freude, so wie die Dialektik Erde-Himmel, in irgend einer Weise auch im Pentecostismo vorhanden sind. Der Pentecostismo kennt aber nicht die Haltung der Benevolência. Statt die Tugend der Benevolência einzuüben, pflegt er zugleich Annäherung an die und Distanzierung von den Armen der Gesellschaft zu halten.

6.2.1 Annäherung und Distanzierung.

Die Distanzierung ist Konsequenz der Autoritätsausübung der pentekostalen Führer. Der "Missionar" beabsichtigt zwar, eine Gemeinschaft nach einem demokratischen Modell aufzubauen, es gelingt ihm jedoch nicht, sich vom Autoritarismus zu befreien, denn er selbst kommt von außerhalb der Leute des Volkes, denen er eine Botschaft verkündet. Somit steht er von Anfang an ihnen gegenüber in höherer Position, auch wenn er sich selber als einfacher Diener darstellt, denn er besitzt etwas, sei es nur die "Gabe" des Geistes oder das Konzept einer neuen Pfingstgemeinde, was seine Zuhörer nicht haben. Die autoritäre Entscheidungsmacht des Missionars oder des Ältesten im Pentecostismo erinnert an die traditionellen autoritären Gestalten der lateinamerikanischen Gesellschaftsstruktur, die durch den Cacique (Indianerhäuptling), den Fazendeiro (Großgrundbesitzer) und den Caudilho (Anführer) geprägt ist (42).

Gleichzeitig kehrt aber der Pentecostismo diese elitäre Struktur um zugunsten der Armen: jedem Gläubigen - auch dem ärmsten - steht der Weg zum obersten "Dienst" offen, vorausgesetzt, daß er die "Gaben" des Heiligen Geistes empfangen hat. Das ist ohne Zweifel eine Leistung zugunsten des Humanums: Die Schranken zwischen den durch Mangel an Bildung Benachteiligten und Angehörigen der niedrigen sozialen Schichten und der Elite werden dadurch gebrochen. Lalive D'Epinay meint, daß durch diese Annäherung der Pentecostismo sowohl die katholische als auch die protestantische Kirche übertrifft (49). Es ist aber zu vermuten, daß der religiöse Versuch des Übergangs von der Distanzierung hinüber zur Annäherung seitens des Pentecostismo durch "Gaben" des Geistes sich nur auf der Sphäre des Bewußtseins der Armen vollzieht, ohne daß es sich in der umgebenden Gesellschaft auswirkt. Ist dem so, dann wird die korrelative Bewegung zur emotionalen Kompensation für die Frustrationen der Ungebildeten und somit untauglich für eine konstruktive Überwindung der Benachteiligung der Armen.

6.2.2 "Cordiale" Gemeinschaftlichkeit.

"Herzliche" Kommunikation ist eine Tugend des Pentecostismo. Das Sinnmoment entfaltet sich während des Zusammentreffens der Gemeinschaft der "Brüder" und der "Schwestern". Der Kult bietet die Möglichkeit, innere Emotionalität zu erwecken: den Gefühlen der Freude, der Begeisterung und sogar des erregten glossolalen Betens wird der Weg frei gemacht. Weil der Pentecostismo ein "populäres Phänomen" im Sinne von Abdalaziz de Moura ist (44), in dem es keine Spannung zwischen Theorie und Praxis gibt und wo die Erfahrung der auf allen Lebensbezügen lastenden Angst vor Entwurzelung und Anomie intensiv umfassend ist, so daß ihm keine Kraft zur rationalen Bewältigung der Praxis bleibt, formiert sich der Pentecostista in religiösen Gemeinschaften, die auf "cordialer" Gemeinschaftlichkeit als auf einer ihrer Grundfundamente basieren. Dadurch wird den Armen eine Heimat angeboten und ihnen das menschlich wie religiös Notwendige an Gleichgewicht in der "Kultur der Armut" zurückgeschenkt, was in einer "Kultur der Institutionen" im Verschwinden begriffen ist.

Im Pentecostismo wird die "cordiale" Gemeinschaftlichkeit zum Faktor der Resozialisierung der Marginalizados und zum notwendigen Ausgleich von Frustrationen, zum flexiblen Ort für die "Rettung des Körpers und der Seele", womit erstens die therapeutische Funktion der Heilung, dann aber auch die erweckende "Entdeckung des wahren Sinns" der Urkirche, in der keine Unterscheidung zwischen arm und reich, zwischen Gebildeten und Ungebildeten erkennbar ist, gemeint sind. Die religiöse Gemeinschaft wird zur "cordialen" Brüdergemeinschaft: hier sollen an erster Stelle primäre zwischenmenschliche Beziehungen gelten, die zur materiellen und psychologischen Stütze werden: der Arme wird zum "Bruder", die Gemeinschaft zur "Unidade Fraternal" (brüderliche Einheit). Man kann dabei schließen, der Pentecostismo befinde sich dadurch auf gleicher Ebene der ländlichen familiären Nachbarschaftsbeziehungen mit dem Catolicismo Popular. Seine Gemeinschaft gründet auf dem Emotionalen.

Es muß jedoch daran erinnert werden, daß der Pentecostista mehr Zeit findet für das Sichsammeln als der Católico Popular: Für ihn sind die vielen Stunden des gemeinschaftlichen Gebetes, der Musik im Kult noch nicht zu lang geworden, also noch lebendig. Das läßt darauf schließen, daß das Zusammenkommen in seiner Gemeinschaft immer noch kreativ wirkt. Mit anderen Worten: der Pentecostismo bietet eine Heimat für das Herz der Armen. Dadurch gelingt ihm der Durchbruch zu dem, was C.P.F. de Camargo "verinnerlichte Religiosität" nennt (45), deren Grundprinzip darin besteht, die Partizipation und die Vitalität der Gemeinde durch spontane, aber auch bewußt getrennte "Befreiung der Gefühle" zu steigern. Diese positive Schöpfungskraft der Emotionalität muß indessen dialektisch mit der Frage konfrontiert werden, ob die "cordiale" Gemeinschaftlichkeit im Pentecostismo letzten Endes doch nur eine kleine Gruppe der zur Freude "Erlösten" schafft, die inmitten einer "bösen" und unveränderbaren Welt errichtet wird. Will eine religiöse Gemeinde auch menschlich kreativ wirken, so muß sie sich der Kultur und der Gesellschaft gegenüber öffnen. Wäre das aber nicht schon das Ende des Pentecostismo? Dorothee Sölle und Fulbert Steffensky geben Hinweise darauf, wie diese kreative Öffnung ohne die Gefahr der Selbstauflösung stattfinden könnte (46). Der Weg würde heißen: Aktivierung des Pentecostismo auf Befreiung hin.

6.2.3   Ansätze der Befreiung.

Es wurde bereits die Tatsache unterstrichen, daß manche Soziologen in der demokratischen Struktur der Pfingstgemeinschaft eine indirekte, aber radikale Umwandlung der traditionellen Ordnung sehen: "cordiale" Gemeinschaftlichkeit und bewußte missionarische Aktivität können tatsächlich die im Catolicismo Popular zum Teil noch wirksame Tyrannei der alten Überlieferungen spontan-kreativ durchbrechen und dadurch eine pädagogische Basis für die Befreiung der Massen konstruieren.

Dennoch übersieht die Religiosität des Pentecostismo den befreienden Kampf zugunsten des Menschlichen. Sowohl seine Eschatologie als auch das Verständnis der Krankheitsentstehung durch den Teufel und der Krankenheilung durch Jesus führt den Blick von den eigentlichen Ursachen des erfahrenen Leidensweg: er kennt nur die eine bereits erwähnte Hälfte des Unterdrückungsmechanismus', nämlich den sündigen Menschen. Dadurch stellt er sich nicht dem Binom: Abhängigkeit - Befreiung und dem befreienden Kampf zugunsten des Menschlichen in Lateinamerika. Anstelle des Binom setzt er die dialektische Korrelation Annäherung - Distanzierung in Bezug zu den Armen. Das hat zur Folge, daß die Aktivierung der befreienden Kräfte der Armen sich in der Befreiung der "Seele" erschöpfen.

6.2.4   Leiden - Freude.

Im Pentecostismo versammeln sich, ähnlich wie im Catolicismo Popular und in anderen Religionsformen der "Kultur der Armut", die vielen Menschen auf Grund des gemeinsam erfahrenen Leidens. Die Reflexion über das Leiden erfolgt nicht über den "restringierten Code" der Klage über das Leiden in Prozessionen mit dem Gekreuzigten oder durch die Annahme des Schmerzes als Wille Gottes, sondern wird zur enthusiastischen glossolalischen Sprache, zur Sprache der "Menschen ohne Stimme". Mit anderen Worten: es wird versucht, das Bewußtsein von Nöten in ein Bewußtsein einer "heilen" Welt umzuartikulieren. Nur die Heilung wird betont, denn die Krankheit und der Schmerz sind kein gottgewolltes Kreuz: sie werden als Wirkung des Teufels verabscheut. Wer sich aber in der Pfingstgemeinde an Jesus wendet, der darf sich freuen, denn das Leiden und der Tod wurden am Kreuz besiegt.

Man kann hinzufügen, daß die Freude im Pentecostismo zum Leitmotiv wird. Der Glaube an Jesus und an die "Gaben" ist eine entscheidende Weigerung, der Banalität des gesellschaftlichen Dahinvegetierens die Oberhand zu gewähren. Dieses emphatische Pathos des Pentecostismo intensiviert Freude: sie beansprucht jene Totalität zu erreichen, die in der Freude über die Heilung oder über die "Gaben" die Freude Gottes erfährt (47). Der Pentecostismo erfüllt auch die andere Bedingung der Freude, nämlich die anthropologische Identität: sie wird in der Praxis weder vertagt noch atomisiert, sondern hic et hunc gelebt. Eine gewiß gewordene Identität schafft Freude, die im Pentecostismo noch durch die Sicherheit im Bewußtsein der Erwählung zum kurz bevorstehenden Reich Gottes verstärkt wird. Entsprechend dazu ist der Schmerz immer ein Schmerz um dieses noch ausstehende oder sich verzögernde Reich Gottes. Doch läuft diese Freude Gefahr, sich selbst zur Totalität zu erklären, sich zu verselbständigen. Dadurch würde sie aber nur zu einer teilhaften und verdrängenden Sprache über die erlangte Heilung und Begnadung durch Jesus, nicht aber zu einer Freude in Jesus. Mit anderen Worten: sie würde dann nicht auf die Totalität bezogen sein, welche die "Freude Gottes" andeutet. Freude wird dann zur "vorwiegenden Stimmung", nicht aber zur Tugend der Selbstverwirklichung des Menschen, durch die er seine äußerste Stärke erreichen und aus der Ohnmacht ausbrechen kann. Die Rationalität muß bewahrt bleiben, damit die mystische Intensität zur herrschenden Stimmung werden kann. Anders formuliert: die in einer rationalen Reflexion entdeckten Fremdbestimmungen innerhalb der "Kultur der Armut" müssen aufgehoben werden, damit die "vorwiegende Stimmung" zur "integralen Stimmung" werden kann.

6.2.5 Erde - Himmel.

Im Pentecostismo wird das Heilige dialektisch erfahren: Es ist zunächst "von sich her" da, als erhabener Gott, von dem kein Bild erstellt werden darf. Zugleich aber ist es immer "für mich" da: es macht sich auf vielfältige Weise innerhalb der "cordialen" Gemeinschaft präsent, sei es durch das Wunder der Heilung, sei es durch die physisch erfahrene Freude über die Gewißheit der Erlösung.

Anders aber verhält es sich mit der Grundbefindlichkeit des Menschen: ihre dialektische Spannung wird zur radikalen Spaltung. Der Pentecostismo gibt einerseits Informationen über das Befinden des armen Menschen, über seine Umweltbedingungen, über Leiden und über Freude. Auch er wird intensiv durch den Himmel fasziniert. Trotzdem etabliert er eine radikale Trennung zwischen Erde und Himmel, die er respektiv zur perversen Welt des Teufels und zur Welt Gottes - das frohe Reich Jesu - deklariert. Auf dem Kampfplatz zwischen diesen zwei entgegengesetzten Welten entwickelt sich das Drama des Kampfes um die individuelle Rettung: Die Erlösten müssen darum ringen, die böse Welt des Fleisches und der Verdammten zugunsten der guten Welt des Geistes zu überwinden und sich von ihr zu trennen.

7. KRITERIEN EINER "KRITISCHEN THEORIE" DER RELIGION.

Unsere Suche nach den hermeneutischen Voraussetzungen in beiden Formen der Volksreligiosität hat uns zu den oben angeführten Schlüsselbegriffen gebracht, auf die sowohl Anthropologen als auch Pastoraltheologen achten müssen, um dem Phänomen gerecht zu werden. Diese Schlüsselbegriffe werden durch die Dialektik Emotionalität - Rationalität, Erde - Himmel
miteinander in Spannung gehalten. Sie wurden auf die Verantwortung vor
dem Humanum hin hinterfragt und das Ergebnis lautet: Die religiöse Erfahrung in der Volksreligiosität ist kein unmenschlicher vorreflexer Vorgang, mindestens dort nicht, wo die dem Volk eigene Kreativität religiös
oder kulturell nicht zum Stillstand gezwungen wird.

Die Analyse hat ergeben, daß die amero-indianische und die afro-brasilianische Religiosität (Umbanda) sich am stärksten der Rationalität des Wortes widersetzt: sie vernachlässigt den Ausdruck des Wortes vielleicht unbewußt, aber äußerst wirksam. Dafür gibt sie sich mit Begeisterung der
Gestik, der Trance, der Musik, dem Tanz und der Licht- und Bildersym-
bolik hin (1).

Es steht weiter zu vermuten, die Disziplin des Pentecostismo habe weniger mit Mystik als mit einer Abwehr gegen analytische Rationalität zu tun.
Trotz einiger theoretischer Ansätze einer Achtung der Vernunft im ersten
Artikel des Credo der Assembléia de Deus: die Vernunft soll nicht verletzt
werden (2), prädominiert im Pentecostismo die Geringschätzung, ja sogar
die Verachtung der "menschlichen Weisheit" (3) und Rationalität, die nur
den "Kopf", nicht aber das "Herz" wachsen läßt und nicht lehren kann, wie
man "lebt" und "glaubt" (4). Dies alles deutet darauf hin, daß solche Verschwiegenheit weniger mit dem Schweigen echter Mystiker vor Gott zu tun
hat, als mit einer Schweigedisziplin vor den Menschen, die Nichtmitglie-
der sind - die "Fremden", in der Terminologie des Pentecostismo - und
die man als Arkandisziplin betrachten muß. Die Kraft der Mystik schlägt
im Pentecostismo um in die Ohnmacht des Mystizismus, der seine emotionale Erfahrung zur selbständigen Quelle macht und dessen Stärke allein als
Abwehr der Rationalität erlebt wird (5).

Beim Catolicismo Popular der Menschen auf dem Lande gibt es wahrscheinlich weder den bewußten Rückgriff auf Strukturelemente aus der Religionsgeschichte der Sklaven (Umbanda), noch die sich gegen den Zugriff der Rationalität wehrende Verschwiegenheit (Pentecostismo). Im Catolicismo Popular bleibt ganz einfach deshalb alles beim Alten, weil es zur Zeit noch
fehlt an der Anregung, sich dem Element der Rationalität in der Religion
zu stellen, das mit der Wortverkündigung durch die Träger der Pastoration effektiv wird. Anders als in den Stadtzivilisationen, die zur Umwelt
der Umbanda und des Pentecostismo gehören und deren Religiosität einen
nostalgischen oder doch die Rationalität abwehrenden Geheimbundcharak-
ter aufprägen, ergeht es dem Catolicismo Popular auf dem Lande. Er übt
seine Religiosität noch relativ unbehelligt von der rationalisierten Zivili-

sation aus, verliert in aller Regel auch die jungen Menschen seiner Lebenswelt, die über Schulen und Universitäten in die Stadt oder die Orden und Kongretationen abwandern, aber nicht oder nur selten wieder aufs Land zurückkehren. Nur die Technik als Rationalitätsform, nicht die Philosophie oder Theologie des Nachdenkens und Analysierens tritt in die Lebenswelt des Catolicismo Popular ein. Weil man aber sehr wohl zwischen technischer Arbeitswelt und häuslicher Religiosität beziehungsweise der Sonntagswelt der Feste leicht unterscheiden kann und dies auch tut, bleibt derzeit im Catolicismo Popular der Konflikt der Interpretationen des Lebens durch Emotionalität einer- und Rationalität andererseits noch unbewußt (6), deutet sich höchstens latent an, bricht jedenfalls nicht aus und wird auch kaum durch den Rückgriff auf Nostalgie oder Schweigedisziplin zu meistern versucht.

Bevor es aber, was bei der auch das Land und seine Bevölkerung einnehmenden Zivilisation bald zu erwarten steht, zur direkten und unerbittlichen Konfrontation der Religiosität des Catolicismo Popular mit der rein-technischen Rationalität kommt und dann auch der noch öffentliche Catolicismo Popular abgedrängt wird in nostalgische oder arkandisziplinäre Geheimbündelei, gibt es für ihn noch eine religiös echte Chance.

Anknüpfend an die kulturell wie religiös beachtliche Leistung der Amalgamation verschiedener Kulturen in der Barockzeit, von der Brauchtum und Frömmigkeit im Catolicismo Popular heute noch leben, kann versucht werden, an die Reflexionskraft derer kritisch zu erinnern, die dem Catolicismo Popular damals seinen bis heute geltenden religiösen Ausdruck schufen. Anders gesagt: Um den Catolicismo Popular auf die unausweichliche Konfrontation mit der Rationalität vorzubereiten, kann man eine Arbeitshypothese für die Pastoration vorschlagen, die nicht bilderstürmerisch noch gelebte Ausdrucksformen der Religiosität zerschlägt, gleichzeitig aber doch kritisch daran erinnert, daß dies alles nicht vom Himmel fiel, sondern initiativ von Menschen kreiert wurde, die bedacht den Konflikt verschiedener Kulturen zur Amalgamation und schließlich zu einer neuen Kultur führten. Sowenig der lateinamerikanische Barock, in dessen religiöser Ausdrucks welt der Catolicismo Popular lebt, rein iberisch, rein afrikanisch oder rein indianisch ist, sondern alles zusammen zu einer neuen Kultur verband, sowenig muß die zu suchende neue Ausdrucksform des Catolicismo Popular rein emotional oder rein rational sein. Es gilt, und scheint im Catolicismo Popular eher möglich als bei der Umbanda oder beim Pentecostismo, welche die Probe teils schon verpaßt haben, in der kritisch-analytischen Aufarbeitung des seit lange Gegebenen rational darauf zu reflektieren, wie damals und dann hoffentlich auch heute der Konflikt verschiedener Interpretationen des weltverbundenen Religionsverhaltens zureichend zu bestehen ist. Die Benevolência als Balancekraft des Catolicismo Popular ebenso wie die "cordiale" Mitmenschlichkeit des Pentecostismo müßten wieder aktiviert werden, und das bedeutet, die Religiosität des Volkes muß von der ihr zugefallenen Irenik zur Kreativität (7), von der undifferenzierten Emotionalität eines bloßen Beheimatetseins zur rationalen Verantwortung, von der ratio-

nalen Verantwortung zur befreienden Praxis in der Konstruktion einer neu_
en Welt, einer Welt, die ebenso gewiß der Emotionalität sowenig entbehren
wie sie der Rationalität entkommen kann. Dadurch würde auch die "cordiale" Gemeinschaftlichkeit an Vitalität und an Anziehungskraft gewinnen.
Die Achtung auf die wieder zu belebende Kraft der Rationalität in der Volksreligiosität muß schon deshalb von Anthropologen und vor allem von den Pastoraltheologen hoch geschätzt werden, weil die in unserem Teil II durchgeführte Analyse das Ergebnis einbrachte, im Catolicismo Popular und im
Pentecostismo fehle das jeder religiösen "basic attitude" einer jeden religiösen Gruppe konstitutive Element "rationale Rechtfertigung" (Wort). Auch
hier muß der Konflikt aufrechterhalten bleiben. Sonst würde die wieder akti-
vierte Benevolência oder die "cordiale" Gemeinschaftlichkeit in den bloßen
bilderstürmerischen Rationalismus entarten, und das heißt: der Catolicismo Popular könnte nur dann in Betracht gezogen werden, wenn er kein ernst-
haftes Hindernis mehr sei zum heute eindringenden eindimensionalen Fortschrittsdenken (8). So sehr ein solches Programm den Anschein einer rea-
listischen Pragmatik haben könnte, würde er auch die Chance verpassen,
eine humanere Gesellschaft zu gestalten und auf eine befreiendere Religiosität hin zu steuern. Aus der Dialektik: Rationalität - Emotionalität würde
dann ein Element, nämlich die einer jeden religiösen Erfahrung eigentüm-
liche emotionale Dimension, rücksichtslos gestrichen. Denn Rationalität
alleine spaltet den Menschen: für sie gibt es dann nur den Kalkulator oder
den Träumer (9). Eine kritische Theorie könnte somit nicht erstellt werden, weil dann nur eine Art der Erfahrung durch Reflexion eingebracht
würde.

Man kann das Programm, welches diesem Pastorationsplan zugrunde liegt,
eine "kritische Theorie" der Religion nennen. Dabei kann "kritische Theorie" nicht nur das kritische Sicherinnern an die belebende kreative Kraft
der Menschen meinen, die im kulturellen Konflikt eine neue Kultur schufen. Diese Erinnerung gilt zwar als Vorbedingung zur Sichtung von Kriterien der Erfahrung im Catolicismo Popular und im Pentecostismo: Benevolência, "cordiale" Gemeinschaftlichkeit, Freude, Leiden und die Dialektik Erde - Himmel, welche durch eine jede phänomengerechte "Theorie
der Religion" beachtet werden müssen. Diese Anknüpfung an die Vergangenheit kann aber nur dann die Phase einer bloßen wiederbringenden Verlängerung der alten Tradition überwinden und das heißt: kritisch wirken,
wenn sie, zweitens, mit dem Kriterium Befreiung konfrontiert wird, das
sowohl in der heutigen Religionssoziologie, als auch in der kritisch-her-
meneutischen Reflexion der modernen Theologie beachtet wird. Es stellt
sich daher als weitere Forderung für unseren Plan, die Volksreligiosität,
insbesondere den Catolicismo Popular, mit dem theologischen Denken in
Lateinamerika in Beziehung zu stellen. Denn schließlich muß der Catolicismo Popular nicht nur die Probe der Kultur, das heißt die Konfrontation
seiner Formen menschlichen Lebens mit den Erfahrungen des sich selbst
erkennenden Menschen bestehen, vor dem Humanum also, sondern sich
auch den Herausforderungen des Glaubens stellen, weil er sich als Religiosität versteht, die im Lichte der Kraft Gottes gesehen wird: Religiosität

als Verantwortung des menschlichen Lebens vor Gott und Kultur als Verantwortung des menschlichen Lebens vor dem Humanum sind nicht dasselbe für den religiösen Menschen, der sich um des Menschen willen über die Verantwortung vor dem Menschlichen hinaus auch noch vor Gott verantworten will (10).

Ist dem so, dann müssen die in unserer Analyse aufgedeckten Schlüsseleigentümlichkeiten der Erfahrung des Catolicismo Popular auch durch die theologische Reflexion phänomengerecht und kritisch hinterfragt werden. Denn nur dadurch können die zum Teil rustikal geprägten Formen der menschlich gelebten Religiosität mit den Erfahrungen der in der gläubigen rationalen Reflexion sich selbst erkennenden Christen in Beziehung gestellt werden, was als zweiter Schritt unseres Planes verlangt wird.

Eine erste zu erfüllende Bedingung dafür heißt allerdings, daß man auf die Emotionalität des Catolicismo Popular achtet, die nicht als "kognitiver Gehalt" gegeben ist, der vollständig in Sätzen oder in Handlungen interpretiert werden kann. Das heißt mit anderen Worten: die theologisch-kritische Konfrontation mit der Religiosität des Volkes darf nicht die Tatsache vergessen, daß letztere sich in den "restringierten Code" - Segundo Galilea spricht sogar von einem ihr eigenen linguistischen Code (11) - einer "Kultur der Armut" (Wort), in feierlichen Begehungen (Kult), in "cordiale" Gemeinschaftlichkeit und im Interesse an Heiligen - also nicht ausschließlich und vollständig in einer geregelten Sprache - buchstabiert.

Zweitens muß man von einem Begriff von Theologie ausgehen, die es mit der menschlichen Existenz ernst meint, das heißt die auf das, "was am Menschen liegt", (B. Welte) beide Augen offen hält. Anders formuliert heißt das: von der Theologie muß verlangt werden, daß sie die Erfahrung thematisiert, welche sich im Bewußtsein von Nöten in der Faszination durch den Himmel und in der Reaktion armer Schichten gegen kulturelle Imposition und gesellschaftlichen Zwang durch die sozial religiöse Haltung der Benevolência, durch Leiden, aber auch durch Ansätze der Befreiung aus einer bestimmten Bedrohung des Humanums manifestiert.

Es scheint nicht erforderlich zu sein, daß man hier gesondert behandelt, was seit dem Zweiten Vaticanum schon zum Allgemeingut, ja sogar zum "Gemeinplatz" einer jeden modernen Theologie geworden ist, daß man die Erfahrungswelt der Christen und der Nichtchristen - also auch der Católicos Populares und der Pentecostistas - genauso wie die ihr entsprechende Lebensproblematik beachten und bewerten müsse (12). E. Schillebeeckx stellt dies als erstes Kriterium für eine glaubwürdige theologische Interpretation. Eine Theologie ohne Relation auf erlebte Erfahrungsinhalte würde "bedeutungslos" sein (13). Y. Congar sagt in diesem Zusammenhang: "Statt von den Gegebenheiten der Offenbarung und der Tradition auszugehen, wie es die klassische Theologie getan hat, muß von den gegebenen Fakten und Fragen der Welt und der Geschichte ausgegangen werden" (14). Ähnlich äußert sich dazu W. Kasper: "Vom theologischen Sprechen gilt nämlich, was von allem menschlichen Reden gilt: es wird falsch, wenn man es aus seinem Zusammenhang reißt. Dieser Zusammenhang ist in der biblischen Offenbarung die konkrete Geschichte der Menschen. Deshalb müßten wir in der Theologie nicht bloß aus der inneren Systematik unserer dogmatischen oder biblischen Formeln und Begriffe, sondern vielmehr von der konkreten Erfahrungswirklichkeit her denken. Christliche Verkündigung hat nicht abstrakt die Existenz Gottes zu behaupten und zu beweisen, sondern sein konkretes Da-Sein aufzudecken, zuzusprechen, zu deuten und mit Phantasie die Möglichkeiten aufzuzeigen, die darin verborgen sind" (15).

Die Erfahrung ist in der Religiosität des Catolicismo Popular zentral. Und will man im Kontext der Volksreligiosität vom Glauben, von Gott oder von der Kirche reden, so muß man zunächst die oben herausgestellten Dimensionen des Catolicismo Popular freilegen, damit unser Diskurs Sinnfülle erhält und nicht zu einem bloßen inhaltslosen Gerede wird. Diese hermeneutische Haltung stellt eine Wende gegenüber dem schon erwähnten Vorurteil einer "Soziologie der Pfarrei" dar, die als entscheidenden Faktor zur Beurteilung der Ernsthaftigkeit der Religiosität des Volkes die statistisch meßbare "ekklesiale Vitalität" gelten läßt, worin der "leuchtende Aspekt" der Kirche - das Ausmaß ihrer Hierarchie - und ihr "finsterer Aspekt" - Mangel an Priestern und religiös ethische Ignoranz der Katholiken - erscheint (16).

Diese Betrachtungsweise ermöglicht, zweitens, eine Überwindung des theoretischen Dilemmas, ob die originelle Erfahrung des Católico Popular oder des Pentecostista ihrer Lebendigkeit nicht beraubt wird, wenn sie in das Prokrustesbett eines systematisierten Reflexionsschemas gebracht wird, denn es gibt keine naive, unreflektierte Erfahrung, auf die sich das theologische Denken stützen könnte (17). Religiöse Erfahrung ist immer schon "praktisches Wissen" (18) oder, in den Worten von Paul Tillich, unmittelbares Teilhaben und Hingabe (Partizipation) an eine unbedingte religiöse Wirklichkeit (Ultimate Concern) (19). Die Religion - auch die einer "Kultur der Armut" - ist immer eine vor-reflexe Form von Interpretation der Wirklichkeit im Ganzen, seitens eines denkenden und freien Menschen und aufgrund seines dominierenden Vorverständnisses, immer schon so oder so ausgelegt. Und wenn es stimmen soll, daß die Erfahrung im Catolicismo Popular immer schon in einem dialektischen Zusammenhang zwischen Emotionalität und Rationalität, zwischen bestimmten Wortelementen und Handeln gegeben ist, dann muß die Reflexion über diese geschichtliche Erfahrung dialektisch kritisch sein (20).

Die Frage heißt dann: welche sind die "loci communes", die sich der heutigen lateinamerikanischen pastoral-theologischen Reflexion bieten, um mit der Religiosität des Volkes dialektisch-kritisch ins Gespräch über Gott zu kommen? Die Erörterung solcher "Gemeinplätze" stellt sich deswegen schon als Forderung dar, damit die zum Teil auseinanderlebenden Impulse der Erfahrung in der Volksreligiosität "mit Phantasie" freigelegt werden können, in denen es sinnvoll ist, vom Gott-Menschen des Evangeliums und von einer menschlich befreienden Aktion der Kirche zu reden.

7.1 Das lateinamerikanische Kriterium Befreiung in einer kritischen Theorie der Religion.

Die lateinamerikanische Reflexion findet ihren heutigen theologischen Ort in der Befreiung: die Erfahrungen der Menschen können nur dann mit der Offenbarung in Zusammenhang gebracht werden, wenn man vom alltäglich erfahrenen konfliktiven Binom: Abhängigkeit - Befreiung ausgeht. Denn heutzutage werden die sozialen Entfremdungen und Fehlentwicklungen als Folge einer geschichtlichen Abhängigkeitssituation der armen Massen - besonders der auf dem Lande lebenden - verurteilt. Das Bewußtsein der Abhängigkeit führt aber zum Versuch der Abschüttelung dieses geschichtlich entstandenen Zwanges (21). Dieser Stand der Dinge führt dazu, daß die Konfrontation zwischen Rationalität und Religiosität des Volkes heutzutage nicht so sehr auf rational-technologischer (Säkularisierung), als auf politisch-befreiender Ebene - im Lichte des Binoms: Abhängigkeit - Befreiung - geführt wird: Der Catolicismo Popular wird nicht nur der Probe der technischen, sondern vor allem der Rationalität einer menschlichen Befreiung ausgesetzt, die nicht an erster Stelle Ideen und Normen des Religiösen mit Ideen und Normen säkularen Ursprungs - mit der Herausforderung des Pluralismus also - konfrontiert (22). Diese Rationalität fragt eher nach Wegen, wie man die Jahrhunderte alte soziale Abhängigkeit zu überwinden vermag.

Ein Ansatz dazu bildet sich im neuen heranwachsenden politischen Bewußtsein, das den als irrealistisch entlarvten Entwicklungsprozeß der sechziger Jahre in einen revolutionären Umwälzungsprozeß umgestalten will: er versucht, ein revolutionäres Ethos zu schaffen, das die Gesamtheit des Lebens und Tuns in Beschlag nimmt und den Menschen zum totalen Einsatz bringt. Somit läuft der Säkularisationsprozeß in Lateinamerika nicht über das hinaus, was in der nordatlantischen Halbkugel "Emigration der Kirche aus der Gesellschaft" (23) genannt wird. In Lateinamerika entwickelt sich der Prozeß auf einer anderen Ebene, auf der die Konsequenzen der Säkularisierung in bestimmter Weise viel radikaler sind, weil sie zum revolutionären Prozeß des Sozialismus führen. Man denkt nicht nur an soziale Gerechtigkeit, sondern an den befreienden Kampf, der alleine in der Lage ist, die Unterdrückten zu befreien. Das Instrumentarium der Analyse und der Aktion wird aus dem theoretischen Angebot des Marxismus und Neo-Marxismus geholt. Es kann keine soziale Reform geben - auch keine christlich inspirierten Programme - wenn sie nicht zur Wurzel der sozialen "malaise", nämlich zu den vorhandenen ungerechten und unterdrückenden sozialen Beziehungen zwischen Arm und Reich, zwischen Peripherie und Entscheidungszentren als Neuauflage der früheren kolonialen Situation fortschreitet.

Man kann drei Grobetappen im geschichtlichen Werden der Säkularisation als politischem Prozeß innerhalb christlicher Gruppen in Lateinamerika unterscheiden, die gleichzeitig drei Haltungen im Horizont christlicher Gesellschaftspraxis andeuten (24):

- Zunächst entstehen christlich orientierte politische Parteien, die, sich
auf päpstliche Enzykliken und besonders auf den französischen Philosophen
Jacques Maritain und andere neo-thomistische Philosophen berufend, für
die "soziale Gerechtigkeit" kämpfen, womit schon sie in den Verdacht traditioneller katholischer Gruppen gerieten, sie würden dem Marxismus an-
heimfallen.

- In einem zweiten Moment entdeckte man, daß die Ethik der ersten Phase
kein wirksames politisches Instrument lieferte. Damit christliche Gruppen
von den ethischen Prinzipien zum wirklichen Feld der Politik gelangen konnten, verlangte man nach operationalisierbaren Prinzipien. Christliche Parteien glaubten, das in der Ideologie der Entwicklung durch Veränderung sozialer und ökonomischer Strukturen finden zu können. Die "Revolution in
Freiheit" wurde als politische und als christliche Pflicht geführt. Letzteres wird in neuen päpstlichen Schreiben und in zahlreichen Dokumenten
des lateinamerikanischen Episkopates ausdrücklich betont. Das Kriterium
dieser Pflicht wurde in der Gerechtigkeit gesucht, die vom Evangelium
proklamiert wird. Das Religiöse blieb weiterhin ein tragendes Element
dieser Parteien, die in einigen Ländern - zum Beispiel Chile und Peru -
zur politischen Macht gelangen konnten. Hier gibt es noch keine Säkularisation im Sinne von Distanzierung gegenüber dem Christentum. Allerdings
deutet sich in der Praxis die Tendenz an, die erforderlichen Reformen
ausschließlich auf dem sozialen und ökonomischen Sektor durchzuführen.
Religiös gerechtfertigt wurde diese "Säkularisierung" mit dem vom Zweiten Vaticanum vorgeschlagenen Begriff: "Autonomie der irdischen Wirklichkeiten" (25).

- Die heutige dritte Etappe wird bezeichnet als "neues Moment" eines
Säkularisierungsprozesses: überall entstehen Gruppen von Christen - besonders Priestern, denen das Soziallehreprogramm christlich-demokrati-
scher Parteien für die Lösung der lateinamerikanischen Probleme untauglich scheint. Es geht ihnen deshalb nicht mehr darum, die soziale Gerechtigkeit zu proklamieren, sondern eher um den befreienden Kampf zwischen
Arm und Reich, zwischen Peripherie und Entscheidungszentren, aus dem
der Unterdrückte befreit werden soll. Jede andere Art von Reform - auch
die christlich inspirierte - erscheint im Angesicht dieser Theorie als eine
Art, die Wahrheit der bestehenden ungerechten und konfliktiven sozialen
Beziehungen zu unterschlagen oder als Rechtfertigung des kapitalistischen
Systems durch Beseitigung nur einiger an der Oberfläche evidenter Ungerechtigkeiten, ohne jedoch an die wahre Wurzel des Übels vorzustoßen.
Die Vertreter der "politischen Säkularisationstheorie" halten es für sicher:
die einzige Weise, ein wahrer Christ zu sein, bestehe darin, daß man die
Symbole des Christentums in Funktion des Befreiungskampfes der Unterdrückten liest und das heißt: man muß die Theorie der "Autonomie der irdischen Wirklichkeiten" als unzulänglich aufgeben und von nun an die Wirklichkeit als Geschichte der Armen in ihrem Befreiungskampf betrachten.

Die geschichtlichen Informationen Pobletes dürften wohl Hinweise dafür
gegeben haben, daß der Entschluß der lateinamerikanischen Theologie
zur Befreiung kein Meteor ist, der plötzlich vom Himmel gefallen ist. Er
reifte in einem langen Gärungsprozeß der Reflexion katholischer Theologie. Es scheint daher sinnvoll, die entscheidenden Momente dieser Entwicklung gesondert zu behandeln. Wir beschränken uns in diesem kurzen
historischen Überblick auf drei kirchliche Dokumente: Die Konstitution
"Gaudium et Spes" vom Zweiten Vaticanum, die Enzyklika "Populorum
Progressio" Papst Paul's VI. und die sechzehn Beschlüsse der General-
versammlung des lateinamerikanischen Bischofsrates in Medellin (1968).
Unsere Einengung kann mit dem Hinweis begründet werden, daß die genannten Dokumente, besonders letzteres, als Kristallisationspunkt des
theologischen Denkens in einer seiner entscheidendsten historischen Phasen, sowie als Ermutigung zu neueren Pastoralexperimenten angesehen
werden können.

7.1.1   Pastoraltheologische Anstöße seitens der institutionellen Kirche.

7.1.1.1 Die "Brüderlichkeit" als "locus communis" für die Begründung
         der Verhältnisse zwischen Kirche und Welt (Gaudium et Spes).

Gaudium et Spes appelliert nicht bloß an die "Kinder der Kirche" oder die,
welche den Namen Christi anrufen, sondern die ganze "Menschheitsfamilie mit der Gesamtheit der Wirklichkeiten, in denen sie lebt" (26) wird an-
gesprochen und aufgerufen, verantwortlich ihren Beitrag für den Aufbau
einer internationalen brüderlichen Gesellschaft zu leisten (27). Begründet
wird diese Zuwendung zu allen Menschen damit, daß Gläubige wie Nichtgläubige, Arme wie Reiche, gemeinsam den gleichen Wunsch hegen, "die
Welt mehr entsprechend der hohen Würde des Menschen zu gestalten" (28),
vor allem gemäß seiner ihm von Gott geschenkten Freiheit.

Da sich der Mensch heute nach Ansicht des Konzils in einer neuen Epoche
seiner Geschichte befindet, welche die technischen Möglichkeiten bereit-
stellt und weil sie aufgrund ihrer wesentlichen Gleichheit vor Gott in vorgegebenen sozialen Beziehungen miteinander leben, müssen auch alle Menschen ihren Dienst an der Vollendung der Einzelnen und der Gruppen leisten, das heißt dazu beitragen, daß die individuellen und kollektiven Fähigkeiten der Menschen innerhalb einer Atmosphäre menschlicher Solidarität
zur vollen Entfaltung gelangen können. Die Gläubigen werden an ihre Rolle innerhalb der politischen Weltgemeinschaft - im Konzert der "Menschheitsfamilie" - erinnert. Sie werden aufgefordert, in engere Verbindung
mit dem Mitmenschen zu treten, weil es der "Absicht Gottes" entspricht
(29) und weil das größte Gebot die Liebe zum Nächsten ist, hat die brüderliche Gemeinschaft auf Erden große Bedeutung und Relevanz für das Reich

der Wahrheit und der Gnade (30). Die Konsequenz lautet dann: die "kirchliche Gemeinschaft" kann ihren Dienst Gott gegenüber nur dann erfüllen, wenn sie der "menschlichen Gemeinschaft" einen brüderlichen Dienst erweist und wenn sie bereit ist, aus ihr zu lernen. Dieser Gedanke wird nochmals in der Form einer Drohung wiederholt: wer seine "irdischen Pflichten" vernachlässigt, bringt sein ewiges Heil in Gefahr (31).

Umgekehrt gilt aber auch: Nur wenn die Kirche Sauerteig der Brüderlichkeit ist, kann sie ihren Auftrag gegenüber der Welt erfüllen, weil Brüderlichkeit nämlich ein Wert ist, der die heutige allgemein-menschliche Erfahrung thematisiert und anspricht, daß sich menschliches Wertstreben nicht im Fortschritt erschöpft, sondern in der Gemeinschaft von Personen, die eine gegenseitige Achtung ihrer geistigen Würde verlangt. Nur wenn die Kirche die Brüderlichkeit zum eigenen tragenden Grund macht, kann sie ihre Pflicht des Dialogs, der Verbundenheit, der Achtung und der Liebe gegenüber der ganzen "Menschheitsfamilie" erfüllen und die "Zeichen der Zeit" lesen, beziehungsweise sie im Lichte des Evangeliums deuten. Es entsteht eine Basis, von der her die Kirche die Möglichkeit erhält, in einer angemessenen Weise den bleibenden Fragen des Menschen nach dem Sinn des Gegenwärtigen und des Zukünftigen und der Verbindung beider eine Antwort zu formulieren (32). Mit anderen Worten: die Kirche sieht in der brüderlichen Einstellung eine Bedingung "sine qua non" zum "rechten" Aufbau der menschlichen Gesellschaft und zur "Rettung" der menschlichen Person innerhalb der sozialen und politischen Bedingungen in der Welt von heute (33).

Gaudium et Spes erschöpft sich in einer allgemein gehaltenen Skizze für die zu leistende Arbeit für die neue Gesellschaft. Es werden keine konkreten Modelle ausgearbeitet: in diesem Schema prädominieren die Appelle an die menschlich und religiös verbindende Kraft der Brüderlichkeit. Ein ganzes Stück weiter geht indes die zwei Jahre nach Abschluß des Zweiten Vaticanums von Papst Paul VI. veröffentlichte Enzyklika "Populorum Progressio" (34).

7.1.1.2   Die menschliche Hebung der Völker als Stätte der Verwirklichung des Auftrages der Kirche (Populorum Progressio).

Populorum Progressio geht, ähnlich wie Gaudium et Spes, von der zu fördernden Brüderlichkeit zwischen den Einzelnen und zwischen den Nationen aus: "Die Welt ist krank. Das Übel ... liegt im Fehlen der brüderlichen Bande unter den Menschen und unter den Völkern" (35). Daher beabsichtigt die Enzyklika, die Kirche zu einer neuen Art der Solidarität mit der Welt zu führen. Danach kommt der Kirche die Aufgabe zu, eine menschliche Hebung der Völker zu bewirken, denen sie den Glauben an Christus verkündigt (36). Es geht nicht mehr, wie in der Vergangenheit, primär um die Errichtung von Kirchen, Krankenhäusern, Schulen oder Universitäten:

solche Privatinitiativen genügen heute nicht mehr, dem Umfang und dem
Ernst der weltumfassenden sozialen Lage gerecht zu werden, wo traditionelle Zivilisationen mit modernen Strömungen zusammenprallen und wo
reiche Länder in ungerechter Weise durch Kolonisation und Kolonialismus
dazu beitragen, daß arme Völker in "unmenschlichen Bedingungen", das
heißt in materieller und moralischer Not - in Unterentwicklung-leben (37).
Heutzutage geht es vielmehr darum, diese Lage zu ändern und das heißt
für die Kirche, den Widerstand der Armen gegen eine als des Menschen
unwürdig erfahrene Situation wahrzunehmen und ihn in Richtung einer "solidarischen Welt integral zu entfalten. Populorum Progressio vertieft damit die Einsicht des Zweiten Vaticanums, die Kirche dürfe nicht die Entwicklung diktieren. Will sie unter dem Einfluß des Heiligen Geistes das
Werk Christi in der Welt fortsetzen, so wird sie eine dienende Haltung
einnehmen müssen. Daher wird es verständlich, wenn Paul VI. wiederholt, die Kirche in ihrer Gesamtheit müsse sich in den Dienst der integralen Entwicklung der Menschen als "evangelisches Ferment" stellen, das
im menschlichen Herzen ein unbezwingbares Verlangen nach Würde erweckt

Die Wiederentdeckung der Forderung des Evangeliums zwingt die Kirche
aus ihrer Isolation heraus und führt sie dazu, allen Nationen das anzubieten, was sie zu besitzen glaubt, nämlich ein globales Bild des Menschen,
das undifferenziert als "vollkommener Humanismus" (39), als "solidarische Welt" (40) oder als "bessere Welt" (41) bezeichnet wird. Nach diesem integralen Modell wird auch die zu fördernde Entwicklung konzipiert:
Sie soll dem ganzen Menschen und allen Menschen (integral) zugute kommen (42). Mit anderen Worten: der neue christliche Humanismus soll es
dem modernen Menschen ermöglichen, von den "weniger menschlichen Bedingungen" in denen er lebt, zu "menschlicheren Bedingungen" zu gelangen und das heißt, er soll neben dem materiellen Fortschritt die höheren
personalen Werte der Liebe, der Freundschaft und der Kontemplation erreichen (43). Und damit diese höheren Werte nicht, wie bislang, das Privileg einer kleinen Oberschicht bleiben, werden alle Menschen und Nationen aufgefordert, für diese Entwicklung in Gerechtigkeit und Frieden zu
arbeiten, damit die Bedingungen aufgehoben werden können, welche verhindern, daß die große Masse der Armen und Hungrigen menschenwürdig
leben kann.

7.1.1.3 Der theologische Ort von Medellin: eine befreiende Soli-
darität mit den Armen und ihrer Religiosität.

Populorum Progressio verkündet der ganzen Welt: "Entwicklung heißt der
neue Name für Frieden". Kein Wunder, wenn die Bischöfe Lateinamerikas
ein Jahr später in Medellin ihrerseits einstimmig proklamieren: "Die Kirche muß einen solidarischen "Kompromiß" mit den Armen eingehen", da

die Situation des Kontinents durch "unmenschliche Bedingungen" charakterisiert ist, die zum Himmel schreien. Wie bereits erwähnt (44), lenken die Bischöfe in Medellin ihre Aufmerksamkeit auf den Menschen des lateinamerikanischen Kontinents mit dem Bewußtsein, daß die Hinwendung zum Menschen eine Hinwendung zu Gott bedeutet. Angeregt durch das Zweite Vaticanum, überwinden sie herrschende Kategorien und Arbeitshypothesen, welche von vorneherein der katholischen Kirche den Primat des brüderlichen Wortes vorbehalten. Medellin erprobt einen anderen Weg, und akzeptiert nach dem Beispiel von "Populorum Progressio" die Vermittlung der Analyse der Sozialwissenschaften, um sich ein vollständiges Bild der Wirklichkeit zu verschaffen.

In diesem Unternehmen gehen den Bischöfen die Augen auf: der gesuchte lateinamerikanische Mensch lebt religiös und sozial unmenschlich. Er wird durch Mangel an Solidarität, aber auch durch marginalisierende kollektive Armut, durch ungerechte Strukturen sozialer, kultureller und ökonomischer Art, durch Frustrationen und durch Gewalt unterdrückt. Mit einem Wort: der lateinamerikanische Mensch lebt in krassen "unmenschlichen Verhältnissen". Diese Analyse bringt sie zu dem Schluß: es genügt nicht, ein apostolisches Wort in der Form eines Appells zur Brüderlichkeit (Vaticanum II) zu formulieren, denn die Stunde verlangt nach einem Handlungswort: Es ist die Stunde zum Handeln, zum schöpferischen Erdenken der geeigneten Tat. Man muß sich fragen: wie kommt man aus dem Teufelskreis heraus? Anders formuliert: wie kann man in Lateinamerika aus "weniger menschlichen" zu "menschlicheren Bedingungen" kommen?

Weil das Schlüsselwort des Zweiten Vaticanums - Brüderlichkeit - und das Projekt von Populorum Progressio - Entwicklung in Frieden - zu allgemein bleiben und nicht dem Ernst der lateinamerikanischen Lage entsprechen, buchstabiert Medellin Brüderlichkeit und Entwicklung in einen befreienden solidarischen "Kompromiß" mit den Armen. Die Begründung dafür ist zunächst allgemeiner pastoral-theologischer Natur: die Welt erscheint als Geschichte, das heißt jeder Einzelne lebt bereits in solidarischen Beziehungen, die ihn verpflichten, Werke der Solidarität, der gerechten Entwicklung und der Humanisierung zu tun (45).

Wenn man aber im Glauben bedenkt, daß nur der Befreite zum Befreier anderer werden kann, so stellt sich die Forderung nach einer inneren Wandlung und Bewußtseinsänderung der Kirche selbst als notwendig dar. Die Bischöfe nehmen diese Forderung ernst und bekennen, die lateinamerikanische Kirche müsse heute jeden Preis und jedes Opfer auf sich nehmen, damit sie durch eine Reform ad intra zur Selbstbefreiung kommen kann, weil sie als integrierender Teil der lateinamerikanischen Wirklichkeit auch der Entfremdung durch die Kolonisierung lebte. Nur so scheint die Möglichkeit gegeben, sich heute solidarisch mit Lateinamerika und mit der ganzen Welt zu öffnen. In der Terminologie von Medellin heißt es: die Probleme und Kämpfe der Armen müssen als die eigenen betrachtet werden: man muß arm sein mit den Armen, weil sich nur durch Einfachheit und wahrhaftige Fraternität ein Zugang zu den Armen eröffnen läßt. Nur dann wird es der Kirche möglich sein, in der Sprache und im Namen der Armen zu sprechen, wenn sie selbst zu einer Kirche der Armen wird (46).

Selbstbefreiung verlangt nach Bekehrung zum Geist des Evangeliums und das heißt eine endgültige Überwindung der dualistischen Einstellung, die zwischen Glauben und Leben trennt, denn "in Christus hat nur der Glaube Kraft, der durch die Liebe wirksam ist" (47). Liebe wird von der Kirche in Medellin als Solidarität mit den armen Völkern verstanden. Dieses brüderliche Verbundensein verlangt wiederum nach dem Zeugnis biblischer Armut als authentischem und verständlichem Zeichen für die Armen (48). Ist die Kirche aber durch Solidarität den Armen verpflichtet, so muß sie ihre Stimme zur Anklage gegen die herrschenden Ungerechtigkeiten und Unterdrückungsmechanismen erheben, unter denen die Massen leiden, die eine Beleidigung - Sünde - gegenüber dem Menschen und gegenüber dem Evangelium sind. Dadurch demonstriert die Kirche in Medellin, daß Handeln Wahrheit in Erfahrung bringen kann: wer handelt, der weiß sich der Erde und allen Menschen verbunden, die nah und fern sind. Handeln heißt dem anderen und damit sich selbst das Bewußtsein des Alleinseins nehmen und das bedeutet: handeln ist sinnvoll.

Wenn dem so ist, dann müssen sich die Bischöfe Gedanken darüber machen, wie man in Lateinamerika den von Populorum Progressio beschriebenen Stand der Dinge - "weniger menschliche Verhältnisse" - mit dem Traum der Freiheit beziehungsweise mit der Hoffnung auf "menschlichere Verhältnisse" im Glauben vermitteln kann. Mit anderen Worten: was ist seitens der Kirche zu unternehmen, damit die Massen die Stunde ihrer Befreiung nicht verschlafen und weiter in Interesselosigkeit für die Freiheit dahinvegetieren? Mit dem Programm "Freiheit durch menschliche Solidarität" entkommen die Bischöfe der Versuchung, durch das Festbinden der Freiheit an einem singulären Freiheitsmodell aus der Freiheit für alle eine Diktatur der aus dem Befreiungskampf siegreich hervorgegangenen selbstbewußten Elite zu machen, die als nunmehr oligarchisch Herrschende neue Privilegien für einige wenige schaffen. Gestützt wird dieses Programm in Medellin durch die Forderung einer "Pädagogik der Befreiung" im Dienste einer zu erreichenden menschlich-religiösen Integration in Lateinamerika. Pastoral konzipiert wird dieses Vorhaben als Wortverkündigung (Re-evangelisierung der Católicos Populares) und als Ansporn zur Praxis (Bekehrung zur Solidarität), das heißt als bewußte Entdeckung der gemeinschaftlichen Dimension der Menschen (49).

Es scheint uns wichtig zu betonen, daß Medellin schon Ansätze dafür liefert, wie eine der tiefsten Aporien der heutigen lateinamerikanischen Befreiungstheologie hinsichtlich der Religiosität des Volkes überwunden werden kann, nämlich die Dialektik: Elite - Masse, auf die wir noch zurückkommen müssen: Die Bischöfe fordern "menschlichere Bedingungen" der Freiheit, vergessen aber nicht zu sagen, man müsse den armen Menschen berücksichtigen beziehungsweise ihn verstehend annehmen. Das heißt mit anderen Worten: der befreiende "Kompromiß" muß als Kriterium lateinamerikanische Werte (Elemente einer Kultur der Armut) aufnehmen, damit die Befreiung menschlich bleibt. Unter diese Werte werden ohne Unterscheidung zwischen menschlich und religiös folgende gestellt:

- angeborener Sinn für die Würde aller

- Neigung zur Fraternität und Gastfreundschaft ("cordiale" Gemeinschaftlichkeit)

- Sinn für das Leben und für den Tod (Erde - Himmel)

- Gewißheit, daß es einen Vater aller Menschen gibt

- Gewißheit, daß alle Menschen ein transzendentales Schicksal haben.

Werden diese Elemente beachtet, dann kann eine befreiende Erziehung eintreten, die den Armen zum Subjekt ihrer eigenen Entwicklung innerhalb der gemeinschaftlichen Solidarität macht (50). Erst danach kann die geforderte integrale Entwicklung beziehungsweise der Übergang aus "weniger menschlichen Bedingungen" zu "menschlischeren Bedingungen" eintreten.

Es muß ferner besonders herausgestellt werden, daß Medellin zwei pastoral-theologische Kriterien hervorhebt, die im Mittelpunkt jeder Reflexion über die Volksfrömmigkeit stehen müssen, einer Reflexion, die kritisch auf die Leistungen der religiösen Kreativität in der Geschichte Lateinamerikas achten und diese Vergangenheit im Lichte des sich nun kristallisierenden theologischen Diskurses über die Befreiung betrachten will. Diese Kriterien kann man so beschreiben:

- Übernahme der lateinamerikanischen Kulturwerte - der "Kultur der Armut" - damit die Befreiung menschlich bleibt.

- die Art und Weise des befreienden Kompromisses: Solidarität mit den Armen im befreienden Wort (Re- evangelisierung des Catolicismo Popular) und in der Tat (Solidaritätskompromiß im Hinblick auf Befreiung).

7.1.2 Das Sich-Abzeichnen einer neuen kritischen Reflexion im lateinamerikanischen Horizont.

Die lateinamerikanische Pastoration ist sich bewußt, daß sie im "neuen Moment" des lateinamerikanischen Säkularisierungsprozesses durch Aktivierung der lebendigen Kräfte des Volkes eine entscheidende Rolle zu spielen hat. Der Anstoß von Medellin brachte die Christen zur Einsicht, es sei die Stunde gekommen, in der die Kirche ihre geschichtliche Verkettung mit den lateinamerikanischen Völkern - deren Kultur von ihrer Wiege an Hand in Hand mit der Kirche geht - kritisch überdenken, so wie ihre missionarische Tätigkeit im solidarischen "Kompromiß" mit den Armen des Kontinents dem befreienden Geist des Evangeliums anpassen könne. Als erste Früchte solcher kritischer Einstellung können die Bemühungen vieler Theologen im

Hinblick auf eine geschichtliche Schau über die koloniale Vergangenheit
der Kirche in Lateinamerika betrachtet werden, welche ihre Reflexion
darauf konzentrieren, was es heißen mag, heute ein Volk zu evangelisieren, dem die Botschaft des Evangeliums in irgendeiner Weise schon verkündet worden ist und für das die Kirche so oder so zum Leben gehört (51).
Sie versuchen der Forderung einer theologischen Vermittlung zwischen dem
kritisch befreienden Wort des Evangeliums und der solidarischen Aktion
Genüge zu tun, und es darf in diesem Kontext nicht verwunderlich scheinen, wenn ihre Bemühungen sich auf die Entwicklung einer "Volkstheologie" konzentrieren, die sich kritisch daran macht, die spezifischen Moda-
litäten zu klären und die eigentümlichen Profile zu strukturieren, durch
die in Südamerika an Jesus geglaubt und die Kirche aufgebaut wird. Aus
diesem neuen Stil in der Reflexion erwartet man Konsequenzen für die Seelsorge: seit Medellin wächst das Verlangen nach einer "Befreiungspastoral",
die danach fragt, wie die Auswirkungen des Heils in der Geschichte zu verstehen und zu verwirklichen seien, und wie man wirklich dem geschichtlichen Befreiungsprozeß dienen könne. Diese Proklamation des Wortes aus
der Solidarität mit den Unterdrückten versetzt die Kirche in die Lage einer "Kirche des Volkes" (52) und gibt ihr die Möglichkeit, die von der Vergangenheit übrig gebliebenen Spuren pädagogischer Beherrschung zu löschen,
die teilweise selbst von der Kirche als Methode zur Evangelisation angewendet wurde, weil sie an der Seite des Conquistadors stand.

Gewiß gilt der Einwand, die in den letzten fünf Jahren nach Medellin öffent-
lich-politisch gewordene Selbstvorstellung lateinamerikanischer Christen
hätte viel von einem bloßen Schlagwort an sich - das sich leicht abnutzt und
nicht mehr imstande ist, die ursprüngliche kreativ wirkende Überzeugung
ins Bewußtsein zu rufen - weil sie hier und dort als eiliges Glaubensbekenntnis christlicher Gruppen auftauchen, die von der konkreten Situation gezwungen, keine Zeit finden, sich bei theologischen Reflexionen aufzuhalten (53).
Man kann dabei leicht der Illusion einer falsch verstandenen Radikalität ver-
fallen und meinen, jede Art von Strukturen und Verbindungen mit der herrschenden Zivilisation müsse preisgegeben werden, was allerdings einer
naiven Flucht in die Vergangenheit oder in eine rein messianisch-utopische
Zukunft gleichkommen würde (54). Man kann weiterhin einwenden, daß diese Formulierungen sich noch weitgehend im Reifungsprozeß befinden und
des öfteren einen polemisch proklamatorischen Charakter aufweisen (55).
Eines muß jedoch festgestellt werden: die verschiedenen Reflexionen auf
Befreiung, die Texte geworden sind, entsprechen der oben herausgestellten ersten Bedingung einer hermeneutisch kritischen Theologie, weil sie
gelebte Erfahrungen des Menschen thematisieren, und zwar die des am
Rande der Gesellschaft lebenden armen Menschen. Mit anderen Worten:
sie meinen es mit dem "was am Menschen liegt" ernst. Sie gehen von zwei
typischen Erfahrungen aus:

- Das kollektive Elend wird als sündhafte Situation betrachtet, die nicht in
den Rang eines "Zeichens der Zeit" erhoben werden braucht, um auf dem
christlichen Gewissen zu lasten: die Realität der Armut zwingt massiv und

eindringlich sich selber auf. Man bringt dadurch nicht einfach zwei verschiedene Ordnungen - die gesellschaftlich-wirtschaftlichen und die religiösen Ebenen - die einander an und für sich nichts angehen, miteinander juristisch in Verbindung, sondern geht von dem Standpunkt aus, vom Glauben her gesehen muß es eine innere Verbindung zwischen beiden Strukturen geben. Mit anderen Worten: hinter der "Sündendiagnose" lebt die christliche Überzeugung, daß es einen engen Zusammenhang zwischen beiden Wirklichkeiten geben muß, weil die Menschen bereits innerhalb der Geschichte sowohl politisch als auch individuell das Reich Gottes aufbauen. Juan Luis Segundo definiert diese Beziehung als kausal-funktional: wenn der Glaube nichts zu den Ungerechtigkeiten in der Gesellschaft zu sagen hat, dann ist er nur vertikal absolut und das würde heißen, daß er keinen Sinn für den konkreten Menschen haben würde. Deswegen muß es eine, wenn auch bruchstückhafte reelle Kausalität zwischen Geschichte und Reich Gottes geben (56).

Um die "Sünde" der Ungerechtigkeit wahrzunehmen und das heißt, die Situation von ihrer menschlichen Bedeutung her zu erfassen, bedient sich die Theologie der Befreiung eines Erkenntnisinstrumentes, das von J. L. Segundo "geschichtlicher Sinn" (57) und von Ronaldo Muñoz das "innere Auge" (58) benannt wird. Beide stützen sich damit auf das antithetische Begriffspaar der Synoptiker: hartes, verschlossenes Herz; feinfühliges, offenes Herz (59). Wer sein Herz für die Nöte und Probleme der Armen offenhält und mit ihnen mitfühlt, entdeckt den Gott des Christentums als den Gott der Gerechtigkeit, als den Gott also, der für die Armen Partei ergreift. Wer daher sein Herz vor den leidenden und unterdrückten Menschen verschließt, verschließt sich Gott und fördert durch Aufrechterhaltung des Status quo einen Zustand, den Medellin als "Zustand der Sünde" anprangert, ja noch mehr, lebt selbst in diesem sündigen Zustand und bedarf der Bekehrung. Mit dieser Option für die Armen humanisieren die lateinamerikanischen Bischöfe das Gottesbild. Gott selbst ist es, der in der Geschichte des lateinamerikanischen Kontinents durch die Perpetuierung der gesellschaftlichen Zustände und durch die ständige Oppression der Massen provoziert wird, daher in die konkrete Geschichte Lateinamerikas eingreift und mit den Armen zusammen aufbricht in ein befreites Dasein. "Gott im Aufbruch" heißt daher bezeichnenderweise ein deutscher Sammelband über lateinamerikanische Theologie. "Gott im Aufbruch": das wird Programm und Pro-vokation der lateinamerikanischen Theologie der Befreiung.

- In dieser Sicht, und das ist die zweite typische Erfahrung, erscheint die Option für die integrale Befreiung der Armen der einzig mögliche Weg zur Überwindung der sozialen "Sünde": nur wer sich seiner Verantwortung in der Geschichte der Gegenwart für die integrale - religiöse und menschliche - humane Befreiung im Lichte der Frohbotschaft vom Reiche Gottes bewußt wird, kann seinem Glauben einen echten Ausdruck verleihen (60).

Beide Erfahrungen wurden zunächst von der pastoralen Praxis gemacht, die das theologische Schaffen auf das Thema der Befreiung und auf alle Themen, die damit verbunden sind, eingespurt hat. Es soll deshalb nicht

verwunderlich sein, wenn bei der Heranbildung der künftigen Priester und
Seelsorger die Befreiungsthematik oft einen mehr politischen und kerygma-
tisch-prophetischen als theologischen Charakter im traditionellen Sinn erhält: Aus der Erfahrung lateinamerikanischer Christen erwächst die Überzeugung, daß für Lateinamerika und für die ganze neokoloniale Welt die
"Sternstunde" der Geschichte - der Kairós - schlägt, in der der befreiende Übergang - der "qualitative Sprung" (61) - von der "Sünde" der unterdrückenden Herrschaft der verschiedenen Systeme zu dem irreversiblen
Heil in Christus und seinem Reich von den Christen als Propheten deutlicher angekündigt werden kann (62). Der daraus resultierende theologische
Diskurs wertet die Tatsache, daß Minderheiten von Christen sich anhand
dieser Erfahrung für die integrale religiös-menschliche Befreiung engagie-
ren, das heißt ein offenes und "feinfühliges" Herz für die Situation der "anderen", der marginalisierten Massen haben als "fato maior" (bedeutendste
Tatsache), dem die Reflexion der Christen ihre volle Aufmerksamkeit zu
widmen hat.

Der "fato maior", daß Christen im theologischen Prozeß von den oben genannten typischen Erfahrungen ausgehen, legt das neu entdeckte alte Kriterium des Evangeliums in die Hand: man kann von Gott nur durch eine Befreiungspraxis zugunsten des Nächsten reden. Die Theologie wird als globale Artikulation der befreiend-tätigen Hoffnung, nicht als bloße theoretisch-
reflektierende Ergründung der christlichen Hoffnung getrieben (63). Sie beginnt erst jetzt, sich zu fragen, was die Ereignisse der Befreiung zu bedeuten haben: mit Hilfe des "geschichtlichen Sinnes" und des "inneren Au-
ges" macht sie sich auf den Weg einer "syntonisierenden" Abstimmung
mit den erfahrenen Wirklichkeiten, denn sie kann in der jetzigen "Sternstunde" nicht im traditionellen "richterlichen" Stil sich fragen: "Wie hat
die Theologie darüber zu urteilen?", sondern muß die Haltung des Hor-
chenden annehmen, das heißt ihre Frage muß lauten: "Was hat das alles
der Theologie zu sagen?". Die Teilnehmer eines theologischen Kongres-
ses in Buenos Aires spitzen dies noch zu: die Theologie muß sich entscheiden innerhalb des befreienden Prozesses orten, um hier das lebendige Material einer Reflexion zu holen, da sie ein "Denken auf dem Weg" ist (64).
Somit "maßt" sich die neue theologische Mentalität in Lateinamerika eine
Kritik an der traditionell betriebenen Theologie an: Sie beabsichtigt nicht,
einen privaten Sektor dieser Theologie, sondern die Theologie in ihrer Gesamtheit zu überprüfen, das heißt der theologische Diskurs muß in ihrer
Sicht stets vom wirklichen Stand der Dinge - von den menschlichen und von
den "unmenschlicheren" Bedingungen - ausgehen, um dadurch zu einem besseren Verständnis der Offenbarung zu gelangen (65). Mit anderen Worten:
der Ausgangspunkt jeder Theologie soll nicht das sein, was die Theologen
über die Wirklichkeit sagen, sondern das, was die Wirklichkeit den Theologen zu sagen hat (66). Die Befreiungstheologie wird dadurch als eine
"Wissenschaft in dauernder Entwicklung" betrachtet (67): sie ist "zweiter
Akt" in Bezug zum "ersten Akt" der Praxis und "zweites Wort" in Bezug
zum "ersten Wort" der Humanwissenschaften (68).

Andererseits unterscheiden sich die Kriterien der kritischen Reflexion auf Befreiung stark von denen, welche die traditionellen kirchlichen Institutionen angewendet haben, um den wahren Glauben aufzuspüren, deren Kriterien rein äußerlich und in großem Maße willkürlich, weil soziologisch durch die jeweilige Präsenz der Kirche innerhalb eines gesellschaftlichen oder geschichtlichen Raumes bedingt, erscheinen. Diese allgemeine Kritik der Theologie der Befreiung bewegt sich jedoch immer noch auf dem unsicheren Feld einer Reflexion, die noch nicht bis in die letzten Konsequenzen durchdacht sein konnte. Hugo Assmann hebt daher die Tatsache hervor, sie bewege sich auf dem "Terrain der Unsicherheit", was allerdings nicht heißen soll, sie sei nicht vorhanden oder ihre "Intuitionen" würden der Gültigkeit entbehren (69). Dabei vergißt sie aber nicht zu betonen, daß eine kritische Reflexion über die Praxis, wenn sie theologisch sein will, einen spezifischen Bezug zum Glauben und zu den historischen Vermittlungen dieses Glaubens (Bibel und Geschichte des Christentums) haben muß. Das soll wohl heißen, daß sowohl im kritischen Rekurs zum Glauben in der Geschichte, als auch in der Frage nach der Gestaltung dieses Glaubens in der Gegenwart der Kirche es nicht genügt, sich an "rein theologische" Kriterien oder Quellen zu klammern. Es genügt deshalb nicht, weil diese Quellen nur durch die Humanwissenschaften sprechen können und weil vor allem die Vermittlung der nichttheologischen Wissenschaften notwendig ist, um das Wort Gottes mit den gegenwärtigen Ereignissen der menschlichen Geschichte zu "kreuzen" (70).

Gewiß läßt die Theologie der Befreiung Mängel und Mißverständnisse erkennen (71). Sie hat auch keine befriedigende Antwort auf die schwerwiegende Frage nach dem wissenschaftlichen Instrumentarium der Humanwissenschaften parat, das den menschlichen, religiösen und politischen Problemen gerecht wird, weil es keine "wissenschaftliche Neutralität" im eigentlichen Sinne geben kann (72). Es läßt sich aber nicht mehr leugnen, daß die von ihr ausgehende Kritik das Ausmaß eines Bewußtseinszustandes erreicht hat: ihr Ziel besteht darin, kritisch den Sinn der Theologie im Kontext der von Christen unternommenen Befreiung neu zu definieren.

Dadurch wird erstens die von Gaudium et Spes eingeweihte und von Populorum Progressio radikal durchgeführte Methode zum Paradigma lateinamerikanischer Theologie gemacht: der Beitrag der Humanwissenschaften wird zum Gegenstand theologischer Reflexion (73). Ab Medellin folgt die theologische Reflexion in der Regel der Analyse der Wirklichkeit. Dies wird besonders deutlich an der äußeren Konfiguration kirchlicher Dokumente in Lateinamerika: sie werden meistens nach drei Hauptgesichtspunkten unterteilt: Analyse der Wirklichkeit, theologische Reflexion, pastorale Schlußfolgerungen.

Zweitens wird die Theologie in den Dienst der Pastoration gestellt, welche die Aufgabe hat, das Wort zu verkündigen, aber gleichzeitig ihren Sinn darin findet, durch die geschichtliche Artikulation der "Liebe - Praxis" ein Volk zu einer "ecclesia" zu versammeln (74). So ist es nicht mehr möglich, beide voneinander genau abzugrenzen, wie es in der Kirche bis vor kurzem der Fall war: der theologische Diskurs über den Glauben liegt zwischen der Erfahrung des Christseins und der Mitteilung dieses Erlebnisses (75). Im Rahmen der Theologie der Befreiung ist jede Theologie Pastoraltheologie, weil Theologie als kritische Reflexion immer auf die kirchliche Praxis von der gläubigen Befreiungsoption her verstanden wird. Man erklärt das Ende jeder "Logie", die nicht "Logie" der Praxis ist und sich in eine "verbale Welt" verkapselt (76). J. L. Segundo betont, daß die traditionelle autonome Form von Theologie als wissenschaftliche Erforschung der Dogmen nicht die einzig mögliche sein kann, zumal sie einen Großteil ihres Inhalts in einer konservativen ideologischen Funktion verliert, nicht so sehr deshalb, weil sie immer "konservative Dogmen" vorlegt, sondern eher weil sie in ihrer fachmännischen Autonomie gegenüber der kirchlichen Praxis diese auf eine sekundäre Stufe degradiert, die dann vom Glauben unabhängigen Kriterien überlassen wird (77).

8. DIE KRITERIEN DER THEORIE DER RELIGION UND DIE THEORIEN DER LATEINAMERIKANISCHEN PASTORATION.

Weil der zentrale Impuls zu einer Theologie der Befreiung von der fundamentalen Option für die Armen ausgeht, soll diese Art des theologischen Diskurses als einzig mögliche Betrachtungsweise auf dem Wege einer kritischen Interpretation der Religiosität des Volkes angesehen werden: sie liefert wichtige Denkanstöße zum Verständnis des Catolicismo Popular und des Pentecostismo, die der theologisch-kritischen Sichtung ihrer kreativen Elemente den Weg ebnen und Vorschläge für eine Pastoration unterbreiten können. Nur im Lichte einer Option für die gesellschaftlich-kulturelle und religiöse Welt der Armen ist es möglich, die kritischen Elemente des Catolicismo Popular zu verstehen und einzuschätzen. Die "befreiende" pastoraltheologische Reflexion in Lateinamerika entdeckt den "Anderen" dieser Gesellschaft, den Católico Popular, den Umbandista, den Pentecostista und die vielen anderen Menschen, welche zu den marginalisierten Massen gehören, die nach einer menschlicheren Gesellschaft verlangen. Mit dieser Entdeckung geht Hand in Hand die Einsicht, daß die Himmel- und Erdgebundenheit im Catolicismo Popular, seine "cordiale" Mitmenschlichkeit, seine Freuden und Leiden in einer gesellschaftlichen Situation gelebt werden, die "sündhaft" ist, das heißt nicht mit dem Willen des Vaters nach einem integral-humanen und religiös-befreiten Menschenbild konform, und daß mit dem solidarischen Engagement für die "Anderen" eine neue Weise des Menschseins in einer brüderlichen und gerechten Gesellschaft, des Christseins und des Zusammenrufens zur "ecclesia" entstehen wird.

Wir haben weiter oben (1) der Tatsache Nachdruck gegeben, daß Religiosität als Verantwortung des menschlichen Lebens vor Gott und Kultur als Verantwortung des Menschen vor dem Humanum nicht dasselbe sind für den religiösen Menschen, der sich um des Menschen willen auch vor Gott verantworten will. Das legt für uns den Schluß nahe: die im Lichte der lateinamerikanischen befreienden Option reflektierte Erfahrung muß auf die in der Lebenshaltung der Frommen im Catolicismo Popular herausgebildeten Schlüsselbegriffe als Maßstab angelegt werden. Nur dadurch kann eine Möglichkeit geschaffen werden, die religionstheoretische Elementargrammatik von "Wort-Kult-Gemeinschaft-Interesse an Heiligen" mit den Erfordernissen der Benevolência, der "cordialen" Gemeinschaftlichkeit und der Erd- und Himmelgebundenheit so zusammenzulesen, daß aus der Theorie eine Orthopraxie wird, die allein einem Pastoralplan genügen kann.

Weil jedoch innerhalb des Befreiungsdenkens diese Dialektik in Bezug auf Geschichte radikalisiert wird: die Verantwortung des Menschen vor Gott kann nur innerhalb und durch die Verantwortung vor dem armen "Anderen" geschehen, muß eine befreiende Evangelisation sich sowohl in der Verkündigung der Gotteskindschaft und der Brüderschaft aller Menschen (Gaudium et Spes), als auch in der Einberufung zur "ecclesia" (Medellin) in eine andere Kulturwelt einlassen. Mit anderen Worten: man wird versuchen, die

frohe Botschaft Christi als Befreier und Erlöser von der Kulturwelt der
Armen, aus der engagierten Solidarität mit ihnen, neu zu entziffern und
zu formulieren, um dadurch eine gerechtere und brüderliche Gesellschaft
zu schaffen (2), die von der "Sünde" befreit und zum Reich Christi hin
orientiert ist. Dieses Unternehmen scheint sinnvoll zu sein, weil man sich
auf diesem Weg erhoffen kann, Wurzeln in den Bestrebungen, Interessen
und Kämpfen des Volkes zu schlagen.

Hinter diesem Vorgehen lebt die bereits in Gaudium et Spes angedeutete
pastorale Überzeugung, die man so formulieren kann: will man das neue
Gottesvolk als eine genuine Volkskirche heranbilden, die das Evangelium
allen Menschen verkündigt und Zeichen der durch den Herrn in der Geschichte bewirkten integralen Befreiung ist, muß sie ihre Tagesordnung von der
Welt und den Kategorien der marginalisierten Massen bestimmen lassen (3).

Die Frage lautet dann: was heißt Wurzeln im Volk schlagen, beziehungsweise was kann eine Pastoral leisten, die von der Kulturwelt der Armen ausgeht? Diese Frage ist um so berechtigter, da die Masse bis jetzt den traditionell orientierten klerikalen Eliten so gut wie unbekannt war, obwohl
sie im Namen der Católicos Populares sprechen wollten. Seit Jahrhunderten schien es, als ob der Catolicismo Popular überhaupt keinen Beitrag zu
einer gesellschafts-politischen Befreiung oder zu einer Erneuerung der Kirche zu leisten imstande sei. Heute dagegen scheint der Katholizismus des
Volkes dazu bestimmt zu sein, eine wichtige Rolle innerhalb des Befreiungsprozesses zu spielen, so daß die Pastoration für die Entfaltung seiner schlummernden Befreiungskräfte verantwortlich sein wird (4). Man wird sich der in
dieser Arbeit bereits erwähnten fundamentalen Rolle und Anziehungskraft
des Catolicismo Popular und des Pentecostismo im lateinamerikanischen
Bereich bewußt: die Tatsache zum Beispiel, daß der Katholizismus die Geburt und die Entfaltung einer neuen Zivilisation in direkter Nähe begleitete
und somit die Licht- und Schattenseiten der Geschichte Lateinamerikas
durchwanderte, wirft die Frage nach der Gegenwart, die voller Leiden und
Hoffnungen ist, so wie nach einer neu zu schaffenden Zukunft, auf (5). Man
sieht aber zugleich ein, daß eine "wohlwollende großzügige Haltung (Benevolência) als Methode der Kirche im Umgang mit dem Catolicismo Popular
den Erfordernissen des neuen lateinamerikanischen Bewußtseins nicht mehr
genügt: der Catolicismo Popular muß seine Rolle im Befreiungsprozeß wahrnehmen, das heißt die in unserer Elementargrammatik buchstabierten Werte,
Symbole und Riten, die das brasilianische und in großem Maße auch das lateinamerikanische Ethos integrieren, müssen nicht nur mit der Frage der
Säkularisierung in Lateinamerika konfrontiert, sondern auch im Hinblick
auf den dynamischen Prozeß der Befreiung der Unterdrückten gesehen werden, will die Kirche eine historische Rolle in der Zukunft des Kontinents
spielen und will sie dem Evangelium treu bleiben (6).

Revolutionäre Christen versuchen, einen solchen Weg der Befreiung einzu-
schlagen. Sie wollen die virtuellen Kräfte der Religion des Volkes entfachen,
wissen aber nicht so recht, in welcher Form das geschehen soll (7). Diese
Schwierigkeit beruht auf der Ambivlenz der Frömmigkeit des Volkes: wer-

den ihre Expressionen (Ausdrücke), die phänomenologisch betrachtet "katholisch" sind, von Werten und Motivationen des Evangeliums getragen, oder bedeuten sie weiter nichts anderes als "christliche" Gesten ohne Inhalt, das heißt sozio-kulturelle Äußerungen, die durch das kollektive Bewußtsein und den sozialen Zwang dem Catolicismo Popular auferlegt werden? Sind sie adäquate Medien der Befreiung oder lediglich atavistische Überreste einer "Zufluchtsreligiosität", die den Befreiungsprozeß nur hindern oder bremsen (8). Bei der Lösung dieses Problems schlägt die lateinamerikanische Pastoration mehrere Richtungen ein:

8.1 Kritischer Bericht über drei lateinamerikanische Pastoralkonzepte.

- Eine "elitistische" beziehungsweise "europäisierende" Haltung geht davon aus, der Catolicismo Popular sei der eindeutige Ausdruck eines vermassten und entfremdeten Christentums. Dies bedeutet sein Todesurteil: mit ihren unreflektierten religiösen Äußerungen kann die Volksreligiosität nirgends in einer säkularisierten Welt auftreten und wird den Befreiungsprozeß nur bremsen. Weil es aber schwerfällt, diesen Tatbestand wegen der tiefen sozio-kulturellen Einwurzelung dieser Religiosität im Volke zu ändern, muß man die Masse ihren devotionalen Übungen überlassen und sich kleineren ausgewählten und bewußten Gruppen von Klerikern, Ordensleuten und Universitätsangehörigen - Eliten - zuwenden, mit denen man schneller voranschreiten kann. Diese Haltung ist verlockend, bringt aber die Gefahr mit sich, daß die Eliten privatistische Erfahrungen entwickeln, die nicht selten auf europäischen Mustern basieren und so dem Volke fremd bleiben, das aber der eigentliche Agent seiner Befreiung bleiben muß.

Diese Haltung ist insofern unchristlich, weil sie den christlichen Glauben mit einer bestimmten Kultur identifiziert und dadurch das Volk, das als aktiv handelndes Subjekt der Geschichte nicht ernstgenommen wird, an die Peripherie der Geschichte verbannt. Das dürfte auch der Grund dafür sein, warum solche Eliten den gelebten Antagonismen des Volkes in der Regel indifferent gegenüberstehen und das Stadium einer innerkirchlichen Reform nicht überwinden können, gleichzeitig damit versucht sind, die Verhältnisse der Konquistadorenzeit in einem neuen Kontext wiederherzustellen (9).

Gegen dieses Pastoralkonzept erheben sich immer mehr Stimmen, die eine evangelisierende Pastoral fordern, die sich sowohl an die Masse als auch an die Eliten wenden, weil die neu zu schaffenden Symbole, Werte und Ausdrucksformen der Religiosität des Volkes im ganzen Volk verwurzelt sein müssen, um eine profunde Zukunftsbasis garantieren zu können (10).

- Dieser "elitistischen" Haltung extrem entgegengesetzt zeigt sich eine naiv-volkstümliche Haltung als Ergebnis einer "Reservatsmentalität", die von der Überlegung bestimmt ist, an der Volksreligiosität dürfe unter keinen Umständen gerüttelt werden, will man nicht Gefahr laufen, den noch vorhandenen - wenn auch noch so undifferenzierten - christlichen Glauben im Volk zu zerstören, weil diese Religiosität die einzige Kulturform ist, von der das Volk lebt und weil alles, was vom Volk kommt, schon deswegen gut ist. Diese unkritische Haltung, die bis vor kurzem Meinung vieler Volksseelsorger war, wird heute von einigen Theologen rationalisiert, worin zweifelsohne eine gesunde Reaktion gegenüber dem Elitismus der ersten Haltung zu merken ist. Wird sie aber konsequent durchgehalten, so kann sie dem Vorwurf nicht entgehen, sie bewege sich auf der unkritischen Ebene einer neuen Entfremdung: bestenfalls kann sie die Krise der Religiosität des Volkes nur beschleunigen, weil der Einbruch der Säkularisierung und Politisierung nicht aufzuhalten und dadurch der Schock noch größer wird Ein zweiter Einwand ist noch schwerwiegender: In dieser Sicht würde eine Evangelisierung höchst problematisch, wenn nicht überflüssig, erscheinen. Wenn alles, was vom Volk kommt, gut ist, wozu dann noch eine kritische Konfrontation mit dem Evangelium Jesu Christi, das in sich den Samen menschlicher und religiöser Befreiung trägt? (11).

- Eine dritte Haltung bildet sich heute heraus, die man als "popular-kritisch" bezeichnen kann, die sowohl den authentischen Werten des Volkes, als auch dem Evangelium gerecht werden will und somit keine Destruktion, sondern eine kritische Neu-Interpretation des Catolicismo Popular sein will. Sie geht davon aus, daß es im Volk einen Schatz christlicher Werte gibt, die der kritischen Beleuchtung durch das Licht der Offenbarung Christi bedürfen, damit sie wachsen und sich entfalten können. Das heißt: um diesem Phänomen gerecht zu werden, genügt es nicht, wenn man statistische Daten über die dominikale Praxis oder über die soziale Wirkung der Católicos Populares vergleicht, denn die Statistik ist nicht die einzige Methode zum Verständnis der menschlichen Wirklichkeit, schon deswegen nicht, weil diese Art der Forschung eine Vorwahl von sozialen Stichworten und Indikatoren voraussetzt, die aber, weil sie "Vor-Wahl" ist, die "Schlüsselzeichen" des geschichtlichen Prozesses übersieht (12). Man muß sich daher vielmehr "sympathetisch" vom "inneren Auge" und vom "geschichtlichen Sinn" leiten lassen, das heißt ein Gespür beziehungsweise eine Sensibilität für den Eigencharakter und die Werte des Volkskatholizismus entwickeln (13), um den Catolicismo Popular innerhalb einer neuen Pastoral zu orten, die seine Schlüsseleigentümlichkeiten berücksichtigt. Zwischen dem "evangelisierten" und dem "nicht-evangelisierten" Catolicismo Popular muß ein dialektischer Prozeß zustande kommen: die Volkskultur wird gereinigt und bereichert durch das Evangelium, und das Evangelium wird durch das Volk geschichtlich neu interpretiert (14). Die Antwort auf die Frage, welche der Werte des Volksschatzes als entfremdend gelten müssen und welche der Inkarnation des Evangeliums im Befreiungsprozeß Lateinamerikas dienen können, ist insofern schwer zu artikulieren, weil noch keine Einigkeit darüber erzielt worden ist, welche Schlüsseleigentümlichkeiten des Catolicismo Popular oder des Pentecostismo überhaupt das Humanum entstellen oder verkörpern. Nun scheint eine solche Klärung auch für die Pastoralreflexion nicht möglich zu sein, da wir einerseits konstatieren müssen, daß in der Volksreligiosität das Humanum und das Religiöse miteinander erlebt und gelebt werden. Andererseits kann man von der Offenbarung her kein genaues Limit zwischen dem Natürlichen und dem Übernatürlichen festlegen.

Nun betonen die "Pastoraltheologen", es genüge nicht, die Tatsache eines fundamentalen Widerspruchs zwischen Unterdrücker und Unterdrückten, zwischen wahrer und entfremdeter Religiosität im Volke zu betonen, welcher durch die "cordiale" Gemeinschaftlichkeit des Catolicismo Popular noch verstärkt wird. Vielmehr müsse in einer prophetisch-kritischen Sicht auf das Reservoir christlicher Werte des Catolicismo Popular hingewiesen werden, dessen "Syntonie" (Abstimmung) mit dem Evangelium viel tiefer sein könne, als man gemeinhin annehme und sie als "privilegierte Momente" auf dem christlichen Befreiungsweg benutzen (15). Diese pastorale Option beruht auf der Annahme, daß der Catolicismo Popular in seinem Selbstverständnis trotz seiner Ambiguitäten einen Kern authentischen Glaubens an Gott und wahrer Menschlichkeit besitzt und das heißt: der Catolicismo Popular selbst kann zu einer kritischen Instanz gegenüber der entfremdeten Gesellschaft aktiviert werden, wenn er sich seiner Potentialitäten bewußt wird, weil dieser nicht aufgeklärte Glaube außer der Relation mit Gott und mit den Heiligen einen "cordialen" emotionalen Bezug zu den armen Mitmenschen einschließt. Segundo Galilea schreibt der befreienden Pastoralreflexion die Aufgabe zu, den "vollen" Sinn der religiösen Symbole und der "emotionalen Schlüssel" der Volksreligiosität herauszukristallisieren. Das führt zu einer bewußt machenden Pastoration nach dem Modell einer bewußtmachenden Alphabetisierung im Sinne etwa von Paulo Freyre, die eine menschliche Erfahrung durch Worte mitteilt, die mit Emotion beladen sind (16).

Diese positive Wende in der Betrachtung der Volksreligiosität setzt sich immer mehr in Lateinamerika durch: die theologischen Bemühungen tendieren dazu, den symbolischen und institutionellen Ausdrücken des Volkes durch eine kritische Reflexion einen neuen Sinn zu geben, in dem der Mensch, besonders der "Arme" der Masse, sich ohne die überlieferten Überfremdungen und Entstellungen wiedererkennen kann und auch das zum Ausdruck kommen läßt, was im Menschen den Menschen selbst transzendiert, nämlich Gott. Man nimmt an, der "nicht-evangelisierte" Catolicismo Popular sei von sich aus nicht fähig, eine neue Synthese zwischen Glauben und politischer Aktion herzustellen, weil er durch das Erschlaffen seiner kritisch kreativen Benevolência und durch Mangel an Konfrontation mit dem evangelischen Wort mit den bewußten Befreiungsideologen nicht Schritt halten kann. Daher die Notwendigkeit den Catolicismo Popular vor allen Dingen zu "evangelisieren" und für die integrale menschliche Befreiung bewußt zu machen. Es handelt sich sicher nicht um eine einfache Neuformulierung alternder Ausdruckssymbole: beschränkt man sich nämlich auf die pure Wiederholung religiöser Symbole, die in einer vergangenen geschichtlichen Epoche der menschlichen Erfahrung korrespondierten, dann verlieren diese allmählich ihre kritisch befreiende Kraft, die in der Konfrontation mit dem lebendigen Wert der Schrift entsteht (17). In dieser sicher nicht leich-

ten Suche nach den die Kreativität des Volkes fördernden Modellen lassen
sich viele lateinamerikanische Pastoraltheologen vom Neuen Testament,
aber besonders vom Alten Testament leiten. Darin erscheint nämlich die
Möglichkeit, daß man die Haltungen und Werte der Volksreligiosität nicht
in einem Ein- oder Ausschlußverfahren beurteilt, sondern ihren Sinn vielmehr in einer pädagogischen Prozedur "auf dem Weg" zum wahren, von
Entfremdungen befreiten Christentum herausfindet. Das Alte Testament
würde somit ein Interpretationsschlüssel für das Verstehen der lateinamerikanischen Volksreligiosität liefern. Mit anderen Worten: der im Alten
Testament von Jahwe vorgenommenen pädagogischen Vorbereitung eines
Volkes, insbesondere durch den Exodus und den Bund, wird exemplarische
Bedeutung zugesprochen. Das würde aber für die lateinamerikanische Pastoration heißen, sie müsse die verschiedenen Religiositätsformen und
-situationen in einem evolutiven und kreativen Rahmen als Etappen auf dem
Weg zum Glauben an den lebendigen Gott hin betrachten (18).

8.2 Neuer und befreiender Vorschlag für die "Volkspastoral": eine solidarisch-kritische Begleitung.

Die Option der Kirche in Lateinamerika für eine pädagogische Promotion
der Católicos Populares in Richtung eines entfremdungsüberwindenden
Glaubens wird von der Überzeugung getragen, die Freiheit - auch und besonders die der sozial und kulturell Benachteiligten - sei unveräußerlicher
Grund des Menschen. Weil aber diese Entscheidung im Glauben getroffen
wird, der sagt, die Freiheit sei nicht ein Geschenk des Menschen an sich
selbst, sondern eine Gabe Gottes an den Menschen durch Christus (19),
wird die Befreiung als Dienst an der Freiheit der Mitmenschen zum Test
für die dogmatische Grundentscheidung und für die hoffende Liebe. In der
Terminologie G. Gutierrez' heißt das: man entdeckt heutzutage in bevor-
zugter Form und auf andere Weise als noch in der unmittelbaren Vergangenheit, daß die Liebe den Mittelpunkt des christlichen Lebens und Handelns
bildet. Das führt dazu, daß man jetzt wieder den Glauben in echt biblischem
Sinne als einen Akt des Vertrauens, des Auszuges aus sich selbst, als Verpflichtung Gott und dem Nächsten gegenüber und als eine besondere Beziehung zu den Menschen - besonders zu den Armen - sieht. Die geschichtliche
Liebe ist der privilegierte Ort, an dem der Glaube Gestalt annimmt, das
heißt effizient wird (20).

Wenn dem so ist, dann muß man die vorgegebene "sündhafte" unfreie Situation der Abhängigen mit dem Traum der totalen Freiheit auch in der Pastora
vermitteln. Das fordert die pastorale Kreativität heraus: sie muß nach Mode
len fahnden, die, weil sie eben Modelle für die Freiheit und nicht selbst scho
die Freiheit sind, keinen Anspruch auf Absolutheit erheben können. Es werden im heutigen Lateinamerika viele solcher Modelle der Befreiung ausgear-

beitet, die versuchen, aus der Institution Kirche ein Zeichen der integralen Freiheit zu machen, die sich deswegen auch anderen kirchlichen Zeichen der Freiheit - besonders den Pfingstgemeinden - stellt, um aus diesem neuen ökumenischen Dialog zu lernen, nicht um sich aufzugeben, sondern vielmehr um sich institutionell zu einer größeren Freiheit in der Liebe zu befreien (21).

Will aber die Kirche zum historischen Zeichen für die Freiheit der lateinamerikanischen Völker werden, so muß sie in der Masse der Armen und
der Católicos Populares durch eine tätige Liebe präsent sein und das heißt
für die Theologen der Befreiung: die Pastoration der Kirche muß zur "solidarischen Begleitung" des Catolicismo Popular auf dem Weg zum befreiten
Christentum hin werden, denn nur so kann sie der von Medellin schon ge-
wußten Gefahr entgehen, zu einer esoterischen Sekte degradiert zu werden.
Auf diesem Weg kann sie, zweitens, der Versuchung widerstehen, sich zu
einer "sozialistischen Christenheit" entwickeln zu wollen, in der sie wieder die herrschende Rolle spielen möchte: das würde den Rückfall in eine
neue Art Sakralisierung bedeuten. Viele Anzeichen deuten darauf hin,
daß eine dienende - nicht beherrschende - solidarisch-kritische Begleitung des Catolicismo Popular seitens der "Elite" des Christentums möglich ist: innerhalb der befreienden Praxis entdeckt man die
durch die institutionelle Kirche geschichtlich verhüllten religiösen Symbole
in einer unerwartet neuen Form. In den meisten Gruppen, welche sich der
Volksreligiosität kritisch widmen, ist eine überraschend neue Perzeption
des Christentums zu spüren (22). Durch ihr Engagement für Befreiung fordern sie die Religiosität des Volkes kreativ heraus. Die Frage lautet: kann
diese Religiosität im neuen Konflikt zwischen Abhängigkeit und Befreiung
einen Beitrag leisten oder muß sie als "wohlwollende" Praxis oder als be-
deutungslose Instanz in der Gesellschaft, als "totes Gewicht" (23) beiseite
geschoben werden, weil sie im Kontext des Herrschens - Beherrschtseins
immer zugunsten des mächtigen "Patrão" und des Ausbeuters entscheidet? (24).

Die Antwort auf diese Frage ist positiv, wenn es der prophetischen Mission
der institutionellen Kirche gelingt, das durch die Gestalt des Unterdrückers
verinnerlichte "blockierte" Bewußtsein des Católico Popular zu einem neuen
Glaubensbewußtsein hinzuführen. Das Programm der "solidarischen Begleitung" wird dadurch zu einer kritisch-hinführenden "Wort-Praxis" der Kirche, welche die mobilisierende Kraft der Volksfrömmigkeit zur Umkehr
anleitet, das heißt den authentischen Inhalt dieses religiösen Bewußtseins
von Grund auf "entblockiert" und kreativ auf Veränderung hinsteuert.

Am Anfang der Pastoralaktion steht der Priester oder der Katechist als
Enthemmungsfaktor der Volksreligiosität, der den Anstoß liefert. Die offizielle Kirche muß bereit sein, das unterdrückte Volk auf dem schmerz-
vollen, aber frohen Weg seines Befreiungskampfes solidarisch zu begleiten und von dieser Solidarität her ein Wort des Ansporns, des Rates, der
Hoffnung und des Anrufs auszusprechen, das zum Signal wird, daß Christus der gekreuzigte, auferweckte und wiederkehrende inmitten seines Volkes ist (25). Um den "Entblockierungsprozeß" in Gang zu bringen, darf

dieser "prophetische Anstoß" jedoch nicht zum zwangsweise auferlegten, pflichtmäßigen Stufenplan an einer bloßen rationalen Schulung in Hinsicht auf Exegese, politische Entwicklung oder soziale Revolution erhoben werden. Unter solchem Diktat der kirchlichen Institution würde die von Medellin erkannte Gefahr entstehen, daß man erstens das zu übernehmende Umbruchspotential der "Kultur der Armut" übersieht und eine unmenschliche Befreiung erzeugt, dann aber auch die Forderung nicht wahrnimmt, wonach der Start zur Befreiung des Catolicismo Popular nur in Solidarität und im Dialog mit ihm gegeben werden kann (26). Noch aus einem weiteren Grund darf das kritische Wort der Kirche nicht zum Diktat werden: nicht nur die Gruppen der Católicos Populares leben entfremdet und äußern keine Anstrengung, die "sündhafte" gesellschaftliche Situation zu verändern (27), auch die herrschenden Strukturen der Kirche können nicht von der Schuld der Entfremdung freigesprochen werden.

Konkret heißt das: wir müssen nicht nur zwischen einem "evangelisierten" und einem "nichtevangelisierten" Catolicismo Popular, sondern auch zwischen einer "evangelisierten" und einer "nichtevangelisierten" in sich verschlossenen institutionellen Kirche unterscheiden. Beide Religionen müssen sich dem kritischen Wort des Bekehrung fordernden Evangeliums stellen. Verzichtet aber die Pastoration auf das ihr zur Gewohnheit gewordene Diktat, so muß sie zur kreativen "Erziehung" werden, wodurch die kirchlichen Erzieher mit den zu Erziehenden von der "Sünde" eines Systems niederdrückenden und absondernden Zusammenlebens zur Selbstverwirklichung befreit werden. Seit der Enzyklika Populorum Progressio und seit Medellin hat die Pastoration gelernt, daß die Bedingung für den Übergang von "weniger menschlichen" zu "menschlicheren Bedingungen" heißt: der zu Erziehen de muß zum kreativen Subjekt seiner eigenen menschlichen Erziehung werden. Das heißt aber: die erzieherische Aufgabe der Befreiung entwickelt sich auf allen Gebieten und mit allen Menschen, die zur "erzieherischen Gemeinschaft" gehören (28). Das verlangt nach einem gewissen Grad politischer Reife: nur dadurch wird ein echtes politisches Verständnis des Evangeliums möglich, indem auch die Armen einsehen, daß die Forderungen des Evangeliums unvereinbar sind mit der Gesellschaftssituation, die in Lateinamerika herrscht, mit den Formen der zwischenmenschlichen Beziehungen und mit den Strukturen, in denen diese Beziehungen vorliegen. Also muß die echte Verkündigung der Liebe Gottes, der Bruderschaft und der radikalen Gleichheit aller Menschen zu einer politischen "Erziehung" werden, damit das Evangelium nicht zu einem bloßen "Fürsorgewesen" oder zu einem bloßen Dienst an der "Hebung des menschlichen Fortschritts' verkürzt wird, und damit die Erzieher und die zu Erziehenden zur Abschaffung einer Gesellschaft beitragen können, die von einigen Wenigen zugunsten einiger Weniger errichtet worden ist (29). Auch hier muß kritisch darauf hingewiesen werden, daß das "klare politische Bewußtsein" nicht zu einer neuen "Conquista" des Catolicismo Popular durch die Waffen der Technik und der Rationalität werden darf: die von uns herausgestellte Balancekraft des Volkes würde nämlich dadurch nicht solidarisch aktiviert, sondern einseitig gestrichen.

Wenn die Pastoration bereit ist, das alles einzusehen, dann kann sie die oben angesprochene Chance des Catolicismo Popular wahrnehmen. Die "Entblockierung" ist dann möglich, weil der Catolicismo Popular trotz seiner phänomenologisch konstatierten Ambiguitäten weiterhin "Katholizismus" bleibt: die pauschale Beurteilung als wertloser radikaler Synkretismus wird unter den neueren kritischen Pastoraltheologien fast nicht mehr wiederholt (30). Die Volkspastoral hat dann die Aufgabe, die Masse bei der Bewußtwerdung der kritischen Potentialitäten ihres Glaubens dialektisch zu begleiten: einerseits ihre latente befreiende politische Kraft durch das "innere Auge" mitzufühlen, dann aber auch kritisch diese schlummernden menschlich-religiösen Elemente auf die integrale Befreiung hin mitzuführen. Das aber führt konkret zur Frage: wie kann die Pastoration der Kirche in Lateinamerika diesen Schritt konkret gehen? Es bieten sich drei mögliche Alternativen an:

- Eine erste Möglichkeit besteht darin, das heutige pastorale System beizubehalten, das in den großen Wallfahrtsorten und Heiligtümern Lateinamerikas angewendet wird. Die "Wort-Praxis" der Kirche erscheint hierin als entfremdend - des öfteren sogar überfremdend - weil sie die im Catolicismo Popular introjizierte Abhängigkeitsmentalität nur noch verstärkt. Diese Pastoral steht aber in Konflikt sowohl mit dem kritisch-prophetischen Wort des Evangeliums, als auch mit den offiziellen Neuorientierungen der katholischen Kirche in Populorum Progressio, der Generalkonferenz von Medellin und in zahlreichen Dokumenten verschiedener Nationalepiskopate (31). Schließlich tut sie den Volksmassen Unrecht, indem sie ihnen die Medien zur Neuinterpretation ihres Glaubens im sich wandelnden sozio-politischen Kontext Lateinamerikas verweigert.

- Gegen diese konservierende Pastoralmethode wendet sich auf der anderen Seite eine Pastoral, die die religiösen Ausdrücke des Catolicismo Popular strategisch in den Dienst der politischen Bewußtmachung und der Mobilisierung der Massen stellen will. Weil die Zahl der Devotos in der Prozession am Karfreitag oder in der Messe am Fest bestimmter heiliger Schutzpatrone größer ist als die Zahl derer, die bereit sind, politischen Rednern zuzuhören, will man den Inhalt der Liturgie radikal umändern, indem man den sakramentalen Zeichen und Worten einen direkt politischen Sinn aufpropft. In mehreren lateinamerikanischen Städten entstehen heutzutage "politische Kreuzwege", "Protestmessen" oder "politische Prozessionen". Ihre Durchführung beruht jedoch auf der Absolutsetzung einer bestimmten Art von politischer Rationalität: der Konflikt zweier Interpretationen der Wirklichkeit im Catolicismo Popular wird wiederum "diktatorisch" zugunsten einer Minderheit gelöst: solche Pastoral betrügt das Verlangen der Massen nach der Konfrontation mit dem Wort Gottes und verführt den Klerus erneut dazu, seine religiöse "Macht" in den Dienst politischer Interessen zu stellen. Das ist nur möglich, wenn man dem Catolicismo Popular radikal und endgültig jeden Wert abspricht, auch nicht mehr an die erneuernde Kraft der Benevolência und der "cordialen" Gemeinschaftlichkeit im Catolicismo Popular glaubt.

- Die einzig mögliche pastorale Mitfühlung und -führung kann nur in der Verkündigung geschehen, die in der Grundoption der Kirche für die Armen Fleisch und Blut annimmt, das heißt welche effektiv die Armen für die Gestaltung des Reiches Christi zusammenruft. Sie sieht ein, daß die Erscheinungsformen der Volksreligiosität nicht nur rein religiös strukturiert sind, so daß sie in keinerlei Beziehung mehr zu irdisch-menschlichen Werten stehen (erste Alternative), aber auch keine rein menschliche Angelegenheit ohne religiöse Werte (zweite Alternative). Mit der Prämisse, das echte Religiöse verbinde sich mit dem echten Humanum, wird von der lateinamerikanischen Pastoral eine grundsätzlich religiöse Bewegung in Gang gesetzt, die politisch mobilisierende Kraft, die bis jetzt in Lateinamerika hintangesetzt worden ist. Eine Volksmasse, die sich ihrer menschlichen und religiösen Würde bewußt ist, wird auch unabhängig in Bezug zu dem regierenden System, das heißt politisch: auf die Dauer wird die Masse das "Imperium" zu Fall bringen. Wenn also die Kirche in Lateinamerika die direkte politische Führung zugunsten der Armen nicht übernimmt und sich auf die religiöse Mobilisierung konzentriert, so heißt das nicht etwa, daß sie ihre Aktion im Bereich der Entfremdung ansiedelt: sie ist sich vielmehr bewußt, daß es dadurch möglich wird, den Armen ihre historische Berufung bewußt zu machen und sie für die Umwandlung des sie unterdrükkenden Systems zu bewegen (32).

Unter dem Blickwinkel der solidarisch-kritischen Begleitung erhält der erfahrene soziale Schmerz eines eroberten Volkes einen neuen Sinn: dieses Leiden wird ohne Ressentiment weder als bloße nostalgische Wiederbelebung noch als emotionales Nachempfinden der von den in Lateinamerika eingeborenen oder von den aus Afrika eingeschleppten Sklaven durchgestandenen Leiden betrachtet. Solche Haltung würde höchstens Mitleid als Mitgefühl erregen. Vielmehr kann man das Leiden in einer kritisch befreienden Sicht ansehen, aus der heraus neue Impulse zum solidarischen Wort der Kirche an die Massen Lateinamerikas geholt werden, denn das stumme Leiden ist schon ein Widerspruch gegen die Gewalt (33). Die Erinnerung an die Vergangenheit wird kreativ kritisch, weil sie eine notwendige Einführung in die Gegenwart als größtenteils "neokoloniale" Verlängerung der Kolonialzeit ist (34)

Das Leiden ist Ergebnis der "Conquista" (Eroberung), die kein bloßer geschichtlicher Zufall ist, sondern durch eine in der europäischen Christenheit verankerte Totalitätsvorstellung verursacht wurde, in der der "Andere" der außerhalb dieser "Totalität", das heißt in der Neuen Welt lebt, nicht als gleichberechtigter Partner, von "Angesicht-zu-Angesicht" anerkannt, sondern als Objekt den Herrschaftsgelüsten des Konquistadors ausgeliefert wird, der sagt: "Jo conquisto - ich erobere dich" (35).

Die Erinnerung an das durch die "Conquista" und der nachfolgenden Kolonisierung verursachte Leiden wird kreativ, wenn man kritisch einsieht, daß die ohne Benevolência erobernde Praxis der Conquistadores sich der christlichen Liebe-in-Gerechtigkeit frontal widersetzt, weil man darin dem "eigenen stummen Wort" des eroberten beziehungsweise kolonisierten

"Anderen" keine verstehende Achtung schenkt. Man wünscht ihm auch keine Befreiung oder Realisation in der Zukunft. Mit einem Wort: in der oppressiven "Totalität" der Eroberung wird der "Andere" seiner menschlichen Würde als Subjekt entkleidet und als Sache - als Höriger, als Sklave, als "Possession" - annihiliert und in den Dienst des herrschenden Zentrums ("Totalität") gestellt (36). Diese "Sünde" der kolonialen Eroberung hat auch in der Evangelisierung als pädagogische Beherrschung Niederschlag gefunden. E. Dussel betont in diesem Zusammenhang, daß die in Trient feierlich versammelten Christen keine Sünde in der zu dieser Zeit stattfindenden Opferung lateinamerikanischer Kulturen sahen, weil sie die Indios zuvor als ungläubig, barbarisch, heidnisch, oder ähnlich charakterisierten: "Diese Indios, auch wenn sie mit Vernunft begabt sind und aus dem gleichen Stamm sind, der in der Arche Noahs war, sind durch ihren Aberglauben, ihre Opfer und höllischen Zeremonien irrational und bestialisch". "Und weil sie ein dickes Fell" haben, ist ihr Verstand bestialisch und zum Bösen geneigt" (37). Somit wurden die Indios Lateinamerikas in der Theorie und der Praxis der "Conquista" als "Nichtmenschen" herabgesetzt: man muß sie durch die Eroberung erst "humanisieren". Die Folge solcher "Humanisierung" war der Zwang der Eroberten unter einen Zustand des "Nicht-Seins" oder des "Seins als bloßer Reflex" einer vorherrschenden Zivilisation, welche bis in die Gegenwart hinein die kulturelle, besonders aber die soziopolitische Lage bestimmt. Die heutige offizielle Politik der Regierung und die Praxis bestimmter Interessengruppen in Beziehung mit der "Integration" der derzeit noch lebenden Indianer im Urwald Brasiliens zeugt von der rücksichtslosen Eroberung der "Armen" durch die moderne Zivilisation, welche den linearen quantitativen Fortschritt zum "Ideal" erhebt (38).

Die "Conquista" zwang auch die Kirche in eine "periphere Reflexsituation". In Brasilien und in Lateinamerika war die institutionelle Kirche bloßer Widerschein der alten iberischen Christenheit, die als Quelle für die neue koloniale Christenheit eingesetzt wurde und als solche noch in den Missionsprojekten weiter gilt, welche ihre Modelle auf der Phrase: "für Lateinamerika" aufbauen. Henrique C. de Lima Vaz avanciert die These, daß auch das von Gaudium et Spes entworfene Bild einer neuen Kirche die kirchliche Abhängigkeit Lateinamerikas nicht aufhebt, weil es einfach auf die "Neue Welt" projiziert wurde. Mit anderen Worten: die Situation "Ursprungskirche - Reflexkirche" wiederholte sich noch einmal im Zweiten Vaticanum, weil die lateinamerikanische Erfahrung sehr wenig, wenn überhaupt etwas dazu beitragen durfte. Man kann mit Recht sagen, daß viele Konflikte in den Beziehungen zwischen "europäischer" und "lateinamerikanischer" Kirche in den Bemühungen letzterer zu suchen sind, die es wagt, in der kritischen Reflexion über Befreiung - mit den Armen und nicht nur für die Armen - ihre eigene Rolle in der Geschichte in die Hand zu nehmen (39).

Die Erinnerung an die noch andauernden "Conquista" wird zweitens kreativ, achtet man auf die wahre missionarische Kirche, die auch in der Eroberungszeit das echte Evangelium verkündete, indem sie "Glauben haben" konnte (40), und durch großmütige Benevolência dem "Anderen" als echte menschliche An-

dersheit Platz eingeräumt hat: dem Indianer, dem Sklaven und dem Armen.
Denn "Glauben haben" kann nur derjenige, der seine eigene "Totalität"
"analogisch" überwindet und hinter dem Gesicht des "Anderen" ein unsicht-
bares Geheimnis menschlicher und religiöser Freiheit entdeckt und in Liebe akzeptiert, dessen Logos außerhalb seines Verstehenshorizontes gründet (41). Bartolomé de Las Casas erscheint als Prototyp dieses missionarischen Wortes, das in seinem ersten Moment ein mitfühlendes Wort ist. Er
ist von dem Anliegen beseelt, wie man alle Völker als echte Menschen und
nicht als Rohlinge, Irrationale oder Nichtgläubige betrachten und so zur
wahren Religion bringen kann. Sein Programm heißt: "Evangelisierung
durch das mit-leidende Wort (palavra compassiva), das sich der Unterwerfung der Indios durch die Waffen der "Conquistadores" widersetzt (42).
Dieses entschiedene Ja zum "Anderen", das sich als Mit-Leiden äußert,
darf sich nicht im Nachempfinden erschöpfen, denn es muß zum evangelisch
kritischen Wort werden, das heißt zur prophetischen Proklamation gegen die ab
gründige Ungerechtigkeit des sündhaften Neins zur "Totalität" des "Anderen", das in der "Conquista" und in den verschiedenen Arten von "Befriedung" der Indianerstämme gesprochen wird: "In der ganzen Welt sind die
Delikte und Beleidigungen bekannt, welche die Spanier in "las Indias" Gott
zugefügt haben" (43). Und Las Casas fährt fort: "Wie konnte Oviedo denn
so stumpf gewesen sein, daß er mit solcher Sicherheit all diese Indios als
pervers schilderte?"(44).

"Glauben haben" kann die Kirche heute in Lateinamerika, wenn sie mit-
leidend das durch die Marginalisierung mundtotgemachte Wort der armen
Massen als die Stimme und Pro-vokation Gottes anerkennt. Das bedeutet
einerseits eine fundamentale Kritik gegenüber der nordatlantischen Kultur,
deren totalitärer Universalitätsanspruch prophetisch aberkannt wird, damit die aus der Pädagogik der Beherrschung stammende "Ursprungs-Re-
flexsituation" in der offiziellen Kirche und im Catolicismo Popular kreativ
zugunsten der neuen Zukunft gewandelt wird. Dann aber auch eine prophetische "Enttotalisierung" der Systeme, in denen das Nein zu den armen Massen zum Programm wird: nur dadurch kann sie die Differenz und das Anderssein des Volkes respektieren. In Lateinamerika steht am Anfang jeder
theologischen Reflexion und Aktion die Erfahrung des "Mit-Leidens", welche nach einer theologischen Ethik der Befreiung verlangt: die Glaubwürdig-
keit der Offenbarung wird an dem Einsatz der Christgläubigen in Wort und
Tat in der Errichtung einer menschlicheren Gemeinschaft abgelesen, in
der sich alle als "Brüder" und "Schwestern" eines gemeinsamen Vaters
fühlen und fortentwickeln können.

Das mitfühlende und -führende Wort, welches den Befreiungsprozeß ent-
facht, wird heute, wie schon betont, in der Regel von der institutionellen
Kirche gesprochen: Katecheten, Priester, Ordensfrauen und -männer, ge-
legentlich auch Universitätsangehörige. Die Frage heißt: wie kann der Priester, die Nonne oder der Katechist als Enthemmungsfaktor wirken, ohne
daß es wiederum zu einer Pastoral von Eliten beziehungsweise zu einer
"klerikalen" etablierten Kirche kommt? Die Antwort darauf wird in neuen

pastoralen Freiheitsmodellen gegeben, die wir ohne Anspruch auf Vollständigkeit nun kritisch darstellen können. Diese Modelle versuchen, den Stand der Dinge - die sündhafte Situation in der sich die Armen befinden - mit dem Traum der "integralen Befreiung" zu vermitteln.

8.2.1 Die "Evangelisierung der Armen durch die Armen".

Abdalaziz de Moura sieht für die Vertreter der katholischen Kirche eine große Chance, die solidarisch kritische Evangelisierung in Lateinamerika durchzuführen. Will sie diese ihre Chance nicht versäumen, so muß sie neben dem Leiden und den Nöten der Armen auch die Regeln und Inhalte ihres konkreten, von der Erfahrung einer Kultur der Armut bestimmten Sprachspiels wahrnehmen (45). Nur durch diese Flexibilität und Aufnahmefähigkeit kann die Kirche bei den armen Massen "Wurzeln schlagen" und gleichzeitig die originäre Erfahrung der Unterdrückten in die Kirche und in die Theologie kreativ integrieren. Die Kommunikation zwischen den Trägern der Pastoral und dem armen Volk ist eines der schwierigsten Probleme im Bereich der evangelisierenden Tätigkeit der Kirche: Die Konstruktion einer Sprache, die auch im Rahmen einer "Kultur der Armut" relevant sein will, ist nicht nur eine Frage der den Empfindungen der Armen - ihrem "restringierten Code" - adäquaten Begriffe und Worte. Es geht vielmehr um eine Integration der religiösen Erfahrung der Unterdrückten, die sich in den herausgestellten Schlüsselhaltungen äußert, in die offizielle Lehre der Kirche, die bislang durch das festgewachsene Vorurteil der politischen, intellektuellen, militärischen und religiösen Eliten in Lateinamerika gegen die eigenständigen Fähigkeiten der Massen verhindert wurde: während die Politiker in demagogischer Weise das Volk mißbrauchen, machen die Militärs ihren Anspruch geltend, sie alleine wären in der Lage, das Volk zu regieren; ihrerseits verzögert die Kirche lange Zeit die notwendigen Reformen mit dem Vorwand, das Volk sei nicht in der Lage, diese Reformen zu assimilieren (46). Ein großer Teil der offiziellen Kirche jedoch will heutzutage die Armen des Catolicismo Popular solidarisch kritisch zum befreiten Christentum begleiten. Der Vorschlag von de Moura für dieses Mit-leiden und -führen heißt: will der Priester oder der Katechist die Armen evangelisieren, so darf er sich nicht exklusiv an den Catolicismo Popular wenden: Vielmehr muß es ihm gelingen, die vielen in Brasilien und in Lateinamerika nebeneinander existierenden Formen der Volksreligiosität als ein Ganzes zu erfassen: Er wird versuchen, in den Catolicismo Popular, in die afro-brasilianischen oder amero-indianischen Kulte (47) und in den Pentecostismo den christlichen Glauben Stück für Stück einzufügen, damit dieser Glaube als "Hefe" die Entfremdungselemente zersprengt, welche sich in diesen religiösen Manifestationen im Laufe der Geschichte eingenistet haben und zum Teil politisch instrumentalisiert worden sind. Das Programm muß dann heißen: schrittweise Hinführung zur "katholischen Fülle".

Das kann aber erst dann geschehen, wenn die Träger der Pastoration erstens die Werte der "Kultur der Armut" als evangeliumsgemäß wiederentdecken und diese geduldig mit den ekklesialen und institutionalisierten Wertsetzungen im Christentum vergleichen und zweitens, wenn sie die von den Armen selbst unternommenen Versuche der Evangelisierung kennen lernen und sich durch diese inspirieren lassen. Mit de Moura heißt dies konkret: die von den Armen im Pentecostismo geschaffenen und noch kreativ wirkenden Elemente der "cordialen" Gemeinschaftlichkeit und des missionarischen Einsatzes sollen als Vorbild genommen werden, damit das Kriterium "Übernahme von Werten der 'Kultur der Armut'" (Medellin) (48), seine volle Wirkung erlangt. Konkreter gesprochen: Neben den bereits hervorgehobenen religiösen Werten des Catolicismo Popular müssen auch die des Pentecostismo berücksichtigt werden.

Die Vorteile dieses Vorschlags für die Pastoration in Lateinamerika liegen auf der Hand:

- Einerseits bietet sich die Möglichkeit einer Vermittlung zwischen den Werten einer "Kultur der Institutionen", zu welcher die Hierarchie der katholischen Kirche gehört, und denen einer "Kultur der Armut", in deren Bereich die Mehrheit der Católicos Populares und der Pentecostistas sich befindet (49).

- Andererseits wird es der Kirche ermöglicht, eine ihrer ureigensten Aufgaben, unter den Armen und Unterdrückten präsent zu sein, zu erfüllen.

- Drittens eröffnet sich damit ein Weg zur Kritik des traditionellen Ökumenismus, der eine Evolution ohne die armen Massen anstrebt. Dagegen wird die "Evangelisation der Armen durch die Armen" eine ökumenische Ära in Gang setzen, welche mit den Armen voranschreitet (50).

- Schließlich sieht das Projekt der "Evangelisation der Armen durch die Armen" im Pentecostismo ein Modell, durch das die katholische Pastoral effektiv von einer beherrschten "Reflex-Kultur" der Armen lernen kann und das heißt, es wird ein Weg angeboten, auf dem die Kriterien für praktische pastorale Schlußfolgerungen nicht aus Ideologien, Methoden, Akzenten oder Erfahrungen der herrschenden elitären Gruppen, sondern aus den eigenständigen Erfahrungen der Marginalizados geholt werden (51). Letztere versuchen ihre kulturelle Autonomie in den Formen ihrer Religiosität zu wahren: im "spontanen Gebet", im glossolalischen Reden des Pentecostismo, in den afro-brasilianischen Kulten oder in den überlieferten Zeremonien des Catolicismo Popular. Die Armen entfalten ihre Imagination und Kreativität, ihre Begeisterung, so wie ihren Protest in diesen religiösen Formen, da sie für die Católicos Populares oder für die Pentecostistas einen Bereich bilden, der ihnen gehört, zu dem allein sie als Beherrschte Zugang haben, über den die ausgebildete Oberschicht "nichts weiß" (52).

Die Übernahme dieser Kreativität seitens der Pastoration führt demnächst dazu, das Volk mit seiner Vergangenheit kritisch zu konfrontieren (53). Das darf jedoch nicht zur Fixierung und Glorifizierung der Vergangenheit führen, die sich jeder kritischen Erneuerung widersetzt, auch wenn das Volk geneigt ist, seine menschliche Sicherheit im traditionell Bewährten - "Beheimaten" - zu suchen. Die Konfrontation des Volkes mit den Wurzeln seiner Vergangenheit stellt sich als notwendige Aufgabe einer Pastoral dar, welche - um dem Heiligen Geist treu zu bleiben - bei den Armen Wurzeln zu schlagen versucht, denn es kann kein Volk ohne eigene Geschichte geben. Weil aber diese Fundamentierung kritisch kreativ sein will, darf sie weder zum bloßen gefühlsmäßigen Sicherinnern an das Leiden der oppressorischen Vergangenheit, noch zur einseitigen Identifikation mit dieser Vergangenheit werden, denn dies würde die Störungselemente einer Tradition der noch andauernden despotischen Gewalt der Ungerechtigkeit vergessen lassen.

Die sich in den Gemeinden des Pentecostismo inspirierende "Evangelisation der Armen durch die Armen" geht teils mit der katholischen Hierarchie und teils ohne sie zu einer solidarisch kritischen Aktion mit den Armen über, die von den bei den Armen schon latent vorhandenen Befreiungsmomenten auszugehen versucht (54).

Der geeignete Weg dazu scheinen heute die populären Basisgemeinden (comunidades de base) zu sein, die in den sechziger Jahren von der Kirche in Brasilien ins Leben gerufen worden sind und heute in sämtlichen Ländern des lateinamerikanischen Kontinents bestehen (55). Die "Evangelisation der Armen durch die Armen" stellt sich als Ziel vor, die "comunidades de base" als Vehikel und Stätte christlicher "cordialer" Gemeinschaftlichkeit zu benutzen, in der die Benevolência als Balancekraft des Volkes kreativ durch die christliche Liebe informiert wird: dadurch soll für die Armen die Möglichkeit entstehen, ein neues Bild der Kirche zu verwirklichen, aber auch ihre soziale Randsituation zu erkennen und einen Veränderungsprozeß in Gang zu bringen.

Die vielen Versuche solcher christlicher "comunidades de base" vermehren sich heutzutage in ganz Lateinamerika, sei es in der Form von "Brüderbegegnungen" (Recife), von "Volkspredigern" (Maranhão), von "Nachbarschaftsgemeinden" (Osasco) oder von "katechetischen Ausstrahlungspunkten" (Panamá). Sie alle wollen zu dem gelangen, was bislang vom Pentecostismo allein beansprucht worden war: zu den Formen und zum Geist der Urkirche zurückzufinden: sie wollen ihr Christsein im Lob Gottes, im Gebet und im selbstverständlichen Liebesdienst am Nächsten zum Ausdruck bringen. Sie wollen, unbekannt und fern von jeder öffentlichen und offiziellen Propaganda, sich dort ausbreiten, wo sie sind: an der Basis. Sie nennen sich "Basisgemeinschaften" nicht nur, weil sie weitgehend an der Basis menschlichen Zusammenlebens entstehen, nämlich dort, wo Menschen zusammenleben und zusammen leiden, ihre Solidarität, Verbundenheit und Gemeinsamkeit erkennen, sondern vor allem, weil sie nach dem Plan der Bischofskonferenz von Medellin die "Basis" sein sollen, auf der die Kirche ruht, eine Kirche, die mit klerikalistisch-paternalistischen Bevormundungsvorstellungen Schluß machen und den Institutionalismus, der die Relation zwischen Amt und Leben so vertauscht, daß das Leben, dem

die Institution dienen sollte, verdrängt und getötet wird, überwinden will.
Somit gibt es zum erstenmal in der Kirche eine Bewegung, die "die armen
Männer und Frauen ernst nimmt, die keine Macht und keine Bildung besitzen, oder vielmehr: die nur die Macht und die Bildung der Armen besitzen" (

Das soziale Engagement der "comunidades de base" will dem Modell: "helfen dort, wo Not ist", folgen: also in der Familie, beim Nachbarn, im Betrieb. Sie sind selbst Arme, welche den Armen helfen. Ihre Ausstrahlungskraft verleitet die Seelsorger dazu, in ihrer Förderung die Hoffnung der Kirche Lateinamerikas zu sehen. Man sieht darin einen Ausgangspunkt, die im Volk verborgenen christlichen Tugenden zu entdecken und an ihnen anzuknüpfen: nämlich das tief verwurzelte Verlangen nach konkreter, alltäglicher Gemeinschaft ("cordiale" Gemeinschaftlichkeit), das von den Armen im Spiritismus, in der Umbanda, im Pentecostismo oder im Catolicismo Popular gesucht wird, weil die katholische Kirche in ihren versteinerten Strukturen nicht mehr in der Lage ist, diese menschlich authentische und dem Evangelium nach erforderliche Qualität anzubieten (57). Diese Hoffnung der Hierarchie könnte jedoch zerstört werden, die angestrebte Vermittlung zwischen Institution und "Kultur der Armut", zwischen Pfarrgemeinden und Basisgemeinden, zwischen offizieller Kirche und Catolicismo Popular, zwischen Eliten und Massen verhindert, so wie die Chance einer effektiv christlichen Begegnung zwischen Katholizismus und Protestantismus, zwischen Catolicismo Popular und Pentecostismo verpaßt werden, würden die Priester und andere Gemeindevorsteher diese "comunidades" nicht nur in ihrem Selbstwachsen kritisch begleiten, sondern voller Ungeduld aufgrund eines rational linearen Fortschrittsdenken etwas "machen" wollen. Dadurch würde nicht nur die einer "Kultur der Armut" eigene menschlich legitime Emotionalität vernachlässigt, sondern auch das Wort der Schrift vergessen: "Es ist nicht so, als ob wir Herren über euren Glauben wären, nein, Mitarbeiter sind wir an eurer Freude" (58).

8.2.2 Die dialektische Befreiung durch die Vermittlung des "Dritten".

Ein entscheidender Vorschlag für die solidarisch kritische Begleitung der Volkspastoral wird von J.C. Scannone vorgebracht. Er entwickelt das revolutionäre Projekt der "Pedagogia do Oprimido" (Pädagogik des Unterdrückten) Paulo Freyres zu einem formal-ontologischen Projekt einer an Blondel orientierten "dreidimensionalen Logik der Freiheit", das zur pastoral kritischen Begleitung werden kann, wenn man es auf das Feld der Religiosität des Catolicismo Popular und des Pentecostismo anwendet und mit dem Inhalt der hermeneutischen Schlüsseleigentümlichkeiten auffüllt (59)

Scannone begründet sein Vorhaben damit, das Projekt P. Freyres besitze die Fähigkeit, das Gespür - das in dieser Arbeit bereits angeführte erwachende "offene Herz" - vieler Lateinamerikaner für Befreiung pädago-

gisch zu erwecken und zu sensibilisieren (60). Nach diesem Modell wird
Befreiung durch die Vermittlung einer "dritten" personalen Instanz (der
"Dritte") möglich, die ihre befreiende Funktion innerhalb dreier dialekti-
scher Momente entfaltet:

8.2.2.1 Die Wechselbeziehung Unterdrückter - "Dritter".

Die erste Phase dieser befreienden Dialektik besteht im stummen, des auf
sozio-ökonomischer, pädagogischer, kultureller und religiöser Ebene mund-
tot gemachten, aber dennoch absolut fordernden Wort der Armen und Unterdrückten, die in Lateinamerika auf allen Ebenen Gewalt erleiden. Dieses
"schweigende" Wort setzt sich aufgrund einer Art von ethischem kategori-
schem - wenn auch genau umschriebenem und konkretem - Imperativ durch
(61): in seiner Ohnmacht hat es die Macht, das Profit- und Machtstreben
zu richten und wirksam die reale Möglichkeit einer Befreiung von seiner
Knechtschaft anzudeuten. Die von den Armen ausgehende Frage reißt in
ihrer Schonungslosigkeit den "Dritten", der sich in Frage stellen läßt, von
dem Besitz los, den er ausschließlich für sich angeeignet und in dem er
sich verschlossen hatte. Weil sie nämlich nach Verwirklichung von Gerechtigkeit verlangt, pro-voziert sie eine verantwortliche und wirksame Antwort in dem, der auf sie hören will: in ihm wird eine Forderung zur existen-
tiellen Umkehrung laut und eine im "Dritten" bis dahin verdrängte ursprüngliche Sozialdimension kommt jetzt zum Vorschein.

Dieses neue absolut fordernde Wort wird so zur Infragestellung des "Dritten", die dann erfolgt, wenn er durch das innere Absterben des Profit- und
Machtstrebens den qualitativen Sprung der Bekehrung zu den Armen vollzieht. Daß dies möglich ist, zeigt sich in der immer größer werdenden Zahl
derer, die Scannone als "Rest" bezeichnet und die ein geschärftes Bewußtsein für die Abhängigkeitssituation ihres Volkes entwickeln ("fato maior").

Das Wort der Armen bringt den "Dritten" zu sich selbst, insofern es ihn
von der Totalsetzung seiner selbst befreit und ihn dazu auffordert, das,
was er ist, vermag und hat, mitzuteilen. Aus dieser Bekehrung heraus erwächst ihm aber eine reale Möglichkeit, seinerseits die Unterdrückung zu
richten, in Frage zu stellen und an einer menschlicheren Welt mit-zuar-
beiten. Es erwächst ihm auch die Chance einer kritisch befreienden - erzieherischen - Mittlerfunktion gegenüber den Armen und Unterdrückten:
er kann dabei mitwirken, den anderen als anderen zu seinem eigentlichen
Sein zu verhelfen (62). Die Antwort des "Dritten" auf das Wort der Unterdrückten wird so zum bewußtseinsbildenden Wort und Handeln, die dahin
tendiert, daß der Unterdrückte sein eigenes Wort artikuliert und seine Freiheit auf sich nimmt, damit er Gestalter seiner eigenen Geschichte und Schöpfer seiner eigenen Kultur wird.

8.2.2.2 Die Wechselbeziehung Unterdrücker - "Dritter".

Das wirksame Wort des "Dritten" geht aus der Wahrnehmung des Leidens der Armen hervor. Es wird zur prophetischen Anklage gegen das Profit- und Machtstreben der Unterdrücker: er kündigt die Zukunft an, welche bereits als Aufgabe und als reale Möglichkeit in der Situation - im Anderssein der Armen - zugegen ist, gleichzeitig aber klagt er das an, was der freien Ankunft und Schaffung der Zukunft widerspricht und sie behindert. Dadurch stellt er die Freiheit des Unterdrückers, sofern sie Beherrschung der Unterdrückten bedeutet, in Frage.

Auch der Unterdrücker muß befreit werden, denn er wird nicht nur durch die Strukturen des sozio-kulturellen Unterdrückungssystems, sondern auch durch seine Angst vor der freien Zukunft der Armen - vor dem anderen als anderen - unterdrückt: deshalb strebt er danach, alles, selbst die Menschen, zu verdinglichen und zu beherrschen. Dadurch wird er zum Sklaven seines Besitzstrebens, ohne sich selbst besitzen zu können, das heißt ohne frei zu werden (63).

Der von dem "Dritten" in Gang gesetzte befreiende Vermittlungsprozeß vollzieht sich parallel zu der Bewußtseinsbildung der Unterdrückten: auch hier wird der "Dritte" mit dem identifiziert, was der Unterdrücker fürchtet, nämlich der Freiheit des anderen. Mit anderen Worten: der Unterdrücker projiziert seine Angst auf den "Dritten", welcher für ihn die Bedrohung durch das Anderssein des anderen und durch das Unerwartete der Zukunft darstellt. Der "Dritte" stellt durch sein kritisches und bewußtmachendes Wort das Abhängigkeitsverhältnis in Frage. Darauf antwortet der Unterdrücker mit Repression: er versucht die pastorale Stimme der Anklage und Bewußtmachung einer immer größer werdenden Zahl von Gruppen der Kirche zu ersticken (64). Diese Gruppen der "Dritten" zahlen jedoch den Unterdrückten nicht mit gleicher Münze heim, das heißt sie wenden nicht jedes von der Repression verwendete Mittel an, um sich selbst zu schützen oder um sich vor ihr zu verteidigen. Damit zerbrechen sie die "Spirale der Violenz" (65), das heißt der Teufelskreis der ewigen Wiederkehr von Aktion und Reaktion wird durchbrochen. Freiheit erhält damit eine moralische Wirksamkeit: in seiner Verwundbarkeit ruft der "Dritte" das Gewissen der apathisch dahinlebenden Massen von Unterdrückten wach, was andererseits wiederum die ideologische "Rechtfertigungsmaske" der Repression vom Gesicht der Unterdrücker zu reißen vermag, was zur Aufrüttelung ihres Gewissens führen könnte.

Der "Dritte" arbeitet auf Versöhnung hin, auch wenn er die Bekehrung der Unterdrücker nicht erreicht: er leitet den Kampf gegen die Unterdrückung ein, einen Kampf, der egoistische Beweggründe übertrifft und zur Befreiung aller führen kann.

Für eine wirkungsvolle Befreiung jedoch, die auch den Unterdrücker einbezieht, reicht die bislang dargestellte Vermittlung durch den "Dritten" nicht hin: es bedarf der aktiven Vermittlung durch den Unterdrückten selbst.

8.2.2.3 Die Wechselbeziehung Unterdrückter - Unterdrücker.

Im Durchgang durch den Prozeß der befreienden Erziehung hört der Unterdrückte auf, Unterdrückter zu sein, um mit dem "Dritten" das kritische Bewußtsein und die freie Annahme seiner eigenen Freiheit und damit einer geschichtlichen Rolle zu teilen. Mit anderen Worten: er wird frei, die ihm entsprechende Aktion um die Veränderung der alten Welt zu übernehmen. Dadurch aber wird auch die Befreiung des Unterdrückers Wirklichkeit, denn die Veränderung der überlebten Strukturen, an die er durch sein entfremdendes Sicherheitsbedürfnis und durch sein Profit- und Machtstreben gefesselt ist, befreit ihn wider seinen Willen von dem, was seine Freiheit bedingt und einschränkt (66).

Es muß jedoch betont werden, daß es sich nur dann um eine wahre Befreiung und nicht um eine neue Unterdrückung des ehemaligen Unterdrückers durch den ehemaligen Unterdrückten handelt, wenn beide durch die Vermittlung des "Dritten" - mit Hilfe des ethischen Sprungs durch die qualitative und ontologische Grenzsituation - hindurchgegangen sind, welcher die "transzendente" personale dritte Dimension verkörpert und durch seine Vermittlung eine reale Chance anbietet, frei den Wandel beziehungsweise das Anderssein des anderen und das Neue der Zukunft auf sich zu nehmen, auch wenn der Wandel sich innerhalb eines Befreiungsprozesses vollziehen muß, dessen Hauptakteur der Unterdrückte ist, da er der "Hauptleidtragende" der die Massen entfremdenden Unterdrückung ist.

Ist dem so, dann darf das Projekt der Befreiung durch den "Dritten" nicht als vorfabrizierter Plan seitens des Unterdrückers mit seinen vorgefaßten Plänen von "Zivilisation" und Entwicklung oder seitens des "Dritten" mit seinen kritischen und erzieherischen Projekten konzipiert werden, denn die Führungsrolle im Befreiungsprozeß steht den Armen selbst zu und nicht den Eliten, die ihm eine Revolution aufzwingen wollen, mag es sich um Militärs und Technokraten oder um revolutionäre Avantgarden handeln, die sich selbst als Verkörperung des Bewußtseins des Volkes ausgeben. Das alles vorausgesetzt, darf man aber nicht vergessen, daß es neben der eigentümlichen Vermittlung des "Dritten" und der des Unterdrückten, der aufhört, einer zu sein, einer dritten Vermittlung bedarf, nämlich der des Unterdrückers, insofern er durch "Bekehrung" keiner mehr ist. Das soll bedeuten: die Werte, die ihm dazu dienten, die Unterdrückung zu rechtfertigen, wie etwa die abendländische Tradition oder Kultur, die technische Entwicklung und anderes mehr, müssen jetzt den Befreiungsprozeß vermitteln, damit die Befreiung vollkommen wird: man demaskiert ihren verschleierten Geist des Macht- und Profitstrebens, um sie wandeln und in den Dienst der Bildung eines neuen Menschen und einer neuen Gesellschaft zu stellen (67).

Dieses Projekt der Vermittlung durch einen "Dritten", der ein Bewußtsein der Unterdrückung der "Kultur der Armut" erlangt und sich dadurch vom Gewissen in Frage stellen läßt (consciência) (68), kann auf der einen Seite Motor für die Armen des Catolicismo Popular werden, ihre schöpferischen Anstrengungen nicht auf rein biologische Bedürfnisse oder auf die meist fatalistisch betriebene Selbstbehauptung zu richten (69), sondern sie auf integrale Befreiung hin zu orientieren. Andererseits stellt dieses Modell die offizielle katholische Kirche, falls sie die Rolle des "Dritten" übernimmt, vor die Möglichkeit, sich zum konkreten Zeichen der Freiheit zu entfalten, das heißt es wird ihr die Chance angeboten, Ansporn für eine Bewegung zu werden, die den Traum der Freiheit des lateinamerikanischen Volkes durch eine befreiende Dialektik vermittelt (70). Das heißt aber: der durch die Kirche als dritte personale Instanz in Gang gesetzte Prozeß kann deshalb als Befreiungsbewegung betrachtet werden, weil sie durch "Sympathie, Liebe, Demut, Hoffnung, Glauben, Vertrauen und Kritizität" (71) sich nicht auf die bipolare Totalität von Subjekt - Objekt, Herr - Knecht, reduzieren läßt (72) und nicht naiv den "Desenvolvimentismo" (Entwicklungsder sechziger Jahre) des technokratisch linearen Leistungssystems als Ideal preist, sondern sich eher über die Unterdrückung "schämt" und dem Leiden der Católicos Populares und der Pentecostistas Gehör schenkt. Dies wiederum bedeutet, die in Lateinamerika als Mittlerinnen fungierenden Institutionen Universität, Kirche und andere mehr, können die Armen auf dem Weg von "weniger menschlichen" zu "menschlicheren Bedingungen" begleiten. Scannone folgt mit diesem Vorschlag einer befreienden Vermittlung ontologischen Leitlinien (73), unter denen die Negativität als "Schritt durch die Grenzsituation" die wichtigste Rolle spielt. Gab es bereits in der hegelianisch-marxistischen Dialektik einen Sprung, sobald die Grenze der Widersprüche erreicht wurde, so findet auch in der befreienden Vermittlung durch den "Dritten" ein Durchgang durch die Grenzsituation statt. Es geht hier aber nicht um eine raumzeitliche Verschlimmerung, das heißt um eine Steigerung der Unterdrückung, der Repression oder des Elends bis zum äußersten Punkt. Vielmehr ereignet sich der qualitative Sprung, "wenn die vertikale Linie der Radikalisierung qualitativ verstärkt und vertieft wird, wobei man an ihrer Grenze die Wurzel und die Grundlage der Beherrschung entdeckt, nämlich: das Macht- und Profitstreben". Der Schritt durch die Negativität mündet somit "in das Ja der Freiheit ein, welches dieses Streben durch sein Sein, sein Geltenlassen und sein Seinschaffen überwindet" (74). J. C. Scannone argumentiert: weil die lateinamerikanischen Völker von der nordatlantischen Moderne abhängig sind, welche von Grund auf durch das ontologische Macht- und Profitdenken konstituiert ist, wird sich ihre Befreiung nur durch das innere und äußere Absterben des Profit- und Machtstrebens ereignen können. Das heißt für die lateinamerikanischen Völker: indem sie durch solche Negativität hindurchgehen, wird für sie eine qualitative Änderung der Beziehung der Herrschaft über die Welt, der Beziehung der Arbeit und der Macht möglich.

Das bloße scharfe Nein zur Entfremdung bedeutet jedoch noch nicht das Einsetzen einer kreativen Veränderung: das Absterben der beiden Wurzeln allen Übels ist von sich her noch nicht kreativ, wenn nicht die "Transzendenz", das "Anderssein des anderen als anderen" einbricht. Mit anderen Worten: die Negativität darf nicht auf das Chaos, sondern eher auf die

Freilassung der schöpferischen Eigentümlichkeiten der Armen des lateinamerikanischen Kontinents in ihrem Neu- und Anderssein gerichtet sein.
Für uns bedeutet das: die Religiosität des Volkes soll weder als bewunderns-
wertes Museumsstück, an dem nicht gerührt werden darf, bewahrt werden
(Reservatsmentalität), noch soll sie durch eine sozio-politische lineare
Negativität durch eine Elite zum Tode verurteilt werden. Will die Pastoral
dem Católico Popular, dem Pentecostista oder dem Umbandista seine "Transzendenz" (sein Anderssein) nicht absprechen, so muß sie sie durch die Negativität der Grenzsituation hindurch begleiten, ohne den Blick auf die oben
dargestellten Schlüsseleigentümlichkeiten zu verlieren. Dies bedeutet nicht,
der Catolicismo Popular müsse vom Nullpunkt ausgehen, denn das Volk hängt
an der aus Leiden, Benevolência und "cordialer" Gemeinschaftlichkeit entstandenen Vergangenheit und wird durch sie mitkonstituiert. Die Pastoral
kann und muß den Werten dieser Vergangenheit - dem Alten also - Achtung
schenken. In ihrer Rolle als "Dritter" muß sie jedoch den Católico Popular
- von dem sie selbst erst in Frage gestellt wurde - in Frage stellen, weil
dieses Volk sich an das Beherrschtwerden gewöhnt hat: die Armen sind
nicht nur unterdrückt, sondern in ihnen spiegelt sich der Unterdrücker in
doppeltem Sinn:

- als "verschleierter" Unterdrücker wird der Unterdrückte selbst zum
Unterdrücker gegenüber denen, die ihm unterstehen,

- als "verinnerlichter" Unterdrücker: der Catolicismo Popular wird zu
einem "dressierten" Unterdrückten, der die Unterdrückung als naturge-
geben hinnimmt (75). Weil der "dressierte" Unterdrückte den "verinnerlichten" Unterdrücker mit sich herumträgt, widersetzt er sich jeder Veränderung: er fürchtet sich nämlich vor dem Risiko einer unberechenbaren
Zukunft, die dann einbrechen würde, wenn er sich von dem Herrscher befreit, der ihm einen Minimalunterhalt sichert. Er fürchtet sich im Grun-
de genommen, frei zu sein und seine Zukunft auf sich zu nehmen: er hat
Angst, durch die Einsamkeit, welche das "Freisein" einschließt, hindurch-
zugehen.

Die pastorale Infragestellung des Catolicismo Popular durch den "Dritten"
wird daher zur befreienden Erziehung, wenn sie sich zunächst mit dem
Wagnis seiner Freiheit, mit dem Anderssein des Unbekannten, wovor der
Arme sich fürchtet (76), identifiziert. Aus dieser Furcht heraus nämlich
entsteht zunächst ein Widerstand des Volkes gegen den "Bewußtseinsbild-
ner", weil dieser seine Furcht vor dem Unterdrücker und seine Aggression gegen ihn auf diesen "Dritten" überträgt. Aber in der Verwundbarkeit des "Dritten", der die Aggression nicht mit Repression, die Furcht
nicht mit Furcht beantwortet, liegt seine Kraft zur Befreiung: je mehr er
auf das Wort, das das Volk ihm zu sagen hat, hört, je mehr er seine Führungsrolle mit dem Volk teilt, um so besser kann er die erzieherische Vermittlung erfüllen, das heißt, ein kritisches Wort vortragen und ein Befrei-
ungsprojekt entwickeln.

Die vollständige Befreiung ist somit ein offenes "Noch nicht" der geschichtlichen Dialektik: die sich fortschreitend, wenn auch nicht vollkommen, ver-
wirklicht. Sie hat ihre Marksteine, ihre Sackgassen, ihre Rückschläge,
ihre qualitativen Sprünge und geschichtlichen Momente bedeutsamer Verwirklichung, aber sie steht immer in Korrelation mit dem verheißenen
eschatologischen Reich Gottes.

Das Modell der Befreiungsvermittlung durch den "Dritten" kann somit
letztlich zum Projekt einer lateinamerikanischen Pastoration werden, deren solidarisch kritische Programme der Verwirklichung des Gottesreiches
auf Erden von Relevanz sein können, denn es ist die Überzeugung dieser Pastoral, in Lateinamerika biete sich hic et nunc die Chance eines qualitativen
Sprunges auf dem Weg seiner Geschichte. Sie tut das in der Gewißheit, man
könne an einem neuen Bild Christi arbeiten: Christus als der Befreier. Dieses Bild entsteht nicht nur aus der konkreten Durchführung der Befreiung
durch die Vermittlung des "Dritten", sondern auch aus der Sehnsucht aller
Menschen nach einer wirklichen Befreiung - die trotz allen Scheiterns am
Horizont des "Möglich-Wirklichen" durchschimmert.

Die Teilnahme der Kirche an der Vermittlung des Befreiungsprozesses ist
für sie selbst zu einer wertvollen Erziehung geworden, nicht nur weil sie
in der Rolle eines "Dritten" als Hörer des stummen Wortes der Armen,
als Erzieher der Unterdrückten oder als anklgende Prophetin gegen die
Unterdrücker zu der Einsicht gekommen ist, man müsse sich zu den vom
Evangelium bevorzugten Armen bekehren und die Werte des Christentums
in die Praxis umsetzen, sondern auch, weil sie gelernt hat, daß es nicht
genügt, autoritär das Christentum in die Praxis umzusetzen. Es ist notwendig, in der Praxis schon vorhandene christliche Elemente zu entdecken,
auch wenn sie von Menschen ohne ausdrückliche religiöse Bindung getragen
werden. Das ließ die Pastoration begreifen, daß man auf dem Felde der
Praxis kirchliches Handeln nicht naiv mit "evangelischem" Handeln gleich-
setzen darf. Das solidarische "Mitgehen" verschafft aber dem Christen einerseits eine kritische Sicht für die Lektüre der christlichen Botschaft, die
oft von der institutionellen Kirche zur Rechtfertigung eines bestehenden Zustandes manipuliert wurde, denn die Kirche stand in Lateinamerika oft auf
der Seite der Herrscher und Unterdrücker. Andererseits entsteht für ihn
eine neue "hermenutische Möglichkeit", in der Gestalt, an den Taten und
an den Worten Christi befreiende Dimensionen zu erblicken, welche sonst
- wie zuvor - unentdeckt geblieben wären: "Wenn wir uns auf den Aspekt
der Befreiung konzentrieren, geht für uns ein neues Bild Christi auf, das
die brennende Wirklichkeit betrifft und reich an Impulsen für eine befreiende Praxis ist" (77).

Christus übte die Rolle des "Dritten": weil für ihn das Gottesreich die Gesamtheit der Welt in Gott bedeutete, kritisierte er von Grund auf die religiösen Kreise seiner Zeit und löste einen Konflikt aus, in dem er selbst
unterlag, weil er sich weigerte, auf einen Kompromiß einzugehen, der
aus dem Reich Gottes einen Privatbesitz machen würde. Andererseits
aber führte jedoch die Wahrung des Ganzheitscharakters des Reiches nicht

dazu, passiv auf die Entstehung einer neuen Welt zu warten. Ganz im Gegenteil: er schlägt einen neuen Weg ein, der die erhoffte neue Welt im voraus konkret faßt. Durch seine nonkonformistische Haltung ging er eine Solidarität mit denen ein, die vom System unterdrückt wurden (78). Er riß die Schranken nieder, die einer "cordialen" Gemeinschaftlichkeit unter den Menschen im Weg standen. Das Verhältnis: Herr - Sklave verwandelte er in die brüderliche Beziehung gegenseitigen Dienstes (79).

Diese Haltungen Jesu werden zum Symbol für die Befreiung der sich allmählich bewußtwerdenden Católicos Populares und der Pentecostistas. Sie behalten einen dauernden Wert für den Glauben, der durch sie die versucherische Neigung überwinden kann, aus der Gestalt Jesu einen anthropomorphen Heiligen zu machen (80) oder ihn zum immobilen, von der täglichen Tragödie weit entfernten Christus des Corcovado versteinern zu lassen, also auf eine Ikone zu reduzieren (81), durch die Armut als Schicksal erscheint (82).

Die exemplarisch befreienden Taten Jesu können zweitens dazu beitragen, das "Christentum ohne Christus" der Armen in Lateinamerika (83) durch kritische Konfrontation mit dem Evangelium und der gesellschaftlichen Wirklichkeit zu "entblockieren" und auf den christologischen Weg der integralen menschlichen Befreiung zu stellen. Für die Católicos Populares ersteht die Möglichkeit, sich nicht ausschließlich mit der ohnmächtigen Figur des "toten Herrn" zu identifizieren (84), oder ihre christologische Frömmigkeit bei den seltenen kontemplativen Stunden der Verehrung der in einer goldenen Monstranz bewahrten weißen Hostie bewenden zu lassen (85). Auch für die Pentecostistas ergibt sich die Möglichkeit, die entfremdende, weil nur auf emotionaler Selbstzufriedenheit ruhende Haltung des "Jesus im Herzen" (86) kritisch auf Befreiung hin zu aktivieren, damit das Erlebnis der Heilung oder der Taufe im Heiligen Geist nicht zu einer vom Leiden der Unterdrückten distanzierten oberflächlichen Freude wird.

Das heißt konkret: die volle Rettung, die in Christi Tod und Auferstehung vorliegt, entlastet den Glauben nicht von der Pflicht, für die konkrete historische Gestaltung des Reiches zu arbeiten. Das bedeutet für Lateinamerika, daß die Anstrengungen, die in diesem Kontinent erfolgen, um sich von den sozio-kulturellen Ketten der Unterdrückung und Beherrschung zu befreien, nicht nur als Imperativ der politischen Vernunft zu sehen sind, sondern als eine Forderung eines Glaubens, der mehr sein will als Droge für Ungebildete. Eine richtig angewandte Hermeneutik wird zeigen müssen, daß jene "größere Wirklichkeit", die Jesus unter dem Zeichen des Gottesreiches ausgedrückt hat, mit der identisch ist, die sich unter Rücksicht auf Zeit, Raum und Sprache in die "Theologie der Befreiung" einfügt (87).

Gottesreich ist der Ausdruck für das Utopische im menschlichen Herzen, das heißt für die vollständige Befreiung von allen Elementen, welche diese Welt fremd machen: Schmerz, Hunger, Leiden, Ungerechtigkeit und Tod, nicht nur für den Einzelmenschen, sondern für die ganze Gesellschaft und die ganze Schöpfung. Mit der Ankündigung dieses Reiches bringt Jesus eine radikale Gegebenheit des Menschen zum Ausdruck: seine Hoffnungsgrundlage und seine utopische Dimension. Er verspricht: "Die Wartezeit ist vor-

über. Das Reich Gottes ist nahe. Ändert euer Leben und glaubt an diese
gute Botschaft!" (88). Das Reich Gottes ist nicht nur etwas Geistiges, das
in diese Welt abrupt hineinbricht, sondern eine Gesamtrevolution der Strukturen der alten Welt: es will nicht eine andere, sondern einfach diese alte
Welt sein, die in eine neue verwandelt wird (89).

8.2.3 Neuformulierung des Glaubens und der traditionellen Spiritualität in für das soziale Engagement relevante Begriffe.

Will die solidarisch-kritisch begleitende Pastoration der Kirche nicht der
Gefahr unterliegen, unilateral auf rational bewußtseinsbildende politische
"Entblockierung" durch den "Dritten" auf die bloße "horizontale Transzendenz" auszusein, weil damit die Pastoration nicht auf die mit Sehnsucht erhoffte Exodussituation hinsteuern, sondern eher in ein neues Exil der Volksreligiosität einmünden würde, in dem die neu erwachsenden Formen mystischer Erfahrung keinen Eingang mehr fänden, dann muß sie zunächst auf das
Wort der Armen lauschen, um auf es prophetisch und solidarisch engagiert
zu antworten. Daraus entsteht die Forderung, auch die ursprünglichen religiösen Werte der Religiosität des Volkes zur Geltung kommen zu lassen, ins
besondere der Sinn für Benevolência und für das ausgelassene verschwender
sche Feiern, sowie für die kontemplative Anbetung. Daher soll hier abschlie
send als dritter pastoraler Vorschlag der von Segundo Galilea entwickelte
eruiert werden, der integral zur solidarisch befreienden "Volkspastoral"
in Lateinamerika gehört, weil er die Möglichkeit anbietet, zwischen der
bloßen Rationalität des prophetischen Anklagewortes und der emotionalen
Tiefe eines überschwenglichen Kultes zu vermitteln und dadurch verhindert,
daß die Bekehrung zum anderen zu einer das Selbst aufgebenden "Veranderu
wird (90).

Ausgehend von der sich vertiefenden mystischen Erfahrung und dem sozialer
Engagement vieler lateinamerikanischer Christen entwickelt Galilea das Mo
dell einer "Volkspastoral", die die gelebte Religiosität des Volkes zur bibli
historischen Kontemplation kritisch hinzuführen versucht; das die Frömmigkeit des Volkes einseitig weder zum sozialfremden schwärmerischen "Mysti
zismus" noch zur bloßen Schweigedisziplin degradiert. Vom pastoralen Stan
punkt aus wird es zum Komplement im Hinblick auf die bereits geschilderte
"Vorschläge", da es die Befreiung der Armen nicht nur als eine Frage der
Leistungsfähigkeit oder Ethik sieht, auch nicht der Evangelisation allein, sc
dern sie als ein grundsätzliches Problem der christlichen Spiritualität darstellt: "Das Engagement für die Befreiung und ... die gesellschaftlich-poli-
tische Betätigung soll, wie die gesamte Tätigkeit des gläubigen Christen,
nicht nur eine Gelegenheit dazu sein, den Forderungen des Glaubens nach-
zuleben und die Postulate der Nächstenliebe zu erfüllen, sondern sie soll
ein Szenarium sein, wo man die Erlösung erleben kann" (91).

Jeder Befreiungsplan, der dem tätigen Einsatz den Vorrang einräumt, muß als eindimensional-entfremdend gelten, wenn er das Phänomen mystischer Optionen und das volksreligiöse Suchen nach einer geheimnisvollen Dimension der Wirklichkeit - den Himmel - bloß in Klammern setzt, als Flucht vor dem Leiden disqualifiziert, weil er auf die Dialektik im Heiligen und im Menschen selbst nicht achtet.

Die wahre mystische Erfahrung vermag die kritische Balance zwischen Emotionalität und Rationalität einerseits und zwischen Kontemplation und aktivem Engagement andererseits zu halten und zu aktivieren: sie liefert das Gefühl, daß man sich plötzlich nicht mehr mit dem Gewohnten, mit der Rationalität des Alltäglichen identifizieren kann: das mystische Bewußtsein "emigriert" aus der institutionalisierten Wirklichkeit (82), sei es aus der institutionellen Kirche, sei es aus dem gesellschaftlichen System; weil es voraussetzt, daß die Wirklichkeit sich weit hinter dem befindet, was die Augen sehen, die Sprache sagen oder das Engagement tun kann, bedeutet es das Ende jeder intellektualistisch oder pragmatisch sich selbstgenügenden Welt. Dadurch eröffnet sie aber kreativ eine neue unerwartete Möglichkeit für die armen Massen, sich nicht nur für die neue Gesellschaft, sondern auch für Gott zu befreien.

Das Mißtrauen jeder herrschenden sozio-politischen Ordnung gegen das Mystische in der Religion, auch gegen das in den Volksreligionen hat hier seinen Grund: sie fürchtet sich vor der ekstatisch mystischen Erfahrung, weil sie immer imstande ist, unerwartet neue Formen des kreativ-kritischen Ausdrucks anzunehmen. Nur eine institutionalisierte Disziplin oder die dauernde Repression vermögen sie zum politisch harmlosen Quietismus zu zwingen (93).

Ist dem so, dann muß der prophetische Anstoß der offiziellen Kirche zur "Entblockierung" des Catolicismo Popular unbedingt die Dialektik zwischen der Verantwortung vor dem Humanum und vor dem Christianum beachten (94). Das heißt, die solidarisch-kritische Option für die Befreiung der Armen wird zum Schauplatz der Begegnung zwischen dem Christen und Gott, zwischen Politik und Kontemplation, zu einer neuen Synthese zwischen dem "Militanten" und dem "Kontemplativen" (95). Die Möglichkeit dazu wird aus der Erfahrung verschiedener lateinamerikanischer Gruppen von Christen abgeleitet, die in der Hingabe an politisch soziale Engagements religiöse Tiefe erreichen: sie entdecken eine große Verwandtschaft zwischen ihrer Option für die Armen und ihrem Glauben, auch wenn sie das Heil nicht auf die zeitliche politische Befreiung beschränken: sie wehren sich gegen eine ungeschichtliche Erlösung, die nicht effektiv mit ihren zeitlichen und politischen Engagements verbunden wird. Sie entdecken aber auch das Gebet in all seinen traditionellen Variationen als die Art und Weise, die Gegenwart der Werte des Evangeliums in ihrem Handeln zu sichern: durch ihre Option für die oben geschilderte Rolle des "Dritten" haben sie den wahren Sinn des Gebetes und der christlichen Kontemplation wiedergewonnen, weil die Anbetung des Herrn eben den Christen die eigene Identität gewährt und den weit verbreiteten Dualismus zwischen Glauben und Handeln, zwischen Volksreligiosität und offiziellem Katholizismus überwindet. Das kontemplative Gebet ermutigt sowohl den Einzelnen als auch die Gemeinschaft zur hoffenden Ausdauer im Engagement, gerade auch in den oft enttäuschenden unmittelbaren Situationserfahrungen (96).

Die Möglichkeit zu dieser neuen Synthese wird aber von der Kontemplation selbst gegeben, wenn man sie in ihrer ganzen Sinnfülle zurückgewinnt, die das Kontemplative mit dem Politischen verbindet und dadurch, über die Parolen der Politiker hinaus, Wege der Befreiung findet, die schöpferischer, menschlicher und brüderlicher sind, weil die Antriebe zur Hingabe an den Bruder aus der Hoffnung und aus der Gewißheit eines Heilsplanes Gottes geholt werden. S. Galilea beweist, daß die aktive Kontemplation nicht ohne christlichen Sinngehalt ist: die heutige Disharmonie zwischen "religiös-kontemplativen" und "militant-engagierten" Christen führt nicht auf den realen Widerspruch zwischen Kontemplation und Engagement an sich zurück, sondern darauf, daß die herkömmliche Praxis der Kontemplation etwas Zwiespältiges an sich hatte: als das "ruhige Verweilen des Menschen in der Gegenwart Gottes" wurde sie durch den Einfluß der griechisch-platonischen Mystik zu einer transzendenten Ausrichtung, zum "itinerarium mentis in Deum" (97), der das Leiden der Armen und das Weltlich-Zeitliche hinter sich läßt - vergißt - um ausschließlich in Gott aufzugehen, wodurch sie leicht zur entfremdenden Evasion vor dem Humanum absteigt.

Die Disharmonie kann zur neuen integrierten Synthese werden, betrachtet man die geschichtlich engagierte Dimension des biblischen Begriffs von Kontemplation, der wesentlich zur christlichen Spiritualität gehört (98). Im Alten und besonders im Neuen Testament besteht die Kontemplation darin, daß der Mensch in all seinen Dimensionen eine reale, wenngleich dunkle, Erfahrung Gottes hat. Präziser ausgedrückt: sie besteht, neben der Befähigung zur Christuserfahrung, im Erleben, daß man Christus begegnet ist (99). Diese "erlebnismäßige Begegnung" - die "erfahrende Begegnung" (100) - mit Gott in Christus setzt die zweier kontemplativer Begegnungen des Evangeliums voraus (101):

- Die Begegnung mit der Person Jesu selber: das Neue Testament stellt sie dar als der Anfang und die Wurzel der Bekehrung, des Glaubens und des kontemplativen Lebens. Sie gewinnt für die Apostel einen Wert an sich, welcher als Quelle der religiösen Erfahrung das Handeln übersteigt.

- Die kontemplative Begegnung mit der Gegenwart Christi im Bruder, besonders im "geringen" Bruder, die exemplarisch bei Matthäus (102) dargestellt wird: die willige Begegnung mit dem Leidenden, mit den Unterdrückten und der aus der "Bekehrung" resultierende Dienst wird zum Innewerden Christi, das heißt zur kontemplativen Erfahrung.

Beide Begegnungen gehören integral zusammen, so daß die erste, welche die Transzendenz des Christentums über jede zeitliche Wirklichkeit und das Grundgebot der Liebe zu Gott über alles setzt, nicht von der Liebe zum Bruder wie zu sich selbst - von der Gegenwart Christi in dieser Liebe zu trennen ist. Die Erfahrung Jesu im Dienst am Bruder verleiht der ersten Begegnung im kontemplativen Gebet eine humane geschichtliche Dimension. Darüber hinaus liefert sie der christlichen "consciência" (Wissen und Gewissen) tatkräftige Impulse zum sozialen Engagement, indem sie Anregungen gibt, wie man diese "consciência" aus einem rein individualistischen Bewußtsein und aus einer Kontemplation mit "platonischen" Tendenzen solidarisch-kritisch begleiten kann (103). Daraus folgt, daß die Kontemplation, ohne sich in diesem einen Aspekt zu erschöpfen, dem Glauben einen gesellschaftskritischen sozio-politischen Gehalt (104) verleiht, der sich gegen jede soziale, religiöse oder ekklesiale Unmenschlichkeit sträubt: die dienende Begegnung mit den Armen als dialektisch kritische Vermittlung in der Form eines "Dritten" hat für die Träger der Pastoration kontemplativen Chrakter: der im kontemplativen Gebet erfahrene Christus begleitet als tragender Grund das ganze Engagement. Der im Gebet erfahrene Christus bleibt Voraussetzung für den lebendigen Dienst an den Armen und verhindert durch seine ständige Begleitung, daß die "Bekehrung" zum Bruder innerlich aushöhlt.

Die Pastoral der Befreiung will die entscheidenden Änderungen inspirieren, die auf dem lateinamerikanischen Kontinent vor sich gehen, insbesondere die, welche den Aufbruch zu einer neuen "religiös-menschlicheren" Zukunft vorbereiten. Nach dem "kontemplativen" Modell Galileas kann sie in zwei Richtungen konkrete Gestalt annehmen: einerseits die direkt politische Option, wodurch der Christ seine Liebe zum anderen - als dem anderen - in konkrete Projekte kanalisiert, das heißt sein kontemplatives Engagement wird zur sozialen Strategie und Parteipolitik. Andererseits die pastoralprophetische Option, in der die kontemplative Erfahrung des Herrn durch die Kanäle einer tatkräftigen Verkündigung der Botschaft Christi von der Befreiung der Armen mitgeteilt wird.

In beiden Fällen aber geht es nicht darum, das kontemplative Gebet einfach in den Dienst der Befreiung zu stellen, sondern eher darum, alle in der christlichen Erfahrung liegenden Kräfte und Ausdrucksmöglichkeiten zu entbinden - zu "entblockieren".

Dieser Vorschlag bietet ein pastorales Projekt, wie man die in der Volksreligiosität anzutreffenden initialen mystischen Elemente der stummen Kontemplation des "toten Herrn" am Kreuz (im Catolicismo Popular) oder des "heilenden und Freude schenkenden Jesus" (im Pentecostismo) durch eine Konfrontation mit den zwei oben angesprochenen kontemplativen Begegnungen kreativ aktiviert. Denn die authentischen Werte des Volkes werden durch das Evangelium bereichert, während das Evangelium durch das Volk geschichtlich re-interpretiert werden kann. Mit anderen Worten: weil die pastorale Mit-fühlung und -führung als Kunst und Wissen (sapientia) davon ausgeht, das echt Religiöse verbinde sich mit dem echten Humanum - das Menschliche in der Religion warte auf das Evangelium - sucht sie in den Worten, Gesten und kultischen Symbolen des Catolicismo Popular eine menschliche Erfahrung, welche sie dann mit der oben genannten "ersten

Begegnung" mit der Person Jesu zu verbinden versucht. Sie vergißt allerdings nicht, daß das mystische Bewußtsein sich weder mit der Institution Kirche noch mit den enthusiastischen oder wehmütigen spontanen Äußerungen der Volksmasse voll identifiziert.

Vielmehr versucht sie die unerwartet neue Möglichkeit der Volksreligiosität, die in den "emotionalen Schlüsseln" ihrer erdnahen Sprache (105) (ihren Schlüsseleigentümlichkeiten) von der erwähnten befreienden "Stätte" der Begegnung zwischen dem Christen und Gott, zwischen Politik und Kontemplation, her zu betrachten. Aus diesem Zusammenhang heraus erwächst einerseits die Possibilität, die in Teil I festgestellte und durch Medellin hervorgehobene, Dualität: "Catolicismo Popular - offizieller Katholizismus" in eine kreative Dialektik der gegenseitigen Befruchtung zu stellen, weil der Catolicismo Popular eben durch seine Schlüsselbegriffe Hinweise auf wesentliche Elemente der armen Massen in Lateinamerika gibt, die unbedingt beachtet werden müssen, wie zum Beispiel der performative Charakter ihres sprachlichen Codes, will die Bildung der "consciência" durch eine kritische Evangelisierung das Volk nicht von seinen eigenen Werten und Symbolen entfremden (106).

Andererseits bietet sich die Chance an, in einem fruchtbaren Dialog mit den Armen des Pentecostismo einzutreten. Die neue ökumenische Ära der "Evangelisation der Armen durch die Armen", in der die Einheit der Kirche durch gegenseitige Annäherung aufgrund einer gemeinsamen Hinwendung zum Menschen angestrebt wird, kann beginnen.

9. PERSPEKTIVEN.

Das unserem Pastorationsplan zugrundeliegende Programm einer kreativ weiterführenden Reflexion auf die Erfahrung im Catolicismo Popular und im Pentecostismo (kritische Theorie der Religion), das an die vergangene missionarische Leistung der Kirche in Lateinamerika kritisch anknüpft und dann im Konflikt von theoretisch faßbaren Kulturerscheinungen und Gesellschaftsstrukturen dem zentralen Prinzip einer lateinamerikanischen theologischen Reflexion auf Befreiung Aufmerksamkeit schenkt, kann zur Verantwortung des menschlichen Lebens vor dem Humanum (Kultur) und vor Gott (Religion) beitragen. Dadurch wird es möglich, die in der religionstheoretischen Elementargrammatik von "Wort - Kult - Gemeinschaft und Interesse an Heiligen" analysierten phänomenologischen Ausdrücke des "homo religiosus popularis christianus" mit den Erfordernissen der Benevolência, des Leidens, der Freude, mit der Dialektik: Erde - Himmel und mit der "cordialen" Gemeinschaftlichkeit so zusammenzulesen, daß aus der Theorie Hinweise für eine Orthopraxie gewonnen werden kann, die einem Pastoralplan genügen kann.

Die durch den Dreischritt "Erfahrung - Elementargrammatik - Orthopraxie" bereitete kritische Theorie der Religion kann die für den Catolicismo Popular und für den Pentecostismo geltende Interpretationshilfe sein, weil sie weder vor der Dialektik "emotional-rational", noch vor der Dialektik "Humanum - Christianum" verzagen muß. Denn das theoretisch-praktische Projekt einer solidarischen und kritischen Begleitung der Volksreligiosität kann zur Vermittlung zwischen "Himmel- und Erdgebundenheit", zwischen mystischer Überschwenglichkeit und argumentativ-befreiender Rationalität, zwischen einer "Kultur der Armut" und einer "Kultur der Institutionen", zwischen Elite und Masse, zwischen Catolicismo Popular und Pentecostismo und nicht zuletzt zwischen einer "cordialen" Emotionalität und den kritischen Forderungen des Evangeliums vermitteln.

Unsere Überlegungen wollten dadurch einerseits im Sinne einer hermeneutisch kritischen Fundamentaltheologie Hinweise liefern, wie die Pastoration der Kirche den Menschen, insbesondere den Menschen einer "Kultur der Armut",durch solidarisch-kritische Begleitung ernst nehmen kann, ohne dabei wesentliche Aspekte des christlichen Glaubens preiszugeben: Weil die in der "kritischen Theorie" durchgehaltene Beachtung der Selbsterfahrung im Catolicismo Popular und im Pentecostismo nicht einseitig zur einzig entscheidenden Quelle theologischer Sätze und pastoraler Schlußfolgerungen erhoben wird, sondern vielmehr die anthropologischen Erfordernisse ihrer Schlüsseleigentümlichkeiten dialektisch mit dem Evangelium konfrontiert werden, entsteht die Möglichkeit, dem Glauben seinen ursprünglichen geschichtlichen Charakter zurückzuschenken. Der Glaube wird verstanden als das "Sichstellen auf einen Grund, der trägt", beziehungsweise das "Sichüberlassen an das, was wir weder machen können noch zu machen brauchen, an den Grund der Welt als Sinn" (1), der uns geschenkt u n d daher dem

Leben Halt gibt, a b e r a u c h als hingebende Liebe, welche aus sich
selbst "auszieht" und sich in einer Option für die Armen Gott und dem
Nächsten verpflichtet.

Wird die dadurch angedeutete Spannung offen gehalten, dann kann der Kurzschluß vermieden werden, Gott sei ein den Menschen entfremdender Trost
in Notsituationen oder bloß eine Art der Mitmenschlichkeit (2). Denn das
entscheidende Kriterium der Begegnung mit Gott ist das geschichtliche
Zeugnis Jesu, der Gott seinen Vater nennt, die Sünder bejaht und für die
Gerechtigkeit und Solidarität mit den Ausgestoßenen eintritt. Jesus trägt
seine Botschaft bis zur letzten Konsequenz durch: er stirbt für die vielen.
Jesu Erfahrung ist daher das Kriterium, unter das die Kirche ihre Pastoration stellen muß.

Andererseits weist der befreiende Vorschlag für eine Volkspastoral selbst
darauf hin, die missionarische Praxis der Kirche müsse eine neue Synthese zwischen Kontemplation und aktivem Engagement erheischen: die kontemplative Perspektive, "der Glanz und die Herrlichkeit der Gestalt Christi
als Manifestation und Feier der absoluten Liebe, das heißt der innertrini-
tarischen Liebe und der Liebe Gottes zu den Menschen (3) muß konfrontiert
werden mit der weiterführenden Perspektive, Gott schenke sich und sei ein
"unerklärlicher Luxus" (4). Doch nicht einmal dies genügt. Denn inhaltlich
ist offenbarungsgemäß und anthropologisch-soziologisch der sich luxuriös
verschenkende Gott der Herrlichkeit geschichtlich die Gestalt Jesu als "Befreier" (5). Das heißt konkret in Lateinamerika, Gott ist in Christus als
der "neue Befreier" und als "Befreiung zu neuer Freiheit" zu verkünden.
Denn Gott, der an der geschichtlichen Verwirklichung der Liebe unter den
Menschen interessiert ist, muß in neuer Weise, das heißt mit kreativer
und innovierender Phantasie mit dem Befreier Jesus in Verbindung gebracht werden.

Würde dies gelingen, dann müßte eine "kritische Theorie" dem Catolicismo Popular und dem Pentecostismo Anregungen geben, wie eines der fun-
damentalsten Dilemmata im Bereich der Erneuerung der Kirche angegan-
gen werden kann. Dies ist die Frage nach der "kulturellen Rückständigkeit"
der "Kultur der Armut": verharrt das Zusammenrufen zur "ecclesia" auf
dieser "Rückständigkeit" als solcher, dann fällt der Ruf zurück in einen
"Archaismus", welcher den befreienden Gott der Armen nicht offenbaren
kann.

Geschieht aber die oben erläuterte kritische Entdeckung der Werte der
"Kultur der Armut" in Konfrontation mit dem Evangelium, dann entsteht
die Möglichkeit, aufgrund der Option für die angeblich rückständige "Kultur der Armut" eine kritische Instanz zu errichten, welche an positive Werte erinnert, die durch die herrschende "Kultur der Institutionen" vergessen,
beziehungsweise verachtet werden (6).

Zum Schluß muß daran erinnert werden, daß unsere Überlegungen ganz
im Sinne neuerer theologischer Reflexionen über die menschliche Erfah-

rung des Leidens stehen: wenn es gilt, "den Denken gehe das Leiden voraus, und die Frage nach Gott entstehe zutiefst aus dem Schmerz am Unrecht in der Welt und an der Verlassenheit im Leiden" (7), dann muß die "kritische Theorie" des Catolicismo Popular und des Pentecostismo zur Einsicht führen, die Religiosität des Christentums dürfe in keiner Weise fremd "neben" oder "oberhalb" des Leidens, der Freude, der Enttäuschungen und der Hoffnungen der Armen in Brasilien und in Lateinamerika schweben. Sie solle vielmehr an der Verwirklichung des Traumes vom Übergang der "weniger menschlichen" zu "menschlicheren Bedingungen" argumentativ kritisch beteiligt sein. Im "Gedächtnis des Leidens" (8) muß eine neue Zukunft sichtbar werden, welche die Plausibilitätsstrukturen einer rein auf Technik und Ökonomie abgestimmten Gesellschaft in Frage stellt und doch nicht nur kritisch, sondern positiv befreiend wirkt. An Gott in der Gestalt des leidenden, aber auch befreienden Jesus erinnern, das heißt, bezogen auf leidende Menschen in der "Kultur der Armut": Die Einsicht, daß sie leiden, vermitteln und zu der neuen Einsicht ermuntern, daß gegebene "Zustände" nicht unabdingbar sind, sondern mit Phantasie und Argumentation zum Besseren zu verändern sind - das scheint die Aufgabe einer an Christus orientierten und zur Pastoration weiterentwickelten Religiosität zu sein.

Zu dieser pastoral-kritischen Theorie von Religion wollte hier, bezogen auf die gegebene Situation in Brasilien, ein Beitrag als innovierender Anstoß geleistet werden.

ANMERKUNGEN

I. Teil

Religiöse Ausdrücke des "homo religiosus popularis christianus": Überblick über die pastoralen und soziologischen Ansatzpunkte in der Erfassung der Volksreligiosität in Brasilien.

zu 1: Einsichten der deskriptiven Soziologie ins Phänomen der Volksreligiosität.

1) Papst Paul III. schrieb am 29. Mai 1537 dem Erzbischof von Toledo, Kardinal Juan de Tavera, das Breve "Pastorale officium", in dem er eine Erklärung über die menschlichen Rechte der "Indorum Occidentalium" (Indios vom Westen) verfaßte. Anlaß dazu war der Bericht einer Gesandtschaft von Dominikanerpatres über die Grausamkeiten der "Conquistadores" (Eroberer) in Mexiko: "Ad Nostrum siquidem pervenit auditum, quod... Carolus Romanorum imperator... ad reprimendos eos, qui cupiditate aestuantes contra humanum genus inhumanum gerunt animum, publico edicto omnibus sibi subiectis prohibuit, ut quisquam Occidentales aut Meridionales Indos in servitutem redigere aut eos bonis suis privare praesumat. Hos igitur attendentes Indos ipsos, licet extra gremium Ecclesiae exsistant, non tamen sua libertate aut rerum suarum dominio privatos vel privandos esse, cum homines ideoque fidei et salutis capaces sint, non servitute delendos, sed praedicationibus et exemplis ad vitam invitandos fore, ac preaeterea Nos talium impiorum tam nefarios ausus reprimere et ne iniuriis et damnis exasperati ad Christi fidem emplectendam duriores efficiantur providere cupientes cupientes circumspectioni tuae ... mandamus, quatenus ... universis et singulis uniuscuiusque dignitatis ... exsistentibus sub excommunicationis latae sententiae poena... districtius inhibeas, ne praefatos Indos quomodolibet in servitutem redigere aut eos bonis suis spoliare quoquomodo praesumant". (Zitiert aus Denzinger-Schönmetzer, Enchiridion Symbolorum Definitionum et Declarationum de Rebus Fidei et Morum, Freiburg, 1967[34], Nr. 1495, 362).

Die Excommunikation gegen die Eroberer, welche die menschlichen Rechte der Indios - portugiesische und spanische Bezeichnung für die mittel-und südamerikanischen Indianer - mißachteten, wurde in dem Breve "Veritas ipsa" vom 2. Juni 1537 wiederholt. Trotzdem zog sie Paul III. gleich danach unter dem Druck der hispanischen Obrigkeit zurück. Am 20. November 1542 verfaßte er aber das Dokument "Novis Legibus", das gleichzeitig von Karl V. unterschrieben wurde. "Novis Legibus" garantierte den Indianern die Rechte, welche den Christen damals zugesprochen wurden. (Zitiert bei Denzinger-Schönmetzer, a.a.O., 362).

ANMERKUNGEN zu Teil I, 1

Vgl. J. Margraf, Kirche und Sklaverei seit der Entdeckung Amerikas, Tübingen, 1865, 218 ff.

2) Gilberto Freyre, Casa Grande & Senzala, I, Rio de Janeiro, 1969[14], 37 ff, betont die Tatsache, daß die Kolonisierung unter dem Schirm der Harmonie zwischen Staat und Kirche stattgefunden hat. Die Bedingung "sine qua non" der Aufnahme in die neue Kolonie war die katholische Taufe. So wurden die Bedingungen dafür geschaffen, daß mit der Eroberung neuer Märkte und Länder seitens Portugals und Spaniens auch der Kirche neue "Seelen" zugeführt wurden. Freyre wagt sogar zu sa_ n, der missionarische Enthusiasmus sei in bestimmter Weise Ursache der Kolonisierung von Brasilien gewesen: vgl. ebd., 335 - 336.

3) Ebd., I, 73.

4) Ebd., I, 72.

5) G. Freyre, a.a.O., II, 434, stellt mehrere Indizien der mohammedanischen Religion in Brasilien fest.

Ignace Brazil Etienne, La Secte Musulmane des Malés du Brésil et leur Révolte en 1835, in: Anthropos (Wien), Januar-März (1909), bemerkt, daß der Islam im Dunkeln der Senzalas (= Sklavenwohnungen) florierte, denn aus Afrika kamen Prediger mit der Aufgabe, die Koransuren in arabischer Sprache den Sklaven zu vermitteln. Zit. bei G. Freyre, a.a.O., II, 433 - 434.

Nina Rodrigues, Os Africanos no Brasil, São Paulo 1933, konstatierte, daß es in Bahia Sklaven gab, die versierte Korankenntnisse besaßen und die anhand der Religion des Propheten in öffentlichen Disputationen die christliche Religion der weißen Herren ablehnten. Zit. bei G. Freyre, a.a.O., II, 434.

Zur religionsphänomenologischen Entwicklung Brasiliens, s. G. Freyre, a.a.O., I, 335.

Zur Erklärung des Teilerfolges der Jesuiten im festlichen, devotionalen und mystischen Bereich, s. G. Freyre, a.a.O., I, 72 ff.

6) G. Freyre, a.a.O., II, 312 - 314.

7) Thales de Azevedo, Religiaõ Popular e Sentimento de Culpa, in: Revista Brasileira de Psiquiatria, Nr. 2, (1969), 1.

8) Ders., Catolicismo no Brasil?, in: Vo., LXIII (1969), 118. Azevedo charakterisiert die Volksreligiosität in Anknüpfung an Studienergebnisse über kleine Gemeinschaften und ausgehend von der eigenen Erfahrung. Siehe ders., Cultura e Situaçao Racial no Brasil, Rio de Janeiro, 1966, 185 - 186.

9) Ders., Problemas Metodológicos da Sociologia do Catolicismo no Brasil, in: Revista do Museu Paulista, XIV (1963), 353. Vgl. ders., Cultura e Situação Racial no Brasil, 174.

10) Ders., Les Tâches de la Sociologie de la Religion au Brésil: Bericht für den Kongreß Pro Mundi Vita, Löwen, Sept. (1964), 5. Vgl. ders., Cultura e Situação Racial no Brasil, 175 - 178.

11) Ders., Catolicismo no Brasil?, 120.

12) Jean Labbens, A Sociologia Religiosa, São Paulo, 1962, 15 - 20. Er übernimmt den Unterschied zwischen "religiöser Soziologie" und Religionssoziologie: beide unterscheiden sich nicht im Ziel, auch nicht in der Methode, nur im leitenden Interesse. Danach soll die "religiöse Soziologie" das religiöse Faktum mit der Absicht untersuchen, das Wirken Gottes in der Geschichte zu verstehen, während die Religionssoziologie um der intellektuellen Neugierde willen von Christen und Nicht-Christen getrieben wird.

13) Luigi Sturzo, Sociologia do Sobrenatural, Lisboa, 1960, 34. Zit. bei T. de Azevedo, Cultura e Situação Racial no Brasil, 176 ff.

14) T. de Azevedo, Cultura e Situação Racial no Brasil, 176.

15) Ders., Catholicism in Brazil, A Personal Evaluation, in: Thought, Fordham University Quarterly, XXVIII (1953), 268.

16) Ders., Catolicismo no Brasil?, 122 - 123. Nach Azevedo bezeichnet der Terminus "popular" nicht eine bestimmte soziale Klasse, sondern vielmehr eine archaische Struktur der Gesellschaft.

17) T. de Azevedo hebt die Tatsache hervor, daß Brasilien wegen des hohen Prozentsatzes an Katholiken - über 80 % - als "katholisches" Land gilt. Dennoch müssen nach ihm zwei Arten von Katholizismus unterschieden werden, nämlich der "reelle"-orthodoxe und der "brasilianische" Katholizismus. Siehe ders., Cultura e Situação Racial no Brasil, 177.

18) Diese vier Typen wurden von Maria Isaura Pereira de Queroz, Os Catolicismos Brasileiros, in: Cadernos, Zeitschrift des Centro de Estudos Rurais e Urbanos, Nr. 4 (1971), 163 - 164, aus den verschiedenen Beiträgen von Azevedo herausgearbeitet.

19) Die Missionierung der Indianer folgte nach Thales de Azevedo, Cultura e Situação Racial, 148, dem akkulturativen Modell einer Re-Interpretation: Aus der Analyse des Briefwechsels und des gesamten schriftlichen Materials, das von den Jesuiten vom Jahre 1549 bis zum Jahre 1650 über die Missionierung der Tupi-Indianer entstanden ist, folgert er, daß die Jesuiten keine eigene Methode zur Evangelisierung der Indianer erfunden haben, sondern lediglich den Instruktionen Papst Gregors I. an den hl. Augustinus und anderen missionarischen Mönchen folgten,

nach denen die guten Elemente der heidnischen Kultur in das christliche Leben aufgenommen werden sollten, was aber faktisch zur Auf-
zwingung der europäischen Kultur führte, weil Christentum mit europäischer Kultur identifiziert wurde.

Die Missionare waren davon überzeugt, daß die lateinamerikanischen
Heiden nur durch Unterwerfung christlich "erzogen" werden konnten.
Der Provinzialobere Manoel da Nóbrega sagt im "Diálogo sôbre a
Conversão do Gentio", Bahia, 1556 - 1557: "Folgendes Gesetz muß
ihnen (den Indianern) auferlegt werden:

- Verbot der Anthropofagie und der Führung von Krieg ohne Erlaubnis
des Gouverneurs

- Zulassung nur einer Frau

- Die Kleidung - denn sie haben genug Baumwolle dafür

- Gerechtes Leben untereinander und mit den Christen

- Verbot der Wanderung".

Zit. bei T. de Azevedo, Cultura e Situação Racial, 153. Vgl. Maria
Thereza Caiuby Crescenti, Sociologia e Catolicismo no Brasil, in:
Introdução ao Estudo da Sociologia no Brasil, II, hrsg. von M.P. de
Queiroz, S. Paulo, 1971, 187 - 190.

20) T. de Azevedo, O Catolicismo em Crise, in: Tageszeitung "O Estado
de São Paulo", São Paulo, 16.1.1972, 16.

21) Roger Bastide, As Religiões Africanas no Brasil, II, São Paulo, 1971,
301 ff.

22) Ebd. I, 59 - 60.

23) J. Dornas, A Escravidão no Brasil, 243, berichtet zum Beispiel, daß
"Santa Cruz", ein Grundbesitz der Jesuiten im Jahre 1768, 1205 Sklaven besaß und daß das Nonnenkloster "Convento do Destêrro" in Bahia
400 Sklavinnen für 74 Nonnen zur Verfügung hatte. Zit. bei R. Bastide,
a.a.O., I, 77.

24) R. Bastide, a.a.O., I, 77 - 79, 181 ff stellt mit Serafim Leite fest,
daß die Jesuiten nicht nur kulturelle Elemente der Indianer aufgenommen, sondern auch das Dogma ihrer Mentalität angepaßt haben, die
mit der der Kinder verglichen wurde. Die Bräuche der Indianer sollten nicht einfach abgeschafft werden, sondern vielmehr als Trampolin
für den wahren Glauben dienen (S. 172). Die Bruderschaft wurde zunächst von den Missionaren im Rahmen der bereits erwähnten christlichen "Erziehung" der schwarzen Sklaven konzipiert. Sie wurde dieser domestizierenden Absicht zum Trotz zum wichtigsten Instrument
der Emanzipation der Neger. Ihre Bedeutung wächst besonders im 18.

Jahrhundert in Minas Gerais, wo sie demnächst die Emulation zwischen Weißen und Schwarzen steigert: die Bruderschaften der Weißen waren für Schwarze und Mulatten geschlossen und umgekehrt: Die "Kirche der Weißen" und die "Kirche der Schwarzen", wie sie auch genannt wurden, standen in Konflikt miteinander in der Frage der Rechte und Privilegien. Siehe dazu ebd., I, 157 - 179. Die Begriffe "weiß" und "schwarz" werden von R. Bastide, wie auch schon von T. de Azevedo, Cultura e Situação Racial, 153 ff, nicht auf Rasse beschränkt. Sie dienen auch dazu, den sozialen Status zu verdeutlichen: "weiß" ist gleich "reich" oder "herrschend". "Schwarz" ist gleich "arm".

25) Ebd., I, 181; II, 359 ff.

26) N. Rodrigues, O Animismo Fetichista, 199, zit. bei R. Bastide, a.a.O., I, 181.

27) Nach R. Bastide, a.a.O., hat die Kirche die Schwarzen missioniert, aber eine Trennung zwischen dem Kult des Weißen und dem des Schwarzen eingeführt: wenn keine Trennung in dem Tempel möglich war, wurden sogar zwei Messen zelebriert: eine für den Herrn, die andere für die Sklaven.

28) Ebd., 118 - 155. Der Sklave fand solche Nischen besonders in den "Batuques" und in den Bruderschaften: siehe ebd. 82 und 225.

29) Die Weißen waren aber von dieser als Magie betrachteten Religion fasziniert: denn sie konnte den Menschen vor der Angst des Unbekannten befreien: siehe ebd., I, 189.

30) Ebd., I, 198 - 200.

31) Fernando Ortiz, zit. bei R. Bastide, a.a.O., I, 201 - 202, betont, daß die Beziehungen zwischen dem Menschen und den Gottheiten der afrikanischen Religionen nicht auf eine Akkumulation von Verdiensten in einem Jenseits, sondern auf das unmittelbare Erreichen irdischer Gnaden zielen.

32) R.Bastide, a.a.O., I, 201-202.
33) Ebd., I, 164.

34) M.I.P. de Queiroz, O Catolicismo Rústico no Brasil, in: Revista do Instituto de Estudos Brasileiros Nr. 5 (1968), 103.

35) Näheres zur Beschreibung der rustikalen Volkskultur s. ebd., besonders 108 - 118 und auch ders., O Messianismo no Brasil e no Mundo, São Paulo, 1965, 139 - 142.

Zu den Tänzen vom heiligen Gonçalo, s. ders., Sociologia e Folclore - A Dança de São Gonçalo num Povoado Bahiano, Salvador, 1958, 11 - 15 und 118 - 121. Vgl. ders., Der Sankt Gonçalo-Tanz, in: Staden-Jahrbuch, Bd. 6, São Paulo, 1958.

Zu den Büßergruppen, s. ders., Die Büßer, in: Staden-Jahrbuch, Bd. 9/10, São Paulo, 1961 - 1962.

ANMERKUNGEN zu Teil I, 1

36) M. I. P. de Queiroz, O Catolicismo Rústico no Brasil, 105 - 107.

37) Robert Redfield, Peasant Society and Culture, Chicago, 1956, zit. bei M. I. P. de Queiroz, O Catolicismo Rústico no Brasil, 108.

38) M. I. P. de Queiroz, O Catolicismo Rústico no Brasil, 109.

39) Ders., O Messianismo no Brasil e no Mundo, 139 - 142.

40) Ebd., 142 - 194.

41) Ebd., 313.

42) Ebd., 320.

43) Cándido Procópio Ferreira de Camargo, Kardecismo e Umbanda. Uma Interpretação Sociológica, São Paulo, 1961, 93 ff.

   Vgl. C. P. F. de Camargo und J. Labbens, Aspects Socio-culturels du Spiritisme au Brésil, in S. C., VII (1960), 5 - 6 und 407 - 430.

44) C. P. F. de Camargo, Théologie et Sciences Sociales, in: S. C., XVII (1970), 261 - 267.

45) Ders., Essai de Typologie du Catholicisme Brésilien, in: S. C., XIV (1967), 399 - 422. Dieser Aufsatz wurde vom Verfasser vier Jahre später in eine Studie über die Kirche und die Entwicklung in Brasilien anhand des Modells von Natal im Staate Rio Grande do Norte aufgenommen. Siehe ders., Igreja e Desenvolvimento, São Paulo, 1971, 6 - 36.

46) Ders., Kardecismo e Umbanda, 61.

47) Ders., Igreja e Desenvolvimento, 7 - 8.

48) Ders., Kardecismo e Umbanda, 61 und 63.

49) Ebd., 60.

50) Ders., Igreja e Desenvolvimento, 7.

51) Ebd., 9 - 35. Camargo betrachtet auch die Pfingstgruppen, die er "Pfingstsekten" nennt, als eine internalisierte Form von Religion. Siehe dazu ders., Vorwort zu dem von Beatriz Muniz de Souza verfaßten Buch: A Experiência da Salvação. Pentecostais em São Paulo, São Paulo, 1969, 12.

52) B. M. de Souza, A Experiência da Salvação, 17.

53) Ebd., 71 - 85.

54) Ebd., 18 - 19.

55) Ebd., 49.

56) Ebd., 71 ff.

57) Ebd., 35.

58) Ebd., 61 ff.

59) Ebd., 39 ff.

60) Ebd., 52.

61) Ebd., 50.

62) Ebd., 48.

63) Ebd., 99.

64) Ebd., 41.

65) Ebd., 50.

66) Ebd., 40.

67) Ebd., 49.

68) Ebd., 97 ff.

69) Statistische Daten über die "Bekehrung" aus verschiedenen brasilianischen Religionsformen zum Pentecostismo in Rio de Janeiro werden
im zweiten Kapitel unserer Arbeit, Anmerkung Nr. 21, angegeben.

70) Christian Lalive D'Epinay, O Refúgio das Massas. Estudo Sociológico
do Protestantismo Chileno, Rio de Janeiro, 1970, 200.

71) Die pentekostale Pastoration legt einen großen Wert auf die Histórias
de Vida, das heißt auf Erzählungen des mit Wundern bezeugten Be-
kehrungsweges von Konvertiten oder Gründern, besonders, wenn diese von anderen Konfessionen kommen, in denen sie eine führende Rolle gespielt haben.

72) B. M. de Souza, A Experiência da Salvação, 96.

73) Ebd., 92.

74) Ebd., 100.

75) José Maria Tavares de Andrade, Le Champ de la Religiosité - Projet
d'Analyse de la Religiosité au Brésil, in: S. C. XIX (1972), 600.

76) Nach J. M. Tavares de Andrade, a. a. O., 609 - 611, müssen die theoretischen Konstruktionselemente des allgemeinen Feldes der Volksreligiosität bei folgenden Autoren gesucht werden:

Max Weber, Carismatica e i Tipi del Potere, Torino, 1934; Raymond
Aron, Les Etapes de la Pensée sociologique, Paris, 1967; E. E. Evans-
Pritchard, La Religion des Primitifs, Paris, 1971; ders., Sorcellerie,
Oracle et Magie chez Azande, Paris 1972; J. Pena, L'Incidence de la
Religiosité sur la Fécondité, Löwen, U. C. L., (ISPS), wissenschaft-
liche Abhandlung Nr. 737; E. Durkheim, Les Formes Elementaires de
la Vie Religieuse, Paris, 1968; M. Mauss, Manuel d'Ethnographie,
Paris, 1971; Marcel Fournier, A Propos de l'Ethnoscience, in: Revue
Française de Sociologie, XII (1971) 459 - 482; Pierre Bourdieu, Socio-
logie de l'Algérie, Paris 1970; ders., Genèse et Structure du Champ
Religieux, in: Revue Française de Sociologie XII (1971), 295 - 334; ders.,
Une Interprétation de la Théorie de la Religion selon Max Weber, in:
Archiv. Europ. Sociol., XII (1971) 3 - 21.

Beim Entwurf des Feldes der brasilianischen Volksreligiosität berücksichtigt J. M. Tavares de Andrade besonders die Arbeiten von: Pedro
Assis Ribeiro de Oliveira, Elements pour une Etude Sociologique de
la Magie, Löwen, U. C. L. (ISPS), 1967, wissenschaftliche Abhandlung
Nr. 541; ders., Catolicismo Popular no Brasil, Rio de Janeiro, CERIS,

ANMERKUNGEN zu Teil I, 1

1970; ders., Catolicismo Popular na América Latina, Rio de Janeiro, CERIS, 1971; ders., Religiosidade Popular na América Latina, Rio de Janeiro, (ohne Datum); G. Freyre, Casa Grande & Senzala, Rio de Janeiro, 1969[14]; T. de Azevedo, Catolicismo no Brasil?, in: Vo., LXIII (1969), 117 - 124; Luis da Câmara Cascudo, Dicionário do Folclore Brasileiro, Rio de Janeiro, 1954; Aldo Büntig, El Catolicismo Popular en la Argentina, Buenos Aires, 1969.

77) Ebd., 603.

78) Vgl. M. Weber, Soziologische Grundbegriffe, Tübingen, 1960, 5 - 45; Sonderdruck aus ders., Wirtschaft und Gesellschaft.

79) Vgl. die Diskussion zwischen Paul Ricoeur, Strukture et Herméneutique und Claude Lévi-Strauss, Réponses à Quelques Questions, in: Esprit XXXI (1963), 596 - 627 und 628 - 653.

Siehe auch Claude Lévi-Strauss, Strukturale Anthropologie, Frankfurt/M. 1967, 299 ff.

80) J.M. Tavares de Andrade, a.a.O., 603, unterscheidet folgende exemplarische Sprachspiele: die Alltagssprache, die Sprache der Lexika, die religiöse und die wissenschaftliche Sprache.

81) Ebd., 601 - 603.

82) Vgl. M. Weber, Gesammelte Aufsätze zur Religionssoziologie, I, Tübingen, 1963[3], 237 - 275.

83) J.M. Tavares de Andrade, a.a.O., 605 ff.

84) Evans-Pritchard weist darauf hin, daß sowohl Max Weber als auch Bergson eine Grundunterscheidung zwischen einer von Magie durchtränkten Religiosität der primitiven und barbarischen Bevölkerungen und den Universalreligionen - Judentum, Christentum, Islam, Hinduismus, Buddhismus und Jainismus - aufrecht erhalten. Zit. bei J.M. Tavares de Andrade, a.a.O., 605. Und de Andrade, a.a.O., 605, fügt weiter hinzu, daß, falls Max Weber und P. Bourdieu die Volksreligiosität definieren würden, sie diese in Verbindung mit der Magie betrachten müßten: Je größer das Gewicht der bäuerlichen Tradition in einer Zivilisation, desto mehr orientiert sich die Volksreligiosität an der Magie.

85) Ebd., 605.
86) Ebd., 606.
87) Ebd., 608.
88) Ebd., 609.

ANMERKUNGEN zu Teil I, 2

zu 2: Pastoralorientierte, kirchliche Erhebungen zur Volksreligiosität - Auf dem Weg von der apologetischen zur fundamentaltheologischen Betrachtungsweise.

1) Siehe hierzu die Einleitungen zu Lumen Gentium, Nostra Aetate, Gaudium et Spes und zu Dignitatis Humanae von Karl Rahner und Herbert Vorgrimmler, Kleines Konzilskompendium, Freiburg, 1966, 105 - 197, 349 - 355, 423 - 449 und 655 - 676.

2) Odilon Orth, Hrsg., A Igreja na Atual Transformação da América Latina à Luz do Concílio. Conclusoes de Medellin, Petrópolis, 1969, 83 - 87. Dieser Band enthält eine offizielle Übersetzung der Beschlüsse der zweiten Generalkonferenz des lateinamerikanischen Episkopates, die in Bogotà am 24. 8. und in Medellin vom 26. 8. bis 6. 9. 1968 stattgefunden hat.

3) Ebd., 84. Ein tieferes Verständnis der Fragen nach der Volksreligiosität, mit denen sich die Bischöfe in Medellin konfrontiert sahen, wird durch Ronaldo Muñoz, Nueva Conciencia de la Iglesia en América Latina, Santiago, 1973, 49 f, 458 und 541 - 548 gegeben. In dieser Promotionsarbeit analysiert der Verfasser über 150 Dokumente, die das neue kritische Bewußtsein der Kirche in Lateinamerika wiedergeben sollen. In Bezug auf die Volksreligiosität seien folgende erwähnt: Manuel Larrain, Desarollo, Exito o Fracaso en América Latina, Santiago, 1965, 21 - 22; Helder Câmara, La Iglesia ante el Mundo Moderno en América Latina: Dokument des 10. Treffens des lateinamerikanischen Bischofsrates (CELAM) in Mar del Plata, Argentinien, Oktober 1966, siehe Text in: Comisión Episcopal de Acción Social (Hrsg.), Signos de Renovación. Recopilación de Documentos Postconciliares de la Iglesia de América Latina, Lima, 1969, 47 - 77; versch. Autoren, Botschaft der Bischöfe der Dritten Welt, 15. 8. 1967. Text in: Comisión Episcopal de Acción Social, a. a. O., 19 - 29; Antonio Fragoso, L' Evangile et la Révolution Sociale, Paris, 1969, 13 - 35; Präsidenten der bischöflichen Ausschüsse für soziale Aktion, Beschlüsse des Treffens in Itapoa, 12. bis 19. Mai 1968, Text in: Comisión Episcopal de Acción Social, a. a. O., 31 - 45; dreihundert brasilianische Priester, Erklärung über die Kirche und die Lage in Brasilien, August 1967, Text in: Comisión Episcopal de Acción Social, a. a. O., 153 - 158.

4) Vaticanum II, pastorale Konstitution über die Kirche in der Welt von heute, "Gaudium et Spes", Vorwort, Art. 1.

5) Boaventura Kloppenburg verfaßte seit 1952 Studien über spiritistische und mediumistische Phänomene, die zum größten Teil in den Zeitschriften R. E. B. und Vo. veröffentlicht wurden.

6) Nach B. Kloppenburg, O Espiritismo no Brasil. Orientação para os Católicos, Petrópolis, 1960, 5, ist dieses "System der religiösen Konfusion" typisch für die brasilianische Gesellschaft, weil nämlich

ANMERKUNGEN zu Teil I, 2

über 80 % der Bevölkerung sich als katholisch betrachten und die meisten dennoch gleichzeitig anderen Religionen angehören, woraus gemischte Typen von spiritistischen, umbandistischen, abergläubischen, folkloristischen und pentekostistischen Katholizismen entstehen.

7) Ders., Nossa Atitude Pastoral Perante o Espiritismo, in: R.E.B., XVII (1957), 5 - 6. Kloppenburg übernimmt hier das im Jahre 1953 veröffentlichte Urteil des brasilianischen Nationalepiskopates.

8) Ebd., 6.

9) Besonders durch "Gaudium et Spes", Nr. 3.

10) B. Kloppenburg, Ensaio de Uma Nova Posição Pastoral Perante a Umbanda, in: R.E.B., XXVIII, (1968), 404 - 417.

11) Ebd., 409.

12) Ebd., 411.

13) Ebd., 412.

14) B. Kloppenburg, Nossa Atitude Pastoral Perante o Espiritismo, in: R.E.B. XVII (1957), 5.

15) Ebd., 5 ff.

16) Ders., Ensaio de Uma Nova Posição Pastoral Perante a Umbanda, a.a.O., 413.

17) Ders., Nossa Atitude Pastoral Perante o Espiritismo, a.a.O., 5 - 6.

18) Ders., O Cristão Secularizado. O Humanismo do Vaticano II, Petrópolis, 1971², 23 - 25.

19) Bruno Trombetta, Expressões Religiosas. Pesquisa 1.16 do Plano de Pastoral de Conjunto da CNBB, CERIS, Rio de Janeiro, 1971, 4. Seine Untersuchung wurde durch den ausdrücklichen Wunsch der Nationalkonferenz der Bischöfe von Brasilien (CNBB) angeregt.

20) Ders., a.a.O., 5 und 21, untersucht achtunddreißig katholische Manifestationen, die er nach folgendem Schema unterteilt:

- Prozessionen
- Feste
- Devotionen zu den Seelen der Verstorbenen
- Devotionen zu den Heiligen
- Devotionen zu der Mutter Gottes
- "Starke Gebete", s. ebd. 66 - 73.

und zwölf Manifestationen der afro-brasilianischen Religiosität, die er als "afro-katholischen Synkretismus" bezeichnet.

21) B. Trombetta, a.a.O., 15, belegt diese Konkurrenz anhand der statistischen Daten von IBOPE über die Religiosität der Einwohner von Rio de Janeiro im Jahre 1968, nach denen man folgendes Schema aufstellen kann:

- von den heutigen Spiritisten:
  - 97 % waren früher Katholiken
  - 3 % hatten keine Religion

- von den heutigen Protestanten (hauptsächlich Pfingstler):
  - 83 % waren früher Katholiken
  - 6 % kamen aus der Umbanda
  - 11 % hatten keine Religion

- von den heutigen Umbandisten:
  - 94 % waren früher Katholiken
  - 3 % kamen aus dem Spiritismus
  - 3 % hatten keine Religion

22) Der Pluralismus wird von B. Trombetta, a.a.O., 14, im dynamischen Sinne von P. Berger und T. Luckmann, Aspects Sociologiques du Pluralisme, in: A.S.R., Nr. 23, (1967), 117 - 127, verstanden. Danach kann der Pluralismus drei verschiedene Formen in der heutigen Gesellschaft annehmen: koexistente religiöse Denominationen, wie es der Fall in den USA ist; Konkurrenz zwischen einer prädominanten Religion und säkularisierten Organisationen, wie zum Beispiel in Frankreich; Abschied einer großen Masse von Gläubigen von den traditionellen Kirchen, die sich aber neuen religiös-synkretistischen Bewegungen zuwenden, wie etwa in Brasilien.

23) Ebd., 24.

24) Ebd., 24 und 115.

In Trombettas Fußstapfen tritt Valmor Bolan, Sociologia da Secularização. A Composição de Um Novo Modêlo Cultural, Petrópolis, 1972, 24 - 26 und 157 - 158, der die Volksreligiosität unter die Lupe der Säkularisierungstheorie nimmt. Sein größter Verdienst besteht darin, eine Soziologie der Säkularisierung in Brasilien entworfen zu haben. Der Catolicismo Popular erscheint darin als notwendige Begleiterscheinung der brasilianischen säkularisierten ruralen Gesellschaft. Unter dem massiven Einfluß amero-indianischer und afro-brasilianischer Religionen entartete die nicht-offizielle christliche Religiosität zur eklektisch-magischen Religion beziehungsweise zur abergläubisch gefärbten Vermischung religiös kultureller Elemente westeuropäisch-gegenreformatorischen und afro-ameroindianischen Ursprungs.

25) B. Trombetta, a.a.O., 23 und 115.

26) Joseph Comblin, Os Sinais dos Tempos e a Evangelização, São Paulo, 1968, 9.

27) Ebd., 231.

28) Ebd., 252.

29) Ders., Comunidades Eclesiais e Pastoral Urbana, in: R.E.B., XXX (1970), 792.

30) Ebd., 816 - 817.

31) Ders., Os Sinais dos Tempos e a Evangelização, 294 - 295.

32) Ebd., 14 - 17.

33) Ebd., 239 - 260 und 286.

34) Ebd., 262 - 287.

35) Nach Godofredo Deelen, A Sociologia a Serviço da Pastoral, (CERIS), Petrópolis, 1967, 12, erhält der Terminus "popular" zwei verschiedene komplementäre Bedeutungen. Einerseits entspricht er der Totalität der brasilianischen Bevölkerung und wird der katholischen Kirche als ein Ganzes übertragen. Andererseits gilt er als Bezeichnung für die unteren "primitiven" Schichten des Volkes. Siehe ebd., 88.

36) Ebd., 8.

37) Siehe hierzu Gabriel Le Bras, bes. den Aufsatz, Sociologie Religieuse et Science des Religions, in: A.S.R. Nr. 1/2 (1956), 3 - 18, wo der Autor die Aufgabe einer Religionssoziologie beschreibt, nämlich die Deskription und Interpretation des "Lebens" und der "Struktur" religiöser Gruppen. Le Bras beabsichtigt keine radikale Trennung zwischen Leben und Struktur. Sein Interesse gilt vor allem der Untersuchung religiöser "Vitalitäten".

Vgl. ebenfalls, ders., Reflexions sur les Differences entre Sociologie Scientifique et Sociologie Pastorale, in: A.S.R. Nr. 7/8 (1959), 5 - 14. Dort werden die Kriterien angegeben, wonach die "Vitalität" zunächst beschrieben und dann interpretiert werden soll. Seine Arbeitshypothese lautet: "Es ist möglich, das innere Leben, die Adhäsion oder die Ablehnung eines religiösen Systems beziehungsweise die "Vitalität" einer Gruppe durch das Handeln festzustellen", (9 - 10). So könnte zum Beispiel die Untersuchung über die Devotionen zu den Heiligen im Katholizismus aufschlußreich sein: man muß ihnen verschiedene Bedeutungen zuschreiben, je nachdem, ob sie sich direkt an Gott oder an die Heiligen wenden, oder ob sie aus einem wahren Vertrauen oder an einer magischen Hoffnung entstehen. Allerdings kann man mit Le Bras nicht erklären, woher die Kriterien genommen werden sollen, die diese Unterscheidung ermöglichen.

38) Vgl. J.H. Fichter, Social Relations in the Urban Parisch, Chicago, 1956, 21 - 82. Zit. bei G. Deelen, A Sociologia a Serviço da Pastoral,

39) G. Deelen, A Sociologia a Serviço da Pastoral, 84 - 89.

40) Ebd., 88.

41) Ebd., 89 - 91.

42) Ebd., 92.

43) Ebd., 94.

44) Ebd., 112.

45) Vgl. J. Laloux, Evolution Religieuse du Milieu Rural, Gembloux, 1960, 25 - 51. Zit. bei G. Deelen, a.a.O., 113.

46) Der Katholizismus wird von G. Deelen, a.a.O., 113 - 114 als eine naturelle Verlängerung der brasilianischen Kultur gesehen. Mit anderen Worten, der Katholizismus soll nichts anderes als ein christianisierter Ritualismus sein, der dazu dient, die Seele zu retten, das Glück zu finden und den Einzelnen in die globale Kultur zu integrieren.

47) Hier wird nach der brasilianischen Übersetzung: Emile Pin, Elementos para Uma Sociologia do Catolicismo Latinoamericano, von (CERIS), Petrópolis, 1966, zitiert. Die Überlegungen Pins basieren auf einer soziologischen Studie über die religiösen und sozialen Veränderungen in Lateinamerika, die von François Houtart geleitet, durch die Homeland Foundation finanziert und von folgenden Investigationszentren durchgeführt wurde: Centro de Investigaciones Sociales y Religiosas (CISOR), Buenos Aires; Centre de Recherches Socio-Religieuses (SRSR), Brüssel; Société d'Analyses Sociales, Démographiques, Géographiques et Economiques (SODEGEC), Brüssel; Departamento de Estatisticas da Conferência dos Religiosos do Brasil, Rio de Janeiro; Centro de Investigaciones de Sociologia Religiosa, Santiago; Centro de Investigaciones Sociales (CIS), Bogotà; Centro de Información de Sociologia de OCHSA, Madrid; Centro de Investigaciones Socio-Religiosas, Mexico; Centro de Estudios Socio-Religiosos, Asunción. Vgl. G. Pin, a.a.O. 7 - 9.

48) E. Pin, Elementos para uma Sociologia do Catolicismo Latinoamericano, 49 - 50, Anmerkung Nr. 16.

49) Ebd., 38 - 65.

50) Siehe Wilhelm Bernsdorf, Wörterbuch der Soziologie, II, Taschenbuchausgabe, Stuttgart, 1972, 560 - 563.

51) E. Pin, a.a.O., 38.

52) Ebd., 43.

Vgl. François Houtard und Emile Pin, A Igreja na Revolução da América Latina, São Paulo, 1969, 164.

53) Francisco Cartaxo Rolim, Católicos e o Catolicismo, in: R.E.B. XXX (1970), 347 - 348.

54) Ders., Catolicismo no Brasil, in: Convergência Nr. 23, III (1970), 14 - 17.

55) Ders., Estrutura da Igreja no Brasil, in: Paz e Terra, Nr. 5, II (1968), 35 - 40.

Vgl. Antonio Rolim, Evangelização no Brasil, Beitrag Nr. 121 für die Abteilung der Pastoralen Praxis der Nationalkonferenz der Bischöfe von Brasilien (CNBB) für das Gebiet Süd 3, Porto Alegre, 10.8.1966, 2 - 3.

56) Vgl. A. Pitirim Sorokin, Sociedad, Cultura y Personalidad - su Estrutura y su Dinamica, besonders Kapitel 3 und 17. Zit. bei F.C. Rolim, Católicos e o Catolicismo, 328.

57) F.C. Rolim, Catolicismo no Brasil, in: Limiar, VII (1970), 119. Vgl. ders., Católicos e o Catolicismo, 331 - 332.

58) Ders., Catolicismo no Brasil, in: Limiar, 120, 136 - 137, 142 - 145.
59) Ebd., 145. Vgl. ders. Católicos e o Catolicismo, 337 ff.
60) Ders., Católicos e o Catolicismo, 348.
61) Ders., Catolicismo no Brasil, in: Convergência, 20.

62) Ders., Catolicismo no Brasil, in: Limiar, 96 und 132. Vgl. Ders., Católicos e o Catolicismo, 343.

63) Ders., Catolicismo no Brasil, in: Limiar, 98 - 99.

64) Jacques Loew, in: Témoignage Chrétien, Nr. 12223, (1967), 22. Zit. bei F.C. Rolim, Catolicismo no Brasil, in: Limiar, 99.

65) F.C. Rolim, Catolicismo no Brasil, in: Limiar, 135 - 138, 140 - 143, und 146 - 153.

66) F C. Rolim gewinnt die Elemente "a-rationales Praktizieren" und "Emotionalität" von dem Sorokin-Kommentator L. Schneider. Vgl. Louis Schneider, Toward Assestment of Sorokins View of Change, in: Exploration in Social Change, Hrsg. K. George Zollschan und Walter Hirsch, London, S. 371. Zit. bei F.C. Rolim, Catolicismo no Brasil, in: Limiar, 146.

67) Pedro Assis Ribeiro de Oliveira, Catolicismo Popular na América Latina, (FERES), Rio de Janeiro, 1971, 9. Vgl. ders., La Religiosité Populaire en Amérique Latine, in: S.C. XIX (1972), 568.

68) Ders., La Religiosité Populaire en Amérique Latine, in: S.C. XIX (1972), 568 - 569.

69) Ebd., 569.

70) Ders., Religiosidade Popular na América Latina, in: R.E.B., XXXII (1972), 363.

71) P.A. de Oliveira, La Religiosité Populaire en Amérique Latine, 569.
72) Ebd., 572.
73) Ebd., 575. Vgl. ders., Religiosidade Popular na América Latina, 356.

ANMERKUNGEN zu Teil I, 2

74) Ausgangspunkt der Buchstabierung dreier isolierbarer Untersuchungs-
elemente war das soziologische Standardwerk Milton Yingers, Religion,
Societé, Personne, Paris, 1964. Seine eigene Leistung besteht darin,
innerhalb der disponiblen sozialen Akte vier archetypische Haltungen
aufzuzeigen. Vgl. P.A.R. de Oliveira, La Religiosité Populaire en
Amérique Latine, 581.

75) P.A.R. de Oliveira, La Religiosité Populaire en Amérique Latine,
582 - 583.

76) Ebd., 574. Vgl. ders., Catolicismo Popular na América Latina, 14 ff.

77) Um seinen Begriff von Konstellation zu gewinnen, vergleicht er den
Katholizismus mit einem gestirnten Himmel, an dem die verschiedenen
Gestirne eine bestimmte Stellung zueinander, zur Sonne und zur Erde
einnehmen und damit Konstellationen formen. So verhält sich nach ihm
auch das "Firmament" des Katholizismus: seine verschiedenen signifi-
kanten und praktischen Elemente bewahren eine bestimmte Affinität
zueinander, woraus man mehrere Konstellationen von Akten, Glaubensformen und Werten feststellen kann. Vgl. ders., Catolicismo Popular
na América Latina, 14 ff und 30 ff; und ebenfalls ders., La Religiosité
Populaire en Amérique Latine, 574 ff.

Die Konstellationen des Katholizismus werden weiter als archetypische
Beziehungsformen des Menschen mit dem Heiligen: siehe ders., Catolicismo Popular na América Latina, 17, und als ein den Gläubigen gegenüber prä-existentes Muster gesehen: siehe ders., La Religiosité
Populaire en Amérique Latine, 576.

Der Terminus Archetyp wird somit nicht mit C.G. Jung als eine bestimmte Struktur des kollektiven Unbewußten, sondern mit Mircea
Eliade, Kosmos und Geschichte. Der Mythos der ewigen Wiederkehr,
(Rowohlt) 1966, 132 - 134, als beispielhaftes Vorbild, als Paradigma
definiert.

78) P.A.R. de Oliveira, Catolicismo Popular na América Latina, 20, erwähnt eine fünfte Konstellation, nämlich die Magie oder Zauberei, die
er aber nicht berücksichtigt, weil sie vom katholischen Lehramt
kategorisch verurteilt wird.

79) Nach P.A.R. de Oliveira, La Religiosité Populaire en Amérique Latine, 282 - 283, bezeichnet der Terminus "popular" nicht die statistische Mehrheit der Bevölkerung, beziehungsweise der Masse, auch
nicht - mit G. Deelen, s. oben Anm. 35 - die unteren durch sozio-
politische oder kulturell-religiöse Barrieren isolierten Schichten der
Gesellschaft, sondern eine Haltung, die sich teilweise der katholischen
Doktrin widersetzt. Vgl. ders., Catolicismo Popular na América Latina, 24 und Religiosidade Popular na América Latina, 362.

ANMERKUNGEN zu Teil I, 2

80) Der Begriff der Kompartimentierung einer Konstellation bezeichnet
den Verlust an Integration mit dem Katholizismus, der in seinem
doktrinären Aspekt als ein systematisiertes Ganzes erscheint, in dem
die verschiedenen Teile zu dem einen Ziel konvergieren: "Kommunion
mit Gott in der universalen Liebe". Siehe P. A. R. de Oliveira, Catolicismo Popular na América Latina, 27. Auf dieser doktrinären Ebene soll
die devotionale Konstellation als Verehrung der Heiligen einerseits und
die protektionale Konstellation als Suche des Wunders andererseits einen ekklesialen Sinn haben. In dem Moment aber, wo das Wunder oder
die Devotionen zu Heiligen zum Mittelpunkt des Kultes werden, verfal-
len sie der Kompartimentierung, und das würde heißen, daß sie zu einer von der katholischen Hierarchie unabhängigen privatisierten Religion führten.

81) Abdalaziz de Moura, O Pentecostalismo como Fenômeno Religioso
Popular no Brasil, in R. E. B. XXXI (1971), 78 - 94.

82) Der Ausdruck "Kultur der Armut" stammt von Oscar Lewis, Los
Hijos de Sánches, Mexiko 1964, der eine arme mexikanische Familie
anthropologisch untersucht.

Manuel Maria Marzal, La Religiosidad de la Cultura de la Pobreza,
in: C. L. A. II (1970), 365 - 381 und 494 - 512, versucht die Elemente
der Religiosität der "Kultur der Armut" aus dem einmaligen Unternehmen O. Lewis' herauszuarbeiten und kommt zu dem Ergebnis, sie
sei einerseits sentimentales Vertrauen gegenüber einem Gott, der
gleichzeitig fern und nahe ist, der Wunder wirkt und Strafen verteilt
und andererseits Unterwerfung einem blinden Schicksal gegenüber
(510 - 511).

Die Ursachen sollen an erster Stelle im historischen Bereich liegen:
die missiomarische Methode der Massenbekehrungen, welche für die
spätere religiöse Ignoranz verantwortlich ist (509); außerdem müssen
nach M. M. Marzal sozio-ökonomische Umstände - das Elend (510),
und der Sinn für Solidarität (367) - hinzugezählt werden.

83) A. de Moura, Importância das Igrejas Pentecostais para a Igreja
Católica, hektographierte Vorlage für die Nationalkonferenz der
Bischöfe von Brasilien (CNBB), Recife, 1969, 5.

84) Ders., O Pentecostalismo como Fenômeno Religioso Popular no Brasil,
79 - 82.

85) Ders., Importância das Igrejas Pentecostais para a Igreja Católica,
37 - 40.

86) Ders., O Pentecostalismo como Fenômeno Religioso Popular no Brasil, 81.

87) Norbert Schiffers, Aggiornamento, in: Johannes B. Bauer, Die heißen Eisen von A bis Z. Ein aktuelles Lexikon für den Christen, Graz 1972, 26 - 32.

88) F. C. Rolim, Mudança Social e Fenômeno Religioso, Dokument Nr. 2 für SPESE, Rio de Janeiro 1968, 24.

89) Ebd., 24.

II. Teil

Phänomenologische Deskription der Volksreligiosität anhand der Kategorien von Joachim Wach.

zu der Einführung:

1) Fernando Rivas, Population, Eglise et Culture: Systêmes en Conflit,
in: S. C., XVII (1970), 571 - 576.

2) Renato Poblete, Sociological Approach to the Sects, in: S. C. VII (1960),
5 - 6 und 383 - 406. Siehe: Hubert Lepargneur, A Secularização, São
Paulo, 1971; Valmor Bolan, Sociologia da Secularização, Petrópolis,
1972; Roger Mehl, Traité de Sociologie du Protestantisme, Neuchatel,
1966.

3) Siehe: Celso Furtado, Dialética do Desenvolvimento, Fundo de Cultura,
Brasil-Portugal, 1964; Henri Desroche, Religion et Développement.
Ses Rapports Réciproques et ses Variations, in: A. S. R., Nr. 12 (1961),
3 - 34; Esdras Borges Costa, Protestantisme et Développement au Nord-
Est du Brésil, in: S. C., XVI (1969), 51 - 61; verschiedene Autoren, As
Responsabilidades da Igreja na América Latina, hrsg. von CERIS,
Petrópolis, 1966.

4) René Metz und Jean Schlick, Die Spontangruppen in der Kirche, Aschaffenburg 1971. Vgl. Walter J. Hollenwegger, Das Suchen nach Solidarität und Authentizität in den sogenannten Solidaritätsgruppen und Subkulturen, in: Conc., VIII (1972), 349 - 355.

5) Claude Souffrant, Religion Dominante et Religion Dominée, in: Parole
et Mission, Nr. 53 (1970), 505 - 512.

6) Paulo Freire, Educação como Prática da Liberdade, Rio de Janeiro,
1971.

7) Christian Lalive D'Epinay, O Refúgio das Massas. Estudo Sociológico
do Protestantismo Chileno, Rio de Janeiro, 1970; vgl. ders., Religion,
Culture et Dépendence en Amérique Latine, in: A. S. R., Nr. 31/32
(1971), 121 - 141.

8) Hugo Assmann, Tarefas e Limitações de uma Teologia do Desenvolvimento, in: Vo., LXII (1968), 13 - 21; vgl. ders., Opressión - Liberación
- Desafio a los Cristianos, Montevideo, 1971.

9) Segundo Galilea, Igreja Latino-americana - Fronteiras Adentro, in:
C. R. B. XI (1965), 4 - 13. Vgl. Octavio Lanni, Imperialismo y Cultura
de la Violencia en America Latina, Mexico, 1970; ISAL, Protestantismo y Dependencia en America Latina, hektographierte Vorlage, 1970,
1 - 13.

ANMERKUNGEN zu Teil II,
Einführung

10) Henrique C. de Lima Vaz, Igreja-reflexo x Igrejafonte, in: Cadernos Brasileiros, X (1968), 17 - 22.

11) H. Desroche, Sociologies Religieuses, Paris 1968, 187.

12) Der Terminus "religiöse Grundhaltung" entspricht dem Begriff einer "charakteristischen Haltung" - in Sociology of Religion, London 1947, 45 - 47, heißt es: "attitutde conceived and nurtures by a decisive religions experience" - welche die zentrale Erfahrung - "central experience" - einer Religiositätsform liefert, die ihrerseits als spezifischer Modus der universalen religiösen Erfahrung betrachtet wird. Zit. bei H. Desroche, Sociologie et Théologie dans la Typologie Religieuse de Joachim Wach, in: A.S.R., Nr. 1/2 (1956), 45. Vgl. Joachim Wach, Types of Religious Experience, Christian and non-Christian, XII-XIII. Die ersten drei Kapitel dieses Werkes wurden von Jean Séguy, Problematique et Typologie de l'Expérience Religieuses, in: A.S.R., Nr. 13/14 (1962), 35 - 76, ins Französische übersetzt.

13) J. Wach, Das Verstehen - Grundzüge einer Geschichte der hermeneutischen Theorie im 19. Jahrhundert, Hildesheim 1966, 71 - 73; vgl. ders., Verstehen, in: RGG, 5. Band, Tübingen 1931^2, 1570 - 1573.

14) Ders., Sociology of Religion, 20 - 25.

15) Desroche, Sociologie et Théologie dans la Typologie Religieuse de Joachim Wach, 48.

16) J. Wach, Religionssoziologie, Tübingen 1951, 15 - 39. Der Ausdruck entspricht einer universalen Tendenz der religiösen Erfahrung: Weil nur durch und in dem Ausdruck die personelle religiöse Erfahrung den anderen zugänglich wird, kann man, nach Joachim Wach, allgemeine-universale-Typen von Ausdrücken der religiösen Erfahrung konstatieren und vergleichen. Vgl. J. Séguy, Problematique et Typologie de l'Experience Religieuse, 58 - 59.

17) Ebd., 28.

18) Siehe oben unseren Text, 2.5.1.

19) J. Laloux, Manual de Iniciação à Sociologia Religiosa, São Paulo 1970, 45 - 84 und 88 ff.

20) J. Wach, Religionssoziologie, 21 - 27.

21) J. Wach, Vergleichende Religionsforschung, Stuttgart 1962, 21. Dieses Buch ist aus Vorlesungen Wachs hervorgegangen und wurde nach seinem Tode von Joseph M. Kitagawa herausgegeben.

22) Ebd., 109.
23) Ebd., 111.
24) Ebd., 112 - 113.

ANMERKUNGEN zu Teil II,
Einführung

25) Ebd., 123.
26) Ebd., 116 - 117.
27) Ebd., 119 - 120.
28) J. Séguy, Problematique et Typologie de l'Expérience Religieuse,
65 - 68.
29) J. Wach, Religionssoziologie, 31.
30) Ders., Vergleichende Religionsforschung, 21.
31) Ders., Religionssoziologie, 124 - 125. Vgl.: J. Séguy, Problematique
et Typologie de l'Expérience Religieuse, 68 - 70, wo betont wird, daß
die religiöse Gruppe nicht mit jeder beliebigen Art von sozialer Gemeinschaft identifiziert werden darf: eine religiöse Gemeinschaft ist kein
Club, sondern eine Kommunion, die zu der Wirklichkeit tendiert, welche sie in ihrer ursprünglichen religiösen Erfahrung wahrnimmt. Nur
an zweiter Stelle wird die religiöse Gemeinschaft durch die Beziehungen
der Mitglieder untereinander konstituiert; J. Wach, Vergleichende Religionsforschung, 130.
32) Ders., Vergleichende Religionsforschung, 128.
33) Ebd., 21.

zu 3: Die "afro-brasilianischen" und "amero-indianischen" Religionen als historischer Hintergrund des Catolicismo Popular und des Pentecostismo.

1) Die "Ersten Konstitutionen" von 1707 lassen nur knappe formale Doktrinelemente erkennen, kurze Formeln, die von den Sklaven "in articulo mortis" erlernt werden mußten. Siehe Serafim Leite, História da Companhia de Jesus no Brasil, I, 353 - 354.

2) Luis da Câmara Cascudo, Dicionário do Folclore Brasileiro, Rio de Janeiro 1954, 136. In manchen Publikationen werden die "caboclos" auch "caipira" genannt. Siehe Aurélio Buarque de Holanda Ferreira, Pequeno Dicionário da Lingua Portuguêsa, São Paulo 1969[11], 205.

3) Neben diesen "dii otiosi" sollen Geister existieren, die dem Menschen besonders nahestehen: Maranaywa, Iwan, Yara und die Geister der Toten. Vgl. Mauro Batista, A Religião do Povo no Brasil, I, hektographierte Vorlage für die katholische päpstliche Universität von São Paulo (PUC São Paulo, ohne Datum, 9 - 10. Nach der Pajelança besitzen auch die Tiere einen Geist, so daß bemerkenswerterweise die meisten Geister in der Tiergestalt dargestellt werden, von denen einige dem Menschen auch Böses zufügen können (ebd., 11).

4) Eduardo Galvão, Santos e Visagens. Um Estudo da Vida Religiosa de Itá, Amazonas, São Paulo, 1955, 186, erklärt, daß die Pajelança die Heilung von Krankheiten bewirken, von der magischen Kraft "Panema" befreien und vor der Gefahr, den "Schatten" beziehungsweise den Geist zu verlieren, bewahren kann. Zit. bei M. Batista, a.a.O., I, 12.

5) Martin Gerbert, Religionen in Brasilien, Berlin 1970, 41.

6) Ursprünglich bedeutet Catimbó eine kleine und alte Pfeife. Siehe dazu A.B. de H. Ferreira, a.a.O., 255. Heute wird dieser Terminus meistens im negativen Sinne gebraucht, um einen gefährlichen Zaubermann zu bezeichnen, der imstande ist, schwarze Magie zu betreiben. Vgl. R. Bastide, As Religioes Africanas no Brasil, II, São Paulo 1971, 558.

7) R. Bastide, a.a.O., I, 243, betont, daß der Catimbó erstmals im Jahre 1591 in Bahia auftrat; vgl. René Ribeiro, Religião e Relações Raciais no Brasil, Rio de Janeiro, (MEC), 1956, 55; und M. Batista, a.a.O., I, 12.

8) R. Bastide, a.a.O., I, 245.

9) Ebd., 248 f.

10) Ebd., 246.

11) Ebd., 256 und 253. Die ameroindianischen Messianismen, besonders die der Caraibas intendierten durch ihre tänzerischen Vollzüge die Erlangung des "Landes ohne Übel". Siehe Maria Isaura Pereira de

ANMERKUNGEN zu Teil II, 3

Queiroz, O Messianismo no Brasil e no Mundo, São Paulo 1965, 180.

12) Über das Weiterleben der afrikanischen Religionen unter dem Druck der Sklaverei vom Beginn der Kolonialzeit bis zum Auftreten der organisierten afrikanischen Kultformen, wie die der heutigen Umbanda, gibt R. Bastide, a.a.O., I, 64, 155, Auskunft.

Zur Entstehungsgeschichte der klassischen traditionellen Kultformen, s. Édison Carneiro, Les Cultes d'Origine Africaine au Brésil, Rio de Janeiro 1959, (MEC), 4 ff.

13) Arthur Ramos, Introdução à Antropologia Brasileira, I, Rio de Janeiro, 1949, Kap. XI bis XVIII, stellt folgendes Schema der afrikanischen Zivilisationen im portugiesischen Amerika auf:

- sudanesische Zivilisationen: Ioruba (= Nagô, Ijexá, Egbá, Ketú), Dahomey, Mina, Kruman, Agui, Zema, Túmini.

- islamisierte Zivilisationen: Peuhl, Mandinga, Haussa, Tapa, Bornu, Gurunsi.

- Zivilisationen der Bantu: Ambunda von Angola (= Cassangue, Bangala, Iubangala, Dembo), Congo, Cabinda, Benguela.

- Zivilisationen der Bantu von Moçambique: Macua, Angico.

14) Placide Tempels, La Philosophie Bantue, 1949, 30 - 31. Vgl. M. Batista, a.a.O., I, 15 - 20; M. Gerbert, a.a.O., 35 - 37.

15) R.Bastide, a.a.O., I, 157 - 202.

16) Aires da Mata Machado, O Negro e o Garimpo em Minas Gerais, in: Revista do Arquivo Municipal de São Paulo, LXI (1939), 277 ff.

17) Nina Rodrigues, Os Africanos no Brasil, São Paulo 1945, Kap. VII.

18) M. Batista, a.a.O., I, 20 - 34.

19) José Ribeiro, Candomblé no Brasil, Rio de Janeiro 1957, 84 - 92.

20) Sieben Tage nach dem Tode wird ein vierbeiniges Tier geopfert, und ein Tisch mit Speisen und Kaffee gedeckt, an dem ein Platz für den Toten reserviert bleibt, der durch seinen "Schatten" an dem Mahl teilnehmen wird.

21) Pierre Verger, Notes sur le Culte des Orisa et Vodum à Bahia, la Baie de tous les Saints, au Brésil, et à l'ancienne Côte des Esclaves, en Afrique, Dakar, IFAN, 1957, 23 - 24.

22) R. Bastide, Sociologia do Folclore Brasileiro, São Paulo, 1959, 181.

23) M. Batista, a.a.O., I, 20 - 23.

24) A Ramos, A Aculturação Negra no Brasil, São Paulo 1942, 152 - 153.

25) Douglas T. Morteiro, A Macumba de Vitória, in: Annalen vom 31.
internationalen Kongress der Amerikanisten, I, São Paulo 1955, 464 -
465, stellt drei charakteristische Elemente der Macumba auf, durch
die sie sich vom Candomblé und von der Umbanda unterscheiden soll:

- Tier- und Materialopfer (trabalhos), durch die die Hilfe der Geister
für den Gläubigen und Schaden für seine Gegner erfleht werden.

- Synkretistische Verwischung von Glaubensformen verschiedenen Ursprungs.

- Gebrauch von Alkohol und Zigarren als unverzichtbare kultische
Mittel.

26) M. Batista, a. a. O., I, 26. Vgl. R. Bastide, Sociologia do Folclore
Brasileiro, 268; ebenfalls M. Gerbert, a. a. O., 42 - 47.

27) Ein genaues Datum der Entstehung der Umbanda ist nicht bekannt.
Seit dem Jahre 1925 wird von einem Kult berichtet, der unter dem
Namen Umbanda oder "Sete Linhas de Umbanda" sich von der Macumba unterscheiden soll. Am 26. 8. 1939 wurde die "Federação Espírita
de Umbanda" mit eigenen Normen und Statuten gegründet. Heute umfaßt sie mehr als fünf Millionen Mitglieder und über 100 000 Versamm-
lungszentren. Siehe Savino Mombelli, Umbanda, Origini, Sviluppi e
Significati di una Religione Popolare Brasiliana, in: Fede e Civiltá.
Nr. 9/10 (1971), 1 - 5.

28) C. P. F. de Camargo, Kardecismo e Umbanda, Uma Interpretação
Sociológica, São Paulo 1961, Kap. XI - XVIII. Vgl. C. P. F. de Camargo und J. Labbens, Aspects Socio-culturells du Spiritisme au Brésil,
in: S. C., VII (1960), 5 - 6 und 407 - 430.

29) S. Mombelli, a. a. O., 6 - 39.

30) Die Umbanda schöpft ihre theoretischen Elemente besonders aus dem
Buch von Allan Kardec: "Das Evangelium nach dem Spiritismus", das
eine Lektüre des Evangeliums aufgrund des spiritistischen Verständnisses darstellen will. In diesem Werk werden Texte der vier Evangelien kommentiert und Betrachtungen über den Glauben, die Geister,
das Opfer, die Liebe und das Verständnis für das fremde Leiden formuliert. Vgl. Allan Kardec, O Evangelho Segundo o Espiritismo, São
Paulo, 1966.

Das berühmte Medium "Chico Xavier" (Francisco Xavier), dessen
Bücher eine Millionenauflage erreichen, wendet die spiritistischen
Grundsätze auf Brasilien an. Er betrachtet Brasilien als das "Herz"
der Welt, als das "Land des lebendigen Evangeliums", das von Gott
die Mission erhalten hat, die universale Fraternität zu verwirklichen,
weil es über vier Jahrhunderte hindurch mit dem Blut der afrikanischen
Sklaven getränkt wurde: "In diesem wunderbaren und gesegneten Land

ANMERKUNGEN zu Teil II, 3

wird der Baum meines Evangeliums der Liebe und des Erbarmens
wachsen. Auf seinem reichen Boden werden alle Völker das Gesetz
der universalen Fraternität lernen". Zit. bei Carlos Azevedo, Eles
Falam com os Mortos, in: Realidade, Sept. 1967.

31) Der Katholizismus wird auf originelle Weise interpretiert: Neben dem
offiziellen Katholizismus gibt es für die Umbanda den "catolicismo
iniciático" (initiativer Katholizismus), welcher mit der Umbanda selbst
identisch sein soll. Siehe M. Batista, a.a.O., I, 31 ff.

B. Kloppenburg, A Umbanda no Brasil, Petrópolis 1961, 74 - 82, konstatiert in der heutigen Umbanda sieben Strömungen:

- unbestimmte Tendenzen, die sich vage der Betrachtung psychischer
Phänomene widmen.

- afrikanisierende Tendenzen, die sich mehr auf traditionelle afro-
brasilianische Kulte beziehen.

- christliche Tendenzen, die sich für die Person Christi, für die Bibel und die allgemeine christliche Doktrin interessieren.

- kardecistische Tendenzen, die eine Annäherung zwischen Umbanda
und Kardecismus suchen.

- esoterische Tendenzen, die eine Verbindung mit dem "Circulo
Exotérico da Comunhão do Pensamento" von São Paulo suchen.

- cyprianische Tendenzen, die sich auf das "Buch vom heiligen Cyprian",
auf das "authentische Buch vom h. Cyprian" und andere mehr berufen.

- verschiedene Tendenzen, die dem Rosacrucianismus, dem Theosophis-
mus oder der Freimaurerei nachgehen.

32) Cândido Emanuel Félix, A Cartilha da Umbanda, Rio de Janeiro 1965,
47 - 48. Vgl. Círculo Internacional de Umbanda, Catecismo de Umbanda, Sao Paulo, ohne Datum, 46 - 51; Byron de Freitas Torres e Tan-
credo da Silva Pinto, Doutrina e Ritual de Umbanda, Rio de Janeiro
1970⁴, 83.

33) M. Batista, a.a.O., 32, stellt folgendes Schema der "Linhas" und der
entsprechenden Führer dar:

"Linhas"	"Führer"
- Oxalá oder der Heilige	Jesus Christus
- Iemanjá	Mutter Gottes
- Oriente	heiliger Johannes der Täufer
- Oxóssi	heiliger Sebastian
- Ogum	heiliger Georg
- Xangô	heiliger Jeronimus
- Afrika	heiliger Cyprian

225

Vgl. N. Rodrigues, O Animismo Fetichista dos Negros Bahianos, Rio de Janeiro 1935, 31; S. Mombelli, a. a. O. , 43 - 45.

34) Círculo Internacional de Umbanda, a. a. O. , 53; siehe auch Wenefledo de Toledo, Passos e Curas Espirituais, 145 - 151.

35) Für die Bantus ist die menschliche Seele unsterblich und besitzt einen weißen und subtilen Körper, wodurch sie den Zurückgebliebenen auf der Erde erscheinen kann. Wenn die Seele ihr Läuterungsziel erreicht hat, hilft sie den Lebenden in ihren Nöten, kann dafür von ihnen Opfer verlangen und sie für begangene Fehler strafen. Solange sie aber ihren Läuterungszyklus noch nicht beendet hat, kann sie den Menschen Schaden, Krankheiten und Terror zufügen. Siehe B. Kloppenburg, A Umbanda no Brasil, 18 - 32.

Für die Sudanesen ist die unsterbliche Seele schon vor der Geburt des Menschen erschaffen worden: "sie hatte keinen Anfang und wird kein Ende haben". Sie inkarniert sich dreimal und wird dann ein Egun, das heißt ein Ahnengeist, eine glückliche Seele, welche die Menschen auf der Erde führen, schützen und ihnen helfen kann. Siehe R. Bastide, La Théorie de la Réincarnation chez les Afro-américains, in: Verschiedene Autoren, Réincarnation et Vie Mystique en Afrique Noire, Paris 1965, 9 - 27. Vgl. ders., Sociologia do Folclore Brasileiro, 123

36) Siehe B. Kloppenburg, A Umbanda no Brasil, 82 - 83. Vgl. Aluizio Fontenelle, O Espiritismo no Conceito das Religiões e a Lei de Umbanda, Rio de Janeiro, dritte Auflage, ohne Datum, 39 - 42.

37) "Die Reinkarnation ist ein göttliches Gesetz des Vaters, womit der Sohn jemanden strafen oder belohnen kann je nach dem Verdienst. Sie kann als Sühne für die in vergangenen Inkarnationen begangenen Sünden dienen, den spirituellen Fortschritt des Reinkarnierten fördern oder auch die Durchführung wichtiger Missionen erleichtern". Siehe C. E. Félix, a. a. O. , 26.

38) Circulo Internacional de Umbanda, a. a. O. , 52. Die Seelen im Zustand der Läuterung werden nicht kultisch verehrt, worin man einen Unterschied zum Spiritismus sehen kann, in dem die Seele jedes Verstorbenen gerufen wird. Vgl. C. E. Félix, a. a. O. , 26. Zum Begriff "Perispiritus", siehe oben Anmerkung 35.

39) Vgl. R. Bastide, As Religiões Africanas no Brasil, II, 419 - 471.

40) Die Umbandisten unterscheiden zwei Inkorporationstypen:

- die einfache Inkorporation der Geister in die Babalaôs oder Führer, die fast immer spontan geschieht und sich, unter Ausschluß der Gemeinschaft, immer dann ereignet, wenn der Babalaô mit den führenden Geistern in Kommunikation treten muß. Die Geister müssen ihn ständig führen, denn ohne sie kann er den Gläubigen keinen Rat und keine Hilfe geben

- die feierliche Inkorporation ereignet sich im wöchentlichen Gemein-
schaftskult. Jeder kann dann von den Geistern in Besitz genommen
werden. Siehe S. Mombelli, a.a.O., 50 - 53. Letzterer hebt die Tatsache hervor, daß die Umbanda die "Lebenskraft" beziehungsweise
die wohltuenden Schwingungen oder Vibrationen der sieben "Linhas"
mit dem spiritistischen magnetischen Fluidum immer mehr identifiziert. Danach erscheint dieses magnetische Fluidum nicht als para-
psychologische und natürliche Kraft des Menschen, sondern als eine
kosmische übernatürliche Gabe, als eine Gnade der himmlischen Umbanda.

41) Siehe dazu: Emmanuel Zespo, Codificação da Lei de Umbanda, Rio
de Janeiro 1960[2], 113 - 126; B.T. de Freitas e T.S. Pinto, a.a.O.,
91 - 98; O Solitário, O Evangelho de Umbanda, ohne Ortsangabe, 1961[3],
93 - 120.

42) C.E. Félix, a.a.O., 19.

ANMERKUNGEN zu Teil II, 4

zu 4: Analyse des Catolicismo Popular in Wort, Kult und Gemeinschaft.

1) Candido Procópio de Camargo, Igreja e Desenvolvimento, São Paulo
   1971, 16. Vgl. Antonio Rolim, Em Tôrno da Religiosidade no Brasil,
   in: R. E. B., XXV (1965), 17; Francisco Cartaxo Rolim, Católicos e
   o Catolicismo, in: R. E. B. XXX (1970), 343.

2) Arthur Ramos, Aculturação Negra no Brasil, zit. bei Mauro Batista,
   Alguns Aspectos da Religião do Povo no Brasil, II, hektographierte
   Vorlage für die päpstliche Universität (PUC) von São Paulo, São Paulo,
   ohne Datum, 10.

3) Thales de Azevedo, Cultura e Situação Racial no Brasil, Rio de Janeiro,
   1966, 184 - 185.

4) José Maria Tavares de Andrade, Expressões Religiosas e Canto Popular, in: Vo., LXIV (1970), 627 - 634. Er unterscheidet in diesem Aufsatz zwischen acht Kategorien von Benditos:

   - Benditos der Heiligen
   - Benditos der Mutter Gottes
   - gesungenen Gebeten
   - speziellen Benditos
   - Benditos des Herrn
   - Benditos von Novenen
   - Hymnen
   - Benditos von Juazeiro.

5) Pedro Assis Ribeiro de Oliveira, Catolicismo Popular no Brasil, Rio
   de Janeiro 1970, 64, Anmerkung Nr. 6

6) Ders., Catolicismo Popular na América Latina, Rio de Janeiro 1971,
   48 - 49.

7) T. de Azevedo, a. a. O., 122 - 123.

8) Émile Pin, Elementos para uma Sociologia do Catolicismo Latinoamericano, (CERIS), Petrópolis 1966, 86, Anmerkung 5.

9) Siehe Sondernummer der Zeitschrift Pro Mundi Vita, 1968, 53.
10) M. Batista, a. a. O., II, 18.

11) T. A. A. Sinval de Itacarambi Leão, O Cristo da Cidade Salvador de
    Bahia, in: Vispera, 9 (1969), 61 - 64.

12) P. A. R. de Oliveira, Catolicismo Popular na América Latina, 30.
13) Vgl. mit unserem Text: 4. 2. 3.
14) Pro Mundi Vita, 53.

15) P. A. R. de Oliveira, Catolicismo Popular no Brasil, 65; vgl. B. Trom-
    betta, Expressões Religioses, (CERIS), Rio de Janeiro 1971, 69 und 132

16) Pro Mundi Vita, 53.

17) Aus dem Dokument "Problemas de Apostolado Numa Diocese Brasileira", zit. bei E. Pin, a.a.O., 69 - 71.

18) Abdalaziz de Moura, Frei Damião = Sim ou Não? E os Impasses da Religião Popular, hektographierte Vorlage für (ITER), Recife, 1971, 26 - 27.

19) T. de Azevedo, Catolicismo no Brasil, in: Vo., LXIII (1969), 123.

20) Joseph Comblin, Os Sinais dos Tempos e a Evangelização, São Paulo 1968, 255 - 267.

21) A. de Moura, a.a.O., 55.

22) Ebd., 56.

23) P.A.R. de Oliveira, Catolicismo Popular na América Latina, 30. Vgl. ders., Catolicismo Popular no Brasil, 60, Anmerkung Nr. 10; F.C. Rolim, Catolicismo no Brasil, in: Limiar, VII (1970), 111 - 113.

24) Dokument "Problemas de Apostolado numa Diocese Brasileira", a.a. O., 67 - 71.

25) Diese Bilder sind nicht nur mirakulöse Bilder, die sich an einem bestimmten Ort oder einem Heiligtum befinden und vor die der Católico Popular sich hinkniet, sondern sie sind der Heilige persönlich. Deshalb will er sie in diesem konkreten Bild direkt oder durch ein Band, das an einem Ende um die Statue gebunden wird, berühren. Manchmal mißt er damit den Kopf, die Hände, die Füße oder andere Teile des Bildes der Heiligen. Dieses Maß wird als ein heiliges Maß bewahrt, das mit der "Macht des Heiligen" beladen ist. Siehe F.C. Rolim, Católicos e o Catolicismo, 341 - 342.

26) P.A.R. de Oliveira, Catolicismo Popular na América Latina, 30 - 34.

27) Ders., Catolicismo Popular no Brasil, 64, Anmerkung Nr. 6.

28) Ders., Catolicismo Popular na América Latina, 44.

29) Siehe oben unseren Text: 4.1.2.

30) P.A R. de Oliveira, Catolicismo Popular na América Latina, 18. Vgl. F.C. Rolim, Catolicismo no Brasil, in: Limiar, 130.

31) Antonio Rolim, Em Tôrno da Religiosidade no Brasil, 17

32) M.I.P. de Queiroz, O Catolicismo Rústico no Brasil, in: Revista do Instituto de Estudos Brasileiros, V (1968), 112 - 113.

33) Ebd., 30.

34) P.A.R. de Oliveira, Catolicismo Popular na América Latina, 53.

35) Ebd., 36 - 38.

36) F.C. Rolim, Catolicismo no Brasil, in: Limiar, 130 - 131.

37) P A.R. de Oliveira, Catolicismo Popular na América Latina, 39 - 40.

38) Siehe oben unseren Text: 2.6.

39) P.A.R. de Oliveira, Catolicismo Popular na América Latina, 18.

40) F.C. Rolim, Catolicismo no Brasil, in: Limiar, 130 - 131, 152 - 153.

41) T. de Azevedo, Cultura e Situação Racial no Brasil, 185.

42) P.A.R. de Oliveira, Catolicismo Popular na América Latina, 34.

43) Ders., Catolicismo Popular na América Latina, 31 - 32, referiert ein
    Gebet an den heiligen Geraldo: "Mein Sohn ... ich bin dein wahrhafter
    Freund und besitze unendliche Schätze, die ich mit dir teilen möchte.
    Gib mir dein Vertrauen, damit ich dich animieren kann!

    Was hast du? Wie lange habe ich schon auf dich gewartet!...
    Was hast du?... Willst du meinen Schutz, damit du zufrieden zu dei-
    ner Familie zurückgehen kannst?... Oder wünschst du dir Gesundheit?
    Habe nur Mut und Vertrauen: alles wirst du erlangen werden! ...
    Aber ich möchte auch etwas von dir: ich will, daß du in der Devotion
    zu dem Allerheiligsten und zu der Muttergottes wächst. Ich möchte,
    daß du, auch unter Schwierigkeiten, meine Devotion unter den Gläubi-
    gen verbreitest...".

44) Antonio Rubbo Müller, Ritos Caboclos no Estado de São Paulo. Sua
    Natureza e Função Social, São Paulo, 1956, 9 - 36.

45) Claude Souffrant, La Religion du Paysan Haitien. De l'Anathème au
    Dialogue, in: S.C. XIX (1972), 587 - 588.

46) A. Rubbo Müller, a.a.O., bes. 31 - 36.

47) Alceu Maynard Araújo, Ciclo Agrícola, in: Revista do Arquivo Munici-
    pal, CLIX (1950), 49 - 52.

48) Vgl. unseren Text oben: 4.1.2.

49) P.A.R. de Oliveira, Catolicismo na América Latina, 50 - 51. Vgl.
    C.P.F. de Camargo, Igreja e Desenvolvimento, 17.

50) Osvaldo Elias Xidieh, Narrativas Pias Populares, São Paulo, 1967,
    115 - 116: Der religiöse Kalender des "Caboclo" befindet sich wegen
    der Urbanisierung und des Zusammenstoßes verschiedener Kulturen
    in einem Prozeß der Wandlung. A.M. de Araújo, a.a.O., 56 - 101,
    faßt die Höhepunkte dieses rustikalen Kalenders zusammen:

    - Januar: Heilige Drei Könige und hl. Sebastian
    - Februar: Heilige Muttergottes der "Candeias"
    - April: Karwoche
    - August: Heiliger Guter Jesus (Ecce Homo) und Feier des Divino
    (Heiliger Geist oder Dreifaltigkeit)
    - November: Allerheiligen und Allerseelen.

51) Vgl. T. de Azevedo, Cultura e Situação Racial no Brasil, 185. Diese
    Orte und Kreuze werden durch den Kult für den Kult geweiht, das heißt,

es gibt keine speziellen Einweihungsriten, schon ihre Errichtung oder eine Kommemoration dienen der Weihe dieser Kultstätte. Vgl. E. Xidieh, a.a.O., 112.

52) A. Rubbo Müller, a.a.O., 13 - 16; vgl. J. Comblin, Os Sinais dos Tempos e a Evangelização, 243.

53) M. Batista, a.a.O., I, 18.

54) P.A.R. de Oliveira, Catolicismo Popular na América Latina, 45.

55) J.M Tavares de Andrade, Expressões Religiosas e Canto Popular, 630, bemerkt dazu, daß die Vorbeter im Catolicismo Popular in ihrer Art und Weise den offiziellen katholischen Kult nachahmen.

56) E. Pin, a.a.O., 75.

57) J.M. Tavares de Andrade, Expressões Religiosas e Canto Popular, 600.

58) Der "Segen" kann durch verschiedene symbolische Handlungen mitgeteilt werden:

- durch überlieferte Formeln, wie etwa: "sei gesegnet", "Gott segne" und andere mehr;

- durch das Kreuzzeichen;
- durch Aspersion;
- durch den physischen Kontakt zwischen dem Devoto und der Heiligenstatue: Die Berührung kann auch durch den Kuß eines Bandes, das um den Heiligen gebunden wird, erfolgen;
- durch Empfang der Sakramente der katholischen Kirche, besonders der Taufe, der Firmung und der Buße, die in der Sicht des Católico Popular ein "Segen" beziehungsweise eine wirksame Hilfe in großer Not sein können.

Vgl. J. Comblin, Os Sinais dos Tempos e a Evangelização, 256 - 257.

59) P.A.R. de Oliveira, Catolicismo Popular na América Latina, 38.
60) René Ribeiro, Religião e Relações Raciais, 73 - 74.

61) C.P.F. de Camargo, Igreja e Desenvolvimento, 194 - 195, liefert eine bibliographische Liste von Autoren, die diese Feiern darstellen:

- F.A. Silva, Análise Comparativa de Alguns Aspectos de Estrutura Social de duas Comunidades do Vale do São Francisco, 235 - 265.

- H.W. Hutchinson, Village and Plantation Life in Northeaster Brazil, 159 und 169.

- D. Pierson, Cruz das Almas: a Brazilian Village, 145, 152 und 160.

- E. Galvão, Santos e Visagens: um Estudo da Vida Religiosa de Itá, Amazonas, 4, 34, 36, 40 - 41.

ANMERKUNGEN zu Teil II, 4

- Marvin Harris, Town and Country in Brazil, 236.

- E. Willems, Cunha: Tradição e Transição em uma Cultura Rural do Brasil, 137 - 138, 142, 146 - 147, 151 und 171.

62) Bruno Trombetta, Expressões Religiosas, 29.

63) Die Soziologin Maria Isaura Pereira de Queiroz, Sociologia e Folclore. A Dança de São Gonçalo zum Povoado Bahiano, Salvador 1958, bes. 83 - 121, veranschaulicht diese Tatsache durch die Untersuchung des Tanzes von São Gonçalo. Dieser aus Portugal eingeführte Kultakt der Danksagung ist heute noch in manchen Gebieten lebendig. Er kann in der Durchführung variieren: im Norden des Staates Bahia tanzen zwei Reihen von Tänzerinnen vor dem Altar; im Staate São Paulo gibt es eine Reihe von Männern und eine von Frauen; im Staate Goiás tanzen nur Männer.

64) J. M. Tavares de Andrade, Expressões Religiosas e Canto Popular 633.

65) P. A. R. de Oliveira, Religiosidade Popular na América Latina, in: R. E. B. XXXII (1972), 357.

66) A. Rolim, Em Tôrno da Religiosidade no Brasil, 17. Vgl. E. Pin, Elementos para Uma Sociologia do Catolicismo Latinoamericano, 38.

67) T. de Azevedo, Catolicismo no Brasil, 122.

68) M. I. P. de Queiroz, O Messianismo no Brasil e no Mundo, São Paulo, 1965, 193 - 282.

69) Der Versuch einer "Läuterung" des Catolicismo Popular durch die katholische Hierarchie kommt besonders in den für die Wallfahrer gedruckten Gebeten zum Vorschein. Als Veranschaulichung soll hier das Gebet zum "Guten Jesus von Pirapora" (São Paulo) dienen:

"Herr, Guter Jesus von Pirapora! Schütze die frommen Wallfahrer! Bewahre ihnen den Glauben, die Hoffnung und die Liebe. Halte fern Gefahren und Versuchungen, insbesondere die, welche aus feindlichen Sekten kommen!... Schütze die Neugeborenen und gib ihren Eltern alles, was sie für sich und ihre Kinder brauchen!... Schütze und rette alle, die durch eine intensive Lernarbeit zu einer tieferen Kenntnis unserer Religion und so zu einer aufgeklärteren Verehrung gelangen!... Zit., B. Trombetta, a. a. O., 214 - 215.

70) Vgl. A. Rubbo Müller, a. a. O., 31.

71) Vgl. P. A. R. de Oliveira, Catolicismo Popular na América Latina, 45 - 47.

72) C. P. F. de Camargo, Igreja e Desenvolvimento, 10.

73) Melo Moraes Filho, Festas e Tradições Populares no Brasil, zit. bei B. Trombetta, a. a. O., 32 - 33, definiert diese Prozession als eminenten emotionalen Ausdruck der Volksreligiosität.

74) B. Trombetta, a. a. O. 34 - 38.

75) Ebd., 99.

76) A. Rolim, Religiosidade no Brasil, hektographierte Vorlage für die Nationalkonferenz der Bischöfe von Brasilien (CNBB), Região Sul 3, Porto Alegre, Nr. 120, 1966, 2. Vgl. B. Trombetta, a. a. O., 99.

77) B. Trombetta, a. a. O., 41 - 42, untersucht ein Gebet, das während dieser Prozession gesungen oder gebetet wird und die eingetretene Notsituation in Verbindung mit der Sünde stellt: "Heilige Jungfrau der Remédios! die Du allem abhilfst! Hab Erbarmen mit uns! Weil wir Sünder sind, dursten wir zu Tode! Gib uns Wasser, gib uns Brot!".

78) Ebd., 42 - 43.

79) O. E. Xidieh, a. a. O., 114. Vgl. M. I. P. de Queiroz, O Catolicismo Rústico no Brasil, 117 - 118.

80) F. C. Rolim, Católicos e o Catolicismo, 343.

81) M. Batista, a. a. O., II, 18. Vgl. P. A. R. de Oliveira, Religiosidade Popular na América Latina, 357.

82) P. A. R. de Oliveira, Catolicismo Popular no Brasil, 66.

83) T. de Azevedo, Cultura e Situação Racial no Brasil, 184.

84) P. A. R. de Oliveira, Catolicismo Popular na América Latina, 39.

85) Ebd., 53.

86) Roger Bastide, As Religiões Africanas no Brasil, II, São Paulo, 1971, 489.

87) J. Comblin, Os Sinais dos Tempos e a Evangelização, 253 ff.

88) Folgendes Gebet einer Novene zu Ehren des hl. Geraldo offenbart seine Funktion als Vermittler in der Vergebung von Sünden: "Wir beweinen unsere Schuld! Bitte, liebevoller, heiliger Geraldo, daß der gute himmlische Vater sie uns vergibt! Auch wenn es gerecht ist, daß wir durch unsere Sünde bestraft werden, wende von uns und von unseren Verwandten die Strafe der göttlichen Gerechtigkeit ab". Zit. bei P. A. R. de Oliveira, Catolicismo Popular no Brasil, 46.

89) T. de Azevedo, Religião Popular e Sentimento de Culpa, in: Revista Brasileira de Psquiatria, III (1969), 1 - 2.

90) Im ruralen Catolicismo Popular kennen die Gläubigen zwei Abstinenzperioden, deren zeitliche Folge vom offiziellen römischen Kalendarium abweicht. A. Rubbo Müller, a. a. O., 34 - 36, erklärt diesen Sachverhalt aus der Tatsache, daß das offizielle katholische Kalendarium dem

Rhythmus der nördlichen Halbkugel angepaßt ist. In der südlichen Halbkugel fügt der Católico Popular dem katholischen Kalendarium spontan Neuerungen hinzu: seine erste freiwillige Abstinenzperiode erfolgt im August, fünf Wochen nach der winterlichen Sonnenwende; die zweite wird anläßlich des Gedächtnisses an die Seelen der Verstorbenen, fünf Wochen nach der Frühlingstagundnachtgleiche im November begangen.

91) Solche Bußakte dienen der Läuterung der Seelen im Fegfeuer. An manchen Orten bilden sich Büßergruppen, das heißt Männer und Frauen gehen in Prozessionen hinter einem vom "Capelão" getragenen Kreuz betend um eine Kapelle. Vgl. B. Trombetta, a. a. O., 62 und M. I. P. de Queiroz, Die Büßer, in: Staden Jahrbuch, Bd. 9/10, 1961/1962.

92) Vgl. F. C. Rolim, Catolicismo no Brasil, in: Limiar, 130 - 131; C. P. F. de Camargo, Igreja e Desenvolvimento, 10 und 16; B. Trombetta, a. a. O., 62 - 64 und M. I. P. de Queiroz, O Catolicismo Rústico no Brasil, in: Revista do Instituto de Estudos Brasileiros, Nr. 5, São Paulo 1968, 114.

93) P. A. R. de Oliveira, Catolicismo Popular no Brasil, 81.

94) Siehe F. C Rolim, Catolicismo no Brasil, in: Limiar, 131 ff; und J. Comblin, Os Sinais dos Tempos e a Evangelização, 58 und 80.

95) F C. Rolim, a. a. O. 128 - 129. Vgl. Godofredo Deelen, A Sociologia a Serviço da Pastoral, (CERIS), Petrópolis 1967, 70; P. A. R. de Oliveira, Catolicismo Popular no Brasil, 76; ders., Catolicismo Popular na América Latina, 32; A. Rolim, Religiosidade no Brasil, 4.

96) F. Houtart und E. Pin, A Igreja na Revolução da América Latina, São Paulo 1969, 164.

97) T. de Azevedo, Cultura e Situação Racial no Brasil, 185 - 186.

98) Der Terminus "camponês" wird hier im Sinne von Robert Redfield, Peasant Society and Culture, zit. bei M. I. P. de Queiroz, O Catolicismo Rústico no Brasil, 109 - 110, angewandt: "camponês" ist jemand, der eine Parzelle Land im familiären Subsistenzsystem kultiviert. Eine bestimmte Zahl solcher Familien von "camponêses" wird zur "Nachbarschaftsgruppe", die sich in der Kapelle für die Feiern der Heiligen versammelt.

99) P. A. R. de Oliveira, Religiosidade Popular na América Latina, 358.
100) A. Rolim, Em Tôrno da Religiosidade no Brasil, 15 und 18.
101) C. Souffrant, La Religion du Paysan Haitien, 587.
102) Siehe oben unseren Text, 4. 2. 1.
103) Ebd., 3. 2.
104) T. de Azevedo, Cultura e Situação Racial no Brasil, 190 - 191. Zum Begriff des Compadrío vgl. R. Bastide, As Religiões Africanas no Brasil, II, 559.

ANMERKUNGEN zu Teil II, 4

105) R. Bastide, a. a. O., 488 ff.
106) T. de Azevedo, Catolicismo no Brasil, 118, 119 und 122.
107) Ders., Religião Popular e Sentimento de Culpa, 2.
108) P.A.R. de Oliveira, Catolicismo Popular no Brasil, 76.
109) P.A.R. de Oliveira, Catolicismo Popular na América Latina, 65,
stellt fest, daß in Brasilien 88 % der Bevölkerung durch die Familie,
besonders durch die Mutter, ihre religiöse Formung erhalten haben.
G. Deelen, a. a. O., 32, hebt die Tatsache hervor, daß der Catolicismo Popular zum Teil sogar als Religiosität der Frauen bezeichnet
wird.
110) P.A.R. de Oliveira, Catolicismo Popular na América Latina, 44 - 45.
111) C P.F. de Camargo, Igreja e Desenvolvimento, 9 und 15; Vgl. E.
Pin, Elementos para uma Sociologia do Catolicismo Latino-Americano, 69 - 71.
112) A. Rolim, Religiosidade no Brasil, 1.
113) R. Bastide, As Religiões Africanas no Brasil, II, 484.
114) E. Willems, Cunha: Tradição e Transiçao em um Cultura Rural do
Brasil, São Paulo 1947, 64.
115) E. Pin, Elementos para uma Sociologia do Catolicismo Latino-Americano, 89. Vgl. F. Houtart und E. Pin, A Igreja na Revolução da
América Latina, 89.
116) O.E. Xidieh, a.a.O., 113 - 114. Vgl. M.I.P. de Queiroz, O Catolicismo Rústico no Brasil, 113 - 114, 116, 118; R. Bastide, As Religiões Africanas no Brasil, II, 485 und die dort in Anmerkung Nr. 28
angegebene Bibliographie.
117) P.A.R. de Oliveira, Catolicismo Popular na América Latina, 2, 24 -
36, 41 - 43.
118) F. Houtart und E. Pin, a.a.O., 205, 162 - 163; siehe auch die von
T. de Azevedo, Religião Popular e Sentimento de Culpa, 3, aufge-
stellte einführende Bibliographie.
119) P.A. de Oliveira, Catolicismo Popular na América Latina, 48 - 49.
120) T. de Azevedo, Catolicismo no Brasil, 112 - 123.
121) Valmor Bolan, Sociologia da Secularização, Petrópolis 1972, 159 -
160; vgl. M.I.P. de Queiroz, O Messianismo no Brasil e no Mundo, 326.
122) A. Rolim, Em Tôrno da Religiosidade no Brasil, 16.
123) Zit. bei F. Houtart und E. Pin, a.a.O., 178 - 179.

zu 5: Der Pentecostismo: eine in Wort, Kult und Gemeinschaft selbständig formulierte Form von Religiosität.

1) Walter J. Hollenwegger, O Movimento Pentecostal no Brasil, in: Revista Simpósio, Nr. 3, II (1969), 5 - 8; siehe auch zur Entfaltung der "Assembléia de Deus" in Brasilien: Emílio Conde, História das Assembléias de Deus no Brasil, Rio de Janeiro 1960, besonders 11 - 27, 60 - 63, 135 - 143, 263 - 269.

2) W.J. Hollenwegger, Handbuch der Pfingstbewegung, Genf 1965 - 1967, 10 Bde., hektographiert, 02 b. 05. 017., 911. Vgl. Emile Léonard, L'Iluminisme dans un Protestantisme de Constitution Récente, Brésil, Paris 1953, 61; Beatriz Muniz de Souza, A Experiência da Salvação - Pentecostais em São Paulo, São Paulo 1969, 28 - 30.

3) F. Hübner, Die religiösen Probleme Lateinamerikas, 307, zit. bei Martin Gerbert, Religionen in Brasilien, Berlin 1970, 69.

4) William R. Read, Fermento Religioso nas Massas do Brasil, São Paulo 1967, 132.

5) Siehe "O Mensageiro da Paz" - offizielles Organ der "Assembléias de Deus no Brasil" - Nr. 2, XLIII (30.1.1973).

6) B.M. de Souza, Funções Sociais e Psicológicas do Protestantismo Pentecostal de São Paulo, in: Simpósio der ASTE, (1966), 72. Vgl., Bericht über die menschliche und religiöse Lage in Brasilien, in: Sondernummer der Zeitschrift Pro Mundi Vita, (1968), 29.

7) B.M. de Souza, A Experiência da Salvação, 84. Man betrachtet als Pentecostistas auch einige Gruppen methodistischer und besonders baptistischer Protestanten, die sich "wiederbelebte Evangelische" nennen. Sie versammeln sich in ihren eigenen Häusern, nehmen an der Führung kleiner pentekostaler Gemeinschaften teil und wirken an der Predigt der Pfingstler mit: siehe ebd., 84 - 85.

8) Er wurde in Água Prêta im Staate Pernambuco aus einer Zuckerrohrbauernfamilie geboren.

9) Siehe B.M. de Souza, A Experiência da Salvação, 39 - 52, 68.

10) Vgl. Abdalaziz de Moura, O Pentecostalismo no Brasil, in: R.E.B. XXI (1971), 78 - 94.

11) Dieses Glaubensbekenntnis wurde offiziell von den "Assemblies of God" der USA in sechzehn Artikeln veröffentlicht. Eine Übersetzung dieses Credos befindet sich bei W.J. Hollenwegger, Enthusiastisches Christentum. Die Pfingstbewegung in Geschichte und Gegenwart, Wuppertal 1969, 584 - 588.

12) Lawrence Olsen, Ênfases do Movimento Pentecostal, in: Simpósio der
ASTE (1966) 23 - 29.

13) Die Assembléia de Deus gilt als die pentekostale Gruppe, die sich am
meisten mit der Formulierung von Glaubenswahrheiten beschäftigt. Sie
fertigte zunächst ein Credo für den internen Gebrauch an, das aus vierzehn Artikeln, beziehungsweise Verdades Fundamentais (grundlegende
Wahrheiten), besteht und im wesentlichen auf dem Bekenntnis der "Assemblies of God" beruht. Vgl. E. Conde, O Testemunho dos Séculos,
183 - 187.

Aus den vierzehn genannten "grundlegenden Wahrheiten" verfaßte die
Assembléia ein aus vier Artikeln bestehendes Credo, das für ihre
"Schwesterngemeinden" (protestantische Gemeinschaften, die ebenso
die Pfingsterweckung erlebt haben) gelten soll:

- "Wir, die Gläubigen der Assembléias de Deus, wir glauben wie ihr,
daß Jesus der einzig genügsame Heiland ist, daß es Rettung nur durch
Gnade gibt und durch den Glauben an Jesus Christus. Wir glauben an
alle von Jesus und den Aposteln gelehrten Lehren. Ebenso glauben wir,
daß Jesus Christus derselbe ist, gestern, heute und in alle Ewigkeit.
Deswegen und nur deswegen glauben wir, daß er heute noch mit dem
Heiligen Geist tauft, denn er ist derselbe. Denn in Wahrheit, Johannes
hat mit Wasser getauft, aber ihr werdet mit dem Heiligen Geist getauft
werden."

- "Die Geistestaufe wird nicht bei der Bekehrung empfangen, noch zusammen mit der Wassertaufe. Die Gläubigen von Samaria wurden gerettet und im Wasser getauft, aber sie hatten die Geisttaufe noch nicht
erhalten (Act. 8, 15 - 16). Die Gläubigen bei Kornelius wurden gerettet und erhielten die Geisttaufe, bevor sie die Wassertaufe erhalten
hatten (Act. 10.44)."

- "Das Zeichen der Geistestaufe ist das Zungenreden. So war es auch
an Pfingsten (Act. 2.4); im Hause des Kornelius (Act. 10.46); in Ephesus
(Act. 19.6). In Samaria zeigte sich dasselbe Zeichen, deswegen bot auch
Simon den Aposteln Geld an: (er sah), daß auf die Geistgetauften ein Zeichen kam (Act. 8.19)."

- "... Die Geistestaufe ist nicht identisch mit dem Heil; das Heil kommt
aus dem Glauben allein. Die Geistestaufe jedoch ist ein Segen, der aus
dem Heil kommt. Das Heil, das Gott uns anbietet, annehmen und die
Geistestaufe, die Gott uns ebenfalls anbietet, ablehnen oder vernach-
lässigen, ist ein schwerer Fehler, der die Würde des himmlischen
Vaters verletzt. Brüder aus den Denominationen, ihr, die ihr gerettet seid, sucht die Geisttaufe." Zur deutschen Übersetzung der vier
Artikel siehe W. J. Hollenwegger, Handbuch der Pfingstbewegung, 02 b.
05. 012., 894 - 895.

ANMERKUNGEN zu Teil II, 5

Schließlich ist ein zusammengefaßtes Credo zu erwähnen, das in jeder Nummer ihres offiziellen Organs "O Mensageiro da Paz" erscheint. Wichtiges Merkmal dieses Credos ist die Betonung der jungfräulichen Geburt Christi, sein stellvertretender Sühnetod, seine leibliche Auferstehung und die Auffahrt zum Himmel.

Die Congregação Cristã no Brasil faßt ihren Glauben in zwölf Artikel zusammen, die hier nach der Übersetzung von W. J. Hollenwegger, Handbuch der Pfingstbewegung, 02 b. 05. 012., 921 - 924, zitiert werden:

- "Wir glauben und nehmen die ganze Bibel als das unfehlbare Wort Gottes an, inspiriert durch den Heiligen Geist; er ist der einzige und vollkommene Führer unseres Glaubens und Handelns. Nichts kann ihr zugefügt oder von ihr weggenommen werden, denn sie ist die ganze Kraft Gottes zum Heil für alle Kreatur. (2 Tim 3, 16 - 17; Röm 1, 16)".

- "Wir glauben, daß es nur einen einzigen lebendigen und wahrhaftigen Gott gibt, ewig und mit unendlicher Macht, Schöpfer aller Dinge, in dessen Einheit sich drei unterschiedene Personen befinden, der Vater, der Sohn und der Heilige Geist. (Eph 4, 6; Mt 28 - 19; 1 Joh 5, 7)".

- "Wir glauben auch, daß der Sohn Gottes das fleischgewordene Wort ist, der eine menschliche Gestalt im Schoß der Jungfrau Maria annahm und so wahrer Gott und wahrer Mensch wurde, zwei Naturen in einer Person, die göttliche und die menschliche; darum ist er der einzige Heiland, der den Tod erlitt, nicht nur für die Erbsünde, sondern auch für die Aktualsünden des Menschen. (Lk 1, 27 - 35; Joh 1, 14; 1 Petr 3, 18)".

- "Wir glauben an die persönliche Existenz des Teufels und seiner Engel, der bösen Geister, die im ewigen Feuer gerichtet werden. (Mt 25, 41)"

- "Wir glauben, daß die Wieder- oder Neugeburt nur durch den Glauben an Jesus Christus erhalten wird, der um unserer Sünden willen dahingegeben wurde und um unserer Rechtfertigung willen auferstand.

Die, die in Christus Jesus sind, sind neue Geschöpfe. Er ist für uns von Gott zur Weisheit, Gerechtigkeit, Heiligung und Erlösung gesandt worden. (Röm 3, 24 - 25; Kar 1, 30; 2 Kar 5, 17)".

- "Wir glauben an die Wassertaufe durch einmaliges Untertauchen, 'im Namen des Vaters, des Sohnes und des Heiligen Geistes' gemäß dem Befehl des Herrn Jesu. (Mt 28, 18 - 19)".

- "Wir glauben an die Geistestaufe, die man nach der Bekehrung (salvação) erhält und deren Zeichen das Reden in neuen Zungen ist, wie der Heilige Geist auszusprechen gibt. (Apg 2, 4; 10, 45 - 47; 19, 6)".

- "Wir glauben an das Heilige Abendmahl": es folgt Zitat von 2 Kor 11, 23 a - 25.

- "Wir glauben an die Notwendigkeit, sich der den Götzen geopferten Dinge zu enthalten, des Blutes, des erstickten Fleisches und der Unzucht, wie es durch den Heiligen Geist in der Versammlung in Jerusalem vorgeschrieben ist. (Apg 15,28 - 20; 16,4 21,25)".

- "Wir glauben, daß Jesus Christus alle unsere Krankheiten auf sich genommen hat. Ist jemand krank unter euch? So rufe er die Ältesten der Kirche, die sollen beten über ihm, ihn mit Öl im Namen des Herrn salben. Und das Gebet des Glaubens wird den Kranken retten und der Herr wird ihn aufrichten. Und wenn er Sünden getan hat, sollen sie ihm vergeben sein. (Mt 8.17; Jak 5,14 - 15)".

- "Wir glauben, der Herr selbst wird (vor dem Tausendjährigen Reich) mit einem Feldgeschrei und der Stimme des Erzengels und mit der Posaune Gottes hernieder kommen vom Himmel, und die Toten in Christo werden zuerst auferstehen. Danach werden wir, die wir leben und überbleiben, zugleich mit denselbigen hingerückt werden in den Wolken dem Herrn entgegen in der Luft, und werden also bei dem Herrn sein allezeit. (1 Thess 4,16 - 17; Apk 20.6)".

- "Wir glauben, daß es eine leibliche Auferstehung der Gerechten und Ungerechten geben wird. Diese werden der ewigen Qual entgegengehen, die Gerechten aber dem ewigen Leben. (Apg. 24,15; Mt 25,46)".

Zu diesem Credo ist zu sagen:

- Es stellt die Bibel nicht in Beziehung mit der menschlichen Vernunft, wie es noch im Credo der Assembléia de Deus (1. Glaubensartikel) der Fall ist.

- Es wird nur das Neue Testament - Apostelgeschichte, Evangelien und Briefe - zitiert: kein einziges Mal das Alte Testament.

- Verliert kein Wort über die Verfassung der Kirche, die weder als Leib Christi noch als Assembléia (Versammlung) erscheint.

Vielmehr wird gesagt:

"Jesus ist das Haupt der Kirche, der Heilige Geist ist das Gesetz, um sie in alle Wahrheit zu leiten; ihre Organisation ist die Liebe Gottes, welche das Band der Vollkommenheit ist. Wo diese drei nicht regieren, regiert Satan in menschlicher Form, um das Volk Gottes durch menschliche Weisheit zu verführen". Zit. bei W.J. Hollenwegger, Handbuch der Pfingstbewegung, 02 b. 05. 017., 911.

14) Folgende Predigt eines jungen Pfingstlers auf dem Platz von Curicó in Chile am 13. Juni 1965 soll als Veranschaulichung dienen: "Freunde, ich möchte euch sagen, daß der Herr am Kreuz gestorben ist, um uns zu retten und daß wir für diesen Tod schuldig sind. Wie können wir, Amigos (Freunde), das dem Herrn zurückzahlen? Es gibt kein anderes

Mittel, als daß wir seinen Willen tun. Nun frage ich euch, wie tun wir den Willen des Herrn? Mein Amigo (Freund), warum hat der Herr dreieinhalb Jahre auf der Erde gepredigt? In dieser Zeit, Amigo, hat er seinen Jüngern das gegeben, was er hatte: geht in die ganze Welt und verkündet das Evangelium zum Zeugnis für alle Heiden. Nun, Amigo, in jener Zeit war der Herr mit seinen Jüngern. Aber er wird wiederkommen. Ich sage, Amigo, was der Herr gesagt hat, als sie ihn gefragt haben, wann er zurückkäme. Der Herr hat nicht gesagt, wann er zurückkommt, betonte aber, daß es viele Zeichen geben würde, wie Erdbeben, Hunger. Dann kommt er. Nun, Amigo, heute sehen wir, daß das Wort des Herrn in Erfüllung geht. Ich sage euch, nehmen wir den Herrn mit ganzem Herzen an. Der Herr, Amigo, bietet euch die Erlösung umsonst, Amigo!

Der Mann, Amigo, und die Frau suchen manchmal die Erlösung durch andere Wege. Oft zweifeln die Menschen, daß Gott sie hört. Nun, Amigo, ich lade dich heute ein, diesen Gott kennenzulernen. Ich sage dir, Amigo, demütige dich vor seiner Gegenwart, übergebe ihm die Sünden und du wirst fühlen, wie sich dein Leben verwandelt!

Du kannst mich belügen, nicht aber den Herrn, Amigo. Deshalb lade ich dich zur wahren Kenntnis des Herrn ein. Du wirst in diesem Leben die Gegenwart Gottes spüren. Dein Leben wird sich ändern und der Herr wird in dich eintreten: du wirst deine Laster wegwerfen.

Öfters, Amigo, denkt der Mensch, daß er noch zu jung ist, um das Evangelium anzunehmen. Immer wartet der Mann und die Frau auf den morgigen Tag. Nun wird der Mensch alt und sagt: Ich bin so alt jetzt, wie kann ich noch den Herrn annehmen?

Der Herr, Amigo, erwartet mit ausgestreckten Armen den Jungen, den Alten, die junge Frau und die alte Dame. Der Herr wartet auf dich, daß du in seine Arme springst. Vielleicht denkst du, Amigo, ich bin voll Sünden. Ich möchte dir etwas sagen, Amigo, daß der Herr bereit ist, deine Sünden zu vergeben, um dir die Erlösung zu geben. Ich lade dich ein, Amigo, zu einer Kirche, die wir haben, wo das Wort Gottes gepredigt wird. Dort kannst du alles besser verstehen. Möge Gott dich schützen"!

Zit. bei Christian Lalive D'Epinay, O Refúgio das Massas, Rio de Janeiro 1970, 96 - 98.

15) A. de Moura, O Pentecostalismo no Brasil, 82.

16) Donald Gee, Acêrca dos Dons Espirituais, Rio de Janeiro, 1959, 18.

17) E. Conde, Testemunho dos Séculos, Rio de Janeiro 1960. Aus den in Anmerkung 13 angeführten Quellen des Pentecostismo wird es deutlich, daß sich das Selbstverständnis und das Erlebnis des Pentecostismo nicht an der Trinitätslehre entzünden, sondern an der Soteriologie:

ANMERKUNGEN zu Teil II, 5

Aus der Trinitätslehre wird gefolgert, daß sie sich gut eignet zu zeigen, daß Gott den Heiligen Geist als Mitarbeiter hat.

18) Nils Bloch-Hoell, The Pentecostal Movement. Its Origin, Development and distinctive Character, Halden, 109 - 110, hebt die Tatsache hervor, daß die Pfingstbewegung des öfteren Jesus als die einzige Person der Dreifaltigkeit betrachtet.

19) Hier werden besonders zwei Hymnensammlungen berücksichtigt:

- Harpa Cristã - offizielles Hymnarium der Assembléia de Deus (1971) mit 524 Liedern.

- Hinos de Louvores e Súplicas a Deus - offizielles Hymnarium der Congregação Cristã no Brasil (1965) mit 450 Liedern.

20) Harpa Cristã, Lied Nr. 287 und 289.

21) Júlio A. Ferreira, O Espirito Santo e a Renovação dos Cristãos, in: Simpósio der ASTE (1966), 19.

22) W.J. Hollenwegger, Handbuch der Pfingstbewegung, 02 b. 05. 012., 897.

23) Vgl. oben Anmerkung 13.

24) Vgl. A. de Moura, O Pentecostalismo no Brasil, 83; Ders., Importância das Igrejas Pentecostais para a Igreja Católica, hektographierte Vorlage für die Nationalkonferenz der Bischöfe von Brasilien (CNBB), Recife, 1969, 9 - 10; M. de Souza, A Experiência da Salvação, 50 - 58; Robert McAlister, Perguntas e Respostas sôbre a Cura Divina, Rio de Janeiro 1961[3], 9.

25) Der Fundamentalismus erscheint als religiös-reaktionäre Protestbewegung gegen eine wirkliche oder vermeintliche Gefährdung des christlichen Glaubens. In den USA entstanden, richtete sie sich im Jahre 1870 gegen den theologischen Liberalismus und die vom darwinistischen Evolutionsdenken beherrschte moderne Wissenschaft. Durch ihre fünf Programmpunkte:

- Irrtumlosigkeit der Bibel
- Jungfrauengeburt
- stellvertretendes Sühnopfer
- leibliche Auferstehung
- Wiederkunft Christi,

gewann die Bewegung an Boden. Die von A.C. Dicon und R.A. Lorrey herausgegebene Schriftenreihe: "The Fundamentals: A Testimony to the Truth", 1910 - 1912, verhalf zur Breitenwirkung. Nach dem Ersten Weltkrieg erhielt der Fundamentalismus neuen Auftrieb durch die Gründung im Jahre 1919 der "World's Christian Fundamental Association". Er führte zur Bildung zahlloser kleiner Sekten, die gegen jede

Art von Bibelinterpretation und ökumenischer Bestrebungen opponier-
ten. 1948 gründeten fundamentalistische Gruppen den "International
Council of Christian Churches" als Antimodell gegen den Weltrat der
Kirchen in Amsterdam. Siehe dazu S. E. Ahlstrom, in: RGG, 2. Bd.,
Tübingen, 1958³, 1178 - 1179 und J. P. Michael, in: LTHK, 4. Bd.,
Freiburg 1960², 451 - 452.

26) W. J. Hollenwegger, Handbuch der Pfingstbewegung, 02 b. 05. 012., 89

27) Vgl. R. McAlister, Perguntas e Respostas sôbre a Cura Divna, 10;
B. M. de Souza, A Experiência da Salvação, 58 - 59. Die Bibelzitate
stammen von den pentekostalen Verfassern.

28) Nach R. McAlister, Perguntas e Respostas sôbre a Cura Divina, 9 -
21, kann die Heilung in verschiedener Weise erfolgen:

- durch Händeauflegen (Mk, 16 - 18)
- durch ein "Gebet im Namen Jesus" (Apg. 3, 6; Jo 14, 14)
- durch das Gebet des Glaubens und die Salbung mit Öl: "das Gebet
des Glaubens wird den Kranken retten und der Herr wird ihn aufrichten (Jk 5 14 - 15)
- durch den Vertrag zwischen zwei Personen (Mt 18, 19)
- durch gesegnete Kleidungsstücke (Apg 19, 11 - 12).

Zur Befreiung von Krankheit durch Gott, siehe auch Gordon Chown,
Os Dons do Espirito Santo, São Paulo 1970, 39; und René Ribeiro,
Pentecostalismo no Brasil, in: Vo., LXIII (1969), 131 - 132.

29) L. Olsen, Ênfases do Movimento Pentecostal, 24 - 25. Dieser erfolg-
reiche Pfingstprediger betont die Tatsache, daß der Pentecostismo
mit Recht sich an die Worte Jesu erinnert und sie wörtlich auslegt, besonders diejenigen, die sich auf die Verheißung beziehen, daß seine
Nachfolger in seinem Namen Zeichen bewirken und Kranke heilen
werden.

30) D. Mário Veloso, Visión General de los Pentecostales Chilenos, in:
Anales, XI (1960), 131.

31) Harald Shally, O Dom da Cura, in: Simpósio der ASTE (1966), 86 - 88.
32) C. Lalive D'Epinay, a. a. O., 309 - 310.

33) Levy Tavares, A Mensagem Pentecostista e a Realidade Brasileira,
in: Simpósio der ASTE (1966), 36

34) W. J. Hollenwegger, Handbuch der Pfingstbewegung, 02 b. 05. 012., 899
35) R. McAlister, Perguntas e Respostas sôbre a Cura Divina, 12.
36) C. Lalive D'Epinay, a. a. O., 99.

37) Aus: "verschiedene Lehrpunkte" der Congregação Cristã, Nr. 7. Zit.
bei W. J. Hollenwegger, Handbuch der Pfingstbewegung, 02 b. 05. 017.,
914.

242

38) C. Lalive D'Epinay, a.a.O., 58 - 59.

39) Die Erzählungen über Heilungen folgen im allgemeinen einem bestimmten Schema:

- jemand war sehr krank
- die Krankheit konnte nicht genau beschrieben werden (der Kranke besitzt keine medizinischen Kenntnisse)
- die Ärzte haben ihn enttäuscht
- dann interveniert die pfingstliche Gemeinde
- es zeigt sich die Macht Gottes mit oder ohne begleitende mirakulöse Umstände
- der Kranke wird geheilt
- Von nun an nimmt er teil an der Gemeinschaft der Pentecostistas.

Siehe dazu C. Lalive D'Epinay, a.a.O., 304 - 305.

40) R. McAlister, Mêdo: Um Exame das Causas e Efeitos desse Grande Problema Espiritual, Rio de Janeiro, o.D., 2. Aufl.

41) B.M. de Souza, A Experiência da Salvação, 97 - 98. Frau Beatriz zitiert mehrere Aufrufe, womit der Prediger die Gemeinschaft zur Freude ermuntert: "Herr, segne, die nicht kommen konnten, heile und erfreue die Kranken". "Wir sind froh, weil der Herr hier ist. Er selbst sagte, wo zwei in seinem Namen versammelt sind, da bin ich auch". "Wir freuen uns in diesem Haus, weil es hier keine Unaufrichtigkeit gibt: die Schwestern und Brüder haben ein reines Herz. Ich gehörte schon einmal der Welt und weiß, wie traurig es ist, ein unreines Herz zu haben". "Herr, mehre in unserem Herzen deine Freude: Bleib bei uns in dieser Nacht, damit wir Freude haben können". "Jesus ist hier, deswegen freuen wir uns und singen: Ich bin froh".

42) A. de Moura, A Importância das Igrejas Pentecostais para a Igreja Católica, 9 - 10.

43) Johann Baptist Metz, Von der Freude und der Trauer, von der Heiterkeit und der Melancholie und vom Humor, in: Conc, X (1974), 307 - 309.

44) Siehe Hinos de Louvores e Súplicas a Deus, Lied Nr. 135.

45) Ebd., Lied, Nr. 169.

46) N.B. Hoell, a.a.O., 156.

47) Vgl. W.J. Hollenwegger, Enthusiastisches Christentum, 465; A. de Moura, A Importância das Igrejas Pentecostais para a Igreja Catolica, 10 - 12.

48) Siehe Nr. 7 der "grundlegenden Wahrheiten" der Assembléia de Deus. Zit. bei W.J. Hollenwegger, Handbuch der Pfingstbewegung, 02 b. 05. 012., 898.

49) Ebd., 79.

50) C. Lalive D'Epinay, a. a. O., 292.

51) Siehe Artikel Nr. 7 des Credos der Assembléia de Deus, zit. bei W.J.
Hollenwegger, Handbuch der Pfingstbewegung 02 b. 05. 012., 898.

52) N. B. Hoell, a. a. O., 129 ff.

53) Im Pentecostismo heißt sie daher "Taufe in den Gewässern".

54) W.J. Hollenwegger, Enthusiastisches Christentum, 361, 362, 26 ff,
erstellt folgendes Schema der verschiedenen Heilswege:

	1. Stufe	2. Stufe	3. Stufe
Heiligungs- denominationen :	Bekehrung (Wieder- geburt)	Heiligung zeitlich und sach- lich fixierbar und von der Bekehrung zu trennen. Auch Geistestaufe oder zweiter Segen ge- nannt.	- - -
Parham-Sey- mour :	Bekehrung (Wieder- geburt)	Heiligung zeitlich und sach- lich fixierbar und von der Bekehrung zu trennen. Auch zweiter Segen ge- nannt. Seelsorger- liches Motiv dieses Heiligungsverständ- nisses: Der H. Geist kann nur in gereinig- te Herzen kommen.	Geistestaufe mit Zungen- reden
Chr. Röckle :	Bekehrung - - -	Heiligung - -	Geistestaufe Bruch mit der Vergangenheit. Erlösung vom eigenen from- men Ich.
W. H. Durham :	Bekehrung (Wieder- geburt)		Geistestaufe mit Zungenre- den (Hier wird Heiligung als ein das ganze Leben durch- ziehender Prozeß verstanden: sog. baptistisches Verständnis der Heiligung

ANMERKUNGEN zu Teil II, 5

55) Vgl. R. McAlister, As Dimensões da Fé Cristã, Rio de Janeiro, 1962,
119 - 120; B. M. de Souza, A Experiência da Salvação, 55; N. B. Hoell,
a. a. O., 133 - 139. P. Damboriena beschreibt die Geistestaufe folgendermaßen: "Bevor der Geist auf den Kandidaten kommt, muß er mit
lauter Stimme diesen auf sich rufen. Die Stimmen der Anwesenden und
des Predigers begleiten ihn rhythmisch. Die Atmosphäre ist ansteckend.
Der Beter nähert sich dem Zustand der Trance, bis er auf den Boden
fällt. " "Der Bruder ist vom Geist hingerissen!" murmeln einige dann.
"Gott sei Ehre! Alleluja! Glória!" sagen andere, kommen zu ihm und
umkreisen ihn. Wenn er zu sich kommt, ist er ein neuer Mensch. Zit.
bei L. D'Epinay, a. a. O., 293 - 294.

56) Vgl. unseren Text, 3. 2.

57) Vgl. M. Gerbert, Religionen in Brasilien, 75 und Roger Bastide, As
Religiões Africanas no Brasil, II, 514 - 515.

58) Siehe Artikel Nr. 8 des Credos der Assembléia de Deus. Zit. bei W. J.
Hollenwegger, Handbuch der Pfingstbewegung, 02 b. 05. 012., 898.

59) B. M. de Souza, A Experiência da Salvação, 56.

60) Einige Beispiele: "Lique, lique, leque! Bá, bá, abábá! Sararai!
Salalaque, siacá-rei, aiecá-si! Que! Manacarí-que!". Zit. bei Agnelo
Rossi, O Pentecostismo no Brasil, in: R. E. B.: XII, (1952), 778. E. G.
Léonard, a. a. O., 82, beschreibt das Stammeln einer Frau in Trance:

"Alleluija, Jesus! Calanchalamana iacalamsalachalamana. Jesus, decke
mich mit deinem Blut, Calanchalamana una clacasiana canachalamana!".

61) E. G. Léonard, a. a. O., 84 - 85. Vgl. B. M. de Souza, A Experiência
da Salvação, 110.

62) Mário Roberto Lindstrom, Paracletologia, vervielfältigte Vorlage für
das pentekostale theologische Seminar von São Paulo, ohne Datum, 21.
L. Olsen, a. a. O., 24, hebt die Tatsache hervor, daß diese Sprache
von niemandem verstanden wird, weil der Wiedergeborene "im Geheimnis mit Gott" spricht.

Mit Georges Anton Kutten, zit. bei N. B. Hoell, a. a. O., 142 - 143,
kann man vier glossolalische Stufen unterscheiden, von denen die zwei
ersten am häufigsten im brasilianischen Pentecostismo erscheinen:

- unartikulierte Töne, die zu einem "Word-formed" oder "syllabe
formed" stammelnden Zungenreden werden können,
- artikulierte Töne, eine Art Pseudo-Sprache,
- phantasie-artikulierte Sprache,
- reale - im Ekstasezustand offenbarte - Sprache.

63) Vgl. C. Lalive D'Epinay, a. a. O., 298.
64) B. M de Souza, A Experiência da Salvação, 59 - 60.

65) Vgl. W J. Hollenwegger, Handbuch der Pfingstbewegung, I, 95.

66) Vgl. Bryan R. Wilson, Sects and Society, London 1961, zit. bei C. Lalive D'Epinay, a. a. O., 297.

67) Godofredo Deelen, A Sociologia a Serviço da Pastoral, II, 88.

68) W. R. Read, a. a. O., 142.

69) E G. Léonard, a. a. O , 1 - 3.

70) Vgl. unseren Text: 1. 1, 1. 12 und 2. 5. 1.

71) E. G. Léonard, a. a. O., 3 - 5, 13 - 76, befaßt sich ausführlich mit dem Illuminismus in Brasilien, der in José Manoel da Conceição und in Miguel Vieira Ferreira seine großen Vorläufer kennt. Sein besonderes Interesse gilt der Congregação Cristã no Brasil, da sie durch ihren illuministischen Radikalismus - "Wir wollen kein anderes Licht außer dem Heiligen Geist" - und durch ihre Ablehnung jeder Art Drucksachen - "Wir brauchen keine Zeitungen oder ähnliche menschliche Mittel, um für Christus zu werben: Wir vertrauen allein auf die Gaben des Geistes" - als favorisierten Niederlassungsort des Illuminismus erscheint. Vgl. ders., O Protestantismo Brasileiro, in: Revista de História, V (1952), 438.

72) Vgl. L. Olsen, Enfases do Movimento Pentecostal, 25. Die Zitate über die Heiligung und die Enthaltung von Mundanitäten stammen auch von Olsen.

73) Vgl. B. M. de Souza, A Experiência da Salvação, 71 und 83.

74) Joachim Wach, Religionssoziologie, 204.

75) Vgl. W. J. Hollenwegger, Enthusiastisches Christentum, 457; B. M de Souza, A Experiência da Salvação, 28;

N. B. Hoell, a. a. O , 122 - 123 bemerkt dazu, daß die Pfingstler im allgemeinen vorziehen, anstatt von Umkehrung, von Reue zu sprechen, wodurch die pietistische Absage an das vergangene Leben und die plötzliche Heiligung durch den Glauben dokumentiert werden soll.

76) C. Lalive D'Epinay, a. a. O., 290.

77) Ebd., 285.

78) W. J. Hollenwegger, Enthusiastisches Christentum, 336 - 337.

79) Vgl. E. G. Léonard, a. a. O., 80 - 98 - 113; M. R. Lindstrom, a. a. O., 1-

80) Zit. bei W. J. Hollenwegger, Enthusiastisches Christentum, XIX.

Die Prävalenz des Gesprochenen gegenüber dem Geschriebenen mag einerseits eine Erklärung für das Fehlen einer systematischen Theorie der Religiosität im Pentecostismo liefern; andererseits aber erschwert es ungemein seine Erforschung: die analysierbaren Quellen beschränken sich auf erbauliche Traktätchen, Hymnen, Administrations- und Heiligungsberichte. Vgl. N. B. Hoell, a. a. O., 109 und W. J. Hollenwegger, Hrsg., Die Pfingstkirchen, Stuttgart 1971, 311.

81) Vgl. E. G. Léonard, a. a. O., 64, Anmerkung Nr. 1.

82) W. J. Hollenwegger, Handbuch der Pfingstbewegung, 02 b. 05. 017.,
912. Vgl. N. B. Hoell, a. a. O., 161 - 162, 173.

83) In manchen Gruppen des Pentecostismo geschieht in diesem Moment
die Glossolalie: der "Begnadigte" wird dann mit den lauten Gebeten
der Anwesenden begleitet.

84) Diese Ansprache zielt immer auf das, was getan oder unterlassen
werden soll, also auf Praxis hin.

85) Worte von Manoel de Melo, dem Gründer der Igreja Evangélica
Pentecostal o Brasil para Cristo, anläßlich seiner Aufnahme in den
"Ökumenischen Rat der Kirchen", zit. bei W. J. Hollenwegger, Die
Pfingstkirchen, 290.

86) N. B. Hoell, a. a. O., 173.

87) Die Congregação Cristã no Brasil nennt ihre Versammlungsorte
"Casas de Oração" (Gebetshäuser). Von 3219 dieser "Casas" gehören
ihr nur 1272 als Privateigentum. Die übrigen bestehen aus gemieteten
Sälen. Siehe dazu: Congregação Cristã no Brasil, Relatório e Balanço
da Assembléia Geral Ordinária, (April 1971), 157.

88) W. J. Hollenwegger, Enthusiastisches Christentum, 437.

89) Vg. C. Lalive D'Epinay, a. a. O., 108.

90) M. Gerbert, a. a. O., 73.

91) E. G Léonard, a. a. O , 89, 104, 105.

92) Siehe Hinos de Louvores e Súplicas a Deus, Lied Nr. 20.

93) Ebd., Nr. 103.

94) Ebd., Nr. 354.

95) B. M. de Souza, A Experiência da Salvação, 83.

96) N. B. Hoell, a. a. O., 166 ff.

97) W. J. Hollenwegger, Enthusiastisches Christentum, 439.

98) Siehe Nr. 14 der "verschiedenen Lehrpunkte" der Congregação Cristã
no Brasil. Zit. bei W. J. Hollenwegger, Handbuch der Pfingsbewegung,
02 b. 05. 017., 916.

N. B. Hoell, a. a. O , 168 - 170, betont, daß es nicht fest steht, wann
die Eucharistie in die Pfingstbewegung Eingang gefunden hat. Sehr
wahrscheinlich geschah das anläßlich bestimmter Begegnungen. So
weiß man z. B., daß während des Treffens von Stockholm 1939 über
9000 Pfingstler sie empfangen haben. Heute ist sie normaler Bestand-
teil pfingstlichen Lebens und wird in fast allen "Ordenações" (Statuten)
als "heilige Kommunion" oder als "Tisch des Herrn" erwähnt.

99) Vgl. Eckhard Altmann, Predigt als Kontaktgeschehen, Stuttgart 1963,
69, zit. bei W. J. Hollenwegger, Enthusiastisches Christentum, 531.

ANMERKUNGEN zu Teil II, 5

100) Key Yuasa, O Pentecostismo e as Igrejas Protestantes, in: Simpósio der ASTE (1966), 70.
101) Ernst Troeltsch, Gesammelte Schriften, I, Tübingen 1912, 967.
102) Ebd., 970 - 971.
103) Ebd., 980.
104) Ebd., 974.
105) Vgl. W. Goddijn, Pluralisme Religieux et Chrétienté, in: S. C., X (1963), 53 - 73.
106) M. Gerbert, a.a.O., 75 - 79.
107) siehe unseren Text: 1.5.
108) Vgl. B.R. Wilson, Sects and Society, 9 - 10.
109) Vgl. C. Lalive D'Epinay, a.a.O., 101 - 102.
110) R. Ribeiro, Pentecostalismo no Brasil, in: Vo., LXIII (1969), 126.
111) W.J. Hollenwegger, Enthusiastisches Christentum, 479.
112) R. Ribeiro, a.a.O., 130.

113) B.M de Souza, A Experiência da Salvação, 41 und 82. Mit folgender Äußerung bekehrter Pentecostistas hebt Frau Souza diese Tatsache hervor. "Ich bin zum Pentecostismo übergegangen, weil ich in dieser Kirche der "Gente humilde" (der demütigen Leute) den wahren Sinn der Urkirche finde, welche die Personen nicht nach ihrer sozialen Herkunft gefragt hat". Siehe ebd., 49.

114) W. Hollenwegger, Enthusiastisches Christentum, 518.
115) E.G. Léonard, a.a.O., 72.

116) L. Olsen, a.a.O., 28, erklärt diesen Aspekt der Gemeinde folgendermaßen:

"Wenn Paulus zunächst die Elite der damaligen Gesellschaft evangelisiert hätte, um dadurch die Masse der Armen zu gewinnen, dann wäre das Christentum schon in seiner Wiege gestorben! Leider haben einige missionarische Gesellschaften und Denominationen diese falsche Taktik adoptiert und die Ergebnisse lassen sehr viel zu wünschen übrig!" Vgl. B.M. de Souza, A Experiência da Salvação, 81 - 82

117) Melvin L. Hodges, Edificarei a Minha Igreja, Rio de Janeiro 1959, sagt dazu: "Wenn man weiß, daß die Urkirche nicht vom Ausland abhängig war, was muß man sagen, wenn heute eine Kirche vom Ausland abhängt?" (S. 14). "Der Heilige Geist vollzieht sein Werk in jedem Land. Wenn man also eine dauernde Abhängigkeit vom Ausland als nötig betrachtet, beleidigt man einerseits das Volk und zeigt andererseits wenig Glauben an Gott und an die Macht seines Evangeliums" (S. 16).

118) Siehe unseren Text 1.4.2.

119) C. Lalive D'Epinay, a.a.O., 99 - 101. Vgl. B.M. de Souza, A Experiência da Salvação, 163 - 171.

120) W.R. Read, a.a.O., 135.

121) Geraldino dos Santos, Diversidade e Integração dos Grupos Pentecostais, in: Simpósio der ASTE (1966), 32.

122) L Olsen, Ênfases do Movimento Pentecostal, 27.

123) W.J. Hollenwegger, Handbuch der Pfingstbewegung, I, 891 und 909.

124) Siehe unseren Text, 5.0.

125) G. dos Santos, a.a.O., 31.

126) B.M. de Souza, A Experiência da Salvação, 152.

127) Jorge Buarque Lyra, Orientação Evangélica, Niterói, 1960, 5 - 9, unterscheidet die Tatsache, daß der Gründer der pentekostalen Kirche O Brasil para Cristo schon seit seiner Kindheit mit charismatischen Gaben umgeben war: "Schon im Alter von drei Jahren setzte sich Manoel gegen seinen Vater und seinen Taufpaten durch, die ihm die katholische Taufe aufzwingen wollten. Mit elf Jahren fing er an zu predigen und fesselte mit seiner flammenden Rede kleine Auditorien. Zu dieser Zeit wurde er mit der Taufe im Heiligen Geist getauft. Mit dreiundzwanzig Jahren wurde er von einer tödlichen Krankheit heimgesucht. Aber die Salbung mit Öl (Jak 5.14.15) und die Gebete haben ihn auf wunderbare Weise gerettet. Dieses Mirakel im Leben des Missionars war eine Salbung mit der Gewalt Gottes, der ihn mit allen Gaben beschenkt hat, damit er das große Werk verwirklichen konnte".

128) Da die Terminologie in den verschiedenen "Ministérios" der brasilianischen Pfingstgruppen bezüglich der Hierarchie und der Ausbildung der Pastoren sehr unterschiedlich ist, bediene ich mich in diesem Punkt der Nomenklatur C. Lalive D'Epinay's, a.a.O., 134 ff, die auch für den brasilianischen Pentecostismo exemplarisch scheint.

129) B.M. de Souza, A Experiência da Salvação, 153, stellt in diesem Zusammenhang fest, daß die Assembléia de Deus eine hierarchische Stufung der Dienstfunktionen je nach "Berufung Gottes" kennt: Diakon, Presbyter, Evangelist, Pastor, während die Congregação Cristã do Brasil jede Abstufung der Dienste und die Titel: Minister, Pastor und andere als Eitelkeit ablehnt.

130) Die Ausbildung zu den verschiedenen Dienststellungen geschieht normalerweise in der missionarischen - hauptsächlich mündlichen - Tätigkeit (Congregação Cristã do Brasil). Sie kann allerdings von einer intellektuellen Ausbildung begleitet werden, die in pfingstlichen biblischen Instituten oder theologischen Seminaren geleistet wird. In diesem Zusammenhang sind besonders das "Instituto Bíblico Pentecostal" von Rio de Janeiro und das im Jahre 1969 von der "Con-

ANMERKUNGEN zu Teil II, 5

federação Pentecostal do Brasil" zur Ausbildung von Pastoren errichtete "Seminário Teológico Pentecostal" von São Paulo zu erwähnen.

131) W. R. Read, a. a. O. , 138.

132) Nach J. Medina, Consideraciones Sociologicas, 20 - 40, zit. bei C. Lalive D'Epinay, a. a. O. , 144 ff, gab die Hacienda - der große Landbesitz - Lateinamerika nicht nur seinen ruralen Charakter, sondern prägte gleichzeitig seine soziale und menschliche Substanz, welche durch die hervorgehobenen Werte zum Vorschein kommt. Zur Prägung der brasilianischen Gesellschaft durch den patriarchalisch herrschenden Fazendeiro und durch die Messiasgestalten, s. oben unseren Text 1.1, 1.2, 1.3 und 1.4.1

133) T. L. Osborn, Conquistando Almas, 14 - 15, zit. bei A. de Moura, A Importância das Igrejas Pentecostais para a Igreja Católica, 6.

134) L. Olsen, Ênfases do Movimento Pentecostal, 26 - 27.

135) A. de Moura, A Importância das Igrejas Pentecostais para a Igreja Católica, 21.

136) B. M. de Souza, A Experiência da Salvação, 113 - 117. Vgl. C. Lalive D'Epinay, a. a. O. , 109 - 110.

137) Worte des Sekretärs des "Ministério" von Ipiranga, São Paulo. Zit. bei W. J. Hollenwegger, Handbuch der Pfingstbewegung, 02 b. 05. 012., 891.

138) L. Tavares, A Mensagem Pentecostista e a Realidades Brasileira, 34 - 35.

139) W. J. Hollenwegger, Handbuch der Pfingstbewegung, I, 909 - 910, beschreibt anhand eines Berichtes von K. Yuasa das Funktionieren der "Obra de Piedade" folgendermaßen:

"Jeden Dienstag versammeln sich ungefähr 300 Leute zu einer Gebetsversammlung. Danach bleiben etwa 100 Frauen (meist Analphabetinnen), die zum"Werk der Frömmigkeit" eingesetzt wurden, zurück. Ein Komitee von acht Mitgliedern (sechs Frauen und zwei Männern - die einzigen Männer, die zum "Werk der Frömmigkeit" Zutritt haben) nimmt an einem Tisch Platz vor der Frauenversammlung. Wenn eine der teilnehmenden Frauen von irgend einer Not in ihrer Nachbarschaft weiß, kann sie nach vorn kommen und die Angelegenheit dem Komitee mitteilen. Darauf betet die ganze Versammlung still um die Weisung des Heiligen Geistes. Dann wird eine bestimmte Hilfsmaßnahme, Geld oder direkte Hilfe vorgeschlagen. Der Vorschlag eines einzelnen genügt nicht, er muß durch einen zweiten bestätigt werden, sonst wird der Bittstellerin nicht entsprochen. Ist die Bitte durch eine zweite Frau unterstützt worden, so wird das Geld, sofern es sich um eine Geldhilfe handelt, sofort ausbezahlt. Die Bittstellerin bekommt den Auftrag, dem Empfänger klar zu machen, daß diese Hilfe nicht von einem einzelnen komme, sondern von der Kirche als Beauftragter Gottes, daß also der Empfänger sich deswegen nicht gedemütigt fühlen muß, allerdings auch mit diesem Geld, weil es Gottes Geld ist, recht umgehen muß. Eine sehr handgreifliche Form, Verantwortung dem Besitz und dem Mitmenschen gegenüber zu lehren! Die Hilfe wird nicht auf die Glieder der Congregação Cristã beschränkt. Daneben hat die Kirche noch größere Industrieunternehmen aufgebaut, um der Arbeitslosigkeit abzuhelfen. In diesem Industrieunternehmen verkündigt sie so das Evangelium, da aus prinzipiellen Erwägungen heraus nur ein kleiner Teil der Belegschaft (etwa 6 %) zu ihrer Gemeinde gehören soll."

140) Vgl. unseren Text 5.3.1 und 5.3.4.

141) B. M. de Souza, A Experiência da Salvação, 80 ff., konstatiert, daß diese Stellung in den meisten Predigten der Pentecostistas vorkommt.

142) M. Gerbert, a.a.O., 75 ff.

143) L. Olsen, Enfases do Movimento Pentecostal, 23.

144) Worte von G. dos Santos, a.a.O., 31.

145) Siehe Nr. 23 und Nr. 24 der "verschiedenen Lehrpunkte" der Congregação Cristã, zit. bei W.J. Hollenwegger, Handbuch der Pfingstbewegung, 02 b. 05. 017., 918.

146) Der "Missionar" Manoel de Melo, Leiter der Kirche O Brasil para Cristo, äußerte sich vor dem Ökumenischen Rat der Kirchen mit folgenden Worten:

"Es gibt eine Evangelisation, die Frömmlerinnen erzeugt und eine, die ein neues Bewußtsein schafft. D. Helder Câmara zum Beispiel gewinnt Seelen, weil seine Botschaft den Menschen zum Bewußtsein verhilft. Die Kirche ist zu sehr mit dem herrschenden System kompromittiert, das vom Volk verworfen wird. Es steht fest: Die Kirche, welche kein neues Bewußtsein im Volk schafft, kann ihre Beerdigung innerhalb der nächsten 30 Jahre feiern! ... Das Evangelium hat eine befreiende Botschaft: Was nutzt es, wenn man einen Menschen bekehrt und ihn wieder zurück zur verwesenden brasilianischen Gesellschaft schickt? Während wir eine Million Menschen bekehren, zieht der Teufel zehn Millionen durch Hunger, Not und Militarismus auf seine Seite. Die Prediger erwähnen eine ferne Zukunft und vergessen, daß Jesus dem konkreten Moment des Lebens eines Menschen seine Aufmerksamkeit geschenkt hat. Die Kirche auf der Erde muß sich bewußt werden, daß sie ein Teil der Gesellschaft ist. Sie kann nicht nur an ihre numerische Entfaltung denken: sie muß in

neue Felder eindringen... Es nützt nichts, wenn sie nur das Volk
versammelt, eine Hymne singt, ein Gebet verrichtet, eine Homilie
liefert und anschließend das Volk Kartoffeln pflanzen schickt. Sie
muß das Volk für eine ernste Aufgabe innerhalb der gesellschaftlichen Strukturen vorbereiten." Zit. in SEDOC, I (1969), 1327 - 1330.

147) C. Lalive D'Epinay, a.a.O., 175 ff.
148) Vgl. W.J. Hollenwegger, Enthusiastisches Christentum, 113 - 115.

149) Emile Durkheim, Le Suicide, Paris 1895, 263 - 311. Zit. bei René
      König, Anomie, in: Bernsdorf, W. (Hg.), Wörterbuch der Soziologie,
      I, Frankfurt/M. 1972, 31 - 33, der den Begriff Durkheim's neu in-
      terpretiert.

150) C. Lalive D'Epinay, a.a.O., 84.

151) Vgl. Jörg Splett, Magie, in: Herders theol. Taschenlexikon, IV,
      Freiburg 1972, 375 - 378; A. Bertholet, Magie, in: RGG, 4. Band,
      Tübingen 1960³, 596; Norbert Schiffers, Magie, in: Johannes B.
      Bauer, Die heißen Eisen von A bis Z. Ein aktuelles Lexikon für den
      Christen, Graz 1972, 236 - 247.

III. Teil

Eine kritische Theorie der Religiosität des Catolicismo Popular und des
Pentecostismo als Vorschlag für die befreiende Praxis der Kirche in
Lateinamerika.

zu 6: Grundhaltungen im Catolicismo Popular und im Pentecostismo als
hermeneutische Schlüsselbegriffe für die Religion.

1) Enrique D. Dussel, Hipotesis para una Historia de la Iglesia en America Latina, Barcelona 1967, 170 - 173, nennt die durch die Kolonisierung
entstandene neue Kultur eine "neue koloniale Christenheit", die ihren
eigenen Verstehenshorizont und das heißt eine Sinntotalität offenbart:
siehe dazu auch ders., Historia de la Fe Cristiana y Cambio Social
en America Latina, in: Instituto Fe y Secularidad (Hg.), Fe Cristiana
y Cambio Social en America Latina, Salamanca 1973, 65 - 99.

2) Thales de Azevedo, Cultura e Situacão Racial no Brasil, Rio de
Janeiro 1966.

3) Siehe oben 2.2.

4) Vgl. CELAM (lateinamerikanischer Bischofsrat), Einige Aspekte der
Evangelisierung in Lateinamerika - Dokument zur Bischofssynode in
Rom 1974, in: Adveniat, Dokumente/Projekte, Nr. 15, bes. 28 und
37.

5) E.D. Dussel, Hipotesis para una Historia de la Iglesia en América
Latina, 142 - 153, macht darauf aufmerksam, daß diese Zeit der
"Verschmelzung" zu einer der bedeutendsten Seiten der Geschichte
gehört, die jemals in Lateinamerika geschrieben worden ist. Trotz
der Abwesenheit eines autochthonen Indioklerus - was nicht gleich ist
mit Nichtexistenz von einheimischem Klerus - muß festgestellt werden, daß die Kirche Gestalten hervorgebracht hat wie Rosa von Lima
(Peru: 1586 - 1617) und Mariana Paredes (Ecuador: 1619 - 1645). Das
kontemplative Leben wird in Brasilien besonders durch die Benedikti-
ner, Zisterzienser und die Trapisten gepflegt.

6) CELAM, a.a.O., 33, macht die Träger der Evangelisierung auf die
barocke Vorstellungswelt als Hintergrund der lateinamerikanischen
Volkskultur aufmerksam.

7) Siehe oben 2.6.
8) Ebd., 2.7.
9) Ebd., 5.1.6.
10) Vgl. ebd., 2.5.1.
11) Ebd., 3.1, 3.2 und 3.3.
12) Vgl. G. Deelen, 2.3.1.

13) Siehe dazu die bereits erwähnten Formen: den Tanz zur Ehre von S. Gonçalo (4.2.3), die familiären Novenen (4.2.4) und die Bußprozessionen.

14) E. B. Dussel, Hipotesis para una Historia de la Iglesia en América Latina, 34 ff.

15) Zum Begiriff "cordiale" Gemeinschaftlichkeit, vgl. oben 5.3.2, besonders Anmerkung Nr. 132.

16) Zum Begriff "Reduktion von Komplexitäten" s. Niklas Luhmann, Soziologische Aufklärung. Aufsätze zur Theorie sozialer Systeme, Köln-Opladen 1970, 113 - 136.

17) Abdalaziz de Moura, Frei Damião. Sim ou Não? E os Impasses da Religião Popular, hektographierte Vorlage für ITER, Recife, 1971, 65.

18) Vgl.: 2.5.1 und CELAM, a.a.O., 35.

19) Siehe oben 4.3.3.

20) Ebd., 2.1.

21) Siehe Eduardo Galeano, Die offenen Adern Lateinamerikas. Die Geschichte eines Kontinents von der Entdeckung bis zur Gegenwart, Wuppertal 1973, 234 - 297.

22) Zur Abhängigkeitstheorie siehe: Fernando Henrique Cardoso, O Modêlo Brasileiro, São Paulo 1972, 123 ff. Siehe auch: ders., Mudanças Sociai na América Latina, São Paulo 1969; Fernando Henrique Cardoso und Enzo Faletto, Dependência e Desenvolvimento na América Latina. Ensaio de Interpretação Sociológica, Rio de Janeiro 1971; Anibal Quijano, Notas sobre el Concepto de Marginalidad Social, Santiago 1966; Theotônio dos Santos, La Crisis de la Teoria del Desarrollo y las Relaciones de Dependencia en América Latina, in: CLACSO (Hg.), La Dependencia Politico-Económia de América Latina. México, 1969, 147 - 187; Sergio Silva, Glaube und Politik. Herausforderung Lateinamerikas, Frankfurt/ M. 1973, 129 ff.

23) Siehe oben 1.4.1. Vgl.: Vittorio Lanternari, Religiöse Freiheitsbewegungen und Heilsbewegungen unterdrückter Völker, Neuwied 1960; Alfred Métraux, Les Messies de l'Amérique du Sud, in: A.S.R., Nr. 4 (1957), 108 - 112.

24) Maria Isaura Pereira de Queiroz, O Messianismo no Brasil e no Mundo São Paulo 1965, 194 ff, erwähnt den bekanntesten brasilianischen Messias, Antonio Conselheiro und sein "Kaisertum" von Belo Monte, der in der letzten Hälfte des 19. Jahrhunderts im Nordosten Brasiliens tätig war und den Padre Cicero, der bis 1934 eine "heilige Stadt" regierte. Im Süden des Landes entstand zwischen 1910 und 1914 der "heilige Krieg" zugunsten der Armen, geführt von dem "heiligen Mönch" João Maria.

25) Hugo Assmann, Opresión - Liberación. Desafio a los Cristianos, Montevideo 1971, 64 und 135.

26) Zum Begriff: Leiden - Lernen im Leiden, s. Dorothee Sölle, Leiden, Stuttgart 1973, bes. 79 - 100.

27) Vgl. ebd., 90.

28) Ebd., 95.

29) Zum Begriff "restringierter Code" s. D. Sölle, a. a. O. 93.

30) Zur "Pädagogik des Unterdrückten", s. Paulo Freyre, Educação Como Prática da Liberdade, Rio de Janeiro 1971, bes., 35 - 64, 101 - 122, 145 - 150. Vgl. ders., Pädagogik der Unterdrückten, Stuttgart/Berlin 1971.

31) Zur Periodizität der Freude und der Trauer, der Begeisterung und der Gewalttätigkeit in der Zeitauffassung der Lateinamerikaner, siehe Rafael Garias, Der Lateinamerikaner und die Zeit, in: Lateinamerikanische Forschungsstelle an der Universität Münster (COSAL), Arbeitsunterlage Nr. 5 zur Lateinamerikaforschung, April 1967, 5 - 18.

Gilberto Freyre, Die iberische Zeitvorstellung, in: (COSAL), 23 - 42, stellt fest, daß die iberischen Katholiken ein wesentlich stärkeres intuitives Raum- und Zeitgefühl besitzen als die meisten Europäer.

32) Siehe oben 2.5.1.

33) Ebd., 2.1.

34) Ebd., 2.4.1.

35) Ebd., 2.2.3.

36) Ebd., 2.5.2.

37) Ebd., II. Teil, Einführung.

38) Zu magischen und nichtmagischen Versuchen der Menschen, sich Gottes Macht verfügbar zu machen, s. Paul Tillich, Systematische Theologie, I, Stuttgart 1956, 247 ff.

39) Siehe oben, 3.2.

40) Zur Begründung der dialektischen Grundbefindlichkeit des Menschen selbst und der dialektischen Grundstruktur des Heiligen in den Religionsformen siehe Norbert Schiffers, Theorie der Religion, in: Norbert Schiffers und H. W. Schütte, Zur Theorie der Religion, Freiburg 1973, 65 - 81.

41) Es wurde in dieser Arbeit nicht untersucht, warum die Católicos Populares und die Pentecostistas keine Bilder von Gott dem Vater und vom Heiligen Geist verehren. Es würde sich aber vermutlich die von uns herausgearbeitete Dialektik zwischen Erde und Himmel, zwischen einem absoluten und einem existentiell vermittelten Gott herausstellen.

42) Vgl. dazu R. Cerreceda, Las Instituciones Politicas de América Latina, Fribourg-Bogotá, FERES, 1961, 73.

ANMERKUNGEN zu Teil III, 6

43) L. D'Épinay, Changements Sociaux et Developpement d'Une Secte. Le Pentecôtisme au Chili, in: A.S.R., Nr. 23/24, (1967), 65 - 90, erklärt die oben dargestellte Bewegung der Annäherung - Distanzierung als eine Dialektik der Kontinuität - Diskontinuität des Pentecostismo mit der Gesellschaft Lateinamerikas.

44) Siehe oben, 2.6.

45) Ebd., 1.4.2.

46) D. Sölle und F. Steffensky, Inszenierung des Christentums aus dem Motiv der Freude in Sekten und Randgruppen, in: Conc., X (1974), 359 - 365.

47) D. Sölle und F. Steffensky, ebd., bemerken, daß Freude und Schmerz bei den Sekten und Randgruppen immer auf einen Gesamtentwurf bezogen werden, an dem alle Gläubigen Anteil haben.

zu 7: Kriterien einer "kritischen Theorie" der Religion.

1) Vgl. oben 3.2.

2) Ebd., 5.1.2.

3) Ebd., 1.5.

4) Ebd., 5.3.3.1.

5) Nach Paul Tillich, Systematische Theologie, I, Stuttgart 1956³, 52 ff, hat die persönliche Erfahrung immer als Medium zu den kulturellen oder zu den religiösen Quellen (Offenbarung) zu dienen.

6) Siehe oben, 2.7.

7) Die Pastoraltheologen des CELAM, Dokument zur Bischofssynode in Rom 1974, in: Adveniat, Dokumente/Projekte, Nr. 15, 57, sprechen von der Notwendigkeit einer Wiederbelebung der seelsorgerischen Kreativität, mit der der Missionseifer in der ersten Phase der Evangelisierung ausgezeichnet war, auch wenn es in der Mehrheit der Fälle vielleicht nicht möglich ist, die in den heutigen Kulturen bestehenden Werte als "Saatkörner des Wortes" zu entdecken und zu erhellen, um dann mit ihnen ein Programm zur Evangelisierung zu konzipieren.

8) Es scheint uns, daß F.C. Rolim diesem Vorwurf des eindimensional nivellierenden technischen Denkens nicht entgehen kann. Vgl. 2.7.

9) Vgl., Fulbert Steffensky, Erinnerung und Hoffnung. Zur Funktion der religiösen Sprache im Politischen Nachtgebet, In: D. Sölle und F. Steffensky (Hg.), Politisches Nachtgebet in Köln, Bd. 2, Stuttgart, ohne Datum, 226 - 233.

10) Siehe hierzu Norbert Schiffers, Theorie der Religion, in: Ders. und H.W. Schütte, Zur Theorie der Religion, Freiburg 1973, 19 - 27; vgl. die dort angegebene Bibliographie.

11) Segundo Galilea, Pastoral y Lenguaje, in: C.L.A., V. (1973), 22.

12) Die Pastoralkonstitution des Zweiten Vaticanums, Gaudium et Spes, Nr. 44, begründet diese Forderung mit den Worten: "Es ist Aufgabe des ganzen Gottesvolkes, vor allem auch der Seelsorger und Theologen, unter dem Beistand des Heiligen Geistes auf die verschiedenen Sprachen unserer Zeit zu hören, sie zu unterscheiden, zu deuten und im Licht des Gotteswortes zu beurteilen, damit die geoffenbarte Wahrheit immer tiefer erfaßt, besser verstanden und passender verkündet werden kann". Karl Rahner und Herbert Vorgrimmler (Hg.), Kleines Konzilskompendium, Freiburg 1967, 495.

13) Edward Schillebeeckx, Glaubensinterpretation. Beiträge zu einer hermeneutischen und kritischen Theologie, Mainz 1971, 13 - 16.

14) Yves Congar, Situation und Aufgaben der Theologie heute, Paderborn 1971, 83 - 84.

15) Walter Kasper, Glaube und Geschichte, Mainz 1970, 142 - 143.

16) Siehe Tiago Cloin, Aspectos Sociológicos e Sociográficos do Brasil, in: C.R.B., VII (1961), 279 - 293; 397 - 405; 471 - 480; 599 - 609; VIII (1962), 43 - 51.

17) Zum Problem: Erfahrung - Reflexion über Erfahrung siehe N. Schiffers, Information und Glaubensentscheidung: Theologische Wahrheitsfindung, Aufriß einer Vorlesung, II, Universität Regensburg, SS 1974, 4

18) W. Kasper, a.a.O., 125.

19) P. Tillich, The Problem of Theological Method, in: Journal of Religion, XVII (1947), 238 - 255.

20) Joachim Wach kann in der Frage: Erfahrung - reflektierte Erfahrung auf Grund der von ihm getroffenen philosophischen Vorentscheidung nicht weiterhelfen. Er gründet die für sein religionsphänomenologisches Schema fundamentale Unterscheidung: religiöse Erfahrung - Ausdruck der Erfahrung mit R. Otto auf dem Postulat: das Heilige ist immer ein Moment der Erfahrung und die Erfahrung ein "sensus numinis", das heißt ein Bewußtsein "sui generis" von einer Kategorie "a priori" des Lebens. Siehe dazu ders., Types of religious experience Christian and Non-Christians, Chicago 1951, Kap. I; vgl. auch Jean Séguy, Expérience Religieuse et Sociologie des Religions. Joachim Wach, Sociologue des Religions, in A.S.R., 13/14 (1962), 32 ff.

Das Problem der religiösen Erfahrung ist damit für ihn abgeschlossen: man braucht über sie nicht länger zu reflektieren, sondern sie vielmehr als Voraussetzung zu akzeptieren und über ihre Auswirkungen in Wort, Kult und Gemeinschaft nachzudenken. Sie ist ein stukturiertes Element der gesamten Erfahrung der Menschheit, identifiziert sich aber nicht völlig mit einer historischen Form von Religion. Mit Hilfe von vier Kriterien können ihre Echtheit festgestellt und ihre Ausdrücke bestimmt werden:

- Empfänglichkeit für das, was als "letzte Wirklichkeit" erfahren wird. Das heißt, Erfahrung ist Antwort auf Etwas: sie impliziert immer ein Subjekt und Objekt.

- Die religiöse Erfahrung betrifft den ganzen Menschen und das ganze menschliche Leben. Sie gilt als totale Antwort der ganzen Existenz auf die letzte Wirklichkeit. Das will heißen: nicht nur der Geist, der Wille oder das Gefühl werden darin einbezogen. In dieser Hinsicht betont Wach, Vergleichende Religionsforschung, Stuttgart, 1972, 57, daß diese Erfahrung die höchste Synthese von Elementen ist, die sonst leicht dissoziiert sind, womit er allerdings eine Bemerkung von J. Mouroux, La Notion de l'Experience religieuse, in: Recherches de Sciences Religieuses XXXIV (1947), 10, übernimmt.

- Die Intensität ist das dritte Kriterium religiöser Erfahrung. Poten-
tiell handelt es sich um die mächtigste, umfassendste und tiefste Erfahrung, deren der Mensch fähig ist.

- Imperativ zur Praxis und zum Handeln: die Erfahrung schließt eine
dynamische Beziehung zwischen dem Erfahrenden und dem Erfahrenen,
zwischen ihm und der Gesellschaft ein. Man darf keine echte Religion
in statischen Begriffen zu begreifen versuchen. Siehe dazu J. Wach,
a.a.O., 53 - 78.

21) Hugo Assmann, Opressión - Liberación. Desafio a los Cristianos,
Montevideo 1971, 73 - 81.

22) Renato Poblete, Formas Especificas del Proceso Latinoamericano
de Secularización, in: Instituto Fe y Secularidad (Hg.), Fe Cristiana
y Cambio Social en América Latina, Salamanca 1973, 159 - 177.

23) Joachim Matthes, Die Emigration der Kirche aus der Gesellschaft,
Hamburg 1964.

24) R. Poblete, a.a.O., 162 - 167.
25) Vgl. "Lumen Gentium", Nr. 36.
26) Gaudium et Spes, Nr. 2.
27) Vgl. ebd., Nr. 31.
28) Ebd., Nr. 91.
29) Ebd., Nr. 24 und 34.
30) Ebd., Nr. 40.
31) Ebd., Nr. 43.
32) Ebd., Nr. 4.
33) Ebd., Nr. 3.
34) Papst Paul VI., Littera encyclica "Populorum Progressio", Rom, 26.3.1967.
35) Ebd., Nr. 66.
36) Ebd., Nr. 12.
37) Ebd., Nr. 8.
38) Ebd., Nr. 32. Hier wiederholt Paul VI. Gaudium et Spes, Nr. 26.
39) Ebd., Nr. 42.
40) Ebd., Nr. 64.
41) Ebd., Nr. 79.
42) Ebd., Nr. 14.

43) Ebd. Nr. 20. An dieser Stelle übernimmt "Populorum Progressio"
das Modell Jacques Maritains, Les Conditions Spirituells du Progrès
et de la Paix, in: Rencontre des Cultures à l'U.N.E.S.C.O. sous le
Signe du Concile Oecuménique Vatican II, Paris 1966, 66.

44) Siehe oben 2.1.
45) Zweite Generalkonferenz des CELAM, Medellin 1968, Beschluß Nr. 10,9.
46) Ebd., Nr. 14,9.
47) Gal. 5.6.

48) Zweite Generalkonferenz des CELAM, abschließende Botschaft.
49) Ebd., Nr. 6, 10 - 15.
50) Ebd., Nr. 4, 8 - 9.
51) Gustavo Gutierrez, Befreiungspraxis, Theologie und Verkündigung, in: Conc., X (1974), 416 - 417.
52) Raul Vidales, Leistungen und Aufgaben der lateinamerikanischen Theologie, in: Conc., X (1974), 444 - 449.
53) Vgl. Ronaldo Muñoz, Zwei typische Erfahrungen der in der Befreiungsbewegung engagierten lateinamerikanischen Christgemeinden, in: Conc., X (1974), 452.
54) Siehe Joseph Comblin, Freiheit und Befreiung, theologische Begriffe, in: Conc., X (1974), 431 - 432.
55) Hector Borrat, Theologie der Befreiung - eine befreiende Theologie? Unbequeme Anfragen zwischen "Medellin" und der Zukunft, in: P. Hünermann und G. D. Fischer, Gott im Aufbruch. Die Provokation der lateinamerikanischen Theologie, Freiburg 1974, 183 - 185, hebt die Tatsache hervor, daß die theologische Reflexion der Befreiung vorwiegend von spezifischen Gruppen in mündlicher Ausdrucksform erarbeitet wird: sie wird hauptsächlich von Klerikern und Universitätsangehörigen betrieben, das heißt, von einer Minderheit innerhalb des lateinamerikanischen Katholizismus', also von einer Elite. Bei den Klerikern handelt es sich vor allem um Mitglieder inoffizieller Priestergruppen, welche gegen Ende der sechziger Jahre in verschiedenen Gebieten Amerikas aufzublühen begannen. In beiden Bereichen, besonders bei den Klerikern, wächst eine fruchtbare Zusammenarbeit mit der ökumenischen Bewegung ISAL (Iglesia y Sociedad en América Latina welche vom Weltrat der Kirchen ins Leben gerufen wurde und von ihm weiterhin unterstüzt wird. Unbeschadet ihres mündlichen Ursprungs nimmt die theologische Reflexion der Befreiung die Form von gedruckten Publikationen an und weitet sich zu umfangreichen Aufsätzen in Fachzeitschriften und theologischen Büchern aus, wodurch sie immer stärker internationale Aufmerksamkeit erweckt.
56) Juan Luiz Segundo, Die Option zwischen Kapitalismus und Sozialismus als theologische Crux, in: Conc., X (1974), 435 ff.
57) Ebd., 441.
58) R. Muñoz, a. a. O., 451.
59) J. L. Segundo, a. a. O., 441 - 443. Vgl. J. Comblin, a. a. O., 429 - 431.
60) R Munoz, a. a. O., 449 - 451.
61) Juan Carlos Scannone, Die Dialektik von Herr und Knecht. Ontologische Reflexionen zur Praxis der Befreiung, in: P. Hünermann und G.-D Fischer, a. a. O., 164.

62) Enrique Dussel, Herrschaft - Befreiung. Ein veränderter theologischer Diskurs, in: Conc., X (1974), 404 - 405.

63) Hugo Assmann, a.a.O., 61.

64) Ebd., 98 - 99.

65) Vgl., J.L. Segundo, a.a.O., 434.

66) E. Dussel, a.a.O., 402 ff.

67) G. Gutierrez, Theologie der Befreiung, München 1973, 21.

68) H. Assmann, a.a.O., 60.

69) Ebd., 55.

70) Ebd., 66 - 68.

71) Vg. H. Borrat, a.a.O., 181 - 203.

72) J.L. Segundo, a.a.O., 434 - 443, stellt dieses Problem in Bezug auf die Option zwischen dem Kapitalismus und dem Sozialismus in neuer Schärfe dar.

J.C. Scannone, a.a.O., 120 ff, versucht die Vermittlung durch eine ontologische Kritik.

73) R. Cetrullo, Iglesia Lationoamericana. Protesta o Profecia? Avellaneda, 1969, 407 ff.

74) H. Assmann, a.a.O., 68. Vgl., G. Gutierrez, Theologie der Befreiung, 10 - 19.

75) Vgl. G. Gutierrez, Befreiungspraxis, Theologie und Verkündigung, 408.

76) Siehe Rubem Alves, Apuntes para una Teologia del Desarrollo, in: Cristianismo y Sociedad, VII (1969). Zit. bei H. Assmann, a.a.O., 87.

77) J.L. Segundo, a.a.O., 439.

ANMERKUNGEN zu Teil III, 8

zu 8: Die Kriterien der Theorie der Religion und die Theorien der lateinamerikanischen Pastoration.

1) siehe oben 7.

2) Vgl. Gustavo Gutierrez, Befreiungspraxis, Theologie und Verkündigung, in: Conc., X (1974), 415 ff.

3) Vgl. ebd., 418.

4) Segundo Galilea, La Fe Como Principio Critico de Promoción de la Religiosidad Popular, in: Instituto Fe y Secularidad (Hg.), Fe Cristiana y Cambio Social en América Latina, Salamanca, 1973, 151. Dieser Aufsatz Galileas erschien in zusammengefaßter Form in: Mission Abierta al Servicio de la Fe, Sept./Okt. (1972), 426 - 437.

5) Aldo J. Büntig, Dimensiones del Catolicismo Popular Latinoamericano y su Inserción en el Proceso de Liberación. Diagnóstico y Reflexiones Pastorales, in: Instituto Fe y Secularidad (Hg.), a.a.O., 129.

6) Ebd., 132.

7) Joseph Comblin, Movimientos e Ideologias en América Latina, in: Instituto Fe y Secularidad (Hg.), a.a.O., 125 - 126.

8) Vgl. A.J. Büntig, Modelados del Catolicismo Popular, in: C. L. A., I, Nr. 2 (1969), 57 - 74.

9) A.J. Büntig, Dimensiones del Catolicismo Popular, 133.

10) S. Galilea, La Evangelización ante la Religiosidad Popular, in: C.L. A., II (1970), 450 - 451.

11) A.J. Büntig, Dimensiones del Catolicismo Popular, 134.

12) Juan Carlos Scannone, Necesidad y Posibilidades de Una Teologia Socio-culturalmente Latinoamericana, in: Instituto Fe y Secularidad (Hg.), a.a.O , 358.

13) Vgl. J.C. Scannone, Die Dialektik von Herr und Knecht, in: P. Hünermann und G.D. Fischer (Hg.), Gott im Aufbruch, Freiburg 1974, 154.

14) Vgl. A.J Büntig, Dimensiones del Catolicismo Popular, 135 und S. Galilea, Igreja Latino-americana - Fronteiras Adentro, in: C.R.B., XI (1965), 6 - 7. Siehe ders., La Fe Como Principio Critico, 152 ff.

15) A.J. Büntig, Dimensiones del Catolicismo Popular, 134 - 150.

16) S Galilea, La Fe Como Principio Critico, 155.

17) Renato Poblete, Formas Especificas del Proceso Latinoamericano de Secularización, in: Instituto Fe y Secularidad (Hg.), a.a.O., 177.

18) Siehe dazu J. L. Segundo und J. P. Sanchis, As Etapas Precristas da Descoberta de Deus. Uma Chave para a Análise do Cristianismo Latinoamericano, Petrópolis 1968, 7 - 15 und 105 - 118. Beide Autoren beabsichtigen mit dieser Studie eine Einführung zur pastoralen Lektüre des AT und des NT im lateinamerikanischen Kontext, die es ermöglichen soll, die religiösen Haltungen auf einen pastoralen Weg zu setzen, der sie zu einem authentischen Christentum hin führt. Sie sehen mit Recht, daß es nicht genügt, solche Haltungen einfach als unchristlich zu charakterisieren oder auch aus Angst vor den Konsequenzen solcher negativer Klassifizierung diese unkritisch als authentisches Christentum zu verteidigen. Weil sie von der Annahme ausgehen, daß es Beziehungen zwischen den verschiedenen religiösen Haltungen in Lateinamerika gibt, stellen sie vier Grundetappen auf :

- Der furchtbare Gott des Landes Israel, dargestellt besonders im Jahwisten und im Elloisten. In dieser Phase wird das Absolutum entdeckt.

- Der Gott des Bundes: das Heilige erscheint als geschichtliche Vorsehung

- Gott als der Schöpfer

- Gott als der gerechte Schöpfer.

19) Siehe Galaterbrief 5, 1 - 14.

20) Vgl. G. Gutierrez, Theologie der Befreiung, München 1973, 10 ff.

21) Zur Unterscheidung: Freiheit - Modelle der Freiheit, s. Norbert Schiffers, Befreiung zur Freiheit, Regensburg 1971, bes. 13 - 21.

22) Vgl. Sérgio Silva, Glaube und Politik: Herausforderung Lateinamerikas, Frankfurt/M. 1973, 149 ff.

23) José Miguez Bonino, Die Volksfrömmigkeit in Lateinamerika, in: Conc., X (1974), 457.

24) Siehe oben 1. 6.

25) Vgl. J. M. Bonino, a. a. O., 460.

26) Ivan D. Illich, Almosen und Folter. Verfehlter Fortschritt in Lateinamerika, München 1970, 147, spricht von der Nutzlosigkeit, ja sogar von der zerstörenden gesellschaftlichen und psychologischen Wirkung einer Schulpflicht.

27) Siehe dazu: Akten der Internationalen Woche für Katechese, Medellin 1968, in: Orientaciones y Conclusiones de la Semana Internacional de Catequésis, Com. 6, Nr. 3. Zit. bei J. M. Bonino, a. a. O., 457.

28) Siehe dazu: Cecilio Lora, Algunas Precisiones en Torno a la Educación Liberadora, in: Instituto Fe y Secularidad (Hg.), a. a. O., 297 - 304.

29) Vgl. G. Gutierrez, Befreiungspraxis, Theologie und Verkündigung, 415 - 417.

30) S. Galilea, La Fe Como Principio Critico, 155.

31) In Brasilien sei besonders das Dokument "Pastoral dos Santuários", (CNBB), März 1974, erwähnt.

32) Zu den drei angeführten Pastoralalternativen, siehe S. Galilea, La Fe Como Principio Critico, 156 - 158; vgl. ders., Nuevas Estructuras para la Pastoral en América Latina, in: CIDOC, Doc., 67/20, 1 - 13.

Jordan Bishop, La Liturgia Como Actividad Subversiva, in: CIDOC, Doc., I/I, 71/289, 1 - 9, hebt die Tatsache hervor, das religiös dramatische liturgische Spiel einer befreienden Pastoral sei wirksamer als die abstrakt moralisierende Verkündigungsform der Vergangenheit, welche nicht imstande war, die Unterdrücker des Volkes anzuklagen.

33) J. C. Scannone, Die Dialektik von Herr und Knecht, 136.

34) Vgl. Eduardo Galeano, Die offenen Adern Lateinamerikas, Wuppertal 1973, bes. 197 ff.

35) Der Begriff "Totalität" wird von Enrique Dussel, Historia de la Fe Cristiana y Cambio Social en América Latina, in: Instituto Fe y Secularidad (Hg.), a.a.O , 69, als "Verstehenshorizont", als "Sinntotalität" oder mit Hegel als "Totalität des Seins" angewendet. Zur Begründung der menschlichen Person als absolut zu respektierendem Geheimnis inspiriert sich Dussel bei E. Levinas: "Totalité et Infini". Vgl. Hierzu: E. Dussel, Para una Ética de la Liberación Latinoamericana, I, c.I, 1 - 6.

36) E. Dussel, Herrschaft - Befreiung. Ein veränderter theologischer Diskurs, in: Conc., 10 (1974), 396 ff, weist darauf hin, daß ein Diskurs, der von der Wirklichkeit Lateinamerikas ausgehen will, das Ungleichgewicht einer fünf Jahrhunderte alten Struktur berücksichtigen muß, welche dank der Expansion der lateinischen Christenheit entstanden ist. Diese weltumspannende "Ökumene" hat Europa als Zentrum und eine große Peripherie geschaffen. Lateinamerika, die arabische Welt, das Afrika der Schwarzen, die Welt von Südostasien, Indien und China. Ein Diskurs über die Realität Lateinamerikas wird die dadurch entstandene und heute noch andauernde Dependenz der Peripherie gegenüber den Zentrum auf drei Ebenen zwischenmenschlicher Beziehungen unterscheiden müssen:

- Auf dem politischen Feld der Beziehungen: Bruder - Bruder sagt der "Conquistador" zu dem Indio: "Ich erobere dich, ich habe Willen zur Macht".

ANMERKUNGEN zu Teil III, 8

- Auf der erotischen Ebene der Beziehungen Mann - Frau zeigt sich
eine Ungerechtigkeit, die schon Jahrtausende alt ist, aber von der
europäischen Neuzeit aktualisiert worden ist: der "Conquistador" ist
hauptsächlich ein Mann und die Geknechtete die Indiofrau: "Gewalt und
Gewalttätigkeit, wie sie bei anderen Nationen und Königreichen noch
nie vorgekommen ist, wird in Indien (Lateinamerika) verübt, werden
doch die Frauen der Indios gegen ihren Willen auf Befehl der Behörden gezwungen, im Haushalt von Kommendeninhabern, auf Farmen und
in Werkstätten zu dienen, wo sie mit dem Hausherrn, mit Mestizen,
Mulatten, Negern und Schurken verkuppelt werden". Worte vom Bi-
schof Juan Ramirez von Guatemala, 10. März 1603, in Archivo General de Indias (Sevilla), Audiencia de Guatemala, 156.

- Auf der pädagogischen Ebene verbirgt man dem Neuen (dem "Andern",
dem Jungen) die unterdrückende Herrschaft, die sich universal durch-
gesetzt hat und überdies in das Innere des personalen und gesellschaftlichen Ichs introjiziert worden ist, und zwar so sehr, daß der Sohn oder
die unterjochte Kultur dem Unterdrücker noch Loblieder singen.

37) Gonzalo Fernandes de Oviedo (1478 - 1557), Historia General y Natural
de las Indias, III, 60 und Sumario, VIII, 1945, 2. Zit. bei E. Dussel,
Historia de la Fe Cristiana y Cambio Social, 70.

38) In Brasilien wird die "Conquista" beziehungsweise Vernichtung der Indianer im Amazonasbecken gewaltsam fortgeführt. Die 70 000 Indianer
- im Jahre 1900 waren es noch 200 000 - "müssen" sofort als billige
Arbeitskraft in den Dienst der Entwicklung des Amazonasgebietes gestellt werden: "Wir werden jede Rücksicht gegenüber den Indios üben.
Aber auf gar keinen Fall werden wir zulassen, daß sie den Gang des
Fortschritts (gemeint ist die Transamazônicastraße) bremsen". Worte des Innenministers General Costa Cavalcanti, am 21. August 1970.
Zit. aus Realidade, Nr. 67, Okt., São Paulo (1971), 212.

39) Vgl. Henrique C. de Lima Vaz, Igreja - Reflexo y Igreja - Fonte, in:
Cadernos Brasileiros, X (1968), 17 - 22.

40) E. Dussel, Historia de la Fe Cristiana y Cambio Social, 83.
41) Ebd., 76 - 77. Vgl. J.C. Scannone, Die Dialektik von Herr und Knecht, 152.
42) Ebd., 84.

43) Bartolomé de Las Casas, Brevissima Relación de la Destrucción de
las Indias, 4, 141, zit. bei E. Dussel, Historia de la Fe Cristiana y
Cambio Social, 80.

44) Ders., Historia de las Indias, III, c. CXLVI; III, 332 - 333. Zit. bei
E. Dussel, Historia de la Fe Cristiana y Cambio Social, 72. Vgl.
André Duval und Oswaldo Rezende, Bartholomé de Las Casas, in:
Informations Catholiques Internationales, Nr. 467 (1974), 11 - 18.

ANMERKUNGEN zu Teil III, 8

45) Siehe oben 2. 6.

46) Abdalaziz de Moura, O Pentecostismo como Fenômeno Religioso Popular no Brasil, in: R. E. B., XXXI (1971), 88 - 89.

47) Siehe oben 3.

48) Ebd., 7. 1. 1. 3.

49) Vgl. ebd., 2. 6.

50) A de Moura, A Importância das Igrejas Pentecostais para a Igreja Católica, hektographierte Vorlage für die Nationalkonferenz der brasilianischen Bischöfe (C. N. B. B.), Recife 1969, 33 - 40.

51) Zur Gegenüberstellung: herrschende - beherrschte Kultur, s. ders., Frei Damião. Sim ou Não? E os Impasses da Religião Popular, hektographierte Vorlage für I. T. E. R., Recife 1971, 58 ff. Auf Seite 62 und 63 betont de Moura, daß das Aggiornamento der katholischen Kirche in Brasilien zum Teil in Funktion der herrschenden Kultur geschehen ist. Als typisches Beispiel nimmt er die Aktivität der Kirche im Sektor der katholischen Schule und des Kollegs: die Oberschicht der Gesellschaft wird zum großen Teil bei den Maristen, Salesianern und Jesuiten ausgebildet. Die Schüler der Reichen werden dadurch für die Universität und das heißt, für die Integration in das herrschende System vorbereitet. Die durch diese Aktivität der Kirche vermittelten Werte: Ausbildung, Diplom, soziale Sicherheit, Autonomie, gehören zum Monopol der Oberschicht. Die Massen des Binnenlandes finden darin keinen Platz.

52) Ebd., 71. Zur Möglichkeit einer Bereicherung der katholischen Pastoral durch die im Pentecostismo kreativ wirkenden Elemente der Erfahrung des Heiligen Geistes, des missionarischen Einsatzes, der "cordialen" Mitmenschlichkeit, siehe ders., A Importância das Igrejas Pentecostais para a Igreja Católica, 6 - 40.

53) Die vielen in letzter Zeit unternommenen Versuche zu einer neuen Interpretation der Geschichte der Kirche in Lateinamerika zeugen von dem Willen, das Volk und sich selbst mit dieser Vergangenheit in kritische Konfrontation zu stellen, um ein tieferes Verständnis ihrer Gegenwart sowie ihrer Zukunft zu erreichen. Vgl. hierzu: E. Dussel, Hipotesis para Una Historia de la Iglesia en América Latina, Barcelona 1967, 17 - 36.

54) A. de Moura, O Pentecostalismo como Fenômeno Religioso Popular no Brasil, 81.

55) Zur Entstehung, Ausbreitung, Bedeutung und Chancen der "comunidades de base", s. den aufschlußreichen Aufsatz von José Marins, Kirchliche Basisgemeinden in Lateinamerika, in: Conc., XI (1975), 232 - 237.

56) J. Comblin, Die Basisgemeinden als Ort neuer Erfahrungen, in: Conc., XI (1975), 268.

57) Vgl. Domingos Barbé und Emmanuel Retumba, Retrato de uma Comu-
nidade de Base. Prática e Teologia da Comunidade de Base, Petrópo-
lis 1971[2], bes., 19 - 47; Walter Repges, Christen in Lateinamerika,
in: Adveniat, Dokumente, Projekte, Nr. 17, 27 - 39. S. Galilea, La
Comunidad de Base como Lugar de la Evangelización, in: SERVIR, V,
Nr. 20 (1969), 131 - 140; A. de Moura, O Pentecostalismo como
Fenômeno Religioso Popular no Brasil, 81; J. Comblin, Comunidades
Eclesiais e Pastoral Urbana, in: R.E.B. XXX (1970), 783 - 828; ders.,
O Conceito de Comunidade e a Teologia, in: R.E.B., XXX (1970),
282 - 308 und 568 - 589; Pedro Demo (Hg.), Comunidades: Igreja na
Base, São Paulo, 1974; Raimundo Cacisiva, Petrópolis 1967; Cecilio
de Lora, J. Marins und S. Galilea (Hg.), Comunidad de Base. Signo
de los Tiempos, Bogotá 1970.

58) 2 Kor 1, 24 zit. nach der deutschen Ausgabe der "Jerusalemer Bibel",
Freiburg 1968.

59) J.C. Scannone, Die Dialektik von Herr und Knecht. Ontologische Reflexionen zur Praxis der Befreiung, in: P. Hünermann und G.D. Fischer, a.a.O., 119 - 167. Für seine "dreidimensionale Logik der
Freiheit" inspiriert sich J.C. Scannone in M. Blondel, Principe
Elémentaire d'une Logique de la Vie Morale, in: Les Premiers Ecrits
de Maurice Blondel, Paris 1956, 123 - 147. Zit. bei J.C. Scannone,
a.a.O., 158 - 159.

60) Ebd., 154.
61) Ebd., 145.
62) Ebd., 147.
63) Ebd., 155.
64) Ebd., 156.

65) Helder Câmara, Die Spirale der Gewalt, Köln 1970, bes. 23 - 56. Vgl.
ders., Revolution für den Frieden, Freiburg 1969.

66) J.C. Scannone, Die Dialektik von Herr und Knecht, 161.
67) Ebd., 164.

68) Der Begriff "consciência" (Bewußtsein) wird bei P. Freyre und in verschiedenen Dokumenten der lateinamerikanischen Kirche nicht nur in
der Bedeutung als "zu Bewußtsein kommen" angewandt, sondern auch
in seiner Bedeutung als moralisches und verantwortliches Gewissen.
Das portugiesische Wort "consciência" kann sowohl Bewußtsein als
auch Gewissen bedeuten und entspricht einem Bewußtsein, das vom
Gewissen her gedacht wird. Elemente für solches nichtidealistisches
Verständnis sind bei M. Blondel zu finden, der bei der lateinamerikanischen Befreiungsreflexion über die Praxis der Befreiung eine große
Rolle spielt. Zum Begriff "consciência" siehe: P. Freyre, Educação
Como Prática da Liberdade, Rio de Janeiro, 1971[3], 35 - 65, 101 ff;
Francisco C. Weffort, Educação e Politica. Reflexões Sociológicas
sôbre uma Pedagogia da Liberdade, in: P Freyre, a.a.O., 3 - 26.

ANMERKUNGEN zu Teil III, 8

69) Vgl. mit 4.3.4.
70) J.C. Scannone, Die Dialektik von Herr und Knecht, 133.
71) P. Freyre, a.a.O., 107, Anmerkung Nr. 6.

72) J.C. Scannone, Die Dialektik von Herr und Knecht, 151, 160, selbst
hebt die Tatsache hervor, die dritte personale Instanz, die in Lateinamerika von einem "Rest" getragen wird, sei von der Psychoanalyse
abgeleitet worden.

73) Ebd., 133 ff.
74) Ebd., 144.
75) Ebd., 150. Vgl. S. Silva, a.a.O., 188.
76) Ebd., 151.

77) Leonardo Boff, Rettung in Jesus Christus und Befreiungsprozeß, in:
Conc., X (1974), 419 - 420. Vgl. ders., Jesus Cristo Libertador,
Petrópolis, 1972³.

78) Mt. 11,19; Mk 2,14 - 17.
79) Mt. 23,8 - 10; Mk. 10.14 - 44.
80) Vgl. oben 4.1.2.
81) J. Comblin, Theologie de la Révolution, Paris 1970, 236.

82) Vgl. J.C. Maraschin, A Imagem de Cristo nas Camadas Populares,
in: Vo., LXVIII (1974), 537 - 543.

83) Ebd., 540 ff.

84) Siehe unseren Text 4.2.1. und Joao Dias de Araújo, Imagens de Jesus
Cristo na Literatura de Cordel, in: Vo. LXVIII (1974), 545 - 552.

85) Vgl. J.C. Maraschin, a.a.O., 542.
86) Ebd., 542, vgl. oben 5.1.2.
87) L. Boff, Rettung in Jesus Christus, 420.
88) Mk. 1,14. Vgl. 1. Boff, ebd., 420.
89) L. Boff, ebd., 424 ff.

90) Zum Begriff "Veranderung" s. M. Theunissen, Der Andere, Berlin
1965, 144 ff.

91) S. Galilea, Die Befreiung als Begegnung zwischen Politik und Kontemplation, in: Conc., X (1974), 388.

92) Rubem Alves, Misticismo: A Emigração dos que nao têm Poder, in:
Vo., LXVIII (1974), 517 - 519.

93) Ebd., 520 ff.
94) Siehe oben 8. und 8.2.

95) S. Galilea, Die Befreiung als Begegnung zwischen Politik und Kontemplation, 388 ff. Vgl. E. Schillebeeckx, La Théologie de l'Efficience
en Apostolat, in: Pro Mundi Vita (internationaler Kongreß von Löwen,
Sept. 1964), 231 - 241.

96) S. Galilea, Kontemplation und Engagement. Das prophetisch-mystische Element in der politisch-gesellschaftlichen Aktion, in: P. Hünermann und G.D. Fischer (Hg.), a.a.O., 168 - 171.

97) Nach S. Bonaventura, Itinerarium Mentis in Deum, in: Opera Omnia,
Bd. 5, A. Parma (Hg.), Quaracchi 1891, 295 - 316, besteht die Kontemplation im spekulativ fortschreitenden Erkennen Gottes durch seine in der Schöpfung hinterlassenen Spuren. Die höchste Sprosse dieser aufsteigenden Leiter besteht im mentalen und mystischen Exzeß,
wo jede intellektuelle Operation und jede Bewegung des Gemüts in
Gott verwandelt wird (transformatur in Deum).

98) S. Galilea, Die Befreiung als Begegnung zwischen Politik und Kontemplation, 388 - 389.

99) 1 Joh. 1,1.

100) S. Galilea, Kontemplation und Engagement, 172.

101) Ders., Die Befreiung als Begegnung zwische Politik und Kontemplation, 390.

102) Mt. 25,31

103) Vgl. S. Galilea, Kontemplation und Engagement, 172 - 173.

104) Ders., La Fe como Principio de Promoción de la Religiosidad Popular, 155.

105) Ders., Pastoral y Lenguaje, in: C.L.A , V (1973), 21 - 28.

106) Ders. betont ebd., 28, die Pastoration der Kirche müsse mehr als bis
jetzt daran interessiert sein, die eigenen Worte und Symbole des lateinamerikanischen Volkes zu entdecken und als Vehikel der Verkündigung
zu gebrauchen. Sie sollte der emotionalen Sprache - der Benevolência
oder der "cordialen" Gemeinschaftlichkeit - mehr als der Sprache von
Marx, Marcuse oder Teilhard de Chardin Achtung schenken: diese dienen mehr der Überfremdung lateinamerikanischer Sprachen als deren
genuinen Interpretation.

S. Galilea, La Fe como Principio Critico de Promoción de la Religiosidad Popular en América Latina, 155 ff, prophezeit, daß die zwei
wichtigsten Probleme der pastoralen Aktion in Lateinamerika: die Politik und der Catolicismo Popular zukünftig immer mehr miteinander
verbunden sein werden. Aus dieser gewiß kritischen Situation wird sich
aber die Chance einer biblisch-geschichtlichen Evangelisierung ergeben,
welche die bis vor kurzem sich hauptsächlich auf überlieferte Strukturen
der Katechisation von Kindern und Frauen beschränkende Pastoral zu
einer kreativen solidarischen Begleitung ausweiten kann. Vgl. ders.,
Nuevas Estruturas para la Pastoral en América Latina, 1 - 13.

Eine Reflexion über die religiöse Symbolik der Volksreligionen in Bra-
silien bietet Marçal Versiani dos Anjos, A Simbiologia Religiosa no
Processo Psicológico da Fé: Superstição, Espiritismo, Práticas
Mágicas (Indigenas), in: C.L.A. Nr. 2, I, (1969), 75 - 89.

ANMERKUNGEN zu Teil III,
Perspektiven

1) Joseph Ratzinger, Einführung in das Christentum. Vorlesung über das Apostolische Glaubensbekenntnis, München 1968, 49.

2) Vgl. H. Braun, Gesammelte Studien zum Neuen Testament und seiner Umwelt, Tübingen 1962, 341.

3) Hans Urs von Balthasar, Herrlichkeit, I, Einsiedeln 1961, 142 ff.

4) J. M. Gonzáles Ruiz, Anmerkungen zu einer Theologie der Welt, München 1970, 24.

5) Leonardo Boff, Jesus Cristo Libertador, Petrópolis 1972[3].

6) Zur Zweideutigkeit des Terminus "kulturelle Rückständigkeit", s. Joseph Comblin, La Communauté dans le Monde Urbanise d'Aujourd' hui, Vorlesung an der katholischen Universität Löwen, Januar/Februar 1971, bes. 95 ff.

7) Jürgen Moltmann, Der "gekreuzigte Gott". Neuzeitliche Gottesfrage und trinitarische Gottesgeschichte, in: Conc., VIII (1972), 408.

8) Johann Baptist Metz, Zukunft aus dem Gedächtnis des Leidens. Eine gegenwärtige Gestalt der Verantwortung des Glaubens, in: Conc., VIII (1972), 399 - 407.

Ahlstrom, S. E., Fundamentalismus, in: RGG, 2. Bd., Tübingen 1958[3], 1178 - 1179.

Altmann, E., Predigt als Kontaktgeschehen, Stuttgart 1963.

Alves, R., Apuntes para una Teologia del Desarrollo, in: Cristianismo y Sociedad, VII (1969).

Alves, R., Misticismo: A Emigração dos que nao têm Poder, in: Vo., LXVIII (1974), 11 - 18.

Andrade, J. M. T. de, Expressões Religiosas e Canto Popular, in: Vozes (Vo.), LXIV (1970), 627 - 634.

Andrade, J. M. T. de, Le Champ de la Religiosité - Projet d'Analyse de la Religiosité au Brésil, in: Social Compass, (S. C.), XIX (1972), 599 - 611.

Anjos, M. V. dos, A Simbologia Religiosa no Processo Psicológico da Fé: Superstição, Espiritismo, Práticas Mágicas (Indigenas), in: C. L. A., Nr. 2, I, (1969), 75 - 89.

Araújo, A. M., Ciclo Agricola, in: Revista do Arquivo Municipal de São Paulo, CLX (1950), 49 - 101.

Araújo, J. D. de, Imagens de Jesus Cristo na Literatura de Cordel, in: Vo., LXVIII (1974), 545 - 552.

Aron, R, Les Etapes de la Pensée Sociologique, Paris 1967.

Assmann, H, Tarefas e Limitações de uma Teologia do Desenvolvimento, in: Vozes (Vo.), LXII (1968), 13 - 21.

Assmann, H., Opresión - Liberación. Desafio a los Cristianos, Montevideo 1971.

Azevedo, T. de, Catholicism in Brazil, A Personal Evaluation, in: Thought, Fordham University Quarterly, XXVIII (1953).

Azevedo, T. de, Problemas Metodológicos da Sociologia do Catolicismo no Brasil, in: Revista do Museu Paulista, XIV (1963).

Azevedo, T de, Les Tâches de la Sociologie de la Religion au Brésil: Bericht für den Kongreß Pro Mundi Vita, Löwen, Sept. (1964).

Azevedo, T. de, Cultura e Situação Racial no Brasil, Rio de Janeiro, 1966.

Azevedo, T. de, Catolicismo no Brasil?, in: Vozes (Vo.), LXIII (1969), 117 - 123.

Azevedo, T. de, Religião Popular e Sentimento de Culpa, in: Revista Brasileira de Psiquiatria, Nr. 2 (1969).

Azevedo, T de, O Catolicismo em Crise, in: Tageszeitung "O Estado de São Paulo", Sao Paulo, (16.1.1972), 16.

Azevedo, C., Eles Falam com os Mortos, in: Realidade, Sept. (1967).

Balthasar, H. U. von, Herrlichkeit, I, Einsiedeln 1961.

Barbé, D. und Retumba, E., Retrato de uma Comunidade de Base. Prática e Teologia da Comunidade de Base, Petrópolis 1971².

Barros, R. C. de, Comunidade Eclesial de Base: Uma Opção Pastoral Decisiva, Petrópolis 1967.

Bastide, R., Sociologia do Folclore Brasileiro, São Paulo, 1959.

Bastide, R., La Théorie de la Réincarnation chez les Afro-américains, in: (verschiedene Autoren), Réincarnation et Vie Mystique en Afrique Noire, Paris 1965.

Bastide, R., As Religiões Africanas no Brasil, 2 Bde., São Paulo 1971.

Bastista, M., A Religiao do Povo no Brasil, hektograph. Vorlage für PUC, São Paulo ohne Datum.

Berger, P. und Luckmann, T., Aspects Sociologiques du Pluralisme, in: Archives de Sociologie des Religions (ASR), Nr. 23, (1967), 117 - 127

Bericht über die pastoralen Probleme einer brasilianischen Diözese (Problemas de Apostolado numa Diocese Brasileira), zit. nach É. Pin, Elementos para uma Sociologia do Catolicismo Latino-americano, CERIS, Petrópolis, 1966.

Bericht über die menschliche und religiöse Lage in Brasilien, in: Pro Mundi Vita (1968), 1 - 61.

Bernsdorf, W., Wörterbuch der Soziologie, II, Taschenbuchausgabe, Stuttgart 1972.

Bernstein, B., Soziale Struktur, Sozialisation und Sprachverhalten, Aufsätze 1958 - 1970, Amsterdam 1970.

Bertholet, A., Magie, in: RGG, 4. Bd., Tübingen 1960³, 596.

Beschlüsse des Treffens in Itapoã (12. bis 19. Mai 1968), Comisión Episcopal de Acción Social (Hg.), Signos de Renovación. Recopilación de Documentos Postconciliares de la Iglesia de América Latina, Lima 1969, 31 - 45.

Bishop, J., La Liturgia Como Actividad Subversiva, in: CIDOC, Doc., I/I, 71/289, 1 - 9.

Blondel, M., Principe Elementaire d'une Logique de la Vie Morale, in: Les Premiers Écrits de Maurice Blondel, Paris 1956.

Boff, L., Jesus Cristo Libertador, Petrópolis 1972³.

Boff, L., Rettung in Jesus Christus und Befreiungsprozeß, in: Conc., X (1974), 419 - 426.

Bolan, V., Sociologia da Secularizaçao, A Composiçáo de Um Novo Modêlo Cultural, Petrópolis 1972.

Bonaventura, S., Itinerarium Mentis in Deum, in: Opera Omnia, Bd. 5, Parma, A. (Hg.), Quaracchi 1891, 295 - 316.

Bonino, J. M., Die Volksfrömmigkeit in Lateinamerika, in: Conc., X (1974), 455 - 460.

Borrat, H., Theologie der Befreiung - eine befreiende Theologie? Unbequeme Anfragen zwischen "Medellin" und der Zukunft, in: P. Hünermann und G. D. Fischer (Hg.), Gott im Aufbruch. Die Provokation der lateinamerikanischen Theologie, Freiburg 1974, 181 - 203.

Botschaft der Bischöfe der Dritten Welt (15. 8. 1967), Comisión Episcopal de Acción Social (Hg.), Signos de Renovación. Recopilación de Documentos Postconciliares de la Iglesia de América Latina, Lima 1969, 19 - 29.

Bourdieu, P., Sociologie de l'Algérie, Paris 1970.

Bourdieu, P., Une Interprétation de la Theorie de la Religion selon Max Weber, in: Archives Européennes de Sociologie. XII (1971), 3 - 21.

Bourdieu, P., Genèse et Structure du Champ Religieux, in: Revue Française de Sociologie, XII (1971), 295 - 334.

Braun, H., Gesammelte Studien zum Neuen Testament und seiner Umwelt, Tübingen 1962.

Büntig, A. J., Modelados del Catolicismo Popular, in: C. L. A., I, (1969), 57 - 74.

Büntig, A. J. El Catolicismo Popular en la Argentina, Buenos Aires, 1969.

Büntig, A. J., Dimensiones del Catolicismo Popular Latinoamericano y su Inserción en el Proceso de Liberación. Diagnóstico y Reflexiones Patorales, in: Instituto Fe y Secularidad (Hg.), Fe Cristiana y Cambio Social en América Latina, Salamanca 1973, 129 - 150.

Câmara, H., La Iglesia ante el Mundo Moderno an América Latina, in: Comisión Episcopal de Acción Social (Hg.), Signos de Renovasión. Recopilación de Documentos Postconciliares de la Iglesia de América Latina, Lima 1969, 47 - 77.

Câmara, H., Die Spirale der Gewalt, Köln 1970.

Camargo, C. P. F. de und Labbens, J., Aspects Socioculturells du Spiritisme au Brésil, in: Social Compass, (S. C.), VII (1960), 5 - 6 und 407 - 430.

Camargo, C. P. F de, Kardecismo e Umbanda, Uma Interpretaçáo Sociológica, Sáo Paulo 1961.

Camargo, C. P. F. de, Essai de Typologie du Catholicisme Brésilien, in: Social Compass, (S. C.), XIV (1967), 399 - 422.

Camargo, C. P. F., de, Théologie et Sciences Sociales, in: Social Compass, (S. C.), XVII (1970), 261 - 267.

Camargo, C. P. F. de, Igreja e Desenvolvimento, São Paulo 1971.

Cardoso, F H. und Faletto, E., Dependência e Desenvolvimento na América Latina. Ensaio de Interpretação Sociológica, Rio de Janeiro 1971.

Cardoso, F. H., O Modêlo Brasileiro, São Paulo 1972.

Carneiro, E., Les Cultes d'Origine Africaine au Brésil, Rio de Janeiro 1959.

Cascudo, L. da C., Dicionário do Folclore Brasileiro, Rio de Janeiro 1954.

Cavalcanti, C., Zit. aus: Realidade, Nr. 67, Okt. (1971), 212.

CELAM, Beschlüsse der zweiten Generalkonferenz in Medellin 1968. In dieser Arbeit zit. nach Orth, O., A Igreja na Atual Transformação da América Latina à Luz do Concilio. Conclusões de Medellin, Petrópolis 1969.

CELAM, (lateinamerikanischer Bischofsrat), Einige Aspekte der Evangelisierung in Lateinamerika. Dokument zur Bischofssynode in Rom 1974, in: Bischöfliche Aktion Adveniat (Hg.), Dokumente/Projekte Nr. 15, Düsseldorf 1974, 23 - 90.

CNBB (Nationalkonferenz der brasilianischen Bischöfe), Pastoral dos Santuários, März 1974.

CERIS (Hg.), As Responsabilidades da Igreja na América Latina, Petrópolis 1966.

Cerreceda, R., Las Instituciones Politicas de América Latina, Fribourg/Bogotá, FERES 1961.

Cetrullo, R., Iglesia Latinoamericana. Protesta o Profecia?, Avellaneda 1969.

Chown, G., Os Dons do Espirito Santo, São Paulo 1970.

Circulo Internacional de Umbanda, Catecismo de Umbanda, São Paulo, ohne Datum.

Cloin, T., Aspectos Sociológicos e Sociográficos do Brasil, in: C. R. B. VIII (1961), 279 - 293; 397 - 405; 471 -480; 599 - 609; VIII (1962), 43 - 51.

Comblin, J., Os Sinais dos Tempos e a Evangelização, São Paulo 1968.

Comblin, J., Théologie de la Révolution, Paris 1970.

Comblin, J., O Conceito de Comunidade e a Teologia, in: REB, XXX (1970), 282 - 308 und 568 - 589.

Comblin, J., Comunidades Eclesiais e Pastoral Urbana, in: Revista
Eclesiástica Brasileira (REB), XXX (1970), 783 - 828.

Comblin, J., La Communauté dans le Monde Urbanise d'Aujourd'hui, Vorlesung an der katholischen Universität Löwen, Januar/Februar 1971.

Comblin, J., Movimientos e Ideologias en América Latina, in: Instituto
Fe y Secularidad (Hg.), Fe Cristiana y Cambio Social en América
Latina, Salamanca 1973, 101 - 127.

Comblin, J., Freiheit und Befreiung, theologische Begriffe, in: Conc.,
X (1974), 426 - 433.

Comblin, J., Die Basisgemeinden als Ort neuer Erfahrungen, in: Conc.,
XI (1975), 263 - 268.

Conde, E., O Testemunho dos Séculos, Rio de Janeiro, 1960.

Conde, E., História das Assembléias de Deus no Brasil, Rio de Janeiro 1960.

Congar, Y., Situation und Aufgaben der Theologie heute, Paderborn 1971.

Congregação Cristã no Brasil, Relatório e Balanço da Assembléia Geral
Ordinária, April 1971.

Costa, E. B., Protestantisme et Développement au Nord-Est du Brésil,
in: Social Compass (S. C.), XVI (1969), 51 - 61.

Crescenti, M. T. C., Sociologia e Catolicismo no Brasil, in: Queiroz,
M. I. P. de (Hg.), Introdução ao Estudo da Sociologia no Brasil, II,
(Instituto de Estudos Brasileiros), São Paulo, 1971, 185 - 212.

Deelen, G., A Sociologia a Serviço da Pastoral, 2 Bde., CERIS Petrópolis 1967.

Demo, P., (Hg.), Comunidades: Igreja na Base, São Paulo 1974.

D'Epinay, D. L., Changements Sociaux et Développement d'une Secte. Le
Pentecôtisme au Chili, in: A. S. R., Nr. 23/24 (1967), 65 - 90.

D'Epinay, D. L., O Refúgio das Massas. Estudo Sociológico do Protestantismo Chileno, Rio de Janeiro, 1970.

D'Epinay, D. L., Religion, Culture et Dépendance en Amérique Latine,
in: Archives de Sociologie des Religions (A S. R.), Nr. 31/32 (1971),
121 - 141.

Desroche, H., Sociologie et Théologie dans la Typologie Religieuse de
Joachim Wach, in: Archives de Sociologie des Religions (A. S. R.),
Nr. 1 (1956), 41 - 63.

Desroche, H., Religion et Développement. Ses Rapports Réciproques et
ses Variations, in: Archives de Sociologie des Religions (A. S. R.),
Nr. 12 (1961), 3 - 34.

Desroche, H. Sociologies Religieuses, Paris 1968.

Dicon, A.D., und Lorrey, R.A. (Hg.), The Fundamentals: A Testimony to the Truth, 1910 - 1912.

Dornas, J., A Escravidão no Brasil, zit. nach Bastide, R., As Religioes Africanas no Brasil, I, 77.

Durkheim, E., Le Suicide, Paris 1895.

Durkheim, E., Les Formes Elementaires de la Vie Religieuse, Paris 1968.

Dussel, E.D., Hipotesis para una Historia de la Iglesia en America Latina, Barcelona 1967.

Dussel, E.D., Historia de la Fe Cristiana y Cambio Social en América Latina, in: Instituto Fe y Secularidad (Hg.), Fe Cristiana y Cambio Social en America Latina, Salamanca 1973, 65 - 99.

Dussel, E.D., Para una Ética de la Liberación Latino-americana, 3 Bde., Buenos Aires, 1973 - 1974.

Dussel, E.D., Herrschaft - Befreiung. Ein veränderter theologischer Diskurs, in: Conc., X (1974), 396 - 407.

Duval, A. und Rezende, O., Bartolomé de Las Casas, in: Informations Catholiques Internationales, Nr. 467 (1974), 11 - 18.

Eliade, M., Kosmos und Geschichte. Der Mythos der ewigen Wiederkehr, (Rowohlt), Düsseldorf 1966.

Étienne, I.B., La Secte Musulmane des Malés du Brésil et leur Révolte en 1835, in: Anthropos (Wien), Januar/März, (1909).

Evans-Pritchard, E.E., La Religion des Primitifs, Paris, 1971.

Evans-Pritchard, E.E., Sorcellerie, Oracle et Magie chez Azande, Paris 1972.

Félix, C.E., A Cartilha da Umbanda, Rio de Janeiro 1965.

Ferreira, A.B. de H, Pequeno Dicionário da Lingua Portuguêsa, São Paulo 1969¹¹.

Feirreira, J.A., O Espirito Santo e a Renovação dos Cristãos, in: Simpósio der ASTE, O Espirito Santo e o Movimento Pentecostal, São Paulo 1966, 14 - 20.

Fichter, J.H, Social Relations in the Urban Parisch, Chicago 1956.

Fontenelle, A., O Espiritismo no Conceito das Religiões e a Lei de Umbanda, Rio de Janeiro, 3. Auflage, ohne Datum.

Fournier, M., A Propos de l'Ethnoscience, in: Revue Française de Sociologie, XII (1971), 459 - 482.

Fragoso, A., L'Evangile et la Révolution Sociale, Paris 1969.

Freyre, G., Die iberische Zeitvorstellung, in: Lateinamerikanische For- schungsstelle an der Universität Münster (COSAL), Arbeitsunterlage Nr. 5, April 1967, 23 - 42.

Freyre, G., Casa Grande & Senzala, 2 Bde., Rio de Janeiro 1969[14].

Freyre, P., Educaçãо como Prática da Liberdade, Rio de Janeiro 1971[3].

Freyre, P., Pädagogik der Unterdrückten, Stuttgart/Berlin 1971.

Furtado, C., Dialética do Desenvolvimento, Fundo de Cultura, Brasil- Portugal 1964.

Galeano, E., Die offenen Adern Lateinamerikas. Die Geschichte eines Kontinents von der Entdeckung bis zur Gegenwart, Wuppertal 1973.

Galilea, S., Igreja Latino-americana - Fronteiras Adentro, in: Revista da Conferência dos Religiosos do Brasil (C.R.B.), XI (1965), 4 - 13.

Galilea, S., Nuevas Estructuras para la Pastoral en América Latina, in: CIDOC, Doc., 67/20, 1 - 13.

Galilea, S., La Evangelización ante la Religiosidad Popular, in: C.L.A., II (1970), 448 - 454.

Galilea, S., La Fe Como Principio Critico de Promoción de la Religiosidad Popular, in: Misión Abierta al Servicio de la Fe, Sept./Okt. (1972), 426 - 437.

Galilea, S., Pastoral y Lenguaje, in: C.L.A., V (1973), 21 - 28.

Galilea, S., La Fe Como Principio Critico de Promoción de la Religiosidad Popular, in: Instituto Fe y Secularidad (Hg.), Fe Cristiana y Cambio Social en América Latina, Salamanca 1973, 151 - 158.

Galilea, S., Die Befreiung als Begegnung zwischen Politik und Kontempla- tion, in: Conc., X (1974), 388 - 395.

Galilea, S., Kontemplation und Engagement. Das prophetisch-mystische Element in der politisch-gesellschaftlichen Aktion, in: Hünermann, P. und Fischer, G.D. (Hg.), Gott im Aufbruch, Freiburg 1974, 168 - 180.

Galvão, E. Santos e Visagens. Um Estudo da Vida Religiosa de Itá-Amazonas, São Paulo 1955.

Garias, R., Der Lateinamerikaner und die Zeit, in: Lateinamerikanische Forschungsstellen an der Universität Münster (COSAL), Arbeitsunterlage Nr. 5, April 1967, 5 - 18.

Gee, D., Acêrca dos Dons Espirituais, Rio de Janeiro, 1959.

Gerbert, M., Religionen in Brasilien, Berlin 1970.

Goddijn, W., Pluralisme Religieux et Chrétienté, in: Social Compass (S.C.), X (1963), 53 - 73.

Gonzáles Ruiz, J. M., Anmerkungen zu einer Theologie der Welt, München 1970.

Gutierrez, G., Theologie der Befreiung, München 1973.

Gutierrez, G., Befreiungspraxis, Theologie und Verkündigung, in: Conc., X (1974), 408 - 418.

Harpa Crista, Offizielles Hymnarium der Assemléias de Deus, 1971, 524 Lieder.

Harris, M., Town and Country in Brazil, New York 1956.

Hinos de Louvores e Súplicas a Deus, offizielles Hymnarium der Congregaçãc Cristã no Brasil, 1956, 450 Lieder,

Hodges, M. L., Edificarei a Minha Igreja, Rio de Janeiro 1959.

Hoell, N. B., The Pentecostal Movement. Its Origin, Development and distinctive Character, Halden 1964.

Hollenwegger, W. J., Handbuch der Pfingstbewegung, 10 hektograph. Bde., Genf 1965 - 1967.

Hollenwegger, W. J., O Movimento Pentecostal no Brasil, in: Revista Simpósio, Nr. 3, II (1969), 5 - 41.

Hollenwegger, W. J., Enthusiastisches Christentum. Die Pfingstbewegung in Geschichte und Gegenwart, Wuppertal 1969.

Hollenwegger, W. J., Die Pfingstkirchen, Stuttgart 1971.

Hollenwegger, W. J., Das Suchen nach Solidarität und Authentizität in den sogenannten Solidaritätsgruppen und Subkulturen, in: Concilium (Conc.) VIII, 349 - 355.

Houtard, F. und Pin, É., A Igreja na Revolução da América Latina, São Paulo 1969.

Hübner, F., Die religiösen Probleme Lateinamerikas in protestantischer Sicht, in: Lutherische Rundschau, XI (1961), 295 - 313.

Hutchinson, W. H., Village and Plantation Life in Northeastern Brazil, Seattle, University of Washington Press, 1957.

Ianni, O., Imperialismo y Cultura de la Violencia en América Latina, Mexico 1970.

Illich, I. D., Almosen und Folter. Verfehlter Fortschritt in Lateinamerika, München 1970.

ISAL, Protestantismo y Dependencia en América Latina, hektograph. Vorlage, 1970, 1 - 13.

Kardec, A., O Evangelho Segundo o Espiritismo, São Paulo 1966.

Kasper, W., Glaube und Geschichte, Mainz 1970.

Kloppenburg, B., Nossa Atitude Pastoral Perante o Espititismo, in: Revista Eclesiástica Brasileira (REB), XVII (1957), 1 - 9.

Kloppenburg, B., O Espititismo no Brasil. Orientação para os Católicos, Petópolis 1960.

Kloppenburg, B., A Umbanda no Brasil, Petrópolis 1961.

Kloppenburg, B., Ensaio de Uma Nova Posição Pastoral Perante a Umbanda, in: Revista Eclesiástica Brasileira (REB) XXVIII (1968), 404 - 417.

Kloppenburg, B., O Cristão Secularizado. O Humanismo do Vaticano II, Petrópolis 1971.

König, R., Anomie, in: Bernsdorf, W. (Hg.), Wörterbuch der Soziologie, I, Frankfurt/M., 1972, 31 - 33.

Labbens, J., A Sociologia Religiosa, São Paulo, 1962.

Laloux, J., Evolution Religieuse du Milieu Rural, Gembloux 1960.

Laloux, J. Manual de Iniciação à Sociologia Religiosa, São Paulo 1970.

Lanternari, V., Religiöse Freiheitsbewegungen und Heilsbewegungen unterdrückter Völker, Neuwied 1960.

Larrain, M., Desarollo, Exito o Fracaso en América Latina, Santiago 1965.

Las Casas, B. de, Brevissima Relación de la Destrucción de las Indias (EUDEBA), Buenos Aires, 1966.

Leão, T.S. de I., O Cristo da Cidade Salvador de Bahia, in: Vispera, IX (1969), 61 - 64.

Le Bras, G., Sociologie Religieuse et Science des Religions, in: Archives de Sociologie des Religions (ASR) Nr. 1/2 (1956), 3 - 18.

Le Bras, G., Reflexions sur les Differences entre Sociologie Scientifique et Sociologie Pastorale, in: Archives de Sociologie des Religions (ASR), Nr. 7/8 (1959), 5 - 14.

Leite, S., Hitória da Companhia de Jesus no Brasil, 10 Bde., Lisbôa 1950.

Léonard, E., O Protestantismo Brasileiro, in: Revista de História, V (1952).

Léonard, E., L'Iluminisme dans un Protestantisme de Constitution Récente. Brésil, Paris 1953.

Lepargneur, H., A Secularização, São Paulo 1971.

Lévi-Strauss, C., Réponses à quelques Questions, in: Esprit, XXXI (1963), 628 - 653.

Lévi-Strauss, C., Strukturale Anthropologie, Frankfurt/M., 1967.

Lewis, O., Los Hijos de Sánches, Mexico 1964.

Lindstrom, M.R., Paracletologia, hektograph. Vorlage für das pentekostale theologische Seminar von São Paulo, ohne Datum.

Lora, C. de, Marins, J. und Galilea, S., (Hg.), Comunidad de Base. Signo de los Tiempos, Bogotá 1970.

Lora, C., Algunas Precisiones en Torno a la Educación Liberadora, in; Instituto Fe y Secularidad (Hg.), Fe Cristiana y Cambio Social en América Latina, Salamanca 1973, 297 - 304.

Luhmann, N., Soziologische Aufklärung. Aufsätze zur Theorie sozialer Systeme, Köln/Opladen 1970.

Lyra, J.B., Orientação Evangélica, Niterói 1960.

Machado, A. da M., O Negro e o Garimpo em Minas Gerais, in: Revista do Arquivo Municipal de São Paulo, XLI (1939).

Maraschin, J.C., A Imagem de Cristo nas Camadas Populares, in/Vo., LXVIII (1974), 537 - 543.

Margraf, J., Kirche und Sklaverei seit der Entdeckung Amerikas, Tübingen 1895.

Marins, J., Kirchliche Basisgemeinden in Lateinamerika, in: Conc., XI (1975) 232 - 237.

Maritain, J., Les Conditions Spitituells du Progrès et de la Paix, in: Recontre des Cultures à l'UNESCO sous le Signe du Concile Oecuménique Vatican II, Paris 1966.

Marzal, M.M., La Religiosidad de la Cultura de la Pobreza, in: Catequesis Latinoamericana (CLA), II(1970), 365 - 381 und 494 - 512.

Matthes, J., Die Emigration der Kirche aus der Gesellschaft, Hamburg 1964.

Mauss, M., Manuel d'Ethnographie, Paris 1971.

McAlister, R., Mêdo: Um Exame das Causas e Efeitos desse Grande Problema Espititual, Rio de Janeiro, ohne Datum, 2. Aufl.

McAlister, R., Perguntas e Respostas sôbre a Cura Divina, Rio de Janeiro 1961[3].

McAlister, R., As Dimensões da Fé Cristá, Rio de Janeiro 1962.

Medina, J., Consideraciones Sociologicas, zit. bei D'Epinay, C.L., O Refúgio das Massas. Estudo Sociológico do Protestantismo Chileno, Rio de Janeiro 1970, 144.

Mehl, R., Traité de Sociologie du Protestantisme, Neuchatel 1966.

Melo, M. de, Äußerung vor dem Ökumenischen Rat der Kirchen, in: SEDOC, I (1969), 1327 - 1330.

Métraux, A., Les Messies de l'Amérique du Sud, in: A.S.R., Nr. 4 (1957), 108 - 112.

Metz, J.B., Zukunft aus dem Gedächtnis des Leidens. Eine gegenwärtige Gestalt der Verantwortung des Glaubens, in: Conc., VIII (1972), 399 - 407

Metz, J. B. , Von der Freude und der Trauer, von der Heiterkeit und der Melancholie und vom Humor, in: Concilium (Conc.), X (1974), 307 - 309.

Metz, R. und Schlick, J. , Die Spontangruppen in der Kirche, Aschaffenburg 1971.

Michael, J. P. , Fundamentalismus, in: LThK, 4. Bd. , Freiburg 1960^2, 451 - 452.

Moltmann, J. , Der "gekreuzigte Gott". Neuzeitliche Gottesfrage und trinitarische Gottesgeschichte, in: Conc. , VIII (1972), 407 - 413.

Mombelli, S. , Umbanda, Origini, Sviluppi e Significati di una Religione Popolare Brasiliana, in: Fede e Civiltâ, Nr. 9/10 (1971), 1 - 112.

Monteiro, D. T. , A Macumba de Vitória, in: Anais do 31$^{\underline{o}}$ Congresso de Americanistas, São Paulo 1955.

Moraes Filho, M. , Festas e Tradições Populares no Brasil, zit. bei Trombetta, B. , Expressões Religiosas. Pesquisa 1.16 do Plano de Pastoral de Conjunto da CNBB, CERIS, Rio de Janeiro 1971, 32.

Moura, A. de, Importância das Igrejas Pentecostais para a Igreja Católica, hektogr. Vorlage für die CNBB, Recife, 1969.

Moura, A. de, O Pentecostalismo como Renômeno Religioso Popular no Brasil, in: Revista Eclesiástica Brasileira (REB), XXXI (1971), 78 - 94.

Moura, A. de, Frei Damião - Sim ou Não? E os Impasses da Religião Popular, hektograph. Vorlage für ITER, Recife 1971.

Mouroux, J. , La Notion de l'Experience religieuse, in: Recherches de Sciences Religieuses, XXXIV (1974).

Müller, A. R. , Ritos Caboclos no Estado de São Paulo. Sua Natureza e Função Social, São Paulo 1956.

Munoz, R. , Nueva Conciencia de la Iglesia en América Latina, Santiago 1973.

Munoz, R. , Zwei typische Erfahrungen der in der Befreiungsbewegung engagierten lateinamerikanischen Christgemeinden, in: Conc. , X (1974), 449 - 455.

Nóbrega, M. da, Diálogo sôbre a Conversão do Gentio, Bahia 1556 - 1557.

Oliveira, P. A. R. de, Elements pour une Etude Sociologique de la Magie, Löwen, U. C. L. , (ISPS), 1967, wiss. Abhandlung Nr. 541.

Oliveira, P. A. R. de, Catolicismo Popular no Brasil, CERIS, Rio de Janeiro 1970.

Oliveira, P. A. R. de, Catolicismo Popular na América Latina, CERIS, Rio de Janeiro 1971.

Oliveira, P. A. R. de, Religiosidade Popular na América Latina, in: Revista Eclesiástica Brasileira (REB), XXXII (1972), 354 - 364.

Oliveira, P.A.R. de, La Religiosité Populaire en Amérique Latine, in: Social Compass (S.C.), XIX (1972), 567 - 584.

Olsen, L., Enfases do Movimento Pentecostal, in: Simpósio der ASTE, O Espirito Santo e o Movimento Pentecostal, São Paulo 1966, 23 - 29.

O Mensageiro da Paz, offizielles Organ der "Assembléias de Deus no Brasil" Rio de Janeiro.

Orth, O., A Igreja na Atual Transformação da América Latina à Luz do Concilio. Conclusões de Medellin, Petrópolis 1969.

Osborn, T.L., Conquistando Almas, São Paulo, ohne Datum.

Paul III., Breve Veritas Ipsa, (1537), zit. nach Denzinger-Schönmetzer, Enchiridion Symbolorum Definitionum et Declarationum de Rebus Fidei et Morum, Freiburg 1967[34].

Paul III., Breve Pastorale Officium (1537), zit. nach Denzinger-Schönmetzer, Enchiridion Symbolorum Definitionum et Declarationum de Rebus Fidei et Morum, Freiburg 1967[34].

Paul III., Dokument Novis Legibus (1542), zit. nach Denzinger-Schönmetzer, Enchiridion Symbolorum Definitionum et Declarationum de Rebus Fidei et Morum, Freiburg, 1967[34].

Paul VI., Littera encyclica "Populorum Progressio", Rom 26.3.1967.

Pena, J., L'Incidence de la Religiosité sur la Fécondité, Löwen, U.C.L., (ISPS), wiss. Abhandlung Nr. 737.

Pierson, D., Cruz das Almas: a Brazilian Village, Washington 1951.

Pin, E., Elementos para uma Sociologia do Catolicismo Latinoamericano, CERIS, Petrópolis 1966.

Poblete, R., Sociological Approach to the Sects, in: Social Compass (S.C.), VII (1960), 5 - 6 und 383 - 406.

Poblete, R., Formas Especificas del Proceso Latinoamericano de Secularización, in: Instituto Fe y Secularidad (Hg.), Fe Cristiana y Cambio Social en América Latina, Salamanca 1973, 159 - 177.

Queiroz, M.I.P. de, Sociologia e Folclore - A Dança de São Gonçalo num Povoado Bahiano, Salvador 1958.

Queiroz, M.I.P. de, Der Sankt Gonçalo-Tanz, in: Staden-Jahrbuch, Bd. 6, São Paulo 1958.

Queiroz, M.I.P. de, Die Büßer, in: Staden-Jahrbuch, Bd. 9/10, São Paulo 1961/1962.

Queiroz, M.I.P. de, O Messianismo no Brasil e no Mundo, São Paulo, 196?

Queiroz, M.I.P. de, O Catolicismo Rústico no Brasil, in: Revista do Instituto de Estudos Brasileiros, Nr. 5 (1968), 103 - 123.

Queiroz, M. I. P. de, Os Catolicismos Brasileiros, in: Cadernos, Zeit-schrift des Centro de Estudos Rurais e Urbanos, Nr. 4 (1971) 157 - 188.

Quijano, A., Notas sobre el Concepto de Marginalidad Social, Santiago 1966.

Rahner, K. und Vorgrimmler, H., Kleines Konzilskompendium, Freiburg 1966.

Ramos, A., A Aculturação Negra no Brasil, São Paulo 1942.

Ramos, A., Introdução à Antropologia Brasileira, Rio de Janeiro 1949.

Ratzinger, J., Einführung in das Christentum. Vorlesung über das Aposto-lische Glaubensbekenntnis, München 1968.

Read, W., Fermento Religioso nas Massas do Brasil, São Paulo 1967.

Redfield, R., Peasant Society and Culture, Chicago 1956.

Repges, W., Christen in Lateinamerika, in: Adveniat (Hg.), Dokumente/ Projekte, Nr. 17.

Ribeiro, J., Candomblé no Brasil, Rio de Janeiro 1957.

Ribeiro, R., Religião e Relações Raciais no Brasil, Rio de Janeiro 1956.

Ribeiro, R., Pentecostalismo no Brasil, in: Vozes (Vo.), LXIII (1969), 125 - 136.

Ricoeur, P., Strukture et Herméneutique, in: Esprit, XXXI (1963), 596 - 627.

Rivas, F., Population, Eglise et Culture: Systêmes en Conflit, in: Social Compass (S. C.), XVII (1970), 571 - 576.

Rodrigues, N., O Animismo Fetichista dos Negros Baianos, Rio de Janeiro 1935.

Rodrigues, N., Os Africanos no Brasil, São Paulo 1945.

Rolim, A., Em Tôrno da Religiosidade no Brasil, in: Revista Eclesiástica Brasileira (R. E. B.), XXV (1965), 11 - 27.

Rolim, A., Religiosidade no Brasil, Beitrag Nr. 120 für CNBB, Gebiet Süd 3, Pôrto Alegre 1966.

Rolim, A., Evangelização no Brasil, Beitrag Nr. 121 für CNBB, Gebiet Süd 3, Porto Alegre 1966.

Rolim, F. C., Mudança Social e Fenômeno Religioso, Dokument Nr. 2 für SPESE, Rio de Janeiro 1968.

Rolim, F. C., Estrutura da Igreja no Brasil, in: Paz e Terra, Nr. 5, II (1968), 35 - 48.

Rolim, F. C., Catolicismo no Brasil, in: Limiar, VII (1970), 93 - 153.

Rolim, F. C., Catolicismo no Brasil, in: Convêrgencia Nr. 23, III (1970), 14 - 20.

Rolim, F. C., Católicos e o Catolicismo, in: Revista Eclesiástica Brasileira (R. E. B.), XXX (1970), 326 - 348.

Rossi, A., O Pentecostismo no Brasil, in: Revista Eclesiástica Brasileira (R. E. B.), XII (1952), 767 - 792.

Santos, G. dos, Diversidade e Integração dos Grupos Pentecostais, in: Simpósio der ASTE, O Espitito Santo e o Movimento Pentecostal, São Paulo 1966, 30 - 32.

Santos, T., dos, La Crisis de la Teoria del Desarrollo y las Relaciones de Dependencia en América Latina, in: CLACSO (Hg.), La Dependencia Politico-Económica de América Latina, México 1969.

Scannone, J. C., Necesidad y Posibilidades de Una Teologia Socio-culturalmente Latinoamericana, in: Instituto Fe y Secularidad (Hg.), Fe Cristiana y Cambio Social en América Latina, Salamanca 1973, 353 - 372.

Scannone, J. C., Die Dialektik von Herr und Knecht. Ontologische Reflexionen zur Praxis der Befreiung, in: P. Hünermann und G. D. Fischer (Hg.), Gott im Aufbruch. Die Provokation der lateinamerikanischen Theologie, Freiburg 1974, 119 - 167.

Schiffers, N., Befreiung zur Freiheit, Regensburg 1971.

Schiffers, N., Aggiornamento, in: Bauer, J. B. (Hg.), Die heißen Eisen von A bis Z. Ein aktuelles Lexikon für den Christen, Graz 1972, 26 - 32.

Schiffers, N., Magie; in: Bauer, J. B. (Hg.), Die heißen Eisen von A bis Z. Ein aktuelles Lexikon für den Christen, Graz 1972, 236 - 247.

Schiffers, N., Theorie der Religion, in: Schiffers, N., und H. W. Schütte (Hg.), Zur Theorie der Religion, Freiburg 1973, 9 - 94.

Schiffers, N., Information und Glaubensentscheidung: Theologische Wahrheitsfindung. Aufriß einer Vorlesung, hektograph. Vorlage, Universität Regensburg, SS 1974.

Schillebeeckx, E., La Théologie de L'Efficience en Apostolat, in: Pro Mundi Vita (internationaler Kongreß von Löwen, Sept. 1964), 231 - 241.

Schillebeeckx, E., Glaubensinterpretation. Beiträge zu einer hermeneutischen und kritischen Theologie, Mainz 1971.

Schneider, L., Toward Assessment of Sorokins View of Change, in: George Z. und Hirsch W., (Hg.), Exploration in Social Change, London.

Segundo, J. L. und Sanchis, J. P., As Etapas Pré-cristas da Descoberta de Deus. Uma Chave para a Análise do Cristianismo Latinoamericano, Petrópolis 1968.

Segundo, J. L., Die Option zwischen Kapitalismus und Socialismus als theologische Crux, in: Conc., X (1974), 434 - 443.

Séguy, J., Expérience Religieuse et Sociologie des Religions. J. Wach, Sociologue des Religions, in: Archives de Sociologie des Religions (A. S. R.), Nr. 13/14 (1962), 27 - 34.

Séguy, J. , Problématique et Typologie de l'Expérience Religieuse, in: Archives de Sociologie des Religions (A.S.R.), Nr. 13/14 (1962), 35 - 76.

Shally, H. , O Dom de Cura, in: Simpósio der ASTE, O Espirito Santo e o Movimento Pentecostal, São Paulo 1966, 86 - 88.

Silva, F.A. , Análise Comparativa de Alguns Aspectos de Estrura Social de Duas Comunidades do Vale do São Francisco, Arquivos do Museu Paranaense, 1955.

Silva, S. , Glaube und Politik. Herausforderung Lateinamerikas, Frankfurt/M. 1973.

Solitário, O. , O Evangelho de Umbanda, ohne Ortsangabe, 1961[3].

Sölle, D. , Leiden, Stuttgart 1973.

Sölle, D. und Steffensky, F. , Inszenierung des Christentums aus dem Motiv der Freude in Sekten und Randgruppen, in: Conc. , X (1974), 359 - 365.

Sorokin, A.P. , Sociedad, Cultura y Personalidad, zit. bei Rolim, F.C. , Católicos e o Catolicismo, in: Revista Eclesiástica Brasileira (R.E.B.), XXX (1970), 328.

Souffrant, C. , Religion Dominante et Religion Dominée, in: Parole et Mission, Nr. 53 (1970), 505 - 512.

Souffrant, C , La Religion du Paysan Haitien. De l'Anathème au Dialogue, in: Social Compass (S.C.), XIX (1972), 585 - 597.

Souza, B.M. de, Funções Sociais e Psicológicas do Protestantismo Pentecostal de São Paulo, in: Simpósio der ASTE, O Espirito Santo e o Movimento Pentecostal, São Paulo 1966, 71 - 75.

Souza, B.M. de, A Experiência da Salvação. Pentecostais em São Paulo, São Paulo 1969.

Splett, J. , Magie, in: Herders theol. Taschenlexikon, IV, Freiburg 1972, 375 - 378.

Steffensky, F. , Erinnerung und Hoffnung. Zur Funktion der religiösen Sprache im Politischen Nachtgebet, in: D. Sölle und F. Steffensky (Hg.), Politisches Nachtgebet in Köln, Bd. 2, Stuttgart, ohne Datum, 226 - 233.

Sturzo, L. , Sociologia do Sobrenatural, Lisbôa, 1960.

Tavares, L. , A Mensagem Pentecostista e a Realidade Brasileira, in: Simpósio der ASTE, O Espirito Santo e o Movimento Pentecostal, São Paulo 1966, 33 - 36.

Tempels, P. , La Philosophie Bantue, Paris 1949.

Theunissen, M. , Der Andere, Berlin 1965.

Tillich, P., The Problem of Theological Method, in: Journal of Religion, XVII (1947), 238 - 255.

Tillich, P., Systematische Theologie, I, Stuttgart 1956[3].

Torres, B. de F. und Pinto, T. da S., Dourina e Ritual de Umbanda, Rio de Janeiro 1970[4].

Troeltsch, E., Gesammelte Schriften, Tübingen 1912.

Trombetta, B., Expressões Religiosas. Pesquisa 1.16. do Plano de Pastoral de Conjunto da CNBB, CERIS, Rio de Janeiro 1971.

Vaz, H.C. de L., Igreja-reflexo y Igreja-fonte, in: Cadernos Brasileiros, X (1968), 17 -22.

Veloso, M.V., Visión General de los Pentecostales Chilenos, in: Anales, XI (1960).

Verger, P., Notes sur le Culte des Orisa et Vodum à Bahia, la Baie de tous les Saints, au Brésil, et à l'anciènne Côte des Esclaves, en Afrique, Dakar, IFAN, 1957.

Vidales, R., Leistungen und Aufgaben der lateinamerikanischen Theologie, in: Conc., X (1974), 444 - 449.

Wach, J., Verstehen, in: RGG, 5. Bd., Tübingen 1931[2], 1570 - 1573.

Wach, J., Sociology of Religion, London 1947.

Wach, J., Religionssoziologie, Tübingen 1951.

Wach, J., Types of religious experience, Christian and non-Christian, Chicago 1951..

Wach, J., Vergleichende Religionsforschung, Stuttgart 1962.

Wach, J., Das Verstehen - Grundzüge einer Geschichte der hermeneutischen Theorie, im 19. Jahrhundert, Hildesheim 1966.

Weber, M., Carismatica e i Tipi del Potere, Torino 1934.

Weber, M., Soziologische Grundbegriffe. (Sonderdruck aus ders., Wirtschaft und Gesellschaft) Tübingen 1960.

Weber, M., Gesammelte Aufsätze zur Religionssoziologie, I, Tübingen 196[3]

Weffort, F.C., Educação e Política. Reflexões Sociológicas sôbre uma Pedagogia da Liberdade, in: Freyre, P., Educação como Prática da Liberdade, Rio de Janeiro 1971[3], 3 - 26.

Willems, E., Cunha: Tradição e Transição em uma Cultura Rural do Brasil, São Paulo 1947.

Wilson, B.R., Sects and Society, London 1961.

Xidieh, O.E., Narrativas Pias Populares, São Paulo 1967.

Yinger, M., Religion, Societé, Personne, Paris 1964.

Yuasa, K., O Pentecostismo e as Igrejas Protestantes, in: Simpósio der ASTE, O Espirito Santo e o Movimento Pentecostal, São Paulo 1966, 68 - 70.

Zespo, E., Codificação da Lei de Umbanda, Rio de Janeiro 1960[2].

ABKÜRZUNGSVERZEICHNIS

ASR	Archives de Sociologie des Religions, Centre National de la Recherche Scientifique (Hg.), Paris.
ASTE	Associação de Seminários Teológicos Evangélicos. (Vereinigung evagelischer theologischer Seminare), São Paulo.
CELAM	Conselho Episcopal Latino Americano. (Lateinamerikanische Bischofskonferenz).
CERIS	Centro de Estatística Religiosa e Investigações sociais (Zentrum für soziale Forschungen und religiöse Religionsstatistik) im Auftrag von CNBB, Rio de Janeiro.
CLA	Catequesis Latino Americana, katechetische Abteilung des CELAM (Hg.), Santiago.
CNBB	Conferência Nacional dos Bispos do Brasil (Nationale Konferenz der brasilianischen Bischöfe).
Conc	Concilium, Benziger Verlag, Einsiedeln.
CRB	Revista da Conferência dos Religiosos do Brasil, Konferenz der Orden und religiösen Kongregationen von Brasilien (Hg.), Rio de Janeiro.
FERES	Féderation Internationale des Instituts de Recherches Sociales et Socio-Religieuses (Internationale Föderation sozialer und religionssoziologischer Forschungsinstitute), Universität Löwen, lateinamerikanische Filiale in Bogotá.
Li	Limiar, Christliche familiäre Bewegung (MFC) (Hg.), Rio de Janeiro.
REB	Revista Eclesiástica Brasileira, Vozes Verlag, Petrópolis.
SC	Social Compass, Zentrum für religionssoziologische Forschungen (Hg.), Universität Löwen.
SEDOC	Serviço de Documentação, Vozes Verlag, Petrópolis.
Vo	Vozes, Vozes Verlag, Petrópolis.

94